I0124131

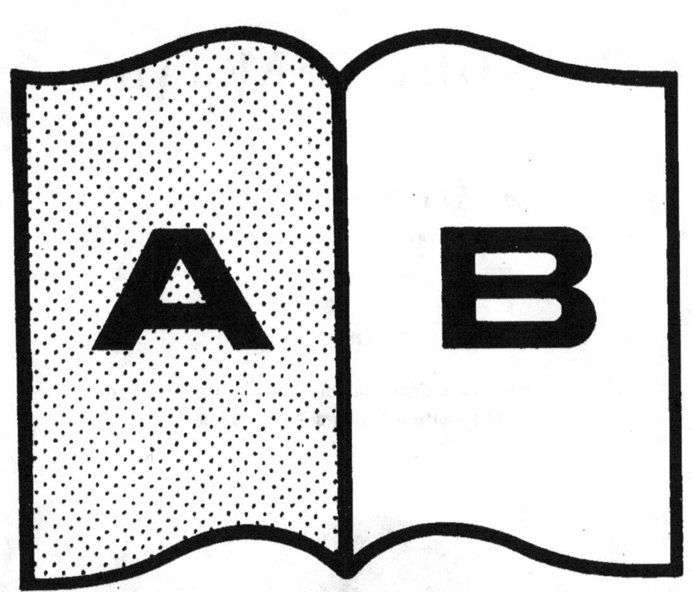
A
B

MINISTÈRE DU COMMERCE, DE L'INDUSTRIE
ET DES COLONIES

EXPOSITION UNIVERSELLE INTERNATIONALE DE 1889
À PARIS

RAPPORT GÉNÉRAL

PAR

M. ALFRED PICARD
INSPECTEUR GÉNÉRAL DES PONTS ET CHAUSSÉES, PRÉSIDENT DE SECTION AU CONSEIL D'ÉTAT

TOME PREMIER

Historique des expositions universelles — Préliminaires de l'Exposition universelle de 1889

PARIS
IMPRIMERIE NATIONALE

M DCCC XCI

Ministère
du Commerce,
de l'Industrie
et des Colonies,

Exposition Universelle de 1889.

Service du Rapport général.

Nota.
Prière de vouloir bien accuser réception du présent envoi, 18, Avenue de la Bourdonnais.

République Française

Paris, 18, Avenue de la Bourdonnais le 22 JUIN 91 1891.

Monsieur, l'académicien

J'ai l'honneur de vous adresser ci joint 1 exemplaire du Rapport ~~du Jury du Groupe~~ Général tome 1

Les volumes suivants vous seront adressés ultérieurement, au fur et à mesure de leur publication.

Volume déjà paru

Veuillez agréer, Monsieur l'académicien, l'expression de ma haute considération.

Le Président de Section au Conseil d'État,
Rapporteur général,
A. Picard.

A M

EXPOSITION UNIVERSELLE INTERNATIONALE DE 1889

À PARIS

RAPPORT GÉNÉRAL

Exemplaire offert

à Monsieur Renan, membre de l'Académie Française.

Le Rapporteur Général

A. Picard

MINISTÈRE DU COMMERCE, DE L'INDUSTRIE
ET DES COLONIES

EXPOSITION UNIVERSELLE INTERNATIONALE DE 1889
À PARIS

RAPPORT GÉNÉRAL

PAR

M. ALFRED PICARD
INSPECTEUR GÉNÉRAL DES PONTS ET CHAUSSÉES, PRÉSIDENT DE SECTION AU CONSEIL D'ÉTAT

TOME PREMIER

Historique des expositions universelles — Préliminaires de l'Exposition universelle de 1889

PARIS
IMPRIMERIE NATIONALE

M DCCC XCI

PREMIÈRE PARTIE

HISTORIQUE SOMMAIRE
DES EXPOSITIONS UNIVERSELLES FRANÇAISES
DE 1798 À 1849

IMPRIMERIE NATIONALE.

PREMIÈRE PARTIE.

HISTORIQUE SOMMAIRE DES EXPOSITIONS UNIVERSELLES FRANÇAISES DE 1798 À 1849.

CHAPITRE PREMIER.

ORIGINE DES EXPOSITIONS. EXPOSITION UNIVERSELLE FRANÇAISE DE L'AN VI (1798).

1. Origine des expositions. Expositions spéciales des beaux-arts à partir de la fin du XVIIe siècle. — Les expositions sont d'origine relativement récente. À la vérité, l'auteur grec Athénée de Naucratis décrit, dans son curieux ouvrage intitulé *Deipnosophistae*, une fête pompeuse qui fut donnée par Ptolémée Philométor, au IIe siècle avant J.-C., et qui comprenait une exposition d'objets de luxe de l'Égypte, tels que meubles de prix, vases précieux, riches étoffes, etc.; mais cette exhibition différait profondément des expositions modernes : elle avait beaucoup plus le caractère d'une manifestation de faste et de vanité que celui d'une œuvre d'enseignement, d'éducation, de progrès et d'émulation.

On a parfois cité comme appartenant à la genèse des expositions les étalages généraux que faisaient les marchands de Venise lors de l'installation du Doge et où ce qu'il y avait de plus remarquable se vendait au moment du passage du cortège; ces étalages avaient pour objet exclusif de rehausser l'éclat de la cérémonie publique, en contribuant à la décoration des rues, et de provoquer en même temps des transactions exceptionnelles.

Il est encore plus difficile de trouver un lien entre les expositions actuelles et les foires du moyen âge. A cette époque, des causes diverses, qui se rattachaient aux mœurs, à l'état des communications, au peu de sûreté des routes, aux lenteurs des voyages et même aux intérêts des souverains, avaient déterminé la formation, dans un certain nombre de villes, de grands marchés publics, où les commerçants affluaient périodiquement pour y apporter et y vendre, y acheter ou y échanger des marchandises : quelques-uns de ces marchés, notamment celui de Troyes, jouissaient d'une grande célébrité. L'institution des foires a subsisté fort longtemps en France et à l'étranger; elle n'a même point complètement disparu de nos jours; une foire justement réputée se tient chaque année en Russie, à Nijni-Novgorod, près du confluent du Volga et de l'Oka. Ces réunions périodiques n'ont jamais eu qu'un but purement mercantile.

En 1470 eut lieu une tentative fort intéressante d'exposition française en Angleterre. Louis XI, désireux d'ouvrir des débouchés extérieurs au commerce de la France, avait profité d'une interruption de la guerre des Deux-Roses pour engager des négociations avec le régent Warwick, en vue de la conclusion d'un traité qui aurait permis aux deux pays d'échanger librement leurs marchandises sans acquitter ni droits de douane, ni droits de port ou de quai. A cette occasion, il chargea deux riches banquiers de Tours, les frères Briçonnet, investis du titre de commissaires royaux, de réunir et d'exposer à Londres des spécimens de nos produits naturels ou manufacturés : ces produits devaient être introduits en franchise sur le sol anglais, et il était interdit d'en opérer la vente. Les frères Briçonnet préparèrent l'exposition avec beaucoup de zèle, et la collection formée par leurs soins venait d'arriver à destination, lorsque Warwick s'en fit livrer la plus grande partie et en réalisa la valeur, sous prétexte de constituer les ressources nécessaires à un envoi de troupes qu'il devait mettre à la disposition de Louis XI et que d'ailleurs il ne fit point partir. Le surplus des objets fut réembarqué, par suite de la guerre civile, et tomba entre les mains des pirates. C'était donc un échec complet. La trace de la tentative de Louis XI a été conservée dans des lettres patentes de 1471, datées d'Amboise et réglant l'indemnité due aux deux banquiers de Tours.

Les premières expositions proprement dites, qui aient été menées à terme, ne datent que du XVIIe siècle, et l'honneur de leur création revient à notre pays. Elles ont d'ailleurs été tout d'abord limitées aux beaux-arts.

En 1648, à la fondation de l'Académie de peinture et de sculpture, il fut convenu que cette Académie exposerait annuellement en public les tableaux et les statues sortant des ateliers de tous ses membres. Une disposition formelle à cet égard prit place dans le règlement de 1663; toutefois des difficultés matérielles, dont la principale était le défaut d'un local convenable, retardèrent l'exécution de cette disposition jusqu'en 1673. Comme l'ajournement menaçait de se perpétuer, l'Académie prit le parti d'exposer en plein air, dans la cour du Palais-Royal; plus tard, les tableaux furent exposés dans la galerie du Palais-Royal; enfin Mansard obtint de Louis XIV, en 1699, la grande galerie du Louvre, et, de ce moment, les expositions se suivirent régulièrement et avec le plus grand succès.

Un catalogue officiel de l'Exposition de 1699 fut dressé, imprimé et livré aux visiteurs; il contenait la nomenclature des tableaux, statues, bas-reliefs, dessins et estampes offerts à la curiosité publique. Florent Le Comte fit une appréciation des œuvres exposées; l'arrangement des tableaux fut reproduit dans les almanachs illustrés.

C'était presque le Salon, tel que nous le connaissons et le voyons aujourd'hui.

La tradition se continua. Pendant le XVIIIe siècle, le concours annuel de l'Académie entra de plus en plus dans les préoccupations de l'esprit public; il donna lieu à des comptes rendus critiques, fort nombreux, dont plusieurs émanaient d'écrivains savants et distingués, comme Diderot, et aussi à des pamphlets, en vers ou en prose, qui affectaient une forme tantôt sérieuse, tantôt bouffonne.

La suppression de l'Académie pendant la période révolutionnaire n'arrêta pas le cours des expositions annuelles. Suivant l'expression du livret de 1793, elles furent reprises *par les artistes composant la commune générale des arts :* c'était même merveille de voir ce que les artistes avaient encore le courage de produire dans ces temps troublés.

Le nombre des exposants admis en 1793 fut de près de 1,000[1]; l'installation eut lieu dans le grand salon carré du Louvre.

Une transformation profonde se produisit d'ailleurs dans l'Exposition des beaux-arts. Auparavant cette exposition n'était ouverte qu'aux travaux de quelques artistes éminents, dont le mérite hors de pair était consacré par leur titre d'académicien, et qui consentaient à montrer des statues, des tableaux, des gravures, commandés à l'avance pour une destination spéciale. A partir de 1793, tous les artistes eurent accès au concours et furent admis à tenter la fortune.

Cette modification eut l'avantage de stimuler et de mettre en relief des talents inconnus; mais, en revanche, elle présenta l'inconvénient de provoquer un véritable déluge de productions faciles, banales, médiocres, visant surtout à l'effet, adaptées à la mode éphémère du jour, faites en vue du placement et de la vente, faussant le goût, abaissant l'art au niveau d'un métier, témoignant d'une fièvre mercantile sans cesse plus ardente. Le Salon devenait un bazar et une foire.

Le Gouvernement dut instituer un jury d'admission pour fermer la porte aux œuvres trop défectueuses; en même temps il décida que les expositions n'auraient plus lieu que tous les deux ans, afin de laisser aux artistes le loisir de mûrir leurs conceptions.

De ces deux garanties, la seconde disparut plus tard sous l'influence de pressantes sollicitations; en revanche, le jury d'admission fut doublé d'un jury des récompenses, appelé à décerner des prix, des médailles et des mentions aux œuvres les plus remarquables.

Je n'ai point à étudier ici les effets des mesures successives prises pour maintenir ou relever la valeur des expositions des beaux-arts. En retraçant sommairement l'histoire de ces expositions, mon seul but a été de rappeler qu'elles étaient nées dès avant la fin du XVIIe siècle,

[1] Exactement 929.

qu'elles se sont depuis poursuivies sans interruption, qu'elles ont franchi le défilé de la première Révolution en se transformant pour s'adapter au nouvel état politique, qu'elles ont traversé sans encombre tous les changements et toutes les fluctuations du régime intérieur de la France.

2. Coup d'œil sur la situation du commerce et de l'industrie en France avant la fin du XVIIIe siècle. — Aucun concours analogue n'a été institué pour l'industrie avant 1798.

Il n'y a pas lieu de s'en étonner.

Tout d'abord, en effet, tandis que la culture des beaux-arts était concentrée à Paris, la production industrielle était répartie dans les diverses provinces. Un appel général aux fabricants et manufacturiers dispersés sur l'ensemble du territoire eût été difficilement entendu : le mauvais état des routes, leur peu de sûreté, l'insuffisance des moyens de transport, les obstacles de toute nature qui s'opposaient au déplacement des hommes et des choses, auraient presque infailliblement conduit à un échec.

Mais l'impossibilité de l'entreprise avait des causes plus profondes encore, qui tenaient à la situation de notre commerce et de notre industrie.

Vers le milieu du XVIIe siècle, nos manufactures étaient peu nombreuses et ne fournissaient guère que des produits relativement grossiers. C'est ainsi, par exemple, que la France était tributaire de la Hollande et de l'Espagne pour la draperie fine, de l'Italie pour les belles soieries, de l'Angleterre pour la bonneterie, de la Hollande et du Brabant pour les toiles et les dentelles.

Lorsque l'illustre Colbert arriva au pouvoir, il appliqua son génie à faire sortir le pays de cet état lamentable d'infériorité. Il sut attirer en France non seulement les savants les plus célèbres, comme le mathématicien Huyghens, l'astronome Cassini, le physicien Roëmer, l'anatomiste Winslow, mais aussi les manufacturiers les plus habiles, notamment Van Robais pour la draperie fine et Hindret pour la bonneterie. Les primes et les encouragements furent prodigués au commerce; rien ne fut négligé pour développer nos relations internationales; la Compagnie des Indes occidentales et celle des Grandes-Indes furent créées pour porter notre pavillon dans les contrées les plus lointaines; les franchises des ports furent étendues et organisées.

Ces mesures, si sages et si intelligentes, régénérèrent le commerce français et donnèrent à notre industrie une impulsion merveilleuse. En moins de vingt ans, la France parvint à égaler l'Espagne et la Hollande pour la draperie fine, le Brabant pour les dentelles, l'Italie pour les soieries, Venise pour les glaces, l'Angleterre pour la bonneterie, l'Allemagne pour le fer-blanc et les armes blanches, la Hollande pour les toiles.

Malheureusement les magnifiques résultats dus au génie du grand ministre ne devaient pas lui survivre.

Les industriels, justement fiers de leurs succès et redoutant l'altération des procédés et des méthodes dont ils venaient d'être dotés, avaient cru devoir mettre la France à l'abri de cette éventualité en sollicitant la réglementation des principales branches du travail. Colbert s'était prêté à leurs désirs; ne se bornant pas à publier une description exacte des meilleurs modes de fabrication, il avait fait édicter des règlements coercitifs, dont personne ne pouvait s'écarter et qui avaient des sanctions pénales fort rigoureuses : en cas d'infraction, les inspecteurs brisaient les métiers, détruisaient les produits, prononçaient des amendes.

Rien de plus curieux que ces règlements.

Pour les étoffes de laine, par exemple, une ordonnance d'août 1669 fixait les longueurs et largeurs que devaient avoir les draps, les serges, les rases façon de Chartres, de Châlons et de Reims, les camelots, les bouracans, les étamines, les frocs, les droguets, les tiretaines, etc. Les laines destinées aux manufactures devaient être visitées par des gardes ou jurés assermentés. Des dispositions spéciales aux divers pays et aux différents genres de fabrication déterminaient le nombre de fils qu'on devait donner à la chaîne, la largeur du peigne, la qualité de laine pour la trame et la chaîne, etc.

La fabrication des étoffes de soie était soumise à des règles analogues, en vertu d'un arrêt du 8 avril 1666 et des statuts particuliers aux villes de Paris, Tours et Lyon. Les marchands-ouvriers en étoffes de soie, d'argent ou d'or, c'est-à-dire en étoffes dites *de grande navette*, et les fabricants de rubans ou autres tissus de petites dimensions, c'est-à-dire d'étoffes dites *de petite navette*, constituaient deux corps distincts, qui ne pouvaient produire les deux catégories de tissus.

La bonneterie était également réglementée : c'est ainsi que, pour les bas de soie, le nombre des brins composant chaque fil et le poids de chaque paire de bas étaient strictement déterminés.

Des lettres patentes d'août 1676 prescrivaient, pour les toiles de Normandie, la qualité du lin et du chanvre, le nombre de fils à employer aux toiles blancardes, fleurets et réformées, la largeur et la longueur des tissus.

Une ordonnance d'août 1667 et une instruction de mars 1671 en 317 articles entraient dans les détails les plus minutieux sur la teinture, sur les procédés à suivre pour produire les couleurs et les nuances, sur les types de cramoisi, de rouge, d'écarlate, de violet, de cannelle, qui devaient être préparés chaque année à la diligence des gardes ou jurés, en présence du juge de police des manufactures, d'un marchand mercier, d'un marchand maître en soie nommé par le juge de police, et de quatre des plus anciens maîtres teinturiers, dont deux en soie, un en laine et un en fil. Il était interdit aux teinturiers en laine de teindre la soie et le fil, et réciproquement. Les teinturiers de *petit teint* ne pouvaient se servir des *grandes couleurs* ou couleurs *bon teint;* ils n'étaient autorisés à teindre que les étoffes neuves de faible valeur, les étoffes usées ou les vieux habits.

Je ne multiplierai pas ces indications : elles suffisent à montrer dans quels liens l'industrie était enserrée, combien la liberté des fabricants était enchaînée.

Sans aucun doute, Colbert n'avait jamais entendu attribuer aux règlements un caractère de permanence et une durée indéfinie; jamais, non plus, il n'avait voulu en exiger une application inintelligente et par trop rigoureuse. Il les avait considérés comme un expédient temporaire; il y avait eu recours dans le but d'extirper la routine et les préjugés, d'accoutumer aux bonnes méthodes, de donner un bon renom à nos produits, d'inspirer la confiance sur les marchés étrangers, comme sur le marché français. Cette œuvre accomplie, il eût certainement fait une évolution pour revenir à un régime plus libéral.

Mais sa pensée n'eut pas d'héritiers. Loin de supprimer les règlements ou tout au moins d'en élargir les mailles et de leur donner plus de souplesse et d'élasticité, les successeurs de Colbert commirent la faute impardonnable de les développer, de les aggraver, de les rendre plus stricts et plus étroits, d'en poursuivre l'exécution littérale. Une lutte de tous les jours s'engagea entre l'industrie manufacturière se débattant au milieu de ses entraves, placée dans l'impuissance de varier sa fabrication et de l'adapter au goût du consommateur, perdant peu à peu ses débouchés, et le Gouvernement faisant tout plier sous le joug de la réglementation, remplissant les ateliers de commis, d'inspecteurs et de marqueurs, empêchant les améliorations, étouffant le progrès, l'émulation et le génie, provoquant involontairement la fraude et la mauvaise foi.

De même que la France, l'Angleterre avait eu une réglementation presque aussi sévère sous Édouard IV, Richard III, Henri VII et Henri VIII; mais elle avait su s'en dégager et recouvrer une complète indépendance, précisément à l'heure où l'uniformité et la routine devenaient notre loi.

Dans de telles conditions, la concurrence était impossible à soutenir; nous devions fatalement succomber.

Par surcroît, deux ans à peine après la mort de Colbert, Louis XIV porta un coup funeste à l'industrie nationale par la révocation de l'édit de Nantes. Cette mesure, l'une des plus coupables et des plus désastreuses, détermina l'émigration de 250,000 à 300,000 réformés, parmi lesquels nos industriels et nos artistes les plus habiles, qui portèrent à l'étranger, avec la haine de la France, leurs connaissances, leur expérience, leur talent, leur science et leurs ressources financières. Le fanatisme religieux, abusant de la faiblesse du grand roi au déclin de sa vie et de son règne, venait ainsi d'infliger au pays une honte ineffaçable et un dommage irréparable.

L'essor de l'industrie était également arrêté par les corporations, jurandes et maîtrises, qui existaient avant les règlements, mais que ceux-ci avaient puissamment consolidées.

Pour monter un atelier ou pour ouvrir une boutique, il fallait satisfaire à de nombreuses conditions et spécialement avoir fait un double stage comme apprenti et comme compagnon.

Le Gouvernement arrêtait la forme des contrats d'apprentissage, qui devaient être passés devant notaire et enregistrés au bureau de la communauté. Il en déterminait la durée, qui était, par exemple, de quatre ans pour les teinturiers en laine, soie et fil; de cinq ans pour les ouvriers en drap d'or, d'argent et de soie; de deux ans pour les drapiers ordinaires : cette durée était arrêtée *ne varietur,* quel que fût le degré d'intelligence et d'application de l'élève. Les statuts des divers corps de métier fixaient le nombre d'apprentis que pouvait avoir chaque maître : aucune distinction n'était faite entre les chefs habiles, dans les ateliers desquels le travail et l'instruction étaient assurés, et les chefs incapables, qui n'avaient ni la clientèle, ni l'intelligence, ni les connaissances voulues. L'apprenti était tenu de payer les droits de *cire*, de *chapelle*, de *bienvenue*, de *gardes jurés*, du *clerc de la communauté*, etc.; pendant toute la durée de son stage, il était astreint à une redevance annuelle : ces charges fermaient la carrière aux jeunes gens pauvres.

A la fin de la période d'apprentissage, le jeune ouvrier subissait un examen professionnel devant les jurés du corps ou au bureau de la communauté. Il était alors reçu *compagnon*. Néanmoins il ne pouvait travailler pour son compte sans avoir exercé et pratiqué chez des maîtres pendant un délai déterminé, qui atteignait souvent trois ou quatre années : cette règle ne souffrait d'exception que dans certains lieux privilégiés et dotés de franchises, tels que le faubourg Saint-Antoine et l'enceinte du Temple.

Les compagnons consacraient en général au *tour de France* les années de leur stage. Ils s'arrêtaient dans les principaux centres susceptibles de leur fournir du travail, puis rentraient dans leur pays natal pour s'y faire agréer en qualité de maîtres.

Réunis en une association connue sous le nom de *Garçons du devoir*, ils se liaient par des serments, se reconnaissaient à des signes convenus, contractaient des obligations réciproques de fraternité et de bienfaisance, qui assuraient à tous des soins, du travail et des secours dans le besoin. Quand un compagnon arrivait dans une ville, ses coassociés lui procuraient un emploi, et, si par hasard toutes les places étaient occupées, le plus ancien lui cédait la sienne. Lorsqu'un compagnon se trouvait dépourvu d'argent pour se transporter dans une autre ville, l'association lui venait en aide; lorsqu'il tombait malade, ses camarades le soignaient; lorsqu'il était lésé dans ses droits, tous prenaient sa défense; quand il manquait à l'honneur et à la probité, les autres compagnons faisaient justice.

L'institution offrait de précieux avantages, au point de vue de l'instruction des ouvriers, dont le tour de France élargissait les vues et développait les connaissances générales, en même temps que les connaissances spéciales à leur profession.

Sa puissance n'était cependant pas sans inconvénient. Quand un compagnon avait à se plaindre d'un maître, sa plainte était examinée par le corps et, si elle était admise, la boutique ou l'atelier étaient *damnés*, c'est-à-dire qu'il n'était permis à aucun des associés d'y travailler : le maître devait accorder les réparations qui lui étaient imposées. Lorsque les compagnons croyaient avoir à se plaindre des magistrats d'une ville, ils *damnaient* la ville, la quittaient et laissaient les ateliers déserts et les travaux suspendus; les ouvriers qui accomplissaient leur tour de France passaient sans s'y arrêter, et les maîtres étaient contraints d'aller dans les villes voisines pour y négocier la levée de l'interdit et le retour des compagnons.

L'association portait en elle un autre vice : elle était partagée en deux sectes, qui s'étaient voué une haine mortelle et dont les démêlés troublaient à chaque instant la paix publique.

De quelque talent qu'il fût doué, le compagnon ne pouvait s'établir qu'après avoir été reçu *maître*. Il devait, à cet effet, exécuter une ou plusieurs opérations prescrites, produire un *chef-d'œuvre*, en présence des maîtres jurés en charge, de quelques anciens maîtres et de quelques nouveaux : ainsi le sort des compagnons était livré aux hommes les plus intéressés à écarter la concurrence, à refouler la valeur et la capacité, à éloigner tout ce qui leur portait ombrage, pour conserver en leurs mains le monopole du travail. En outre, l'admission à la maîtrise était subordonnée au payement d'une somme souvent élevée dans les caisses de la corporation : c'était un obstacle insurmontable pour beaucoup de candidats.

La législation sur les maîtrises fut même portée à un tel point d'extravagance qu'elle défendit aux compagnons de s'établir ailleurs que dans la ville où ils avaient fait leur apprentissage; pour avoir accès dans une autre ville, les candidats devaient se soumettre à un nouveau stage d'apprenti.

Impuissants à surmonter tant de difficultés, les ouvriers les plus habiles traînaient péniblement une vie obscure et malheureuse et finissaient dans la misère. Quelques-uns cherchaient à tourner la loi, en montant des ateliers sous le nom de maîtres indélicats, qui s'y prêtaient moyennant rétribution; mais ce travail clandestin était nécessairement limité et les exposait à des pénalités sévères.

Les conditions imposées pour acquérir la maîtrise avaient de plus le très grave défaut de prolonger, soit indéfiniment, soit pendant de longues années, le célibat des ouvriers et de les exposer à toutes les tentations du vice et de la débauche.

Dès 1614, le tiers état présentait aux États généraux une requête tendant à la suppression des maîtrises et à l'émancipation de tous les métiers; mais l'intérêt des maîtres privilégiés et aussi celui de la Couronne qui trouvait dans l'existence des corporations le moyen de battre monnaie, comme nous l'expliquerons plus loin, s'opposèrent à la réalisation de cette réforme.

L'ouvrier qui avait obtenu des lettres de maîtrise était autorisé à exercer pour son compte et faisait dès lors partie d'une *corporation*. Il y avait presque autant de corporations que de métiers

L'établissement des corporations remonte aux premiers temps de la monarchie et doit être attribué au besoin qu'éprouvaient les artisans de se réunir pour résister aux vexations des nobles et des gens de guerre. Leur histoire est d'ailleurs liée à celle des offices sans cesse plus nombreux que créait chaque jour le Gouvernement pour leur police et pour la surveillance du travail.

Au XIIe siècle, il existait déjà des officiers chargés de la surveillance des arts. Celui du commerce et des manufactures avait le titre de *roi des merciers :* ses attributions comprenaient la délivrance des brevets d'apprentissage, des lettres de maîtrise, etc., et le contrôle des marchandises et ouvrages; il levait de ce chef des taxes considérables.

Saint Louis créa des confréries, dans lesquelles les ouvriers les plus distingués exerçaient une juridiction sur les plus jeunes et les moins habiles : les seigneurs châtelains suivirent cet exemple dans les villes où le roi n'était pas en possession du droit de police. Partout néanmoins la haute surveillance était réservée à l'autorité royale et confiée au *grand chambrier de France.*

Sous le règne de Henri III, un édit de décembre 1581 réunit les marchands et artisans en corps de jurandes et maîtrises. Un second édit de 1583 réglementa l'apprentissage, le compagnonnage et la maîtrise, et institua une administration pour les différents corps.

Une rétribution étant perçue pour chaque grade et les corps étant également soumis à des redevances, le roi autorisa en échange les corporations à limiter le nombre des maîtres et même à vendre des lettres de maîtrise, sans condition d'apprentissage ni d'instruction.

L'édit de 1673 généralisa le système des jurandes et établit des droits sur toutes les professions.

Vers la fin du XVIIe siècle, la pénurie des finances conduisit Louis XIV à se procurer des ressources en multipliant à l'infini les offices et les corporations; la France se couvrit de *maîtres gardes*, de *jurés syndics*, d'*essayeurs*, d'*auneurs*, de *mesureurs*, de *jaugeurs*, de *mouleurs*, de *contrôleurs*, de *marqueurs*, de *déchargeurs*, de *rouleurs*, d'*inspecteurs*, de *commissaires*, de *vérificateurs*, de *gardes*, etc. De 1691 à 1709, plus de 40,000 offices furent créés et vendus au profit du Trésor. Parmi ces offices, un grand nombre furent acquis par les communautés, qui recevaient l'autorisation d'emprunter les sommes nécessaires à leur libération envers le Trésor.

Le Gouvernement ne se bornait pas à établir de nouvelles charges. Aux époques de détresse, il exigeait des titulaires un supplément de taxes, ou octroyait à beaux deniers de nouveaux privilèges.

C'était pour lui une source inépuisable de revenus qu'il se fût bien gardé de tarir.

Les corporations présentaient cependant les plus graves inconvénients.

En effet, elles étaient investies d'un véritable monopole, faisaient la loi aux consommateurs et élevaient outre mesure le prix des choses. Elles devaient du reste se rembourser des dépenses considérables auxquelles les astreignaient l'acquisition des lettres de maîtrise, le payement du salaire des jurés, syndics et autres officiers, les frais généraux de toute nature; parmi ces frais, il y avait lieu de ranger ceux des nombreux procès qui s'élevaient entre les diverses corporations, dont le domaine et le champ d'action étaient mal délimités.

La concurrence, ce mobile si actif du progrès, était émoussée; les procédés et les méthodes de fabrication ne se perfectionnaient pas.

Les corporations étant fermées et les ouvriers ne pouvant passer de l'une à l'autre, malgré leur similitude, la main-d'œuvre ne répondait pour ainsi dire jamais aux besoins. Lorsqu'une industrie prospérait, les ouvriers se coalisaient pour faire hausser les salaires, et les maîtres, tout en subissant leurs conditions, arrivaient difficilement à une production suffisante; lorsque au contraire il y avait stagnation, les ouvriers étaient en proie à la misère et se livraient au vagabondage.

A tout cela il faut ajouter les privilèges exclusifs dont étaient investies certaines personnes, certaines compagnies, certaines communautés, soit pour la fabrication, soit pour le transport, soit pour la vente : ces privilèges justifiés à titre exceptionnel et temporaire, pour attirer de l'étranger des artistes et des manufacturiers éminents ou pour encourager l'application de découvertes importantes, n'en étaient pas moins dans leur ensemble profondément funestes au pays.

Mentionnons encore les douanes intérieures, qui isolaient les provinces et rendaient les relations commerciales aussi difficiles entre elles qu'avec les pays étrangers.

Telle était notre situation industrielle et commerciale sous l'ancien régime.

Je l'ai dépeinte aussi brièvement que possible, sans chercher à assombrir le tableau.

Il m'a paru que cette page d'histoire ne constituait pas un hors-d'œuvre et trouvait bien sa place dans un livre consacré à la grande fête pacifique qui a coïncidé avec le centenaire de 1789.

Le rapprochement entre le passé et le présent montre ce que nous devons aux grands principes proclamés par nos pères à la fin du XVIIIe siècle.

3. Proclamation de la liberté du commerce et de l'industrie en 1791. — Depuis longtemps, les administrateurs éclairés et soucieux de l'avenir du pays avaient compris les vices et les dangers du régime néfaste qui tuait l'esprit d'initiative, étouffait le progrès et plaçait la production nationale dans l'état d'infériorité le plus humiliant.

Turgot, qui avait autant de vertu et de courage que de science, fit supprimer en février 1776 les corporations, les jurandes et les maîtrises; il se proposait de réformer aussi ou même d'abroger les règlements de fabrication. Mais il n'avait pas préparé avec une habileté suffisante cette profonde réforme; il avait eu le tort de trop brusquer la lutte contre le colosse auquel il s'attaquait, de ne pas assurer certains dédommagements aux communautés et aux particuliers qu'il voulait dépouiller; il avait eu en outre le malheur d'arriver aux affaires quelques années trop tôt.

L'idée de suppression provoqua les réclamations les plus violentes. En l'enregistrant dans un lit de justice, le Parlement de Paris ne craignit pas d'adresser des représentations au roi par l'organe de son président et de l'avocat général Séguier : suivant ces magistrats, les mesures provoquées par Turgot étaient de nature à compromettre l'ordre, la discipline, la loyauté commerciale, l'organisation sociale elle-même. Les privilégiés qui étaient atteints dans leurs intérêts se joignirent aux mécontents du clergé, de la noblesse, de la haute finance, à tous ceux que Turgot avait déjà frappés ou menacés, en réalisant ou en annonçant d'autres réformes. Le roi dut céder à la coalition et sacrifier son ministre.

Peu de mois après, un second édit d'août 1776 rétablit et réorganisa les corporations : les communautés étaient divisées en six corps de marchands et quarante-quatre corps d'arts et métiers. Quelques professions d'ordre tout à fait secondaire étaient définitivement émancipées.

Enfin un dernier édit de 1779 créa pour la fabrication un régime mixte de réglementation et de liberté. Certaines professions demeuraient soumises aux règlements. Les autres pouvaient être exercées, soit librement, soit en conformité des règlements qui continuaient à subsister; deux voies, en quelque sorte parallèles, étaient ainsi ouvertes aux fabricants, autorisés à choisir celle qu'ils croyaient devoir suivre : l'observation des règlements donnait droit à des marques distinctives et à des garanties spéciales.

Il fallut le souffle irrésistible de la Révolution pour déraciner et emporter complètement les funestes institutions que Turgot avait à peine ébranlées.

Ces institutions ne pouvaient résister au torrent qui balayait sur son passage tous les abus et tous les privilèges. Alors que toutes les libertés étaient reconnues, la plus sacrée et la plus incontestable, celle du travail, devait nécessairement recevoir une consécration solennelle.

Un décret des 2 et 17 mars 1791 de l'Assemblée nationale supprima « tous les offices pour l'inspection et les travaux des arts et du commerce, les brevets et les lettres de maîtrise, les droits perçus pour la réception des maîtrises et jurandes, et tous privilèges de profession, sous quelque dénomination que ce fût ».

IMPRIMERIE NATIONALE.

Les particuliers reçus dans les maîtrises et jurandes depuis le 4 août 1789, date de l'abolition générale des privilèges, devaient être remboursés de la totalité des sommes versées par eux au Trésor public. Pour les particuliers reçus avant le 4 août 1789, le remboursement n'était consenti que sous déduction d'un trentième par année de jouissance; toutefois cette déduction était limitée aux deux tiers du prix total. Le principe d'un remboursement au profit des détenteurs d'offices était également posé par l'Assemblée nationale.

Le décret proclamait d'ailleurs, dans les termes les plus formels, la liberté absolue du commerce et de l'industrie, sous réserve de la demande préalable et du payement d'une patente, ainsi que de l'observation des règlements de police. Il exceptait de l'obligation de la patente certaines catégories de citoyens, notamment les apprentis, compagnons et ouvriers à gages, travaillant dans les ateliers de fabricants patentés.

Depuis, des tentatives ont été faites pour obtenir la résurrection des communautés et des règlements, mais elles ont avorté.

L'émancipation de l'industrie et du commerce leur imprima un puissant essor et une activité sans précédent. On vit immédiatement l'esprit d'entreprise se développer, les progrès et les perfectionnements s'introduire dans les méthodes de fabrication, les ateliers et les manufactures se multiplier sur les divers points du territoire, des industries nouvelles se créer de toutes pièces, même au milieu de la tourmente révolutionnaire et des complications extérieures dont la France était assaillie.

4. Exposition industrielle de l'an VI. — Après 1789, le pays avait traversé l'une des périodes les plus critiques, l'une des crises les plus redoutables de son histoire. Profondément troublé à l'intérieur, il avait eu à subir le choc d'une coalition formidable, nouée par les souverains étrangers au nom du principe et de l'autorité monarchique.

Je ne redirai pas ici l'épopée, tout à la fois sanglante et glorieuse, des années qui suivirent la chute de l'ancien régime : il suffira d'en rappeler le dénouement.

Le gouvernement de la République parvint, au prix de longs efforts et de sacrifices souvent cruels, à vaincre ses ennemis du dedans et à leur imposer silence.

En même temps, la France, menacée sur toutes ses frontières, fit courageusement face à l'orage. Grâce au génie, à l'habileté et à la vaillance de ses généraux, grâce aussi à l'héroïsme de ses soldats, elle put refouler les assaillants et remporter sur eux des victoires éclatantes. Le grand Carnot, Hoche, Bonaparte, Masséna, Moreau, Kléber, Desaix, Augereau et Berthier accomplirent de véritables prodiges; Valmy, Jemmapes, Hondschoote, Menin, Fleurus, Montenotte, Arcole, Rivoli furent les étapes de la marche triomphale de nos jeunes armées.

Écrasée, la coalition se désorganisa. Les traités de Bâle, les préliminaires de Leoben et le traité de Campo-Formio nous assurèrent la paix avec toutes les puissances, sauf l'Angleterre qui, se sentant inattaquable dans son île, refusa de consacrer nos conquêtes et de poser les armes.

C'est à cette époque que le Ministre de l'intérieur, François de Neufchâteau, conçut l'idée d'une «exposition publique annuelle des produits de l'industrie française», qui devait coïncider avec l'anniversaire de la fondation de la République.

Administrateur compétent et éclairé, François de Neufchâteau voulait non seulement rehausser l'éclat des fêtes instituées en l'honneur de la nouvelle forme de gouvernement, mais aussi donner un témoignage de sollicitude au commerce et à l'industrie, exciter l'émulation des producteurs, les pousser dans la voie du progrès, et travailler à l'instruction et à l'éducation du public.

Il développa ses vues dans une circulaire du 9 fructidor an VI (21 août 1798) aux administrations centrales de départements et aux commissaires du Directoire exécutif, et convia en même temps les intéressés à une première exposition qui se tiendrait pendant les cinq jours complémentaires de la même année (17 au 21 septembre 1798)[1].

Cette circulaire se terminait ainsi : «Les Français ont étonné

[1] La première exposition industrielle d'Europe a eu lieu à Prague en 1791.

l'Europe par la rapidité de leurs exploits guerriers, ils doivent s'élancer avec la même ardeur dans la carrière du commerce et des arts de la paix. »

Un jury, nommé par le Gouvernement, devait désigner « les douze fabricants ou manufacturiers qui lui paraîtraient mériter d'être offerts à la reconnaissance publique, dans la fête du 1er vendémiaire ».

Des constructions, destinées à être mises gratuitement à la disposition des exposants, furent rapidement édifiées au Champ de Mars. Elles comportaient soixante-huit arcades, disposées en carré autour d'une place, au centre de laquelle s'élevait le Temple de l'industrie.

Malheureusement l'invitation du Gouvernement avait été beaucoup trop tardive et ne laissait aux industriels qu'un délai insuffisant pour préparer leur participation. Les localités éloignées de Paris ne purent répondre à l'appel de François de Neufchâteau.

Le nombre des exposants ne dépassa pas 110. En suivant l'ordre des arcades, les objets exposés se rangeaient dans les catégories suivantes : horlogerie, céramique, orfèvrerie, ébénisterie, fonte de métaux, coutellerie, fabrication de crayons, quincaillerie, instruments de physique, chauffage, serrurerie, instruments d'astronomie, tapisserie, papiers peints, cardage et filature du coton, étoffes de coton, toiles peintes, bonneterie, gravure en caractères, produits chimiques, tannerie et corroirie, draperie, armes de guerre et de chasse, fournitures de bureau, verrerie et cristallerie, pâtes alimentaires, imprimerie, instruments et appareils de chirurgie, métallurgie, meunerie, etc.

Le jury comprenait 9 membres : Berthoud, horloger, membre de l'Institut; Chaptal, chimiste, membre de l'Institut; Darcet, chimiste, membre de l'Institut; Duquesnoy, membre de la Société d'agriculture de la Seine; Gallois, homme de lettres, associé à l'Institut; Gillet-Laumont, membre du Conseil des mines; Moitte, sculpteur, membre de l'Institut; Molard, membre du Conservatoire des arts et métiers; Vien, peintre, membre de l'Institut.

D'après certains documents, l'Exposition ne fut ouverte que le 3e jour

Pilon del.

EXPOSITION DE L'AN VI (1798) AU CHAMP DE MARS
Restitution d'après divers Documents de l'Époque

complémentaire et fut fermée le 5e jour complémentaire; d'après d'autres documents, elle fut ouverte le 1er jour complémentaire et prolongée jusqu'au 10 vendémiaire suivant.

François de Neufchâteau prononça un long discours d'inauguration, dont la forme était quelque peu emphatique et ampoulée, mais qui n'en contenait pas moins des idées et des aperçus fort justes. Il vanta les bienfaits de la liberté; les progrès réalisés par la suppression des règlements, des corporations et des entraves fiscales; le rôle considérable de l'industrie et du commerce dans la vie sociale; leur influence sur la consolidation de la paix, sur le développement de la prospérité publique, sur l'accroissement de la puissance nationale. Il montra les liens de plus en plus étroits qui devaient se former entre les arts dits *mécaniques*, les sciences et les beaux-arts. Il expliqua les avantages que l'on pouvait légitimement attendre des expositions périodiques.

Dans un rapport sommaire rédigé par Chaptal, le jury constata que nous pouvions rivaliser avec les Anglais pour les aciers, les limes, les cristaux, les poteries et les toiles peintes, et que nos voisins n'avaient rien de comparable à quelques-uns de nos produits, notamment aux porcelaines de Sèvres, aux armes de la manufacture nationale de Versailles, aux éditions de Didot, aux appareils d'horlogerie de Bréguet, aux instruments de physique ou d'astronomie de Lenoir.

Les 12 distinctions promises par le Gouvernement furent décernées à Bréguet (échappement libre et à force constante), Lenoir (balance de précision, cercle astronomique, boussoles, baromètre, etc.), Didot et Herhan (éditions de Virgile et de La Fontaine), Clouet (fer converti en acier par la simple fusion, etc.), Dihl et Gherhard (tableaux en porcelaine, avec des couleurs qui n'éprouvaient aucun changement dans la cuisson), Desarnod (cheminées et fourneaux), Conté (crayons), Grémont et Barré (toiles peintes), Potter (faïences), Payn (bonneterie), Deharme (ouvrages en tôle vernie, ornés de dessins et peintures), Jullien (coton filé) : plusieurs de ces noms sont demeurés célèbres. Les manufactures de Sèvres et de Versailles avaient été considérées comme hors concours, eu égard aux moyens d'action qu'elles tenaient du Gouvernement.

Le jury mentionna, en outre, 19 industriels qui lui paraissaient devoir être particulièrement signalés.

Les lauréats eurent une place spéciale à la fête du 1er vendémiaire et furent proclamés par le président du Directoire.

Fier des résultats obtenus, François de Neufchâteau les fit connaître, dès le 24 vendémiaire an VII, par une circulaire aux administrations centrales des départements, aux commissaires du Directoire exécutif près de ces administrations et aux bureaux consultatifs du commerce. La préoccupation dominante qui se réflétait dans cette circulaire était celle de la lutte entre la production française et la production anglaise. On en trouve notamment la trace dans les passages suivants : «Cette première exposition, conçue et exécutée à la hâte, incomplètement organisée, est réellement une première campagne, une campagne désastreuse pour l'industrie anglaise et glorieuse pour la République... Nos manufactures sont les arsenaux d'où doivent sortir les armes les plus funestes à la puissance britannique... Dans les expositions ultérieures, on donnera, en cas d'égalité de mérite de fabrication, une préférence marquée aux genres d'industrie qui rivaliseront avec les branches les plus fécondes de l'industrie anglaise... Celui qui, à raison de la perfection de sa fabrication et de l'étendue de son commerce, aura été jugé avoir porté le coup le plus funeste à l'industrie anglaise recevra une médaille en or.» Il ne faut point oublier d'ailleurs que nous étions encore en état de guerre avec l'Angleterre et que le Directoire voulait la frapper au cœur en ruinant son commerce : Bonaparte avait entrepris dans ce but la mémorable expédition d'Égypte, avec l'intention de porter nos armes jusque dans les Indes.

L'amour-propre d'auteur et sans doute l'esprit politique avaient conduit François de Neufchâteau à exagérer le succès. Lorsqu'on a été témoin des expositions contemporaines, on est tenté de sourire à la lecture des paroles par lesquelles il saluait cette exposition minuscule, à laquelle 110 exposants seulement venaient de prendre part.

Cependant, au milieu des circonstances où avait été tentée l'expérience, le Ministre pouvait se féliciter à bon droit de n'avoir point éprouvé un échec complet. Il était fondé sinon à entonner un chant de victoire, du moins à se tenir pour satisfait de l'issue de cette épreuve. L'impulsion était donnée; l'entreprise avait été universellement approuvée; l'opinion publique se montrait favorable au renouvellement périodique des expositions; tout permettait de présager que les industriels feraient leurs efforts pour prendre part aux concours dans l'avenir et y mériter des récompenses.

5. Multiplicité des expositions au XIXe siècle. Catégories diverses d'expositions. — Depuis l'an VI, les expositions se sont multipliées, tant en France qu'à l'étranger. Leur nombre devient chaque jour plus considérable.

Elles se divisent en plusieurs catégories.

Au point de vue de la nature des objets exposés, il y a lieu de distinguer les *expositions universelles*, qui embrassent toutes les branches de l'activité humaine, et les *expositions spéciales*, qui sont limitées à certaines classes d'œuvres ou de produits.

Au point de vue des peuples qui y participent, les expositions sont *internationales* ou *nationales*, suivant qu'elles sont accessibles aux exposants des pays étrangers ou seulement aux exposants du pays qui les organise[1].

Au point de vue de la durée, elles peuvent être *permanentes* ou *temporaires*. Les expositions permanentes constituent l'exception : seules, les expositions qui sont tout à la fois spéciales et nationales peuvent avoir une durée illimitée.

Les expositions à la fois nationales et spéciales sont trop nombreuses pour être comprises dans cet historique. Je ne m'attarderai même pas à en dresser la nomenclature : ce serait du reste une tâche aussi difficile que peu intéressante.

Parmi les expositions nationales et universelles, je retiendrai seulement celles qui ont été organisées en France par le Gouvernement. Elles ont eu toutes leur siège à Paris. Les années au cours desquelles

[1] Un cas particulier est celui des expositions organisées par les industriels d'un pays dans un pays étranger.

elles ont eu lieu sont, abstraction faite de l'Exposition de l'an VI, dont nous avons déjà parlé : an IX (1801), an X (1802), 1806, 1819, 1823, 1827, 1834, 1839, 1844, 1849[1].

[1] Voici, à titre de curiosité, la liste des expositions internationales annoncées par le *Moniteur officiel du commerce*, depuis sa fondation en 1883 jusqu'en 1889 inclusivement :

1883. Vienne (produits pharmaceutiques), Louisville aux États-Unis (tous produits), Vienne (électricité), Liège (pomologie), Marseille (industries maritimes), Cagliari (mécanismes et appareils élévateurs des eaux), Bucharest (exposition ouvrière), Middelburg dans les Pays-Bas (appareils à gaz), Nice (tous produits).

1884. Calcutta (tous produits), Londres (tous produits), Philadelphie (électricité), Vienne (industrie du tour), Édimbourg (sylviculture), Nouvelle-Orléans (tous produits, mais spécialement culture et industrie du coton), Amsterdam (agriculture), Turin (tous produits, la section d'électricité étant seule internationale), Londres (hygiène et éducation), Malchin dans le Mecklembourg (chemins de fer portatifs), Dublin (génie sanitaire), le Caire (culture et industrie du coton).

1885. Saint-Pétersbourg (beaux-arts), Buda-Pesth (tous produits, les sections des machines et outils étant seules internationales), Madrid (tous produits, la section des machines étant seule internationale), Anvers (tous produits), Montevideo (tous produits, la section de l'agriculture seule internationale), Nuremberg (orfèvrerie, joaillerie, bronzes d'art et ameublement), Vienne (moteurs et machines pour la petite industrie), Londres (inventions industrielles et agricoles), Kœnigsberg (machines de petite industrie), Delft dans les Pays-Bas (céramique et vitrail), Port-Élisabeth au Cap (tous produits, les sections des machines et outils seules internationales), Copenhague (produits agricoles), Saragosse (tous produits), Lecce (mécanismes élévateurs des eaux et moteurs à air), San-Miniato (appareils pour la distillation du marc de raisin), Nouvelle-Orléans (tous produits).

1886. Buenos-Ayres (agriculture), Liverpool (tous produits, les étrangers exclus de la seule section des machines), Édimbourg (tous produits), Conegliano (appareils anticryptogamiques et insecticides), Amsterdam (meunerie et boulangerie), Stockholm (industrie).

1887. Bombay (tous produits), le Havre (marine), Adélaïde en Australie (tous produits), Ferrare (machines et instruments pour la culture et les opérations rurales du chanvre), Manchester (arts et manufactures, les étrangers exclus de la section des beaux-arts), Milan (meunerie et boulangerie), Santiago du Chili (machines pour la préparation du lin), Ékaterinbourg (sciences et industrie), Québec (produits agricoles et industriels).

1888. Barcelone (tous produits), Melbourne (tous produits), Bruxelles (sciences et industrie), Copenhague (tous produits), Olympie (tous produits, les étrangers admis à concourir dans les sections des machines agricoles et industrielles, et instruments ou outils en usage sur le territoire grec), Cologne (horticulture), Aoste (ustensiles et ingrédients pour laiteries), Vienne (fruits).

1889. Paris (tous produits), Portici (appareils pour sécher les fruits), Genève (horlogerie, les étrangers exclus de la section des leviers de boîte), Tiflis (agriculture et industrie), New-York (marine), Dunedin en Nouvelle-Zélande (tous produits, les étrangers admis dans les sections des sciences et de l'éducation).

1890. Buenos-Ayres (élevage et agriculture), Vienne (agriculture et exploitation forestière, admission partielle des Français), Édimbourg (tous produits), Foggia (semoirs).

1891. Kingston dans la Jamaïque (tous produits).

Le nombre des expositions internationales elles-mêmes est tel aujourd'hui que nous devons nous limiter aux grandes expositions universelles de 1851 (Londres), 1855 (Paris), 1862 (Londres), 1867 (Paris), 1871 à 1874 (Londres), 1873 (Vienne), 1876 (Philadelphie), 1878 (Paris), et à quelques autres de moindre importance, qui ont formé pour ainsi dire le trait d'union entre celles de 1878 et de 1889.

CHAPITRE II.

EXPOSITIONS UNIVERSELLES FRANÇAISES DE 1801 À 1849.

1. **Exposition de l'an IX.** — Ainsi que je l'ai dit précédemment, François de Neufchâteau avait manifesté l'intention d'organiser chaque année une exposition publique des produits de l'industrie française. La circulaire du 24 vendémiaire an VII, dans laquelle il faisait connaître les résultats de l'expérience de l'an VI, contenait des dispositions et des prescriptions en vue de l'Exposition de l'an VII.

Malheureusement des circonstances imprévues empêchèrent le Ministre de réaliser ses projets.

A l'intérieur, le Directoire compromettait son autorité et sa situation par des alternatives de faiblesse et de violence, par la spoliation partielle des créanciers de l'État, par l'emprunt forcé progressif, par la loi des otages contre les parents des émigrés et des ci-devant nobles.

A l'extérieur, il provoquait l'Europe par une série d'imprudences.

Bonaparte, le plus ferme soutien de notre puissance militaire, était en Orient.

Pitt en profita pour provoquer contre la France une nouvelle coalition comprenant l'Angleterre, l'Autriche, la Russie, une partie de l'Allemagne, Naples, le Portugal, la Turquie et les États barbaresques.

Malgré les victoires de Brune à Bergen et de Masséna à Zurich, le Directoire tomba le 18 brumaire de l'an VII pour faire place au Consulat. Bonaparte, qui avait été l'âme et l'instrument du coup d'État, fut Premier Consul. Après avoir vainement adressé des ouvertures pacifiques à l'Angleterre et à l'Autriche, il dut reprendre les opérations de guerre : les succès éclatants des armes françaises à Marengo et à Hohenlinden déterminèrent l'Autriche à signer, le 9 février 1801, le traité de Lunéville, et désarmèrent nos autres ennemis, à l'exception de l'Angleterre.

Les préoccupations du Gouvernement purent dès lors se reporter sur notre commerce.

Par un arrêté du 13 ventôse an IX, les Consuls décidèrent, sur le rapport de Chaptal, Ministre de l'intérieur, qu'il y aurait chaque année, à Paris, une exposition publique des produits de l'industrie française, pendant les cinq jours complémentaires, et que cette exposition ferait partie de la fête destinée à célébrer l'anniversaire de la fondation de la République.

C'était, on le voit, la confirmation du programme de François de Neufchâteau.

Les manufacturiers et artistes désireux de concourir étaient tenus de se faire inscrire à la préfecture de leur département, avant le 15 messidor, et d'y remettre les échantillons ou modèles des objets d'art qu'ils avaient l'intention d'exposer.

Les produits des découvertes nouvelles et les objets d'une exécution achevée, si la fabrication en était connue, devaient seuls être admis. Ils ne pouvaient l'être qu'après un examen préalable confié à un jury de 5 membres, nommés à cet effet par le préfet de chaque département.

Un jury de 15 membres désignés par le Ministre de l'intérieur était appelé à désigner : 1° les 12 manufacturiers ou artistes dont les productions lui auraient paru les plus remarquables; 2° les 20 autres manufacturiers ou artistes qui auraient mérité, par leurs travaux et leurs efforts, d'être mentionnés honorablement.

L'arrêté portait en outre qu'un échantillon de chacune des productions désignées par le jury serait déposé au Conservatoire des arts et métiers, avec l'inscription du nom de l'auteur.

L'Exposition de l'an IX fut installée dans la cour du Louvre, qui avait été préférée au Champ de Mars, par suite de sa situation au centre de la capitale et des facilités qu'elle offrait pour la garde des objets.

Des portiques à colonnes, s'élevant jusqu'au niveau de la première corniche et conçus dans un style très heureux, avaient été adossés aux façades du palais.

220 exposants, appartenant à 38 départements, furent admis par les jurys départementaux et prirent part au concours.

Outre les catégories d'objets qui avaient déjà figuré à l'Exposition de l'an VI, on peut signaler les suivantes : vêtements, mobilier, poterie, faïences et porcelaines, cartes, estampes, chanvre, toiles de lin, étoffes de soie, dentelles, papier, métiers à tisser la soie, métiers pour la fabrication des bas, substances minérales, couleurs, machines agricoles, alcools et liqueurs, etc. Nous mentionnons, à titre de simple curiosité, un modèle d'habit sans coutures apparentes, susceptible d'être transformé à volonté en veste, redingote, manteau et pantalon; une machine pour préserver du naufrage les bateaux, navires et vaisseaux; le dessin d'une mécanique pour opérer l'ascension dans l'air sans le secours du ballon. Il ne faudrait point toutefois juger, d'après ces exemples, l'Exposition de l'an IX, qui fut au contraire très sérieuse dans son ensemble : quelque soin que l'on apporte aux travaux préparatoires de l'admission, certains exposants arrivent toujours à faire recevoir des produits qui auraient dû être écartés.

Les organisateurs de la seconde exposition avaient eu la pensée de réunir les beaux-arts et l'industrie. Mais ils s'étaient heurtés contre les résistances des peintres et des sculpteurs, qui voulaient conserver leur public ordinaire et qui, d'ailleurs, n'étaient pas sans dédain pour la production industrielle.

Le jury central se composait des hommes les plus autorisés : Berthollet, chimiste, membre de l'Institut; Bardel, membre du Conseil de l'agriculture, des arts et du commerce; Berthoud, horloger, membre de l'Institut; Bonjour, commissaire des salines et membre bénévole du Conseil de l'agriculture, des arts et du commerce; Bosc,

EXPOSITION DE L'AN IX (1801) DANS LA COUR DU LOUVRE

membre du Tribunat; Costaz, membre du Tribunat et de l'Institut d'Égypte; Guiton-Morveau, chimiste, membre de l'Institut; Molard, démonstrateur au Conservatoire des arts et métiers; Mérimée, peintre et professeur à l'École polytechnique (père du membre de l'Académie française); Montgolfier, démonstrateur au Conservatoire des arts et métiers (inventeur du bélier hydraulique); Périer, mécanicien, membre de l'Institut (constructeur de la pompe à feu de Chaillot, inventeur de cylindres à papier, de machines à filer le coton, de pompes centrifuges, etc.); de Prony, ingénieur illustre, membre de l'Institut; Perrier, membre du Conseil supérieur de l'agriculture, des arts et du commerce; Raymond, architecte, membre de l'Institut (chargé de la construction des châteaux de Saint-Cloud et de Meudon, ainsi que de la belle place du Peyrou à Montpellier); Vincent, peintre, membre de l'Institut.

Je ne me propose pas de donner des indications si détaillées sur la composition du jury, pour les autres expositions. Mais il m'a paru intéressant de montrer combien le Gouvernement s'est attaché dès l'origine à ne désigner que des jurés d'une compétence indiscutable, quelle large part il faisait à l'Institut et spécialement à l'Académie des sciences.

Suivant certains documents officiels, l'Exposition fut ouverte du 2e jour complémentaire de l'an IX au 2 vendémiaire an X (19 au 24 septembre 1801); selon d'autres documents, elle le fut, conformément aux prévisions de l'arrêté des Consuls, du 1er au 5e jour complémentaire.

Les trois Consuls la visitèrent officiellement le 5e jour complémentaire, pour donner aux exposants un témoignage public de leur sympathie et de leur sollicitude.

Ils reçurent les membres du jury le 2 vendémiaire. A cette occasion, Costaz, rapporteur, prononça un discours dans lequel il signala la supériorité de la France pour la typographie, la céramique, la tapisserie, la draperie et le mobilier, et constata les progrès notables des branches de production se rattachant à la chimie ou exigeant la connaissance du dessin.

Les dispositions de l'arrêté du 13 ventôse an IX, concernant les récompenses, furent légèrement modifiées; 77 médailles furent décernées, savoir :

19 médailles d'or, dont 7 à des exposants qui avaient obtenu la première mention honorable en l'an VI et 12 à de nouveaux exposants;

28 médailles d'argent, dont 8 à des exposants qui avaient obtenu la seconde mention honorable en l'an VI et 20 à de nouveaux exposants;

30 médailles de bronze.

En outre, 33 exposants obtinrent une mention honorable.

Parmi les titulaires des médailles d'or, on remarque des noms célèbres, tels que ceux de Didot (imprimerie), Lenoir (instruments de mathématiques), Conté (crayons), Bossut, géomètre (modèle d'écluse), Montgolfier (papeterie); Ternaux (draps). Les manufactures nationales et le Conseil des mines avaient été placés hors concours. Il en était de même de la bergerie de Rambouillet, qui avait été créée en 1786 par Louis XVI dans le but d'améliorer les races ovines et qui devint en 1811 le dépôt des mérinos importés d'Espagne.

2. Fondation de la Société d'encouragement pour l'industrie nationale. — Ici se place un fait important qu'il convient de relater : je veux parler de la fondation, en 1802, de la «Société pour l'encouragement de l'industrie nationale», à l'instar d'une société analogue créée en Angleterre par Shipley, dès 1756.

Cette société devait rester indépendante du Gouvernement, mais se joindre à lui pour développer le progrès industriel et agricole.

Son but et ses moyens d'action étaient les suivants :

1° Recueillir de toutes parts les découvertes et inventions utiles aux progrès des arts;

2° Distribuer chaque année des encouragements, soit par des prix, soit par des gratifications, soit par des abonnements aux publications qui répandraient l'application de nouveaux procédés;

3° Propager l'instruction, soit en donnant une grande publicité aux découvertes utiles, soit en faisant composer des manuels sur les diverses parties des arts, soit en provoquant des réunions où les lumières de la théorie viendraient s'associer aux résultats de la pratique, soit en faisant exécuter à ses frais et distribuer dans le public, et spécialement dans les ateliers, les machines et instruments qui mériteraient d'être connus et qui risqueraient de demeurer ignorés, sans l'intervention active de la Société;

4° Diriger certains essais et expériences pour constater l'utilité des procédés dont il y aurait lieu d'espérer de grands avantages;

5° Secourir les artistes distingués dans le malheur;

6° Rapprocher tous ceux qui, par leur état, leurs goûts, leurs lumières, prenaient intérêt aux progrès des arts ou pouvaient efficacement y concourir;

7° Devenir le centre d'institutions semblables dans les principales villes manufacturières de France.

La Société d'encouragement pour l'industrie nationale avait à sa tête Chaptal, Ministre de l'intérieur, savant distingué, qui avait été successivement médecin, professeur de chimie, fabricant de produits chimiques, directeur de la poudrerie militaire de Grenelle, professeur à l'École polytechnique, membre de l'Institut, et à qui la France était redevable des plus heureuses applications de la science à l'industrie.

Elle comptait au nombre de ses adhérents des hommes politiques, des savants éminents, des artistes, des administrateurs, des financiers : nous citerons Berthollet, Bosc, Chaptal, Fourcroy, François de Neufchâteau, Mérimée, Monge, Montgolfier, Prony, Vauquelin.

Les membres de cette société ont, dès le premier jour, payé largement non seulement de leur personne, mais aussi de leurs deniers, et rendu des services éclatants dont nous trouverons la trace dans les expositions ultérieures. Leur rôle a été si intimement lié à celui du Gouvernement qu'il nous était impossible de ne pas le mentionner ici et que nous devions rendre hommage aux grands efforts de la Société pour la science et le bien du pays.

3. Exposition de l'an x. — La guerre avec l'Angleterre venait de se terminer par le traité d'Amiens du 25 mars 1802 : toutes nos acquisitions continentales étaient reconnues; nous recouvrions les colonies que nous avions perdues; l'existence des républiques fondées par nos armes était formellement consacrée. C'était la consolidation de la paix.

L'Exposition annuelle pouvait donc, pour l'an x, se préparer dans les conditions les plus favorables.

Chaptal voulut qu'elle offrît l'image fidèle de la production nationale, qu'elle montrât les produits courants de nos manufactures et non des produits exceptionnels. Il insista tout spécialement sur ce point dans sa circulaire du 6 floréal an x aux administrations départementales.

Ainsi que l'expliquait cette circulaire, le Gouvernement estimait peu les *tours de force,* fruit d'une patience stérile ou d'une adresse minutieuse; il ne considérait que les résultats d'une fabrication habituelle. Il attachait d'ailleurs la même importance aux objets communs qu'aux objets de luxe, aux draps grossiers de Lodève ou aux serges du Gévaudan qu'aux belles étoffes de Sedan et de Louviers, à la poterie ordinaire qu'à la porcelaine élégante, aux couteaux de Saint-Étienne, dits *eustaches de bois* et payés 5 centimes, qu'aux couteaux de 25 francs. Chaque genre de fabrication devait être jugé d'après sa destination, et le véritable mérite consistait à savoir proportionner la qualité et le prix des objets à leur usage, au goût du consommateur et à sa fortune.

L'Exposition fut installée, comme l'année précédente, dans la cour du Louvre. Au centre de cette cour s'élevait une reproduction en terre cuite du monument de Lysicrate à Athènes, vulgairement connu sous le nom de *Lanterne de Démosthène.*

540 exposants, appartenant à 73 départements, prirent part au concours.

Le jury avait à peu près la même composition qu'en l'an IX; cependant Berthollet et Bonjour y étaient remplacés par Alard, membre de la section de commerce du conseil du Ministre de l'intérieur, et Conté, démonstrateur au Conservatoire des arts et métiers. Costaz y remplissait encore les fonctions de rapporteur.

L'Exposition demeura ouverte du 1er jour complémentaire de l'an x au 2 vendémiaire an xi (18 au 24 septembre 1802).

Le nombre des médailles décernées par le jury fut de 151, savoir : 38 médailles d'or, 53 médailles d'argent et 60 médailles de bronze.

En outre, des mentions honorables furent accordées à 100 exposants environ.

4. Exposition de 1806. — Le commerce et l'industrie de la France prenaient un essor immense; son pavillon flottait sur toutes les mers; son influence sur la politique européenne allait chaque jour grandissant. L'Angleterre, jalouse de tant de succès, rompit la paix d'Amiens, le 13 mai 1803, par une odieuse violation du droit des gens et soudoya même une conspiration contre la vie de Bonaparte.

L'Exposition qui devait avoir lieu en l'an xi fut ajournée.

Du reste, le Gouvernement, éclairé par l'expérience, jugeait qu'un intervalle d'une année entre deux expositions consécutives était beaucoup trop court pour permettre à de nouvelles découvertes de se produire et d'arriver à maturité. Une note du Ministre de l'intérieur, annonçant l'ajournement, fut insérée au *Moniteur* du 10 floréal an xi.

Bientôt une nouvelle coalition se forma contre l'Empire. Il fallut la combattre. La capitulation d'Ulm et la bataille d'Austerlitz obligèrent l'Autriche à signer la paix à Presbourg, le 26 décembre 1805. Cependant la guerre était loin d'être terminée et ce fut entre deux campagnes que Napoléon Ier, ne voulant pas retarder davantage la quatrième exposition, en ordonna l'ouverture au cours de l'année 1806.

Aux termes du décret rendu à cet effet, le 15 février 1806, l'Exposition devait commencer le 25 mai et avoir lieu sur la place des Invalides. Des salles particulières devaient être réservées aux objets précieux de bijouterie, d'orfèvrerie et d'horlogerie. Un crédit de 60,000 francs était mis à la disposition du Ministre de l'intérieur : on était loin des sommes que nous affectons aujourd'hui à nos grandes assises industrielles.

IMPRIMERIE NATIONALE.

Le programme comportait, à la suite de l'Exposition, une grande foire nationale accessible à tous les objets de fabrication française. La vente dans les locaux de l'Exposition n'était permise que pour les produits dont les échantillons auraient été exposés.

L'Exposition devait coïncider avec les fêtes organisées en l'honneur de nos armées victorieuses : le Gouvernement comptait ainsi augmenter l'éclat de ces fêtes et faire en même temps bénéficier les manufacturiers et les commerçants d'une plus grande affluence de visiteurs français ou étrangers.

Par suite de diverses circonstances, l'inauguration fut remise au 25 septembre.

L'Exposition se prolongea jusqu'au 19 octobre et eut ainsi une durée de vingt-quatre jours. Elle fut beaucoup plus brillante que celles de l'an VI, de l'an IX et même de l'an X : l'enthousiasme provoqué par nos triomphes militaires, le prestige de Napoléon Ier qui était alors à l'apogée de sa puissance, les grands progrès de l'industrie française, l'émulation suscitée par les récompenses que le jury avait décernées lors des expositions antérieures, tout concourait au succès de l'entreprise.

1,422 exposants, appartenant à 104 départements, apportèrent leurs produits sous les portiques de la place des Invalides.

Le jury, composé de 22 membres, avait Monge pour président et Costaz pour rapporteur. Pour l'examen des objets, il se divisa en quatre sections : section des arts mécaniques, section des arts chimiques, section des beaux-arts, section des tissus; mais il ne rédigea qu'un rapport unique.

Le nombre des distinctions atteignit 610, savoir : 54 médailles d'or, 97 médailles d'argent de 1re classe, 80 médailles d'argent de 2e classe, 379 mentions honorables ou citations : la médaille d'argent de 2e classe correspondait à la médaille de bronze des expositions précédentes; la simple citation constituait un ordre nouveau de récompenses.

Conformément au principe admis en l'an X, le jury pensa qu'il ne

EXPOSITION DE 1806 SUR L'ESPLANADE DES INVALIDES

pouvait, sans fausser une institution créée pour améliorer l'un par l'autre le commerce et l'industrie manufacturière, comprendre dans la distribution des récompenses les œuvres qui, tout en témoignant de l'intelligence et de l'habileté de leurs auteurs, n'étaient pas susceptibles d'une utilisation commerciale. Il s'abstint également de récompenser les artistes ou manufacturiers qui avaient obtenu une distinction à l'une des expositions antérieures et qui ne méritaient pas une distinction plus élevée; il se borna à mentionner ceux qui étaient restés dignes de la distinction dont ils avaient été précédemment honorés; cependant tous les tableaux officiels publiés depuis assimilent les rappels de distinctions antérieures à des distinctions nouvelles.

Parmi les titulaires de médaille d'or, il en est un qui mérite d'être spécialement signalé : c'est Oberkampf, fabricant de toiles peintes. Cet industriel, fils d'un teinturier, avait eu les débuts les plus modestes. Ne possédant pour tout capital que 600 francs, il s'était établi à l'âge de vingt et un ans, dans une chaumière de la vallée de Jouy, où il avait entrepris ses essais, se chargeant seul du dessin, de la gravure, de l'impression et de la teinture des toiles. Bientôt ses étoffes, connues sous le nom d'*indiennes*, avaient conquis la mode, et son établissement avait pris une extension prodigieuse. La France lui dut ainsi une industrie nouvelle et importante. Elle lui fut également redevable de la première filature de coton. Louis XVI lui délivra plus tard des lettres de noblesse. Napoléon le décora de sa main et lui offrit un siège au Sénat, qu'il refusa par modestie.

Les faits les plus intéressants à relater d'après le rapport de Costaz et les autres documents de l'époque sont les suivants :

1. *Laine.* — La race des mérinos d'Espagne, importés en France, vers la fin du règne de Louis XVI, s'y était parfaitement acclimatée et y donnait des laines qui présentaient toutes les qualités des laines espagnoles; le croisement des mérinos et des moutons indigènes fournissait des métis, dont la toison acquérait de la finesse et de la valeur.

La fabrication des draps superfins et fins était partout très soignée. Mais le jury constatait avec regret l'excessive cherté des produits et incitait les manufacturiers à réduire le prix de revient par l'emploi des machines.

La production du casimir s'était étendue et avait réalisé de très grands progrès.

2. *Chanvre et lin.* — Les toiles continuaient à former l'une des branches principales du commerce de la France; nos toiles fines étaient recherchées dans toute l'Europe et en Amérique.

3. *Coton.* — Le travail du coton s'était très sensiblement amélioré. En l'an x, la fabrication de la mousseline n'existait pour ainsi dire pas, tandis qu'en 1806, le seul arrondissement de Saint-Quentin possédait 8,000 métiers en activité, tant pour fabriquer des basins que pour faire des mousselines ou des percales et des calicots, deux genres de tissus ne différant du premier que par le moindre degré de finesse des fils : cet arrondissement pouvait produire près de 300,000 pièces par an.

Les calicots français allaient de pair avec ceux d'Angleterre.

La production des velours de coton était également dans une situation prospère.

De tous côtés s'élevaient des fabriques de nankin, étoffe alors très en vogue.

L'art de filer le coton, soit en filature continue, soit au mull-jenny, s'était d'ailleurs solidement établi en France. Toutefois les fils se tenaient en général au-dessous du n° 60; la filature en fin n'était pas encore répandue; à l'occasion, le jury demandait au Gouvernement d'intervenir pour faire disparaître la variété et l'incertitude dans la valeur du numéro des cotons filés.

Je crois devoir signaler, en passant, les préoccupations auxquelles l'usage de plus en plus considérable du coton donnait lieu dans les sphères administratives. On y voyait les industries de la laine, du chanvre, du lin et de la soie profondément compromises, la France payant à l'étranger un tribut annuel de 150 à 160 millions de francs pour l'achat de la matière première, les manufactures qui travaillaient le coton exposées elles-mêmes à la ruine en cas de guerre maritime.

4. *Cuirs et peaux.* — Le corroyage, c'est-à-dire l'art d'apprêter les peaux et les cuirs tannés et de leur donner la couleur, le poli, la souplesse ou la fermeté nécessaires, avait fait des progrès très marqués; les ouvrages de cordonnerie et de sellerie avaient largement profité de ces progrès.

La fabrication du maroquin, introduite en France depuis peu de temps, était déjà supérieure à celle du Levant. Nos produits pouvaient soutenir victorieusement la concurrence des produits étrangers, au point de vue de la variété, de la beauté et de la solidité des couleurs, ainsi que de l'apprêt et de la souplesse des peaux.

5. *Fers et aciers.* — Plus de 150 usines disséminées sur le territoire de 40 départements avaient envoyé des échantillons. Leurs produits étaient de bonne qualité; les aciéries se multipliaient. Cependant la métallurgie était encore rudimentaire; il n'existait notamment qu'une seule usine, celle du Creusot, où les minerais de fer fussent fondus au coke.

6. *Arts mécaniques appliqués à l'industrie.* — Les Anglais nous avaient devancés en appliquant non seulement à la filature de la laine, mais à toutes les opérations intéressant la fabrication des draps, des machines de beaucoup supérieures aux nôtres. Ils nous avaient mis dans l'impossibilité de lutter avec eux sur les marchés étrangers, et nous inondaient même de leurs produits malgré les lois prohibitives édictées contre cet envahissement. Pour soutenir la lutte, Chaptal avait cru devoir attirer en France l'habile Douglas, l'un des meilleurs constructeurs de la Grande-Bretagne. Cet industriel avait, en deux ans, fourni à nos manufactures plus de 340 machines, dont plusieurs types figuraient à l'exposition de 1806, notamment :

1° Des machines à ouvrir la laine, qu'un enfant pouvait alimenter et qui produisaient le travail de quarante personnes;

2° Des cardes-brisoirs qui effectuaient le premier degré de cardage et cardaient 60 à 65 kilogrammes par jour et qui pouvaient également être alimentées par un enfant;

3° Des cardes-finissoirs qui achevaient le cardage et étaient desservies par deux enfants;

4° Des machines de trente broches à filer en gros, produisant par jour 25 à 30 kilogrammes de fil et conduites par une femme et un enfant;

5° Des machines de quarante broches, au moyen desquelles une femme et un enfant pouvaient filer par jour 15 kilogrammes de laine pour chaîne de couverture;

6° Des machines de soixante broches, à l'aide desquelles une femme faisait par jour 6 kilogrammes de fil pour drap;

7° Des machines à lainer les draps, desservies par deux personnes faisant autant d'ouvrage que vingt laineurs à la main et procurant une économie de 12 p. 100 sur la consommation du chardon;

8° Des machines plus petites pour le lainage et le brossage des draps;

9° Des métiers pour tisser à la navette volante, qui accéléraient le travail, fatiguaient moins le tisserand et économisaient la main-d'œuvre d'un homme dans la fabrication des tissus larges.

La filature mécanique du coton, qui n'était pour ainsi dire pas pratiquée en France avant 1789, y avait fait de rapides progrès. On renonçait à la filature au rouet ou à la main; l'importation étrangère diminuait sans cesse, sauf pour le fil très fin. Cette transformation honorait d'autant plus nos manufacturiers qu'elle s'opérait au milieu de difficultés de toute sorte. En 1806, Pouchet, Albert et Calla présentaient une remarquable collection de machines : carderies brisoires et finissoires, boudineries, machines à filer du système mull-jenny, machines à filature continue.

7. *Machines et instruments de précision.* — Notre horlogerie était la plus parfaite de l'Europe. Néanmoins le jury mettait les constructeurs en garde contre la complication que leur extrême habileté les entraînait à introduire dans les mécanismes.

La France excellait aussi dans les instruments de précision.

8. *Produits chimiques.* — La chimie théorique et la chimie appliquée avaient marché à pas de géant : des savants comme Berthollet,

Chaptal, Darcet et Proust s'y étaient illustrés. Après quelques hésitations, la science et la pratique avaient contracté un mariage de raison, qui s'était bientôt transformé en mariage d'inclination et avait été particulièrement fécond.

L'Exposition de 1806 révélait de sérieux progrès dans la fabrication des produits chimiques.

Parmi les conquêtes de l'industrie française, le jury signalait la production d'aluns comparables à l'alun de Rome. Auparavant les aluns fabriqués en France contenaient trop d'acide et n'étaient pas assez privés de fer : la présence de ce métal était préjudiciable aux opérations de teinture qui avaient pour but d'obtenir certaines nuances fines et délicates.

Le jury exprimait le regret que nous fussions tributaires de l'Espagne pour la soude, c'est-à-dire pour un produit employé en quantité considérable dans les savonneries, les verreries, les teintureries et les blanchisseries.

9. *Verrerie et cristallerie.* — Plusieurs usines produisaient des cristaux remarquables par la beauté de la matière, le bon goût des formes, l'habileté de la taille et la vivacité du poli.

10. *Poterie.* — Les établissements où se fabriquait la poterie dite « terre de pipe » soutenaient le bon renom qu'ils avaient déjà acquis, malgré la date récente de leur création. Le jury demandait plus de perfection dans les formes et la composition de la pâte, une plus grande dureté des couvertes et une fabrication plus économique.

La France avait une supériorité incontestée sur les autres pays pour la fabrication et la décoration de la porcelaine. Des artistes de premier ordre y employaient les ressources inépuisables de leur talent. Un nouveau vert, tiré du chrome, avait été découvert par Vauquelin.

Le développement de l'industrie de la porcelaine était généralement attribué à la suppression du privilège dont jouissait autrefois la manufacture de Sèvres. On s'inquiétait de la pénurie du kaolin : la seule carrière connue était celle de Saint-Yrieix.

11. *Établissements nationaux.* — Le jury décernait des éloges

justement mérités à l'Imprimerie nationale, à la manufacture de Sèvres, aux manufactures des Gobelins, de la Savonnière et de Beauvais.

12. *Établissements publics de bienfaisance.* — Plusieurs ateliers établis dans les hospices, les dépôts de mendicité et les maisons de détention avaient envoyé des produits à l'Exposition. Le jury félicitait l'Administration d'avoir ainsi introduit le travail dans ces établissements et réalisé une œuvre de haute moralisation.

5. Exposition de 1819. — Napoléon Ier avait fixé à trois années la période au terme de laquelle se renouvelleraient les expositions des produits de l'industrie française.

Les circonstances s'opposèrent à l'exécution de cette décision.

En 1807, après Iéna, Auerstaedt, Eylau, Friedland et la paix de Tilsitt, l'empereur était arrivé à l'apogée de sa puissance. Soucieux de la grandeur commerciale de la France comme de sa grandeur militaire, il prodiguait les encouragements à l'industrie, promettait de hautes récompenses aux inventeurs qui arracheraient à l'étranger un de ses secrets, assurait un million à celui qui trouverait une machine à filer le lin, offrait pareille somme au savant qui remplacerait le sucre de canne par le sucre de betterave, pensionnait Jacquard pour son métier à tisser la soie, instituait à Compiègne une école d'arts et métiers. Si les débouchés par mer nous étaient fermés, tout le continent nous était ouvert.

Mais la guerre ne tarda pas à reprendre, sans trêve et sans merci. A la suite de nouvelles victoires survinrent la funeste campagne de Russie, la campagne de France, l'abdication de Fontainebleau, enfin l'effondrement de Waterloo (18 juin 1815).

La France restait épuisée par des luttes telles qu'aucune autre nation n'en avait jamais soutenues; sa population était décimée; son territoire était mutilé et demeurait, sur certains points, moins étendu qu'à la fin du règne de Louis XIV; les richesses du pays étaient atteintes ou allaient achever de s'engloutir dans les caisses des peuples étrangers, auxquels nous devions rembourser leurs frais de guerre.

Il fallut attendre jusqu'à l'année 1819 pour faire revivre l'institution des expositions.

Une ordonnance de Louis XVIII, en date du 13 janvier 1819, rendue sur le rapport du comte Decazes, Ministre de l'intérieur, décida que des expositions publiques auraient lieu à des intervalles ne dépassant pas quatre années et que la série commencerait le 25 août 1819.

Cette ordonnance contenait des dispositions analogues à celles qui avaient été précédemment adoptées pour l'examen préalable des objets par des jurys départementaux de 5 membres et pour leur appréciation définitive par un jury central de 15 membres.

Ici se place une innovation présentant un haut intérêt. A la suite de réclamations dont il avait été saisi, le Gouvernement reconnut qu'il était juste de récompenser, non seulement les manufacturiers exposants, mais aussi les savants, les ingénieurs, les contremaîtres, les simples ouvriers, qui, par leurs découvertes, leurs inventions ou leurs travaux, auraient efficacement contribué aux progrès de l'industrie. Par une ordonnance du 9 avril 1819, le roi prescrivit au Ministre de l'intérieur de lui soumettre des propositions en faveur des artistes qui se seraient distingués depuis dix ans et que désignerait dans chaque département manufacturier un jury de 7 fabricants choisis par le préfet.

L'Exposition eut lieu dans les vastes salles du palais du Louvre, qui venaient d'être terminées et qui avaient été appropriées à cet effet.

Inaugurée le 25 août, elle dura jusqu'au 30 septembre.

Elle fut sensiblement plus brillante que celle de 1806. Le nombre des exposants atteignit 1,662.

Le jury se composait de 19 membres, avait le duc de la Rochefoucauld, pair de France, pour président, et Costaz pour rapporteur. De même qu'en 1806, il se divisa en commissions, mais ne présenta qu'un rapport unique.

Il décerna 869 récompenses, dont 90 médailles d'or environ, 180 médailles d'argent et 140 médailles de bronze.

47 industriels, ingénieurs, constructeurs, chimistes, artistes, maîtres-ouvriers ou simples ouvriers, furent présentés pour des récompenses, en exécution de l'ordonnance du 9 avril 1819, savoir : 10 pour une médaille d'or, 11 pour une médaille d'argent, 9 pour une médaille de bronze, 12 pour une mention honorable, 5 pour une allocation pécuniaire.

En parcourant la liste des titulaires de médaille d'or, on y trouve des noms nouveaux dont le souvenir s'est perpétué jusqu'à nos jours : Canson (papiers), Dolfus-Mieg et Cie (châles imprimés), Érard (instruments de musique), Fortin (instruments de précision), Gambey (instruments astronomiques), Jacquard (métiers à tisser), Kœchlin (impression sur toiles de coton), manufacture de Saint-Gobain (glaces), Utzschneider (poteries).

Louis XVIII accorda le titre de baron à Ternaux et à Oberkampf; le cordon de Saint-Michel à Darcet; la croix de chevalier de la Légion d'honneur à 24 savants, artistes et fabricants, parmi lesquels Chaptal fils, Bréguet, Firmin-Didot, Jacquard, Daniel Kœchlin, Lenoir et Utzschneider.

Dans son rapport, Costaz attribuait l'essor de l'industrie française à plusieurs causes principales :

1° Les progrès des sciences exactes et les nombreuses découvertes faites en physique, en chimie et en mécanique, sous l'impulsion de l'Académie des sciences;

2° Les grands services rendus par l'École polytechnique, pépinière d'ingénieurs joignant l'habileté pratique aux connaissances scientifiques;

3° Les efforts si louables de la Société d'encouragement pour l'industrie nationale;

4° La législation nouvelle qui savait concilier l'ordre et la liberté;

5° La sollicitude du Gouvernement pour les intérêts matériels du pays;

6° Enfin l'émulation provoquée par les expositions.

Les faits essentiels que l'Exposition de 1819 mettait en relief étaient les suivants :

1. *Lainages.* — En 1806, le jury avait attesté l'équivalence entre la laine des moutons mérinos de France et celle des mérinos d'Espagne; en 1819, s'appuyant sur les résultats d'une expérience prolongée, il affirmait la supériorité des laines françaises sur les laines espagnoles.

La faveur dont nos laines jouissaient, même à l'étranger, devait être attribuée non seulement à leur qualité intrinsèque, mais aussi aux perfectionnements du lavage ou désuintage, c'est-à-dire de l'opération destinée à les débarrasser de leur enduit graisseux, ainsi que du triage, c'est-à-dire de l'opération destinée à séparer et à classer les diverses sortes de laine d'une même toison.

Le jury combattait le préjugé qui déterminait encore beaucoup de fabricants à employer pour la trame de la laine de Saxe, réputée à tort plus douce, moins sèche et plus moelleuse.

Costaz donnait des renseignements intéressants sur la filature de la laine cardée et de la laine peignée : la laine cardée, dite aussi *laine grasse*, parce qu'elle était huilée avant d'être soumise à l'action de la carde, servait à confectionner les étoffes feutrées ou drapées, dont on ne voyait pas le grain, par exemple les draps et les casimirs; la laine peignée était employée à la fabrication des étoffes rases, telles que les tissus mérinos pour châles et pour robes, les étamines, les burats, etc. Depuis 1803, le cardage et la filature de la laine cardée se faisaient à l'aide de machines, dont la construction avait été introduite en France par Douglas et Cockerill; Bellanger, mécanicien et filateur à Darnetal, avait apporté à ces machines des modifications heureuses qui permettaient d'y atteler un moteur mécanique et de régler avec précision la finesse du fil et le degré de torsion. Le peignage continuait à se faire à la main, et l'industrie commençait seulement à employer, pour le filage de la laine peignée, des machines construites par Dobo et récompensées par la Société d'encouragement.

La filature de la laine et la fabrication des étoffes, jusqu'alors réunies dans les mêmes mains, tendaient à se séparer.

Les fabriques de draperie s'étaient multipliées et avaient subi une transformation radicale par l'emploi des machines, qui assuraient, en même temps qu'une réduction du prix de revient, une plus grande uniformité des produits. L'amélioration des laines avait d'ailleurs ajouté à la souplesse et à la finesse des draps.

2. *Duvet de cachemire.* — Grâce à l'initiative de Ternaux et au zèle de Jaubert, qui n'avait pas reculé devant un voyage pénible et dangereux, la France venait d'acquérir la race des chèvres produisant le duvet de cachemire. Elle était arrivée à filer ce duvet par les mêmes mécanismes et les mêmes procédés que la laine peignée, et à fabriquer des tissus tout à fait comparables à ceux des Indes.

3. *Soies.* — Les soies grèges exposées présentaient deux variétés distinctes : la soie jaune ordinaire et la soie blanche native. Depuis plus de deux siècles, nous possédions la soie jaune ordinaire. Au contraire, nous étions restés tributaires de la Chine pour la soie blanche; à la vérité, notre soie jaune pouvait se blanchir par deux procédés : celui du blanchiment à l'esprit-de-vin et celui du décreusage; mais les manipulations étaient dispendieuses, le blanc ne se maintenait pas indéfiniment, et le décreusage causait un déchet de 25 p. 100, en même temps qu'il détruisait la fermeté de la soie. En 1819, on constatait pour la première fois le succès des tentatives entreprises pour l'éducation en France du ver à soie blanche de Chine.

L'art de filer en fin et mécaniquement la bourre de soie seule ou mélangée avec la laine venait également de s'établir dans notre pays.

L'industrie lyonnaise, placée au premier rang et sans rivale dans le monde, avait fait des progrès remarquables dans le filage, la teinture et le tissage. Un événement considérable s'était produit : c'était la substitution du métier Jacquard aux métiers antérieurement employés. Tandis que les anciens métiers étaient compliqués, surchargés de cordages et de pédales, le métier Jacquard était beaucoup plus simple; il supprimait le travail, presque inhumain, des ouvrières ou tireuses de lacs, dont les membres se déformaient et dont la vie était abrégée.

Les manufacturiers de Lyon avaient eu aussi le mérite de joindre à la fabrication des étoffes riches, brochées et façonnées, celle des étoffes dites *de goût* et *de fantaisie*, où la soie était mélangée soit au coton, soit à d'autres matières.

4. *Chanvre et lin.* — On était parvenu à filer mécaniquement le chanvre et le lin. Toutefois il y avait encore beaucoup à faire, notamment pour produire des fils d'une finesse suffisante.

5. *Cotons.* — Le fait le plus saillant consistait dans les résultats obtenus au point de vue du degré de finesse des fils : alors qu'en 1806 les fils se tenaient généralement au-dessous du n° 60, en 1819, la fabrication courante atteignait le n° 100, et l'on voyait des échantillons de cotons filés jusqu'à 200.

6. *Teinture, apprêt et blanchiment.* — L'art de la teinture avait notablement progressé. Pour la teinture sur laine, on avait réussi à remplacer la cochenille par la garance et par la laque-laque. Pour la teinture sur soie, on avait substitué à l'indigo le bleu de Prusse, qui donnait des couleurs plus vives et plus agréables à l'œil, et qui était, d'ailleurs, susceptible de nuances très variées. Pour la teinture sur fil de lin, on était arrivé à fixer des couleurs qui jadis ne se fixaient que sur le coton. Pour la teinture sur coton, on avait inventé un vert solide; on réalisait des colorations très supérieures à celles du Levant et de l'Inde; on obtenait toutes les nuances du rouge, depuis le rouge enfumé de Madras jusqu'au rose le plus délicat.

On avait aussi trouvé le moyen d'extraire et de rapprocher les principes colorants du carthame, de la cochenille, du kermès et des bois de teinture, ce qui facilitait les opérations, diminuait la main-d'œuvre et assurait aux teintes plus de vivacité.

7. *Impression sur toiles de coton.* — Les procédés mécaniques d'exécution avaient été simplifiés. L'application lente et souvent inexacte

des planches avait fait place à l'action rapide, continue et régulière du cylindre. Des découvertes avaient été faites pour les agents chimiques ou *rongeurs*, qui, mis en contact par le cylindre avec des toiles teintes à fond uni, y déterminaient des dessins nuancés.

8. *Papiers.* — L'art de la papeterie était manifestement en progression. On avait appris à conduire la macération du chiffon, de manière à ne pas nuire à la force du papier et à ne pas en compromettre le collage; on avait aussi commencé à coller à la cuve et à remplacer la fabrication manuelle par la fabrication mécanique.

9. *Métallurgie.* — Le rapport du jury signalait dans la métallurgie du fer différents progrès, tels que l'utilisation du fer carbonaté terreux, l'emploi du procédé d'affinage dit *anglais*, le remplacement des anciens soufflets de forge par des soufflets à piston, enfin l'étirage de la loupe entre des cylindres de laminoir cannelés au lieu du battage au martinet pour la production des barres.

L'Exposition de 1819 montrait que le problème de la fabrication de l'acier avait été complètement résolu par les industriels français. Des aciéries établies dans 21 départements avaient envoyé d'excellents échantillons d'aciers de toute espèce : acier naturel, acier de forge, acier de cémentation, acier fondu.

La fabrication du laiton avait pris pied en France. On était arrivé à extraire le zinc de la *blende* (sulfure de zinc) : c'était un fait important, eu égard à la pénurie de la *calamine* (oxyde de zinc).

L'exploitation de l'étain était née depuis 1806.

Le laminage des tôles et la fabrication du fer-blanc s'étaient considérablement développés.

10. *Horlogerie.* — L'horlogerie de fabrique continuait à être dans une situation prospère; ses prix de revient s'étaient très notablement abaissés.

Bréguet et quelques autres artistes produisaient des chronomètres d'une admirable précision.

11. *Instruments de mathématiques, d'optique et de physique.* — Nous avions des constructeurs, comme Lenoir, Fortin et Lerebours, qui

excellaient dans la fabrication des instruments et secondaient puissamment les recherches de la science.

12. *Instruments de musique.* — L'Exposition de 1819 témoignait d'innovations importantes dans la construction des instruments à cordes. Par une étude raisonnée des formes à donner aux violons, on avait pu les doter des qualités qui jusqu'alors avaient été considérées comme l'apanage du temps et qui faisaient attacher un si grand prix aux violons de Stradivarius et des anciens luthiers italiens. Les frères Érard, habiles facteurs, avaient simplifié le mécanisme de leurs pianos à queue, perfectionné la table d'harmonie et obtenu des sons nets, vigoureux et brillants.

13. *Arts et produits chimiques.* — Les soudes étrangères, connues sous le nom de *soudes d'Alicante, cendres de Sicile, natron d'Égypte,* avaient presque complètement fait place aux soudes françaises dans notre consommation intérieure. Ces soudes étaient produites par la décomposition du sel marin d'après le procédé Leblanc, auquel Darcet avait apporté des améliorations en modifiant le fourneau à réverbère.

Le préjugé en faveur de l'alun de Rome n'avait pas encore disparu, et le jury affirmait à nouveau l'équivalence de nos aluns débarrassés de leur sulfate de fer par une cristallisation soignée.

Une industrie nouvelle s'était créée pour préparer par la carbonisation du bois l'acide acétique, employé dans la teinture et l'impression sur toiles sous forme d'acétate de plomb ou d'acétate de fer.

14. *Produits alimentaires.* — Grâce à la persévérance de Chaptal, la fabrication du sucre de betterave avait fait de grands progrès; les mélasses fournissaient une quantité considérable d'eau-de-vie.

15. *Poterie et porcelaine.* — La France conservait sa prépondérance sur les autres pays pour la porcelaine. La manufacture de Sèvres y contribuait par ses exemples, par l'instruction qui en émanait, par les ouvriers qu'elle formait, par l'émulation qu'elle provoquait. On était parvenu à réduire la dépense de combustible, c'est-à-dire l'un des principaux éléments de la valeur vénale de la porcelaine; la

fabrication tendait à abandonner Paris pour se reporter dans les régions forestières.

16. *Lithographie.* — L'art lithographique, découvert en Bavière et importé en France par M. de Lasteyrie, s'était rapidement développé et permettait de multiplier les copies de dessins avec une grande rapidité et à bas prix.

L'industrie manufacturière en avait fait des applications pour l'impression en dorure sur porcelaine ainsi que pour l'impression sur étoffe.

Se fondant sur les résultats d'un concours ouvert par la Société d'encouragement, le jury tenait pour certain que le sol français pouvait fournir des pierres lithographiques.

Malheureusement nous sommes encore aujourd'hui tributaires de l'Allemagne.

Les machines à vapeur ne se révélaient à l'Exposition de 1819 que par l'attribution d'une médaille d'argent à deux constructeurs de Saint-Quentin, en vertu de l'ordonnance du 9 avril 1819. C'est qu'en effet ces machines commençaient à peine à se répandre en France. Nous étions, à cet égard, dans une situation d'infériorité profondément regrettable par rapport à l'Angleterre.

6. Exposition de 1823. — La sixième exposition eut lieu, non en 1821, ainsi que l'annonçait l'ordonnance du 13 janvier 1819, mais seulement en 1823, au lendemain de l'expédition ou plutôt de la promenade militaire du duc d'Angoulême en Espagne.

Elle occupa le rez-de-chaussée de la colonnade du Louvre et le premier étage du palais. Sa durée fut de cinquante jours, du 25 août au 13 octobre.

Le nombre des exposants resta un peu inférieur à celui de l'exposition précédente : 1,642, au lieu de 1,662.

Le jury, composé de 21 membres, était présidé par le duc de Doudeauville, pair de France, ministre d'État, directeur général des postes. Le vicomte Héricart de Thury, conseiller d'État, député, directeur des travaux publics de Paris, ingénieur en chef au corps des mines, et Migneron, également ingénieur en chef des mines, furent chargés de la rédaction d'un rapport collectif.

Il y eut, comme antérieurement, cinq degrés de récompenses : la médaille d'or, la médaille d'argent, la médaille de bronze, la mention honorable et la citation dans le rapport. Les principes admis depuis l'an x à l'égard des fabricants déjà récompensés continuèrent à être suivis, mais avec de légères modifications : en cas de progrès nouveaux, ces fabricants reçurent soit la même récompense, soit une récompense d'un ordre supérieur; en cas de simple maintien du niveau de leur industrie, ils reçurent un diplôme.

Le jury accorda 1,091 récompenses, dont 75 médailles d'or, 41 rappels de médailles d'or, 152 médailles d'argent, 59 rappels de médailles d'argent, 247 médailles de bronze et 26 rappels de médailles de bronze.

Je citerai parmi les nouveaux titulaires de médailles d'or Fresnel (phares lenticulaires) et de Wendel (fer affiné à la houille et forgé au laminoir).

Des dispositions analogues à celles de l'ordonnance du 9 avril 1819 avaient été édictées, le 20 février 1823, en faveur des artistes ou autres personnes qui se seraient signalés depuis 1819 par des inventions ou des perfectionnements. Mais aucune proposition ne fut formulée par le jury.

Le délai écoulé depuis l'Exposition de 1819 était trop court pour qu'il se fût produit des transformations importantes dans la situation du commerce et de l'industrie. Aussi n'aurons-nous à mentionner qu'un petit nombre de faits.

1. *Laines.* — Le jury rendait hommage au soin de plus en plus soutenu des fabricants de draps pour le choix et la préparation des laines, l'application des couleurs et l'apprêt des étoffes; il enregistrait l'emploi des machines à tondre ou tondeuses dans un grand nombre d'ateliers; il évaluait à plus de 150 millions la valeur des draps livrés annuellement à la consommation par nos manufactures : la ville

d'Elbeuf entrait, à elle seule, dans ce total pour une somme de 36 millions.

La fabrication des flanelles en chaîne et trame cardées, à l'imitation de celles de l'Angleterre, commençait à se répandre en France : ces flanelles étaient moins sujettes que les autres à se retirer et à se feutrer au lavage.

2. *Duvet de cachemire.* — Les moyens d'exécution des tissus de cachemire au *lancé* ou à l'*espoulinage*, déjà connus en 1819, avaient été notablement perfectionnés. Les tissus offraient plus de finesse et les dessins plus de grâce. Les lisières de couleur espoulinées, qui restaient encore comme une dernière marque distinctive des châles indiens, étaient obtenues dans les conditions les plus satisfaisantes. On estimait à près de 24 millions la masse d'affaires dont cette industrie enrichissait annuellement le commerce de Paris.

3. *Soies.* — Le ver de *sina* ou de soie blanche se multipliait en France. L'expérience avait prouvé qu'il n'était pas sujet à une mortalité dépassant celle du ver à cocons jaunes, qu'il était même plus robuste, qu'il montait plus vite à la bruyère et pouvait ainsi échapper à l'influence des vents brûlants du sud, enfin qu'il fournissait une soie d'un blanc inaltérable.

Le jury signalait une amélioration fort heureuse introduite dans la culture du ver à soie : des courants d'air, pouvant être réglés d'après la température et l'état de l'atmosphère, étaient ménagés dans les *magnaneries* et en augmentaient la salubrité.

Le tirage des cocons, ou le filage de la soie, se faisait à l'aide de bassines chauffées par la vapeur, ce qui diminuait la consommation de combustible, régularisait le travail des fileuses, permettait de porter rapidement l'eau des bassines à la température voulue.

On était arrivé à donner à la soie non décreusée des couleurs presque aussi belles qu'à la soie parfaitement cuite; la cochenille avait été employée avec succès pour ajouter à la vigueur et à la solidité de certaines couleurs; la fleur du safranum avait été remplacée par une matière moins coûteuse.

Le régulateur de Dutilleu avait reçu de nouvelles applications.

Par un ingénieux procédé, on composait des ornements en plumes et en duvet.

La rubanerie était particulièrement prospère : la valeur annuelle des rubans fabriqués dans les seules villes de Saint-Étienne et de Saint-Chamond s'élevait à plus de 30 millions. Les mécanismes avaient été modifiés par l'emploi du métier à la Jacquard.

4. *Cotons.* — Le degré de finesse des cotons filés atteignait le n° 291.

Une mention spéciale était due à nos mousselines : Tarare en livrait pour près de 20 millions par an.

5. *Linge de table ouvré damassé.* — L'adoption de métiers analogues à ceux dont il était fait usage en Silésie avait mis nos manufactures au niveau des meilleures fabriques étrangères pour le linge damassé.

6. *Dentelles, blondes, broderies.* — Les dentelles et blondes d'Alençon, de Valenciennes, de Chantilly, de Caen et de Bayeux, déjà remarquées en 1819, se trouvaient brillamment représentées à l'Exposition de 1823; 60,000 à 70,000 ouvriers concouraient à leur fabrication dans le seul département du Calvados. Elles étaient cependant quelque peu menacées par le tulle brodé.

L'art de la broderie à la main était très développé : 12,000 à 13,000 ouvrières y travaillaient dans les environs de Nancy.

7. *Teinture, apprêt et blanchiment.* — Raymond, fils de l'inventeur qui avait substitué le bleu de Prusse à l'indigo pour la teinture de la soie, venait d'opérer la même substitution pour la teinture de la laine. Les difficultés de l'approvisionnement en indigo, lors du blocus continental, avaient inspiré cette double modification.

8. *Papiers.* — L'usage des machines se propageait. Les cylindres à triturer le chiffon, la toile métallique adaptée aux formes, et en général tous les accessoires de la fabrication, avaient été améliorés. Nous n'avions plus à tirer de l'Angleterre les feutres servant à mettre les feuilles en presse.

9. *Produits naturels du règne minéral.* — Nos carrières de marbre, si riches et si appréciées soit pendant l'occupation romaine, soit plus

tard sous François Ier, Henri II, Henri IV et Louis XIV, avaient été depuis complètement délaissées. Grâce aux mesures de vulgarisation prises par l'administration, grâce aussi à une protection douanière plus efficace, une reprise sérieuse se manifestait en 1823.

Un magnifique gisement de sel gemme, comparable à ceux de Cardonne et de Wieliscka, venait d'être découvert près de Vic et mis en exploitation sous la direction d'un ingénieur en chef des mines.

10. *Arts métallurgiques.* — L'affinage de la fonte de fer au fourneau à réverbère, avec la houille brute, et le laminage des barres étaient sortis de la période des essais. La France possédait près de 20 forges à l'anglaise, produisant 1 million de quintaux métriques et suffisant à notre consommation.

Pour la fabrication des fils métalliques, le tirage à l'aide de tenailles avait disparu, par le fait de l'adoption d'une machine fort simple enroulant le fil sur une *bobine.*

11. *Arts chimiques.* — L'Exposition de 1823 mettait en évidence les progrès sérieux réalisés dans la fabrication du prussiate de potasse, du vermillon et de certaines sortes de colles, qui auparavant n'étaient produits qu'en petite quantité.

12. *Terre cuite, poterie, porcelaine.* — Les vices de composition ou de préparation, qui avaient pendant longtemps jeté la défaveur sur nos faïences, pouvaient être considérés comme corrigés : la pâte rouge et poreuse de Nevers avait été remplacée par la pâte blanche et dense de la terre de pipe; l'émail stannifère avait été perfectionné et donnait une couverte plus blanche, plus solide, moins sujette à se fendiller.

Pour les porcelaines, le jury, tout en affirmant notre supériorité, recommandait de ne pas employer des pâtes trop fusibles et d'éviter la transparence vitreuse, qui dénotait une matière fragile, trop sensible aux variations de température, et par suite impropre aux usages domestiques.

13. *Typographie, gravure,* etc. — Le moule à *refouloir,* imaginé par Didot depuis plusieurs années et produisant d'un seul jet cent à cent quarante lettres absolument uniformes, était généralement em-

ployé dans la fonte des caractères d'imprimerie, depuis les caractères microscopiques jusqu'aux *grosses de fonte*, depuis les simples *filets* jusqu'aux vignettes de la plus grande dimension.

7. Exposition de 1827. — La septième exposition fut installée au Louvre comme celles de 1819 et de 1823. Elle dura soixante-deux jours, à compter du 1er août.

Le nombre des exposants ne s'accrut qu'insensiblement : 1,695 au lieu de 1,662 en 1819 et 1,642 en 1823.

Le jury, composé de 22 membres, était présidé par le marquis d'Herbouville, pair de France. Le vicomte Héricart de Thury et Migneron furent chargés, comme en 1823, de la rédaction d'un rapport collectif.

La nature des récompenses et les règles concernant leur attribution demeurèrent les mêmes qu'en 1823.

Il en fut attribué 1,254, dont 47 médailles d'or, 58 rappels de médailles d'or, 151 médailles d'argent, 90 rappels de médailles d'argent, 225 médailles de bronze et 78 rappels de médailles de bronze.

Quatre personnes seulement furent comprises dans la répartition, conformément aux ordonnances du 9 avril 1819 et du 20 février 1823, confirmées par ordonnance du 4 octobre 1826, pour services exceptionnels rendus à l'industrie.

Parmi les titulaires de médailles d'or, je mentionnerai Pleyel (pianos), Schlumberger de Guebwiller (coton filé) et Vicat (chaux hydraulique).

Charles X accorda la décoration de la Légion d'honneur à 12 exposants, au nombre desquels Gambey (instruments de mathématiques) et Denière (bronzes).

Les faits principaux à relater sont les suivants :

1. *Laines.* — De hautes récompenses étaient accordées pour l'élevage de la race léonaise qui paraissait avoir donné naissance à la race saxonne et qui fournissait de la laine ondée, ainsi que pour l'élevage des moutons à laine lisse de Leicester, Lincoln, Cost-Wold et Dishley.

Malgré le développement du filage mécanique de la laine peignée, le jury constatait avec regret que la majeure partie de cette laine était encore filée à la main. Il réclamait pour les filés de laine l'uniformité de numérotage déjà réalisée pour les filés de coton.

Dans plusieurs fabriques, l'épuration et le décatissage des draps étaient opérés à l'aide de la vapeur : il en résultait dans le tissu plus de douceur et de moelleux, et dans la couleur plus d'éclat et de pureté. Les draps légers, lisses ou croisés, appelés *zéphyrs* ou *amazones*, étaient devenus un objet important de fabrication : une expédition de près de 1 million venait d'en être faite récemment pour la Chine. On remarquait aussi à l'Exposition des draps surfoulés, dits *imperméables*, fabriqués à l'instar de ceux d'Angleterre. Le prix de presque toutes les sortes de drap s'était abaissé.

Plusieurs manufacturiers exposaient de beaux échantillons d'étoffes dites *poils de chèvre* (trame de laine peignée sur chaîne de coton), de *popelines* (trame de laine peignée et chaîne de soie), de *circassiennes* (trame de laine cardée et chaîne de coton), de tissus *mérinos* (trame en laine cardée et chaîne en laine peignée).

2. *Duvet de chèvre.* — Le jury insistait sur l'intérêt qu'il y aurait à découvrir un procédé mécanique pour l'espoulinage comme pour le lancé, afin de diminuer le prix de revient des cachemires genre indien.

3. *Soies.* — L'industrie de la soie montrait de véritables chefs-d'œuvre. Elle avait créé depuis 1823 une étoffe formée d'un mélange de bourre de soie et de laine.

4. *Impression sur étoffes.* — Un perfectionnement essentiel avait été obtenu depuis 1823 dans l'impression par les procédés mécaniques : on avait importé d'Angleterre la gravure des cylindres à la molette, méthode extrêmement prompte, économique et avantageuse pour les dessins continus à points groupés et à larges palmes.

On était aussi parvenu à fixer solidement le vert, le bleu, le jaune et plusieurs autres couleurs sur toute espèce de tissus; notre rouge d'Andrinople défiait toute comparaison.

Des exportations considérables de toiles de coton imprimé s'étaient faites de 1824 à 1826, spécialement pour l'Amérique du Sud.

5. *Arts métallurgiques.* — Un accroissement considérable s'était manifesté dans la production du cuivre laminé; les états de douane prouvaient que l'exportation avait quadruplé de 1822 à 1826.

La quantité de fer employée par l'industrie française avait presque doublé en quatre ans; la production de l'acier naturel, fondu ou cémenté, continuait sa marche ascendante.

6. *Bronze, orfèvrerie, plaqué.* — Nulle exposition n'avait encore présenté une réunion de bronzes aussi remarquable que celle de 1827. Les principes du dessin se répandaient dans les ateliers et y portaient le bon goût et le sentiment du beau. La dorure, soit au bruni, soit au mat, était poussée au plus haut degré de perfection.

7. *Arts chimiques.* — Antérieurement la chaux hydraulique n'était obtenue que par la calcination de pierres calcaires contenant, dans une certaine proportion, de la silice et de l'alumine : à la suite de recherches laborieuses, Vicat venait de créer les chaux hydrauliques artificielles.

8. *Procédés de peinture.* — L'art de peindre sur verre, que Jean Cousin, Bernard de Palissy et Pinaigrier avaient pratiqué avec tant d'éclat au XVIe siècle, mais qui avait faibli au XVIIe et au XVIIIe siècle, commençait à renaître.

Deux procédés étaient en usage. Dans le premier, appliqué par les anciens peintres sur verre, les tableaux se composaient de petites plaques de verre assemblées au moyen de languettes de plomb : avant l'assemblage, ces plaques étaient coloriées sur la totalité ou sur une partie de leur épaisseur; on leur donnait la couleur en *apprêt*, c'est-à-dire qu'on les peignait et qu'on y fixait ensuite la couleur, en les exposant à une chaleur susceptible de ramollir le verre sans le fondre. Dans le second procédé, auquel les peintres avaient généralement recours depuis la renaissance de l'art en 1802, les tableaux étaient formés de carreaux de vitres réunis par des cadres en fer : on peignait sur ces carreaux les sujets à représenter, en y employant des couleurs vitrifiables et préparées de telle sorte que, sous l'influence d'une chaleur convenablement graduée, elles se fixassent sur la surface du verre en le pénétrant légèrement et sans éprouver d'altération.

9. *Ornements moulés.* — L'ornementation en carton-pierre, florissante au XVIe siècle, s'était à peu près perdue pendant les siècles suivants. Elle avait reparu depuis 1806. De belles épreuves, exposées en 1827, montraient qu'entre les mains d'habiles artistes le carton-pierre se prêtait à la reproduction fidèle des inspirations du statuaire et à l'exécution des plus délicates conceptions de l'architecture, pour la décoration des intérieurs.

8. Exposition de 1834. — L'Exposition de 1827 fut la dernière de la Restauration.

Après des débuts qui faisaient mieux présager de son règne, Charles X s'était jeté dans les bras des ultra-royalistes et avait froissé l'opinion publique par la loi du sacrilège, l'allocation d'une indemnité d'un milliard aux émigrés, le rétablissement de la censure. En 1829, sous le ministère Polignac, il commit la faute de signer des ordonnances qui dissolvaient les Chambres, convoquaient les collèges électoraux en changeant le mode d'élection et suspendaient la liberté de la presse. La mesure était comble, et, malgré le succès de nos armes à Navarin et à Alger, Charles X fut renversé et contraint de quitter la France. Son impopularité explique, dans une certaine mesure, pourquoi l'Exposition de 1827 n'avait pas compté un plus grand nombre d'exposants.

Louis-Philippe recueillit la succession du roi déchu. Mais les premières années de son gouvernement furent des plus agitées. Aussi la huitième exposition dut-elle être ajournée jusqu'en 1834.

Cette exposition s'ouvrit le 1er mai et dura soixante jours.

Les locaux du Louvre étant trop exigus, il fallut construire des bâtiments spéciaux. L'idée d'un palais de l'Industrie fut mise en avant et ardemment discutée dans la presse : elle n'aboutit pas. Quatre pavillons de 76 mètres de longueur et 47 mètres de largeur furent élevés sur la place de la Concorde; ces pavillons étaient pourvus d'un vestibule à chacune de leurs extrémités et comprenaient deux galeries longitudinales de 13 mètres de largeur, séparées par une vaste cour.

EXPOSITION DE 1834 SUR LA PLACE DE LA CONCORDE

Le nombre des exposants dépassa celui de 1827 de 50 p. 100 environ : 2,447 au lieu de 1,695.

Le jury, composé de 27 membres, eut pour président le baron Thénard, membre de l'Académie des sciences, professeur à l'École polytechnique et à la Faculté des sciences, qui s'est illustré par de belles découvertes en chimie, par son dévouement au bien public, par sa sollicitude pour les savants, et, au terme de sa vie, par la fondation de la «Société de secours des amis des sciences».

Pour l'examen des produits exposés, il se divisa en huit sections (tissus, métaux, machines, instruments de précision, chimie, beaux-arts, poteries, arts divers). Cependant il n'y eut qu'un rapport général, dont la rédaction fut confiée au baron Charles Dupin, conseiller d'État, député, membre de l'Académie des sciences et de l'Académie des sciences morales et politiques.

Des distinctions furent accordées à 1,785 fabricants et artistes : il y eut 71 médailles d'or, 70 rappels de médailles d'or, 248 médailles d'argent, 112 rappels de médailles d'argent, 377 médailles de bronze, 75 rappels de médailles de bronze, et plus de 800 mentions honorables ou citations.

2 médailles d'or, 1 rappel de médaille d'or, 10 médailles d'argent, 8 médailles de bronze et 3 mentions honorables furent décernés à des artistes non exposants, pour services exceptionnels rendus à l'industrie depuis 1827.

La liste des titulaires de médaille d'or comprenait des noms très connus, comme André Kœchlin (machines à tisser), Cavé (machines à vapeur), Chevalier (instruments de physique), Compagnie des forges et fonderies d'Alais (fers), Compagnie des verreries de Saint-Louis (cristaux), Derosne (engrais), Grangé (charrues), Grosjean-Kœchlin (impression sur tissus), Guimet (bleu d'outremer), Hartmann (fils de coton, impression sur tissus), Lebas (manœuvres d'architecture navale), Mathieu de Dombasle (charrues), Pape (pianos), etc.

Lebas, que je viens de citer, est le célèbre ingénieur qui fut chargé de transporter et de monter sur la place de la Concorde l'obélisque de Luxor.

Louis-Philippe donna 28 croix de la Légion d'honneur.

Le rapport présenté par le jury central de 1834 offrit cette particularité que Charles Dupin le fit précéder d'une introduction historique, remplie de données statistiques, de faits et de considérations du plus haut intérêt sur les transformations de l'industrie nationale depuis l'origine de la Révolution française.

Obéissant à une pensée philosophique, l'auteur de cette introduction s'écartait du classement suivi dans le rapport proprement dit. Il passait successivement en revue :

1° Les arts alimentaires (subsistance de l'homme);

2° Les arts sanitaires (santé de l'homme);

3° Les arts vestiaires (vêtements);

4° Les arts domiciliaires (maisons, mobilier);

5° Les arts locomotifs (transport de l'homme et de ses fardeaux);

6° Les arts sensitifs (arts ayant pour objet les satisfactions à donner aux sens de l'homme);

7° Les arts intellectuels (instruction de l'homme par les sens);

8° Les arts préparatoires (préparation des moyens pour les diverses industries);

9° Les arts sociaux (travaux civils et militaires d'utilité collective).

Rien n'est plus difficile à trouver qu'une bonne classification. En effet, les diverses branches de l'activité humaine s'entrelacent les unes dans les autres; les différentes industries n'ont point un domaine nettement défini et délimité; elles se pénètrent réciproquement et présentent souvent entre elles une étroite solidarité.

Chercher une répartition irréprochable, c'est aborder un problème aussi insoluble que celui de la quadrature du cercle. Les organisateurs des expositions en France et à l'étranger n'ont cessé de modifier les classements antérieurs; cependant ils n'ont jamais échappé et ne pouvaient échapper à la critique.

Il faut donc juger les classifications avec beaucoup d'indulgence. Celle qu'a admise Dupin, dans son introduction historique, n'était sans doute point parfaite; mais elle avait le mérite de répondre à des vues d'ensemble sur la vie sociale et de traduire une pensée incontestablement élevée.

Quelque intéressante que soit l'œuvre de Dupin, quelles que soient l'érudition et la science dont elle porte l'empreinte, nous n'entreprendrons point de l'analyser. Plus tard, en étudiant l'Exposition de 1889, nous nous efforcerons nous-même d'exposer brièvement les modifications profondes survenues et les immenses progrès réalisés depuis la Révolution française.

Il suffira donc de relater ici les étapes franchies de 1827 à 1834.

1. *Laines.* — Le jury constatait de nouveau l'acclimatation des mérinos et la multiplication des métis obtenus par le croisement des béliers mérinos avec les brebis indigènes. Il exprimait le regret que, malgré les tentatives heureuses faites pour introduire en France la race à laine longue de la Grande-Bretagne et de la Hollande, la propagation de cette race ne fût pas plus avancée.

Le filage des laines peignées avait notablement progressé; tandis qu'en 1827, le n° 80 paraissait le plus haut degré de finesse auquel on pût atteindre, en 1834, les filateurs produisaient sans beaucoup de difficulté les n°s 110 et 120.

Bien que le prix des matières premières se fût relevé, les draps se vendaient généralement à meilleur marché qu'en 1827. Ce résultat, acquis sans aucun abaissement des salaires, était dû à l'emploi intelligent des forces motrices, à l'adoption de machines mieux conçues et moins dispendieuses, à l'application de la vapeur dans les différents apprêts, à l'accroissement de la production et à la diminution qui en résultait dans les frais généraux, enfin à la concurrence chaque jour plus active sur les divers marchés.

Les tissus de laine non foulés, ou légèrement foulés sans être drapés, avaient acquis un grand développement; plusieurs variétés nouvelles avaient été créées. L'exportation des tissus mérinos s'était élevée de 2,300,000 francs en 1827 à 7,400,000 francs en 1832.

La valeur totale des lainages de toute sorte fabriqués annuellement en France était estimée à 400 millions.

2. *Cachemire et ses imitations.* — Les filatures de duvet de cachemire s'étaient multipliées. Les perfectionnements apportés aux moyens mécaniques permettaient de filer plus fin, avec plus de régularité et à un prix moindre.

Pour les châles faits au lancé, on était arrivé à donner aux tissus plus de souplesse et de légèreté par l'application de la mécanique au découpage des fils superflus de la trame. Pour les châles faits par le procédé de l'époulinage, un fabricant lyonnais avait eu l'heureuse idée d'unir à l'époulinage les effets du métier Jacquard; ses châles, imités en cela du vrai cachemire, n'avaient pas besoin d'être découpés à l'envers; mais, tandis que, dans le travail indien, la fleur et le fond se faisaient au fuseau par un crochetage qui les rendait pour ainsi dire indépendants de la chaîne, dans le travail lyonnais la mécanique levait les fils de la chaîne, le fuseau brochait et la fleur était liée à la chaîne par les coups de trame lancés dans toute la largeur, ce qui diminuait beaucoup la main-d'œuvre.

Considérés relativement à la matière employée, les châles français se répartissaient en plusieurs catégories suivant que l'on y employait le fil de cachemire sans mélange, le même fil mélangé à la bourre de soie, la bourre de soie seule, la bourre mélangée à la laine ou au coton, enfin la laine pure.

L'exportation des châles atteignait 5,300,000 francs en 1833.

3. *Soies et soieries.* — La production de la soie blanche augmentait rapidement. Les filateurs perfectionnaient leurs méthodes; beaucoup d'entre eux adoptaient les procédés découverts pour faire disparaître le mariage des bouts, renouer ceux qui se cassaient à la roue, et ne laisser ainsi au moulinage qu'un déchet de 1/2 à 1 p. 100. L'organsinage avait reçu d'importantes améliorations. Le filage des déchets, frisons ou bourre de soie pure ou mélangée, avait pris un grand développement.

La ville de Lyon, placée au premier rang pour la mise en œuvre de la soie, venait de traverser une crise sociale redoutable. Par suite de la cherté de la vie dans cette ville, la fabrication des tissus unis et légers s'était transportée dans les départements de l'Ain, de l'Isère et des Hautes-Alpes, pour soutenir plus facilement la concurrence suisse. Mais Lyon restait sans rival pour les tissus riches; la production des peluches pour chapeaux, récemment empruntée à l'Allemagne, y occupait un grand nombre de bras; celle du velours léger s'y était considérablement accrue; l'impression y était en pleine activité et se faisait remarquer par la hardiesse de l'exécution, la vivacité des couleurs et leur savante opposition; l'ouvrier lyonnais conservait son habileté, son adresse et son intelligence incomparables.

La supériorité de la France pour la rubanerie demeurait incontestée : ses exportations dépassaient 30 millions.

4. *Chanvre et lin.* — Il restait encore beaucoup à faire pour développer et améliorer le filage mécanique du chanvre et du lin, et surtout pour produire des fils de lin de grande finesse : le problème n'était pas résolu, malgré le prix d'un million offert par l'empereur Napoléon Ier.

Néanmoins le commerce des toiles de toutes sortes avait pris de l'extension. Alors qu'en 1822 les produits français étaient de 15 millions inférieurs à la consommation nationale, en 1833 ils lui étaient supérieurs de 11 millions et demi (exportations : 27 millions; importations : 15 millions et demi).

5. *Cotons.* — Les manufactures travaillant le coton avaient subi depuis 1827 une crise prolongée et désastreuse : la multiplicité des filatures, la baisse rapide qui en était résultée dans le prix des tissus, les orages politiques de 1830, l'épidémie de 1831 et les troubles intérieurs dans plusieurs départements avaient amené la fermeture d'un grand nombre d'ateliers. L'industrie du coton n'avait repris sa marche prospère que vers le commencement de 1833.

Éclairés par leurs malheurs, les filateurs avaient perfectionné et simplifié leurs procédés, recherché la plus stricte économie et amélioré leurs produits. Ils avaient en particulier accéléré la vitesse des métiers à filer et mis en usage les bancs de broches. Des filatures s'étaient installées dans le Nord pour filer les numéros superfins nécessaires à la fabrication des tulles et des mousselines, qui ne s'opérait plus exclusivement avec des fils anglais. Le département du Haut-Rhin comptait à lui seul 540,000 broches filant annuellement 6,500,000 kilogrammes de matière brute et donnant 6 millions de kilogrammes de cotons filés. On évaluait à 90 millions la valeur du coton brut acheté par les filatures, à 175 millions la valeur des fils sortant des manufactures, et à 90,000 le nombre des ouvriers de tout âge et de tout sexe employés au filage.

Les progrès du tissage des cotons depuis 1827 se manifestaient non par des inventions extraordinaires, mais par un ensemble de perfectionnements secondaires. La multiplication des métiers mécaniques, leur meilleure construction, leur emploi mieux compris, avaient rendu les opérations plus économiques et les produits plus réguliers.

Pour les percales et les jaconas unis, nos tissus présentaient autant de finesse et de régularité que les tissus anglais; le métier à la Jacquard avait permis de brocher, sur des fonds clairs ou serrés, des dessins du meilleur goût. Nous fabriquions de très belles mousselines brochées, des mousselines suisses, des mousselines grand clair pour la broderie. La production du tulle augmentait. Le blanchiment et l'apprêt, quoique perfectionnés, appelaient encore des améliorations.

Au cours de la période comprise entre 1822 et 1832, le poids et la valeur des tissus de coton exportés s'étaient respectivement élevés de 800,000 kilogrammes à 2,300,000 kilogrammes et de 14,500,000 francs à 54 millions de francs.

6. *Tapis, tapisseries et tentures.* — La fabrication des tapis et tapisseries, industrie essentiellement française depuis les temps les plus reculés, avait pris un grand essor sous l'influence de la manufacture nationale des Gobelins. Nos fabricants étaient parvenus, en profitant de tous les progrès modernes du filage, de la teinture et du tissage, à mettre les tapis à la disposition des fortunes modestes; parmi les tapis veloutés, on remarquait de belles moquettes, genre belge, allemand ou anglais.

7. *Papiers de tenture.* — On avait trouvé le secret d'appliquer, soit avec la brosse, soit par l'impression, des teintes dégradées et fondues; on se servait des cylindres gravés en taille-douce, déjà employés pour l'impression des étoffes; on avait remplacé par du papier con-

tinu les rouleaux obtenus auparavant par l'assemblage de plusieurs feuilles.

8. *Impressions sur tissus.* — L'Alsace, qui fabriquait les *indiennes* fines, avait fait d'immenses progrès pour l'éclat et la solidité des couleurs : l'élégance des dessins, la netteté de l'impression, la délicatesse des nuances, tout révélait les soins assidus et même minutieux apportés à la fabrication, depuis la première esquisse jusqu'à la dernière opération. Le nombre des pièces imprimées annuellement dans le Haut et le Bas-Rhin s'élevait à 720,000; leur valeur atteignait 43 millions. Les indiennes anglaises avaient été complètement refoulées.

La Normandie, qui fabriquait les indiennes communes, avait également perfectionné ses produits et les avait rendus beaucoup moins coûteux.

9. *Papiers.* — Les progrès de la fabrication du papier ne s'étaient pas ralentis. L'Exposition de 1834 témoignait de la propagation des mécanismes employés à produire les papiers continus. La substitution des machines à la main-d'œuvre de l'homme assurait plus d'économie, de rapidité et de puissance dans la production; elle permettait de donner aux papiers des dimensions presque illimitées et une épaisseur bien uniforme; elle évitait les déchets. Quelques difficultés restaient à vaincre : l'engorgement de la toile métallique, la trop prompte destruction des feutres, le brisement trop facile des papiers dans leurs plis.

10. *Marbres.* — L'importation des marbres étrangers allait sans cesse en diminuant : de 1,700,000 francs en 1823, elle était tombée à 370,000 francs en 1833.

11. *Arts métallurgiques.* — Les métaux prenaient une importance de plus en plus grande dans la consommation, qui en absorbait pour une somme de 136 millions, dont près de 50 millions provenaient de l'importation.

Nous restions presque exclusivement tributaires de l'étranger pour le plomb, le cuivre, le zinc et le manganèse.

L'industrie du fer occupait une place prépondérante dans la métallurgie : ses produits en 1833 étaient estimés à 87 millions. Une innovation intéressante avait été réalisée dans les souffleries des hauts fourneaux : c'était la substitution de l'air chaud à l'air froid, substitution qui réduisait la dépense de combustible, de castine, de force motrice, et permettait d'élever la température et surtout de la rendre plus uniforme. Un autre perfectionnement avait consisté dans l'exhaussement des hauts fourneaux.

12. *Machines et instruments propres à l'agriculture.* — L'Exposition de 1834 montrait un grand nombre de machines agricoles construites avec précision et solidité et bien appropriées à leur affectation. Deux noms méritent un témoignage de reconnaissance : celui de Grangé, qui avait inventé une excellente charrue et l'avait livrée à ses concitoyens sans réclamer aucun privilège ni aucune rémunération, et celui de Mathieu de Dombasle, qui avait en dix ans construit plus de 6,000 charrues ou autres instruments.

13. *Constructions hydrauliques.* — La rareté et la cherté du bois de grandes dimensions portaient à remplacer cette matière par la fonte ou le fer, dans la construction des ponts, des navires, des portes d'écluses.

14. *Machines à vapeur et grands mécanismes.* — C'était pour ainsi dire la première fois que les machines à vapeur apparaissaient sérieusement aux expositions françaises. Il n'y a pas lieu de s'en étonner : car, en 1830, nous ne possédions encore que 616 machines d'une force totale de 9,163 chevaux.

15. *Horlogerie.* — Notre horlogerie offrait un ensemble de progrès réels : de 1823 à 1833, les exportations étaient passées de 3,400,000 francs à 7 millions de francs.

16. *Instruments de musique.* — Le flot des pianos continuait à monter : Paris fabriquait annuellement 4,000 pianos à queue, carrés ou verticaux. Au contraire, la fabrication des harpes était en décroissance.

17. *Produits chimiques.* — L'une des plus belles découvertes était celle du bleu Guimet, comparable au bleu d'outremer qu'autrefois l'on extrayait à grand'peine et par grains du lapis-lazuli.

18. *Arts céramiques.* — La faïence commune, à couverture opaque,

ordinairement stannifère, était presque abandonnée; il en était de même de la faïence fine avec vernis plombifère transparent. Un genre nouveau de faïence dure, dite *porcelaine opaque*, venait d'être importé d'Angleterre par plusieurs fabricants français.

19. *Typographie, lithographie.* — Grâce à l'usage des presses mécaniques et des papiers sans fin, la typographie à bon marché avait pris un grand développement, malgré la crise passagère de 1830.

La lithographie progressait également : on avait trouvé le moyen de transporter sur la pierre de vieilles gravures, des manuscrits et des imprimés, pour en reproduire un fac-similé parfait; les pierres lithographiques avaient été partiellement remplacées par des feuilles de zinc, flexibles, légères et portatives; on était arrivé à transporter sur pierre des épreuves récentes, de manière à reproduire indéfiniment un même sujet, sans avoir à le dessiner à nouveau chaque fois que l'empreinte primitive était usée.

La gravure sur bois, mère de l'imprimerie, avait été en décadence du XVIe au XIXe siècle. Elle tendait à reprendre en France, comme en Angleterre. Le jury insistait avec raison sur les grands services de la gravure en bois tirée d'un seul coup de presse avec la page imprimée.

9. Exposition de 1839. — La neuvième exposition universelle française eut lieu en 1839. Sa durée fut de soixante jours, à compter du 1er mai.

Elle fut installée dans le carré des fêtes aux Champs-Élysées.

Les constructions élevées pour recevoir les produits occupaient un rectangle de 185 mètres de longueur sur 82 mètres de largeur. Elles comprenaient : 1° une grande galerie longue de 185 mètres et large de 13 mètres, parallèle à la grande avenue des Champs-Élysées; 2° cinq galeries de 69 mètres de longueur et 26 mètres de largeur, perpendiculaires à la première.

Le nombre des exposants fut de 3,381 : c'était une augmentation de 40 p. 100 sur le chiffre de 1834.

Le jury, composé de 44 membres, eut pour président le baron Thénard, qui avait déjà rempli les mêmes fonctions pour la précédente exposition. Il se divisa, pour l'examen des objets, en huit commissions, correspondant aux sections suivantes : 1° tissus; 2° métaux et substances minérales; 3° machines et ustensiles agricoles; 4° instruments de précision et instruments de musique; 5° arts chimiques; 6° beaux-arts; 7° arts céramiques; 8° arts divers. Chacune des commissions eut plusieurs rapporteurs, dont les propositions furent discutées successivement aux deux degrés.

Des récompenses furent accordées à 2,305 exposants : il y eut 102 médailles d'or, 104 rappels de médailles d'or, 327 médailles d'argent, 151 rappels de médailles d'argent, 453 médailles de bronze, 118 rappels de médailles de bronze et 1,050 mentions honorables, rappels de mentions honorables, citations ou rappels de citations.

Citons, parmi les titulaires de médaille d'or, Charrière (instruments de chirurgie), Christofle (bijouterie), Derosne et Cail (appareils pour les sucreries indigènes), Féray (filature), Fourneyron (turbines), Herzog (fils de coton), manufactures de Cirey (glaces), Morin (dynamomètres), Muret de Bort (draperie), Poirée (barrage mobile), Schneider (forges et ateliers de construction).

Le roi décerna la croix de la Légion d'honneur à 27 exposants, artistes ou savants, et notamment à Jean Dolfus (manufacturier à Mulhouse), Fourneyron (mécanicien), Talabot (fabricant d'acier).

Le rapport du jury central fut présenté sous une forme différente de celle qui avait été jusqu'alors adoptée. La rédaction cessa d'en être confiée à un rapporteur unique, appelé à centraliser les appréciations de ses collègues et à en rendre compte; il parut préférable de demander aux 44 rapporteurs spéciaux des rapports distincts et d'imprimer ces rapports sous leur nom.

Ce changement de système donna lieu à quelques critiques.

Les deux méthodes avaient, en effet, leurs avantages et leurs inconvénients. Avec le rapport unique, les différentes parties de l'œuvre pouvaient être mieux coordonnées et proportionnées entre elles; l'Exposition était jugée à un point de vue plus général et plus élevé;

les opinions particulières disparaissaient dans l'expression de la pensée d'ensemble. Les rapports distincts comportaient plus de précision et de compétence spéciale.

Quels que fussent, théoriquement, les mérites relatifs des deux systèmes, le développement continu des expositions devait fatalement conduire à l'abandon du rapport unique : la tâche devenait trop lourde pour ne point être divisée, et d'ailleurs l'homme le plus expérimenté, le plus érudit, le plus savant, ne pouvait posséder l'universalité de connaissances nécessaire pour traiter tant de sujets divers.

Mais il était possible de corriger les inconvénients de la pluralité des rapports, en chargeant un rapporteur général d'écrire une préface et d'y faire la synthèse de l'Exposition, dégagée de ses détails et envisagée seulement dans ses grandes lignes.

C'est cette solution mixte qui a prévalu plus tard et qui nous a donné les introductions magistrales de Michel Chevalier en 1867 et de M. Jules Simon en 1878.

Comme je l'ai fait précédemment, je me bornerai à quelques indications très brèves sur les faits les plus saillants révélés par l'Exposition de 1839.

1. *Laines et lainages.* — Le jury constatait que nos laines de carde commençaient à être menacées par celles de l'Allemagne; il recommandait l'amélioration des races produisant ces laines et insistait en même temps pour que les pouvoirs publics modifiassent le régime des douanes et des octrois, en renonçant à percevoir des taxes par tête, quel que fût le poids des animaux.

L'élevage des races à laine lisse ne se développait pas assez rapidement.

Notre production en laine commune pour matelas, tapis, couvertures et objets de bonneterie et de passementerie était tout à fait insuffisante. Cependant le jury ne pensait pas à l'accroître, parce qu'elle ne pouvait donner des bénéfices comparables à ceux de la production des laines fines.

Le rapporteur conseillait même la réduction des droits de douane à l'entrée des laines communes.

La divulgation, par l'enseignement et par les manuels, des principes à suivre dans l'élevage des diverses espèces de bêtes à laine était signalée comme une nécessité de premier ordre.

Le filage de la laine peignée ne cessait de progresser. A Paris seulement, de 1834 à 1839, le nombre des filatures s'était élevé de 7 à 10, et celui des broches de 20,000 à 60,000. Le prix des fils s'était abaissé de près d'un quart. Pour simplifier l'emploi de la laine et éviter des pertes, on confectionnait, soit par le renvidage ordinaire, soit par les renvideuses mécaniques, des bobines appelées *canettes*, qui, au sortir du métier mull-jenny, se plaçaient de suite dans la navette du tisserand.

Le remplacement des métiers à chasse de 60 broches par les métiers mull-jenny, de 120 à 260 broches, avait permis de réaliser une économie de 10 p. 100 dans le filage de la laine cardée.

Les étoffes drapées et foulées se montraient plus brillantes que jamais : ce résultat était attribué aux progrès de la filature, à l'amélioration des apprêts, à la translation des foulons dans l'intérieur des ateliers, au meilleur emploi des agents mécaniques. Elbeuf, Louviers et Sedan étaient au premier rang.

Reims et les environs constituaient le principal centre de fabrication des tissus légèrement foulés et non drapés. Cette fabrication y occupait 100,000 ouvriers, faisait battre 1,600 métiers (dont 1,000 à la Jacquard) et produisait pour 66 millions d'étoffes.

Les tissus de laine non foulés, purs ou mélangés, avaient pris depuis 1834 une extension considérable.

L'industrie des châles se perfectionnait, et le mérite en revenait tout à la fois au filateur, qui produisait mieux et à meilleur marché; au teinturier, qui était plus sûr de ses procédés; enfin au fabricant, au contremaître et à l'ouvrier, qui tiraient un meilleur parti des machines à la Jacquard. Toutefois la fabrication des châles époulinés semblait devoir disparaître.

2. *Soies et soieries.* — Les soies grèges étaient très incomplètement

représentées à l'Exposition; les quelques échantillons qui y figuraient ne répondaient nullement à l'importance de la production, dont le chiffre était estimé à plus de 100 millions de francs. Le jury signalait un nouveau métier dû à Guillini et permettant par une seule opération de filer le cocon, de doubler et tordre la soie, de former des capiures à tours comptés d'une admirable régularité.

Malgré le coup que lui avait porté la crise financière des États-Unis d'Amérique, malgré la concurrence redoutable de la Suisse, de la Prusse et de l'Italie pour les tissus unis légers, Lyon n'avait rien négligé pour conserver sa prééminence dans la mise en œuvre de la soie. Sa supériorité continuait à être incontestée pour la richesse, le bon goût et la variété des tissus. Le nombre des métiers, qui ne dépassait pas 12,000 à l'époque la plus prospère de l'Empire, avait atteint 40,000 en 1839. L'invention du battant-brocheur avait eu des résultats heureux pour la fabrication des étoffes de soie brochées.

Saint-Étienne et Saint-Chamond soutenaient dignement leur réputation pour la rubanerie.

La moyenne des exportations de tissus de soie, pendant la dernière période quinquennale, était de 110 millions de francs.

3. *Fils et tissus de coton.* — L'industrie cotonnière était retombée, depuis deux ans, dans un état de souffrance qui avait entraîné la fermeture de beaucoup d'ateliers et la réduction des heures de travail dans beaucoup d'autres. Il y avait là un très gros danger : car la crise atteignait, pour la filature seule, un personnel de 70,000 ouvriers et un matériel de 3,500,000 broches, valant avec les bâtiments et moteurs 120 millions, et propre à travailler 50 millions de kilogrammes de coton par an.

Cette crise était imputable à des causes diverses : désastres financiers de l'Amérique du Nord, anarchie des États de l'Amérique du Sud, concurrence des étoffes de laine légères, abaissement du prix des toiles de fil par la filature mécanique du lin.

Cependant des efforts louables avaient été faits pour améliorer la fabrication des tissus et notamment pour propager les métiers à la Jacquard.

4. *Fils et tissus de lin et de chanvre.* — Bien que le filage à la main du chanvre et du lin ne parût pas devoir disparaître complètement, les manufacturiers installaient de puissantes filatures mécaniques; nos constructeurs fournissaient des machines aussi parfaites que celles de l'Angleterre.

Les tisseurs pouvaient ainsi s'approvisionner bien plus facilement en fils de grosseur uniforme.

Le tissage mécanique n'avait pas encore réussi et semblait même devoir être proscrit, longtemps encore, pour les batistes et les toiles fines dites *demi-hollande.*

5. *Métaux.* — La métallurgie du fer était en progrès.

Le nombre des hauts fourneaux, qui en 1834 était de 502 (dont 37 alimentés au coke), s'élevait en 1837 à 543 (dont 41 alimentés au coke); la production annuelle en fonte était passée de 2,700,000 à 3,300,000 quintaux métriques. L'emploi de l'air chaud se répandait de plus en plus.

Au cours de la période de 1834 à 1838, la production en fer forgé ou laminé avait été portée de 1,700,000 à 2,200,000 quintaux métriques. La proportion du fer fabriqué à la houille, par la méthode champenoise ou par la méthode anglaise, s'était sensiblement accrue et atteignait 50 p. 100 en 1838. On pouvait voir à l'Exposition de 1839 des fers laminés de formes variées, ainsi que des fers creux, soudés et étirés pour tubes.

La fonte d'ornement avait pris un grand développement : de larges applications en avaient été faites dans les piles du pont de Saint-André-de-Cubzac, les combles de la cathédrale de Chartres, la flèche de la cathédrale de Rouen.

6. *Machines et ustensiles agricoles.* — En 1839, la France possédait déjà 2,450 machines à vapeur, d'une force totale de 33,000 chevaux. L'Exposition en montrait 40 spécimens intéressants. Le jury constatait néanmoins notre infériorité pour la construction des appareils de navigation; il reprochait à l'administration d'y avoir contribué en remettant ses commandes à l'étranger.

Il ne sera pas sans intérêt de rappeler, à cette occasion, que si nous avions des services de paquebots à vapeur sur la Méditerranée, nous n'en étions pas encore dotés sur l'Océan.

La fabrication des outils avait suivi le mouvement général de l'industrie et offrait de notables progrès. Quant aux machines-outils, elles étaient peu nombreuses et peu perfectionnées.

Parmi les instruments aratoires exposés, on remarquait des semoirs et des tarares.

7. *Instruments de précision et instruments de mathématiques.* — Dans cette catégorie d'objets, une mention spéciale était due aux dynamomètres de Morin et aux appareils lenticulaires de Fresnel pour les phares.

8. *Bijouterie.* — La bijouterie de Paris, qui présentait depuis longtemps une haute supériorité sur celle de toutes les fabriques étrangères, pour le goût, la grâce, le fini du travail et la perfection des montures, avait encore fait d'immenses progrès depuis 1834. Elle était entrée dans une voie nouvelle rappelant les chefs-d'œuvre des XIIIe, XIVe et XVe siècles; ses riches et admirables produits pouvaient être comparés aux plus brillantes compositions des anciens maîtres.

9. *Ébénisterie.* — On constatait dans l'ébénisterie un retour au bon goût, une recherche plus sévère de l'art, une exécution plus soignée.

10. *Verrerie.* — L'art du verrier s'était enrichi depuis peu de procédés nouveaux. Par suite des efforts éclairés de la Société d'encouragement, l'industrie nationale était arrivée à lutter avec celle de la Bohême pour la fabrication du verre difficilement fusible, propre à la décoration colorée ou métallique, ainsi qu'aux travaux du chimiste, et pour la production de la gobeleterie à couleurs vives et éclatantes.

11. *Impressions sur tissus.* — L'impression sur laine était parvenue, dans la période de 1834 à 1839, à un haut degré de perfection; l'essor aussi grand que rapide de cet art nouveau constituait un des beaux chapitres de l'histoire des applications des sciences.

12. *Papeterie.* — La fabrication du papier avait subi, depuis quelques années, une transformation complète : le blanchiment du

chiffon par le chlore s'était introduit successivement dans toutes les fabriques et y avait remplacé les procédés antérieurs, plus longs et moins énergiques; le collage de la pâte au moyen d'un savon résino-alumineux et de la fécule s'était substitué, pour la plupart des papiers, au collage à la gélatine; enfin l'usage des machines s'était généralisé.

La pénurie du chiffon conduisait à chercher d'autres matières premières, telles que le varech, le bois, les filaments de bananier, la paille de seigle.

13. *Cuirs et peaux.* — L'industrie des cuirs vernis, qui n'existait pour ainsi dire pas en France quelques années auparavant, se faisait remarquer à l'Exposition de 1839 par la beauté et les bonnes qualités de ses produits, par le succès toujours croissant de ses opérations, par l'importance de ses exportations.

L'une des curiosités de l'Exposition était le modèle d'un appareil imaginé par Cuiller, machiniste en chef du théâtre des Variétés, pour protéger les salles de spectacle contre les incendies dus à l'inflammation des cintres : la question se trouvait déjà à l'ordre du jour comme elle l'est de notre temps.

Voici comment le jury formulait son appréciation : « Cet appareil, de la plus grande simplicité, peut s'adapter facilement et à peu de frais à tous les théâtres, sans rien changer au jeu de leurs machines; il suffit de couper un simple cordage pour faire tomber sur le théâtre tous les cintres embrasés, de manière que le foyer le plus animé est éteint immédiatement, en moins d'une minute, et que la représentation peut même être aussitôt continuée. »

Le but était, on le voit, fort ambitieux : on ne se contentait pas de protéger la vie des spectateurs; on voulait aussi ne pas interrompre la pièce.

Sur la proposition du préfet de police et le rapport d'une commission spéciale d'ingénieurs, d'architectes et d'autres hommes de l'art, une ordonnance royale prescrivit à tous les directeurs de théâtre de Paris d'appliquer, dans le délai d'un mois, l'invention de Cuiller.

EXPOSITION DE 1844 AUX CHAMPS ÉLYSÉES (CARRÉ MARIGNY)

L'histoire ne dit pas si les prescriptions du Gouvernement furent observées.

10. Exposition de 1844. — L'Exposition de 1844 fut la dernière de la monarchie de Juillet.

Elle dura du 1er mai au 30 juin et se tint, comme la précédente, dans le grand carré dit *des fêtes* ou *des jeux*, aux Champs-Élysées.

Les constructions occupaient un rectangle de près de 200 mètres de longueur sur 100 mètres de largeur et comprenaient : 1° une grande galerie de pourtour de 25 mètres de largeur; 2° une cour centrale, destinée plus spécialement à recevoir les machines à vapeur et les métaux.

Le nombre des exposants fut de 3,960.

Le jury, composé de 53 membres, fut encore présidé par le baron Thénard. Il procéda, comme celui de 1839, pour l'examen des objets exposés et la présentation du rapport.

Des récompenses furent accordées à 3,253 industriels : il y eut 128 médailles d'or, 150 rappels de médailles d'or, 438 médailles d'argent, 185 rappels de médailles d'argent, 711 médailles de bronze, 169 rappels de médailles de bronze, et 1,781 mentions honorables, rappels de mentions honorables, citations ou rappels de citations.

On trouve sur la liste des médailles d'or des noms tels que ceux de Balard (sulfate de soude); Brunner (instruments de précision); Cavaillé-Coll (orgues); Cavé (machines et bateaux à vapeur); Compagnie des houillères et forges de l'Aveyron, de Diétrich (fers); Durenne (chaudières); Farcot (machines à vapeur); Froment-Meurice (orfèvrerie, joaillerie et bijouterie); Garnier (horlogerie); Lepaute (phares); Meyer (locomotives); Rousseau (décoration de porcelaine); Schwilgué [1] (horlogerie), etc.

Louis-Philippe décerna la croix de la Légion d'honneur à 31 exposants, artistes ou savants, parmi lesquels André (fondeur au

[1] Ce fut Schwilgué qui restaura la fameuse horloge astronomique de la cathédrale de Strasbourg, arrêtée depuis 1790, et qui la remit en mouvement.

Val-d'Osne), Cail (constructeur), Charrière (fabricant d'instruments de chirurgie), Thénard (barrage mobile).

1. *Laines et lainages.* — Nos laines à carde indigènes étaient abandonnées pour celles de l'Allemagne : les centres manufacturiers de Sedan, Elbeuf et Louviers faisaient à eux seuls pour plus de 30 millions d'achats par an au delà du Rhin. Le jury insistait sur le grave péril qui menaçait ainsi notre agriculture, sur les améliorations qu'il importait d'apporter à l'élevage des races ovines, sur la nécessité de prendre les mesures déjà indiquées par le jury de 1839.

Les filatures françaises de laine peignée conservaient, par la supériorité de leurs produits, le premier rang qu'elles avaient toujours occupé en Europe. Après une courte crise, due à l'élévation du tarif des États-Unis d'Amérique pour les étoffes de laine peignée, elles avaient repris toute leur activité et s'étaient même développées.

Le filage de la laine peignée venait d'être doté d'un nouveau système, permettant d'obtenir sur la carde finisseuse un certain nombre de fils continus, qu'il ne s'agissait ensuite que de soumettre à des mull-jennys disposés à cet effet pour en obtenir le numéro voulu : les cardes de ce système, dites *cardes fileuses*, dispensaient du travail des enfants pour le rattachement des loquettes. Le nombre des métiers mull-jennys de 200 à 300 broches, avec chariot conduit au moyen d'une vis en spirale, s'accroissait de jour en jour.

Les fabricants d'étoffes drapées et foulées luttaient d'énergie, de savoir et d'ingéniosité, pour perfectionner et varier leurs tissus et pour se créer de nouveaux débouchés en Amérique et en Chine; cependant le jury leur conseillait encore plus d'audace et d'initiative dans leurs exportations. La production annuelle de cette branche d'industrie était évaluée à 300 millions.

Paris, Rouen, Mulhouse, Reims, Amiens et Roubaix produisaient annuellement pour 180 millions d'étoffes non foulées en laine pure ou mélangée. A Reims, le tissage mécanique s'emparait des étoffes de laine douce et tout faisait présager que ce changement opérerait une véritable révolution.

2. *Soies et soieries.* — La qualité des soies grèges s'améliorait; les mouliniers devenaient filateurs; l'ouvraison des soies était diversifiée suivant leur destination. Le jury insistait auprès du Gouvernement pour la création d'un établissement public affecté au titrage de la soie.

L'industrie des tissus ne s'était pas arrêtée dans sa marche ascendante: elle occupait environ 100,000 métiers, dont 50,000 à Lyon; elle consommait 200 millions de soie, dont 143 millions provenaient de l'agriculture française; ses produits annuels atteignaient 300 millions, dont 150 pour la France et 150 pour l'extérieur. Cependant la concurrence étrangère était redoutable: l'Angleterre avait 80,000 métiers, la Suisse 25,000, la Prusse et la Saxe 25,000, la Russie 15,000, l'Autriche et l'Italie 25,000.

Indépendamment des nombreuses améliorations de détail introduites dans la fabrication des soieries, le jury signalait l'invention des métiers mécaniques pour le tissage des peluches à pièces doubles, celle du métier Janin pour le tissage du velours à pièces doubles, l'application à la condition publique des soies d'un nouveau procédé dû à Talabot et assurant la régularité et la sincérité des transactions.

La rubanerie occupait 20,000 métiers à Saint-Étienne et Saint-Chamond; ses produits dépassaient 60 millions, dont 35 pour l'exportation.

3. *Fils et tissus de coton.* — L'industrie du filage du coton, qui, en 1814, ne mettait en œuvre que 8 millions de kilogrammes, filait 58 millions de kilogrammes en 1844. Pendant la même période, le prix du kilogramme de chaîne filée était descendu de 12 fr. 60 à 3 fr. 60. On fondait de grandes espérances sur les tentatives de culture du coton en Algérie, pour diminuer nos importations d'Amérique, qui s'élevaient à 135 millions, tandis que nous y exportions seulement pour 48 millions de tissus.

Après avoir langui jusqu'à la fin de 1840, l'industrie des tissus de coton avait pu reprendre sa marche progressive. Le nombre des métiers à bras avait sensiblement diminué; leur emploi était réduit aux articles ordinaires : aussi la classe des tisseurs à bras souffrait-elle cruellement en Alsace, dans les Vosges et en Normandie.

4. *Fils et tissus de lin et de chanvre.* — Les progrès constatés en 1839 dans le filage mécanique du lin et du chanvre n'avaient pas été aussi rapides qu'on aurait pu l'espérer : nous n'avions encore que 120,000 broches, alors que la Grande-Bretagne en possédait plus d'un million; le filage à la main pourvoyait aux neuf dixièmes de la consommation. Cela tenait à plusieurs causes, dont les principales étaient les suivantes : l'Angleterre inondait le marché français de fils faits avec des matières de qualité inférieure, comme le phormium tenax, ou un mélange d'étoupe et de cœur de lin, mais vendus à des prix très bas; d'autre part, à nombre de broches égal, les filatures de lin ou de chanvre coûtaient infiniment plus cher que les filatures de coton et dépensaient quatre ou cinq fois plus de force motrice.

Deux systèmes étaient toujours employés : la filature à préparation mouillée et étirages courts pour les fils fins, et la préparation sèche et à longs étirages pour les fils plus gros.

Le tissage mécanique avait décidément conquis une partie de la fabrication.

5. *Impression sur tissus.* — Depuis 1839, plusieurs machines nouvelles avaient été appliquées à l'impression; les rouleaux à deux, trois et quatre couleurs fonctionnaient sans difficulté dans presque tous les établissements; le fixage des couleurs par la vapeur avait été perfectionné; on avait introduit à Rouen un procédé de blanchiment des tissus pour impression, au moyen de la vapeur sous une pression de 4 à 5 atmosphères.

6. *Dentelles, tulles, broderies.* — On observait en 1844 une certaine reprise dans la fabrication de divers articles éminemment français, tels que le point d'Alençon, la valencienne, la dentelle de Bayeux.

Cependant le fait capital de l'Exposition était l'invasion du tulle et la transformation rapide des dentelles de fil en dentelles de coton; l'originalité française faisait place à l'imitation; le temps n'était déjà plus où l'on achetait des dentelles, avec la pensée de les transmettre à ses héritiers.

La production du tulle s'élevait à plus de 10 millions de francs; l'heureuse application du métier à la Jacquard, sans parler des métiers spéciaux, permettait de l'obtenir aux prix les plus modérés.

7. *Métaux et autres substances minérales.* — L'industrie du fer avait admirablement mis à profit les cinq années écoulées depuis 1839; elle n'attendait plus que le perfectionnement de la viabilité du territoire et surtout l'achèvement des lignes navigables pour livrer ses produits dans des conditions comparables à celles des pays les plus favorisés.

Bien que le nombre des hauts fourneaux n'eût pas sensiblement varié, la production de la fonte s'était accrue de 20 p. 100 et atteignait 400,000 tonnes par an dès 1842. L'emploi du coke gagnait du terrain.

La progression avait été plus rapide encore pour le fer forgé, dont la production approchait de 300,000 tonnes; l'affinage à la houille entrait dans ce chiffre pour les trois cinquièmes environ. On constatait la tendance à l'absorption de la méthode champenoise par la méthode anglaise.

Un grand pas avait été fait dans la voie de l'utilisation des gaz sortant soit des hauts fourneaux, soit des foyers d'affinerie; la chaleur de ces gaz servait à alimenter les machines motrices, à chauffer l'air, à cuire de la chaux ou des briques, à griller des minerais, à chauffer des fours. C'était le retour aux idées émises et expérimentées avant 1814 par M. Aubertot, maître de forges près de Vierzon.

On était même parvenu à affiner la fonte au moyen des gaz des hauts fourneaux, et le mérite en revenait à des industriels français.

Enfin le jury signalait une innovation qui consistait à produire de l'oxyde de carbone, en faisant passer un courant d'air au travers de combustibles de rebut ou de peu de valeur, et à se servir de ce gaz pour des opérations métallurgiques.

La France était peut-être le seul pays qui fabriquât à la fois des aciers naturels, des aciers cémentés et des aciers fondus. Néanmoins elle n'arrivait pas à répondre à tous les besoins de sa consommation et se voyait forcée de recourir, pour certaines sortes d'acier, à la Styrie, à la Prusse, à l'Angleterre.

8. *Outils.* — Malgré le préjugé qui existait encore en faveur de l'Angleterre ou de l'Allemagne pour les limes, nos produits pouvaient à tous égards supporter la comparaison avec ceux de l'étranger.

Les enclumes exposées étaient d'une belle forme et d'un fini parfait; mais leur table d'acier laissait à désirer.

Les étaux étaient généralement bien établis et adaptés à leur destination.

9. *Machines à vapeur.* — L'exposition des machines à vapeur était particulièrement brillante et fixait l'attention du public. D'immenses progrès avaient été réalisés, non seulement pour les machines proprement dites, mais aussi pour les générateurs, ainsi que pour les machines-outils employées dans les ateliers de construction.

Parmi les inventions récentes, on remarquait les distributions à détente variable de Meyer et de Farcot.

L'épreuve des locomotives construites par la maison Kœchlin avait prouvé que nous étions en situation de ne point recourir aux constructeurs anglais pour ce genre de machines.

10. *Presses typographiques ou lithographiques.* — Pour la première fois, les machines typographiques étaient largement et dignement représentées à l'Exposition. On y voyait des presses à cylindres, tirant jusqu'à 4,000 feuilles à l'heure.

11. *Machines-outils.* — Les machines-outils étaient en progrès très marqué. Divers industriels avaient exposé d'excellents spécimens de marteaux-pilons à vapeur, de grands tours parallèles, de machines à raboter, à buriner, à diviser les engrenages, à découper, à river, à tarauder, à faire les pans d'écrous; les galeries contenaient également des scies circulaires, des scies alternatives pour le découpage des bois, des scies à débiter la pierre.

12. *Bateaux et navires à vapeur.* — La navigation à vapeur avait fait de rapides progrès depuis 1839.

Des bateaux à voyageurs, des bateaux porteurs et des remorqueurs, fort bien étudiés, avaient été construits pour la Seine, la Loire, l'Allier, la Moselle, la Meurthe, la Saône, le Rhône, le Rhin et ses affluents. La force des machines motrices allait jusqu'à 200 chevaux; celles que construisait le Creusot étaient à chaudière tubulaire et fonctionnaient à moyenne pression, avec détente et condensation. La vitesse à la remonte, entre Arles et Lyon, atteignait 11 kilomètres à l'heure.

Des paquebots transatlantiques venaient d'être terminés; leurs machines étaient de 450 chevaux; les épreuves de vitesse avaient donné 10 nœuds et demi : la traversée devait durer environ douze jours, entre la France et New-York. On se préparait à substituer l'hélice aux roues à aubes, les chaudières tubulaires aux chaudières à tuyaux carrés, les machines à moyenne pression aux machines à basse pression.

13. *Instruments de musique.* — Les orgues, dont la construction avait été à peu près abandonnée en France, reparaissaient avec divers perfectionnements : introduction d'une nouvelle espèce de jeux, dits *jeux harmoniques*, embouchés de manière à faire entendre les sons harmoniques des tuyaux, au lieu de donner le son fondamental; soufflerie comportant des tensions variables et en rapport avec le timbre de chaque jeu; levier pneumatique, ouvrant instantanément les soupapes des plus grandes dimensions, par la pression du vent de la soufflerie; emploi de boîtes acoustiques, donnant l'expression par un dispositif de manœuvre des parois.

14. *Produits chimiques.* — Gay-Lussac avait apporté un perfectionnement très important à la fabrication de l'acide sulfurique : il était parvenu à économiser les trois quarts du nitrate de soude ou de l'acide nitrique nécessaires à la transformation du soufre.

Le sulfate de soude et les sels de potasse étaient extraits des eaux mères des salines.

L'ammoniaque était obtenue par le traitement des eaux de condensation provenant de la fabrication du gaz.

Le sulfate d'alumine commençait à se substituer à l'alun.

15. *Engrais.* — L'Exposition de 1844 était la première où les

engrais et amendements fussent largement représentés. On pouvait y voir les produits de la dessiccation du sang des animaux morts ou abattus, les noirs résidus des raffineries et fabriques de sucre, des débris de laine pulvérisés, des substances ammoniacales provenant soit des eaux du gaz, soit des déjections liquides, etc.

16. *Cristaux.* — Nos cristalleries avaient abordé la fabrication courante de grandes pièces qu'elles ne présentaient autrefois qu'à titre de chefs-d'œuvre, et elles avaient réussi au delà de toute prévision. Elles avaient cherché dans de nouveaux perfectionnements apportés aux procédés de soufflage à produire plus économiquement des pièces à larges tailles; ce résultat avait été atteint, sans qu'il fût nécessaire d'accroître l'épaisseur.

Des difficultés, considérées jusqu'alors comme insurmontables, avaient été vaincues dans la production du flint-glass. On voyait à l'Exposition des pièces propres à faire des objectifs d'une dimension qu'aucun fabricant n'eût espéré atteindre quelques années auparavant; une ère nouvelle s'annonçait pour l'astronomie.

17. *Papeterie.* — La fabrication du papier allait chaque jour grandissant : d'après les calculs les plus vraisemblables, elle se chiffrait, en vingt-quatre heures, par 3 millions de mètres carrés.

Les améliorations principales réalisées depuis 1839 consistaient dans l'application de pompes aspirantes asséchant la pâte pendant la formation du papier, d'épurateurs enlevant le sable et les autres corps étrangers, de systèmes mécaniques destinés à mieux couper le papier.

11. Exposition de 1849. — La France venait de traverser une crise sociale et politique, qui s'était d'ailleurs étendue sur la plus grande partie de l'Europe. Louis-Philippe avait dû abandonner le trône et prendre la route de l'Angleterre, la monarchie constitutionnelle avait fait place à la République, et, après les sanglantes journées de juin, Louis-Napoléon Bonaparte avait été élu à la première magistrature du pays.

Dans cette période de troubles, on dut se demander si l'ouverture d'une exposition en 1849 n'aboutirait point à un échec regrettable et si, par suite, il ne conviendrait pas d'allonger le délai quinquennal consacré depuis 1834 pour l'intervalle de deux expositions consécutives.

Mais les pouvoirs publics eurent la sagesse de ne pas s'arrêter à ces hésitations. Ils comprirent qu'un ajournement équivaudrait à la constatation officielle de l'état de souffrance dans lequel se trouvaient notre commerce et notre industrie et entraînerait fatalement une aggravation du mal; ils pensèrent qu'au moment où l'État s'efforçait de ranimer le travail dans les ateliers et de donner des moyens d'existence aux ouvriers, l'Exposition contribuerait puissamment à atteindre ce but; ils jugèrent aussi qu'une grande fête pacifique concourrait à ramener le calme dans les esprits, à consolider le Gouvernement, à faire renaître la confiance en l'avenir, à montrer la France toujours laborieuse, toujours fidèle au culte du progrès et de la civilisation.

Il fut donc décidé que la date de 1849 serait maintenue.

Tourret, ministre du commerce, aurait même désiré élargir le cadre dans lequel on s'était jusqu'alors enfermé, rendre l'Exposition internationale et y convier tous les peuples du monde. Malheureusement sa voix ne rencontra point d'écho; les protestations les plus vives s'élevèrent de toutes parts, et les chambres de commerce, consultées, émirent des avis nettement défavorables au projet.

Parmi nos grands industriels, beaucoup redoutaient que le parallèle entre leurs moyens d'action ou leurs produits et ceux de l'étranger ne tournât à leur désavantage. Ce parallèle leur semblait de nature à atteindre la situation que leur avaient assurée les droits protecteurs et l'imperfection des voies de transport; il apparaissait à quelques-uns comme le précurseur du libre-échange, c'est-à-dire d'une concurrence devant laquelle ils succomberaient, par suite du prix élevé de la main-d'œuvre et des matières premières.

Ces craintes étaient quelque peu chimériques. D'une part, en effet, si certaines branches de notre production étaient fondées à fuir la comparaison avec celles de divers pays voisins, il en était d'autres qui ne pouvaient qu'y gagner : nous citerons notamment les industries

IMPRIMERIE NATIONALE.

de la laine, de la soie et du lin, la construction des instruments de précision et la viticulture. D'autre part, les expositions internationales n'appellent pas nécessairement le libre-échange : nous en avons la preuve aujourd'hui dans le mouvement protectionniste que les grandes assises de 1889 n'ont nullement atténué.

Quoi qu'il en soit, Tourret dut reculer devant l'opposition qu'il avait soulevée. La France, qui, avec plus de hardiesse et d'initiative, aurait pu ajouter une belle page à son histoire, en instituant la première Exposition universelle et internationale, laissa échapper l'occasion. L'idée, que nous n'avions su ni comprendre ni apprécier, ne tarda pas à être reprise par l'Angleterre, et nos voisins d'outre-Manche recueillirent ainsi en 1851 l'honneur qui aurait appartenu à notre pays, si nous avions été mieux avisés.

L'Exposition de 1849 fut ouverte le 1er juin et dura six mois.

De même que les deux précédentes, elle eut lieu dans le grand carré des jeux aux Champs-Élysées. Il avait été question de l'installer dans le palais des Tuileries : mais ce palais n'offrait qu'une surface disponible de 6,000 mètres carrés, chiffre tout à fait insuffisant. Il avait été aussi question de construire aux Champs-Élysées un palais définitif, pour ne point édifier à chaque exposition de nouveaux bâtiments provisoires; mais on y avait renoncé, afin de ne pas engager des dépenses auxquelles la pénurie du Trésor eût difficilement permis de faire face. D'ailleurs la progression incessante du nombre des exposants n'aurait pas tardé à rendre indispensable la construction d'un autre palais ou tout au moins l'adjonction de galeries supplémentaires; on prévoyait même déjà le jour où les espaces libres aux Champs-Élysées ne seraient plus assez étendus et où il faudrait transporter les installations en un autre point de la capitale.

Les pouvoirs publics s'en tinrent donc au système des constructions temporaires. C'était le parti le plus prudent et le plus sage: il ménageait nos finances, réservait l'avenir et laissait le Gouvernement libre de modifier, pour les expositions ultérieures, le plan et le style des bâtiments, de manière à les adapter au goût du jour, à les mettre en harmonie avec la nature des objets exposés, et à attirer les visiteurs par la variété du spectacle offert à leurs yeux.

Le crédit voté par l'Assemblée législative ne s'élevait qu'à 600,000 francs : on n'était point encore habitué à compter par millions.

La superficie totale des bâtiments mis à la disposition des exposants était de plus de 22,000 mètres carrés. Ils occupaient un vaste rectangle, avec jardin central.

Des galeries spéciales étaient affectées à l'agriculture.

L'une des innovations, l'un des traits caractéristiques de l'Exposition de 1849, était en effet, comme nous le verrons plus loin, la part faite à l'agriculture, qui n'avait jusqu'alors figuré qu'indirectement par les textiles, les engrais et les instruments aratoires.

L'idée était juste, heureuse et féconde : dans son travail d'amélioration du sol et de production, l'agriculture est une véritable industrie, la plus puissante et la plus utile de toutes, celle qui engendre la vie et fournit aux peuples la source de leur force et de leur richesse. Il était bon de lui donner une marque éclatante de la sollicitude du Gouvernement, de l'encourager et de la stimuler, de la comprendre dans la distribution des honneurs et des récompenses.

Au surplus les liens les plus étroits et les plus intimes unissent l'agriculture et l'industrie proprement dite, qui sont dans un état de dépendance réciproque, se prêtent un mutuel appui et ne sauraient être séparées l'une de l'autre.

L'industrie reçoit de l'agriculture une grande partie de ses matières premières, telles que la laine, le chanvre, le lin, la soie, les peaux, le bois, les graines oléagineuses, les betteraves destinées à la fabrication du sucre, etc. En retour, elle lui donne ses produits chimiques et ses machines, qui exercent une influence si profonde sur l'utilisation de la terre; elle développe, transforme ou provoque les cultures auxquelles elle offre des débouchés.

Les limites du domaine agricole et du domaine industriel sont du reste souvent indécises. Certaines exploitations chevauchent de l'un à l'autre : pour ne citer que quelques exemples, la mouture du blé, l'extraction des huiles végétales, la fabrication du sucre de betterave, celle de la fécule, sont, à certains égards, des opérations industrielles, mais n'en constituent pas moins le complément, la dernière phase des opérations de culture.

L'outillage, les moyens d'action de l'industrie doivent être appropriés aux produits qui lui sont livrés par les cultivateurs : ainsi les laines courtes et les laines longues ne sont pas mises en œuvre suivant les mêmes méthodes et ne conviennent point aux mêmes espèces de tissus.

Inversement l'agriculture doit s'approprier aux besoins et aux procédés industriels, s'efforcer de produire les matières demandées par l'industrie et de les fournir en l'état le plus convenable pour le travail qu'elles auront à subir.

Dans l'appréciation des objets manufacturés, le jury ne peut faire abstraction des matières premières que l'agriculture a livrées pour la fabrication de ces objets : le mérite varie avec les difficultés vaincues. Les matières premières elles-mêmes ne peuvent être exclusivement jugées au point de vue industriel, non plus qu'au point de vue agricole : il faut tenir compte tout à la fois de leur destination et des conditions dans lesquelles elles ont été produites. Pour porter un jugement sur la valeur des exploitations agricoles, on doit avoir égard, non seulement au sol, aux méthodes de culture, aux qualités intrinsèques des produits, mais aussi à l'affectation de ces produits, à leurs débouchés pour l'alimentation publique ou l'industrie : car le but à poursuivre est de porter au maximum le rendement et le revenu de la terre.

Je ne développerai pas davantage ces considérations : elles montrent suffisamment combien l'agriculture et l'industrie sont solidaires, quel intérêt présente leur association dans les assises périodiques du travail.

La République de 1848 s'est honorée en comprenant l'utilité de cette association et en sachant la réaliser. Afin de bien accentuer sa pensée, elle a remplacé la dénomination antérieure d'« Exposition publique des produits de l'industrie française » par celle d'« Exposition des produits agricoles et industriels ».

Une autre particularité de l'Exposition de 1849 mérite d'être signalée : je veux parler de l'apparition de l'Algérie, qui s'y montrait avec modestie, presque avec timidité, mais dont on pouvait déjà entrevoir l'avenir et les ressources.

Notre colonie reçut l'accueil bienveillant et empressé qui lui était légitimement dû et le président du jury lui rendit un hommage éloquent, lors de la cérémonie de distribution des récompenses.

Le nombre des exposants admis fut de 4,532, chiffre considérable eu égard aux circonstances dans lesquelles l'Exposition avait été préparée.

Le jury, composé de 69 membres, fut présidé par Charles Dupin. Il continua à appliquer, pour l'examen des objets et la présentation du rapport, les règles admises en 1839 et 1844.

Des récompenses furent décernées à 3,466 exposants et à 272 chefs d'exploitation, contremaîtres et ouvriers qui s'étaient distingués par leurs services à l'agriculture ou à l'industrie. Le chiffre total de 3,738 se décomposait comme il suit : 183 médailles d'or, 150 rappels de médailles d'or, 549 médailles d'argent, 173 rappels de médailles d'argent, 935 médailles de bronze, 182 rappels de médailles de bronze, 1,566 mentions honorables, rappels de mentions honorables, citations ou rappels de citations.

La liste des titulaires de médaille d'or comprend des noms comme ceux de Bourdon (machines), Chameroy (tuyaux), Degousée et Laurent (appareils de sondage), Denière (bronzes d'art), Flachat (machines pour chemins de fer), Fontaine-Baron (machines diverses), Fouché-Lepelletier (produits chimiques), de Geiger (faïences), Gouin (machines pour chemins de fer), Jouvin (ganterie), Kestner (produits chimiques), Lemercier (lithographie), Mame (typographie), Meynard (ébénisterie), Plon (typographie), de Ruolz (chimie), Salines nationales de l'Est, Sax (instruments de cuivre), Schneider (navigation à vapeur), etc.

Le Président de la République accorda la décoration de la Légion d'honneur à 51 industriels, savants et artistes, parmi lesquels Berthoud (horlogerie), Canson (papiers), Cavaillé-Coll (orgues), Chevandier (glaces), Durenne (chaudières), Farcot (machines à vapeur), Gouin (constructions métalliques), Hardy (pépinières d'Alger), Hartmann (fils et tissus de coton), Sax (instruments de musique), Soleil (appareils d'optique).

1. *Agriculture et horticulture.* — L'Exposition présentait trois types de chevaux : 1° des chevaux d'espèce légère, de pur sang anglais ou arabe, ou des chevaux de sang limousin ayant un nombre considérable de croisements avec le pur sang; 2° des chevaux de trait percherons, boulonnais, normands et bretons; 3° des chevaux provenant de juments percheronnes et boulonnaises, avec des étalons de pur sang anglais ou arabe. Ces spécimens de la race chevaline étaient en général remarquables.

Le jury recommandait le croisement des grosses juments du Perche et du Boulonnais avec les chevaux de pur sang arabe ou anglais, afin de produire des chevaux plus rapides dans leurs allures, plus légers, plus énergiques que le cheval picard, boulonnais ou percheron, et en même temps plus étoffés que les chevaux de race pure ou leurs dérivés du Limousin et des Pyrénées.

La production de la race bovine avait fait de grands progrès depuis le commencement du siècle, et surtout pendant les quinze dernières années, tant sous le rapport du nombre de têtes que sous celui de la qualité des bœufs livrés à la consommation. Ces progrès étaient manifestes dans les régions du Limousin, du Nivernais, du Charolais et du Berry; les viandes de la Normandie et du Cholet étaient de temps immémorial les plus fines et les plus recherchées. On constatait les heureux résultats obtenus par l'introduction de la race anglaise de Durham, qui avait une prédisposition étonnante à l'engraissement précoce et qui, par le croisement, communiquait cette prédisposition à nos races indigènes, normandes, charolaises ou flamandes, sans altérer l'aptitude à la production laitière ou au travail.

L'exposition de la race ovine ne comprenait que des moutons à laine de moyenne finesse ou à laine commune, les seuls qui fussent susceptibles d'un accroissement rapide et pussent être livrés à la boucherie dans les premières années de leur vie. Quant aux producteurs de laines fines, ils s'étaient bornés à soumettre des toisons à l'examen du jury et n'avaient pas cru devoir présenter leurs moutons, dont l'accroissement était fort lent et le poids très faible, même à l'âge adulte. Après avoir été en faveur, à l'époque où nous cherchions à nous soustraire à l'importation espagnole, la race mérine était beaucoup moins recherchée des cultivateurs français, qui se voyaient débordés par la concurrence du nord-est de l'Allemagne, de la Russie méridionale et de l'Australie : dans ces pays, en effet, la vente des toisons suffisait à rembourser la nourriture des bêtes à laine, tandis qu'en France il était impossible de sacrifier la production en viande de boucherie. Nos éleveurs préféraient les moutons à laine de finesse moyenne, qui s'engraissaient facilement et pouvaient être soumis, sans grand inconvénient, à l'opération du parcage.

Par suite de circonstances diverses, le nombre des échantillons de céréales était peu élevé; cependant il suffisait pour mettre en évidence des améliorations méritoires, telles que le perfectionnement des races, l'introduction de bonnes variétés étrangères, l'emploi de meilleurs procédés de culture.

Une entreprise considérable avait été engagée pour créer des rizières dans les départements de l'Aude et des Bouches-du-Rhône.

De grands progrès se manifestaient dans l'industrie séricicole, grâce à la division de plus en plus accusée entre la production des cocons et la filature.

Il ne sera pas sans intérêt de faire remarquer que l'essor de cette industrie avait coïncidé avec la levée des droits protecteurs sur les soies étrangères, contrairement aux prévisions et aux appréhensions des chambres de commerce. La valeur des cocons vendus par les éleveurs était évaluée en 1849 à 120 millions; nos exportations dépassaient

12 millions. Néanmoins nous devions encore importer pour plus de 60 millions de soies étrangères.

Les viticulteurs avaient eu presque tous le tort de ne point répondre à l'appel du Gouvernement; ils s'étaient abstenus, soit parce qu'ils considéraient la renommée de leurs crus comme suffisamment assise, soit parce qu'ils n'éprouvaient pas le besoin de se procurer de nouveaux débouchés, soit enfin parce que l'initiative leur faisait défaut. Cependant des producteurs champenois avaient envoyé des vins de Champagne présentant une limpidité parfaite, une brillante couleur, une saveur très fine et un parfum très riche; il était venu aussi quelques vins fort agréables de l'Anjou et du Jura.

A aucune époque, le mouvement vers les améliorations ne s'était manifesté d'une manière aussi sensible dans la construction des instruments aratoires. Ce mouvement ne se bornait pas aux fabriques importantes : il s'étendait aux simples ateliers de villages. Dans l'ensemble, la France était encore inférieure à l'Angleterre où la prédominance de la grande culture, ainsi que le haut prix de la main-d'œuvre et des produits du sol, avaient nécessairement développé l'industrie des machines agricoles. Cependant elle pouvait soutenir la comparaison pour les charrues, les semoirs, les herses, les rouleaux, les extirpateurs, les scarificateurs, les houes, les buttoirs, les machines à battre, les hache-paille, les coupe-racines et les concasseurs. Le jury exprimait le vœu que les sociétés d'agriculture et les comices instituassent des musées et que des manuels fussent publiés pour instruire et éclairer les travailleurs.

Grâce au concours de la chimie minérale et organique et de la physiologie végétale, on se rendait un compte plus exact de la nature des engrais et des amendements à employer; on comprenait mieux leur influence sur la productivité du sol. Toutefois il restait encore beaucoup à faire; nos cultivateurs laissaient notamment se perdre une quantité considérable d'engrais animaux. Les marchands d'engrais se livraient à des fraudes coupables, sur la répression desquelles le jury appelait toute la sollicitude des pouvoirs publics.

2. *Machines à vapeur, locomotives.* — Le nombre des machines à

vapeur s'était sensiblement accru et atteignait 4,950 ; leur force totale était de 61,500 chevaux.

Au premier rang des constructeurs se plaçaient MM. Farcot et Bourdon, pour les machines fixes; Derosne, Cail et Gouin, pour les machines locomotives; Schneider, pour les machines marines.

Le jury rattachait aux machines les installations dues à M. Flachat pour le chemin de fer atmosphérique de Nanterre au plateau de Saint-Germain. Tandis qu'en Angleterre les tentatives analogues faites sur les lignes de Croydon et du South-Devon avaient complètement échoué, l'expérience du nouveau système se poursuivait sans encombre depuis plus de deux ans sur la rampe de Saint-Germain et paraissait décisive; les trains gravissaient une inclinaison de 0 m. 035 alors inaccessible aux locomotives.

3. *Navigation à vapeur.* — L'impulsion la plus heureuse et la plus puissante avait été donnée à la construction des navires à vapeur par les efforts de l'industrie privée et aussi par la loi de 1845, qui affectait une somme de 90 millions à l'accroissement de notre matériel naval.

L'hélice tendait de plus en plus à remplacer les roues à aubes.

La marine militaire comptait déjà plus de 20 frégates ou grandes corvettes à vapeur, de 400 à 650 chevaux.

Quant à la marine marchande à vapeur, son tonnage avait augmenté de 60 p. 100 pendant la période quinquennale du 1er janvier 1844 au 1er janvier 1849, alors que l'accroissement correspondant pour la marine à voiles était limité à 14 p. 100.

4. *Constructions civiles.* — On remarquait principalement le comble en fer de la halle de la Douane, établi par M. Travers à une époque où les établissements métallurgiques ne produisaient pas encore les barres laminées à double T, et la coupole de l'Observatoire, étudiée et exécutée avec beaucoup d'intelligence par le même constructeur.

5. *Machines-outils, machines pour la filature et le tissage.* — MM. Calla, Huguenin, Ducommun et Dubied perfectionnaient et multipliaient les machines-outils, en les appropriant aux usages les plus divers.

M. Decoster exposait de très beaux métiers à filer le lin.

Les perfectionnements apportés au métier à la Jacquard étaient aussi nombreux qu'intéressants, et l'immortel auteur de ce métier eût éprouvé quelque peine à reconnaître son œuvre primitive. M. Blanchet, chef d'atelier à Lyon, avait trouvé un moyen pratique de substituer le papier au carton pour représenter le dessin de l'étoffe; cette modification devait réduire notablement le prix des tissus brochés.

6. *Métaux.* — Malgré la richesse de la France en gîtes métallifères, l'intervention savante, active et pressante des ingénieurs des mines avait été impuissante à faire revivre l'exploitation des minerais autres que ceux de fer. Nous n'avions cessé de déchoir, tandis que la Grande-Bretagne, le Hanovre, la Saxe, la Hongrie, la Prusse, les États scandinaves, l'Espagne et la Russie maintenaient leur ancienne situation ou étaient en progrès marqué. Sur 508 mines d'or, d'argent, de mercure, de nickel, de cobalt, de cuivre, d'étain, de bismuth, d'antimoine, de plomb, de zinc, 10 seulement donnaient lieu à des travaux sérieux. Nous importions des quantités considérables de cuivre, d'étain, de plomb, de zinc et d'oxyde de manganèse.

L'industrie du fer avait au contraire poursuivi sa marche ascendante : de 1842 à 1846, la production de la fonte s'était élevée de 400,000 à 520,000 tonnes, et celle du fer forgé de 285,000 à 360,000 tonnes; la France n'était devancée que par la Grande-Bretagne, et les autres pays de l'Europe ne nous suivaient que de fort loin. Le développement des chemins de fer contribuait dans une large mesure aux progrès de notre métallurgie.

Le coke et la houille prenaient une place de plus en plus importante dans la fabrication de la fonte et du fer : la fonte au combustible minéral seul ou mélangé représentait les 46 centièmes de la production totale; pour l'affinage, la proportion était de 70 p. 100.

On voyait se restreindre la méthode catalane; le nombre des hauts fourneaux au bois vert, desséché ou torréfié, seul ou mélangé de charbon de bois, se réduisait sans cesse.

Les efforts des maîtres de forges étaient dirigés vers l'économie du combustible.

De grandes déceptions avaient été éprouvées, en ce qui concernait l'utilisation des gaz incomplètement consumés pour l'affinage de la fonte; mais le succès avait été complet pour l'emploi de ces gaz au simple réchauffage des fers.

Les moyens mécaniques mis en œuvre pour le travail du fer avaient pris plus de puissance : on se servait de marteaux-pilons dont le poids atteignait de 3,000 à 4,000 kilogrammes, chiffre fort élevé pour l'époque.

La fonte et le fer recevaient un usage plus fréquent et mieux entendu dans les constructions civiles.

Pendant longtemps, on avait cru que le succès de certaines usines dans la fabrication de l'acier était dû à l'application de procédés secrets. Cette erreur était désormais écartée; on savait que la qualité des aciers tenait exclusivement à la composition naturelle des minerais et aux soins apportés dans leur transformation. Le savant rapporteur du jury, M. Le Play, ne mettait pas en doute que les aciéries françaises ne pussent, avec de la persévérance, lutter contre les plus célèbres aciéries de la Grande-Bretagne.

7. *Horlogerie.* — L'horlogerie, cette industrie nationale, conservait le rang que deux siècles de travaux consciencieux lui avaient fait prendre en Europe; nos artistes français étaient toujours dignes de leur réputation d'intelligence, de bon goût et d'habileté.

Les travaux de l'horlogerie nautique étaient remarquables par leur belle exécution et leur simplicité.

L'horlogerie civile était dans une situation prospère : chaque année, Paris faisait environ 80,000 pendules, dont les deux tiers au moins pour l'exportation.

Seule, la fabrication des montres restait en arrière : nous ne pouvions rivaliser de bon marché avec la Suisse. Cependant un habile industriel, M. Japy fils, avait réussi à faire le finissage à un prix si modique que la Suisse le chargeait de cette opération pour 3,000 à 4,000 montres par mois.

Les constructeurs les plus réputés étaient Berthoud, Robert, Garnier, Wagner et Japy.

8. *Instruments de physique, d'optique*, etc. — Froment, Lerebours

et Secretan, Buron, Chevalier, Soleil, Deleuil, fournissaient des instruments de physique et d'optique d'une précision irréprochable.

L'exposition de Froment comprenait des télégraphes électriques; ce savant artiste actionnait les machines-outils de ses ateliers par des moteurs électro-magnétiques.

S'inspirant des modèles établis par Pascal, vers 1645, et par Leibnitz, vers 1670, plusieurs constructeurs avaient créé des machines à calcul, exécutant avec rapidité et exactitude les quatre règles de l'arithmétique.

La complication de ces machines portait le public à préférer l'échelle ou règle logarithmique, qui ne pouvait servir que pour la multiplication et la division, mais qui était beaucoup plus simple et que les Anglais avaient depuis longtemps mise en usage.

9. *Instruments de musique.* — Le fait le plus frappant pour les pianos était l'empressement des facteurs à appliquer divers perfectionnements dus à Sébastien Érard : le double échappement, le barrage métallique et la fixation des cordes sur le sommier de chevilles au moyen d'un système d'agrafes.

La lutherie française était de beaucoup au-dessus de sa réputation; cependant il était à désirer que nos luthiers ne se bornassent pas à copier les modèles italiens et fissent preuve de plus d'originalité.

La facture des instruments à vent en cuivre venait de faire un pas immense : Sax avait donné l'élan, en inventant les saxophones et les saxhorns.

Quant aux instruments à vent en bois, ils péchaient trop souvent au point de vue du timbre, de la justesse ou de l'égalité du son.

Les grandes orgues étaient arrivées à un haut degré de perfection, sauf pour les moyens de donner et de varier l'expression.

10. *Conservation des bois. Produits chimiques.* — Des médailles d'or furent accordées pour la conservation des bois par le procédé Payne et par le procédé Boucherie. Le premier de ces deux procédés consistait à injecter sous pression du sulfate de fer et du sulfure de baryum dans les bois préalablement soumis à l'action du vide. Le second

mettait à profit la succion naturelle des vaisseaux après l'abatage, pour y introduire des antiseptiques tels que le chlorure de calcium et le pyrolignite de fer.

Un grand nombre d'industriels se distinguaient dans la fabrication des produits chimiques : acide sulfurique, acide chlorhydrique, acide tartrique, acide acétique, acide pyroligneux, soude, sels de soude, ammoniaque, sels ammoniacaux, hypochlorite de potasse, chlorure de chaux, prussiate de potasse, acétate de plomb, céruse, oxyde de zinc, gélatine, noir animal, iode, etc.

11. *Teinture et impression sur étoffes.* — La teinture et l'impression sur étoffes avaient réalisé de nouveaux progrès : on était redevable à MM. Jourdan du genre ombré par teinture et des impressions réserves sur laine; à M. Guinon d'un nouveau jaune emprunté à l'acide picrique (produit de l'oxydation de la houille par l'acide nitrique); à M. Broquette des effets de doubles teintes.

12. *Galvanoplastie.* — L'art de dorer ou d'argenter les métaux par des procédés électriques était largement pratiqué; le mérite de ces procédés appartenait à M. de Ruolz.

13. *Arts céramiques.* — La manufacture de Sèvres venait de rendre de signalés services en substituant le coulage au moulage, et surtout en organisant la cuisson au moyen de la houille.

D'habiles potiers étaient parvenus à produire de magnifiques objets d'ornement en terre cuite sans vernis.

La faïence fine, dite *terre de pipe*, s'était améliorée par l'introduction du feldspath et du kaolin dans la pâte, par la cuisson du biscuit à une plus haute température, par une modification de l'émail où le borax, l'acide borique, la silice et le feldspath étaient mélangés à l'oxyde de plomb.

Les usines de Sarreguemines, de Creil et de Voisinlieu fournissaient d'excellents grès cérames.

La porcelaine tendre, qui avait eu une grande célébrité, n'était plus représentée en France que par un seul établissement. La porcelaine dure à émail feldspathique, au contraire, était produite par 40 usines, dont la moitié au moins se trouvaient groupées autour des gîtes de kaolin de Saint-Yrieix, et dont la fabrication annuelle se chiffrait par 8 millions.

14. *Cristallerie.* — Les glaces, les cristaux, les verres, continuaient à mériter les éloges du jury. Saint-Gobain, Saint-Quirin, Cirey, Baccarat, Saint-Louis, Rive-de-Gier, Clichy, étaient les principaux centres de production.

15. *Tissus de laine.* — Les tissus exposés en 1849 surpassaient ceux de l'Exposition de 1844, au point de vue de la sincérité, de la perfection et du bon marché; le jury signalait le concours intelligent de tous les agents de la production (filateurs, tisserands, teinturiers, apprêteurs), l'heureux emploi des foulons à l'anglaise, la combinaison des laines de diverses espèces dans le même tissu, le développement de l'article «nouveautés». Pour les produits de ce dernier genre, la ville d'Elbeuf, bien qu'entrée dans la carrière après Louviers et Sedan, avait conquis le premier rang.

Le jury signalait l'opportunité de réduire les droits d'entrée sur les laines que ne produisaient pas les races de moutons élevées sur le territoire français.

16. *Châles de cachemire et leurs imitations.* — Cette industrie, qui n'avait pas quarante ans d'existence, était l'une de nos gloires les plus incontestées; elle avait créé un art véritable, qui se traduisait par le sentiment général du coloris, par l'harmonie des couleurs, et dont s'inspiraient, pour les autres étoffes, les tisseurs de Rouen, de Jouy, de Munster, de Mulhouse, d'Amiens et de Reims.

17. *Tissus de soie.* — La production des tissus de soie pure ou mélangée était estimée à 350 millions par an; l'exportation était de 150 millions, chiffre supérieur au tiers de l'exportation des tissus de toute nature.

On comptait 120,000 métiers, dont 60,000 dans le département du Rhône et les départements voisins, 25,000 dans la Loire, 10,000 à Avignon et à Nîmes, et 25,000 dans les autres régions de la France. Ces chiffres révélaient une augmentation sensible par rapport à 1844. La substitution des métiers mécaniques aux métiers ordinaires n'était pas aussi rapide qu'on eût pu le supposer; sans combattre cette substitution, le jury ne la recommandait pas, parce qu'il ne voulait pas détruire le travail en famille.

C'est à peine si, en 1839, la France abordait la fabrication des peluches de soie pour chapeaux; elle était tributaire de la Prusse. En 1849, nous avions 5,000 métiers, l'importation était presque nulle et les trois quarts de notre production s'exportaient en Amérique, en Angleterre et même en Allemagne.

La rubanerie se soutenait; mais la Suisse gagnait beaucoup plus de terrain que la France pour le commerce d'exportation.

18. *Cotons filés et tissés.* — La consommation annuelle de coton, que nous avons laissée à 58 millions en 1844, paraissait devoir s'élever à 65 millions en 1849.

L'Exposition montrait des fils d'une ténacité et d'une souplesse admirables.

De 1844 à 1849, le prix des tissus de coton avait fléchi de 20 p. 100. Néanmoins l'exportation française était minime relativement à celle de l'Angleterre; elle ne dépassait pas 20 millions, chiffre correspondant au trentième de la production.

Les industriels les plus remarqués étaient, pour la filature, MM. Dolfus, Mieg et Cie, Féray, Mallet, Cox, Schlumberger, Herzog, Fauquet-Lemaître, Naegely, Hofer, Delamarre; pour les tissus, MM. Kettinger, Féray, Davillier, Seillière, Jourdain, Mme Weber, MM. Blech, Tricot, Barbet, Gros, Hartmann, Kœchlin-Schwartz.

Saint-Quentin gardait la supériorité pour les jaconas, les nansouks et les rideaux brochés, et Tarare pour les mousselines claires, soit unies, soit façonnées, soit brodées.

19. *Fils et tissus de chanvre et de lin.* — L'industrie linière, dans la marche de laquelle le jury de 1844 avait signalé un temps d'arrêt, reprenait tout son essor. Nous avions 103 filatures, comptant 250,000 broches, occupant 15,000 ouvriers, employant 4,300 chevaux de force motrice, mettant en œuvre 23 millions de kilogrammes de lin et de chanvre teillés, et représentant un capital de 50 millions de francs. Le département du Nord figurait en première ligne dans ce prodigieux accroissement de notre richesse industrielle.

Bien que le cours des matières premières n'eût pas varié, le prix des fils avait diminué de 15 p. 100, ce qui révélait, depuis 1844, une réduction d'un tiers dans les frais de fabrication.

Nos filateurs atteignaient le n° 162 (270 anglais) pour le lin, et le n° 84 (140 anglais) pour l'étoupe. Le filage à la main continuait à s'exercer dans une proportion notable pour les fils fins et les gros numéros.

Le tissage à la mécanique avait pris peu de développement. Nos tissus demeuraient excellents; mais les blanchisseurs et les apprêteurs ne prenaient pas assez souci de l'élégance et de la bonne mine des produits, et se montraient, à cet égard, au-dessous de leurs concurrents d'Angleterre et de Belgique.

Le jury insistait sur la nécessité de recourir à des procédés plus parfaits de rouissage et de teillage; notre commerce d'exportation subissait en effet une décadence rapide et la culture française était menacée par celle de la Russie, de la Prusse, de la Hollande, de la Belgique et de l'Irlande.

On estimait à 248,000 hectares la superficie des terres cultivées en chanvre et en lin sur le sol français et à 245 millions la valeur totale créée chaque année par l'industrie linière.

20. *Dentelles.* — Une des galeries les plus remarquables de l'Exposition de 1849 était celle des dentelles, blondes, etc.

Cette industrie avait fait d'immenses progrès, non seulement sous le rapport du goût, mais aussi sous le rapport de la perfection et de la délicatesse du travail. Elle occupait 300,000 à 350,000 ouvrières, qui travaillaient dès l'âge de six à sept ans jusqu'à l'extrême vieillesse. La France exportait annuellement pour 12 à 15 millions.

21. *Orfèvrerie.* — L'invention de MM. Ruolz et Elkington, dont l'exploitation privilégiée appartenait à MM. Christofle et Cie, avait bouleversé l'industrie de la dorure et de l'argenture. Le jury appelait la sollicitude du Gouvernement sur des pétitions tendant au rachat du brevet, de manière à faire tomber le nouveau procédé dans le domaine public et à rendre ainsi du travail aux fabricants qui ne pouvaient soutenir la lutte par l'application des anciennes méthodes.

22. *Bronzes.* — Bien que certains États voisins eussent pris des mesures prohibitives à l'égard de nos fabricants ou accordé des primes à leurs nationaux, l'industrie française des bronzes était prospère; son exportation s'élevait à 20 millions par an. Nos grands artistes ne dédaignaient pas d'y collaborer; aussi l'Exposition révélait-elle plus de pureté dans les formes et un goût beaucoup plus irréprochable.

23. *Ébénisterie.* — L'ébénisterie française, concentrée pour la plus large part au faubourg Saint-Antoine, était restée à la hauteur de sa vieille réputation. La fabrication marchande avait perfectionné et multiplié les meubles utiles; à quelques exceptions près, la sobriété des ornements, la simplicité, la bonne exécution, étaient remarquables. D'immenses progrès avaient été réalisés dans le placage.

24. *Imprimerie.* — La seule innovation réelle consistait dans le glaçage du papier destiné à l'impression des livres; cette opération, qui auparavant n'était guère usitée que pour l'impression des vignettes en bois, donnait plus de netteté au contour des lettres et plus d'éclat à l'encre.

D'ingénieux mécanismes avaient été essayés sans succès pour accélérer l'impression des journaux. Cependant un marché était sur le point de se conclure pour une machine imprimant 20,000 journaux à l'heure et supprimant l'intervention de la margeuse, qui ne pouvait placer dans le même temps plus de 3,000 à 4,000 feuilles sur le pupitre de la presse mécanique.

25. *Héliographie.* — L'héliographie comptait un grand nombre d'exposants; Niepce et Daguerre avaient fait de nombreux élèves. Les reproductions sur plaque étaient arrivées à une grande perfection; mais leur prix élevé reportait tous les efforts vers les reproductions sur papier.

26. *Exposition de l'Algérie.* — La production céréale en Algérie donnait d'excellents résultats. Par suite de la profondeur des labours et du soin apporté au choix des semences, nos colons obtenaient des récoltes supérieures à celles de la population indigène.

La culture du tabac semblait appelée à beaucoup d'avenir : de 1843

IMPRIMERIE NATIONALE.

à 1848, les achats de la Régie française étaient passés de 800 à 350,000 kilogrammes.

Le sol était riche en gîtes métallifères susceptibles d'une exploitation lucrative. Huit concessions avaient été instituées de 1844 à 1849; mais deux concessionnaires seulement avaient donné des preuves sérieuses d'activité jusqu'en 1848, époque à laquelle ils avaient abandonné leurs travaux.

L'Algérie était la terre promise de l'olivier. Après quatre ans de greffe, un jeune arbre pouvait donner un demi-litre d'huile; à douze ans, il en donnait 3 litres, et à vingt-cinq ou trente ans, 12 litres. La plupart des plantes oléagineuses réussissaient dans la colonie.

On fondait de grandes espérances sur la production des essences aromatiques et sur la culture de la garance, de la gaude, de la cochenille et du carthame.

Les tissus exposés témoignaient d'une habileté de main d'autant plus étonnante qu'ils étaient faits à l'aide de métiers informes, improvisés par des indigènes, tour à tour pasteurs, guerriers, agriculteurs ou industriels. Le jury exprimait le vœu que de jeunes Arabes fussent appelés dans nos écoles des arts et métiers, dans nos ateliers et dans nos fabriques, et qu'un certain nombre de métiers pour le filage et le tissage à la main de la soie, du coton, du lin et de la laine fussent répartis dans les tribus qui s'étaient le plus distinguées à l'Exposition.

Dès 1847, le Gouvernement avait fondé à Alger un centre de production et d'enseignement pour la culture du mûrier, l'élève des vers à soie et la filature des cocons. Cette initiative promettait de bons résultats. L'administration s'était même décidée à acheter les cocons aux colons, à les convertir en soie grège et à vendre cette soie aux fabricants de la métropole, en attendant que l'industrie du filage se fût implantée en Algérie.

Plusieurs échantillons de coton en laine étaient exposés par la colonie.

Tout en laissant de côté bien des faits intéressants, je me suis arrêté plus longuement que je ne l'aurais voulu à l'Exposition de

1849. Mais il n'était pas inutile de préciser la situation des principales industries, au moment où la série des expositions universelles nationales allait se fermer et où l'on touchait au terme de la première moitié du XIXe siècle.

12. Récapitulation des expositions universelles nationales. — En résumé, onze expositions universelles nationales se sont succédé à Paris, de 1798 à 1849. Elles sont récapitulées dans le tableau suivant :

NUMÉROS D'ORDRE.	ANNÉES.	DATES D'OUVERTURE.	DURÉE.	EMPLACEMENT.	NOMBRE des EXPOSANTS.	NOMBRE des RÉCOMPENSES.
1	An VI (1798)	3e jour complémentaire (1).	3 jours (1).	Champ de Mars.	110	31
2	An IX (1801)	2e jour complémentaire (1).	6 jours (1).	Cour du Louvre.	220	110
3	An X (1802)	1er jour complémentaire.	7 jours.	Cour du Louvre.	540	251
4	1806......	25 septembre.	24 jours.	Esplanade des Invalides.	1,422	610
5	1819......	25 août.	35 jours.	Palais du Louvre.	1,662	869
6	1823......	25 août.	50 jours.	Palais du Louvre.	1,642	1,091
7	1827......	1er août.	62 jours.	Palais du Louvre.	1,695	1,254
8	1834......	1er mai.	60 jours.	Place de la Concorde.	2,447	1,785
9	1839......	1er mai.	60 jours.	Champs-Élysées.	3,381	2,305
10	1844......	1er mai.	60 jours.	Champs-Élysées.	3,960	3,253
11	1849......	1er juin.	6 mois.	Champs-Élysées.	4,532	3,738

(1) Dates ou chiffres incertains (voir *supra*, p. 20 et 29).

Le nombre des exposants, tout à fait minime en 1798, s'est rapidement accru, et la faveur dont jouissait l'institution ne s'est pas démentie, même pendant les périodes difficiles que la France a eu à traverser.

Dès l'origine, le public a su se rendre compte des grands services que ces assises périodiques du travail étaient susceptibles de rendre, en excitant l'émulation des industriels, en stimulant leur esprit de recherche et d'invention, en vulgarisant les découvertes et en instruisant les visiteurs.

Depuis 1801, l'admission des produits ou objets a toujours été prononcée par des commissions départementales dont le préfet désignait les membres; le bénéfice n'en était accordé qu'aux objets fabriqués par les exposants eux-mêmes.

A partir de 1819, l'État a pris à sa charge les frais de transport des objets du chef-lieu du département à Paris et les frais de réexpédition de Paris au chef-lieu du département.

Ainsi que nous l'avons vu, les catégories de récompenses ont été, après quelques tâtonnements, fixées comme il suit : médaille d'or, médaille d'argent, médaille de bronze, mention honorable, citation favorable dans le rapport du jury, rappel des récompenses obtenues aux expositions antérieures. Les exposants déjà récompensés pouvaient recevoir une nouvelle distinction du même ordre ou d'un ordre supérieur, lorsqu'ils avaient réalisé des progrès dans leur industrie; un simple rappel pouvait leur être accordé, quand leur seul mérite était d'avoir maintenu le niveau de leur fabrication; les rappels, d'abord étendus à toutes les expositions antérieures, avaient été ensuite limités à la dernière.

Indépendamment des exposants, les chefs d'exploitation, contremaîtres ou ouvriers, les savants, les ingénieurs, les inventeurs, qui avaient rendu personnellement des services marqués à l'industrie, ont été compris depuis 1819 dans la distribution des récompenses, sur les propositions formulées au premier degré par les commissions départementales et, au second degré, par le jury central.

Le jury n'a cessé d'être composé avec un très grand soin et recruté parmi des hommes dont la science, la compétence et l'impartialité étaient au-dessus de toute atteinte. Le nombre de ses membres, fixé d'abord à 9, s'est augmenté progressivement au fur et à mesure que les expositions prenaient plus d'importance; en 1849, il était de 69.

Toujours le jury a été unique et a statué en assemblée générale sur toutes les récompenses, bien qu'il se divisât en commissions pour l'examen des objets. Jusqu'en 1834 inclusivement, la rédaction du rapport a été confiée à un rapporteur unique; à partir de 1839, elle l'a été à des rapporteurs spéciaux : j'ai présenté à cet égard (page 66) des observations qu'il est inutile de reproduire ici.

Tels sont les faits qu'il convenait de résumer au sujet de l'organisation des diverses expositions universelles nationales ouvertes à Paris de 1798 à 1849.

13. Observations générales sur les progrès réalisés de 1798 à 1849. — Lorsqu'on jette un coup d'œil d'ensemble sur les expositions nationales de la première moitié du siècle, on est frappé des immenses progrès réalisés durant cette période.

Cependant la France avait eu à subir les crises les plus redoutables et les plus cruelles. Le premier Empire s'était effondré, laissant le pays appauvri et décimé : 1 million de jeunes gens couchés sur les champs de bataille, 10 milliards consommés en dépenses militaires, en rançons, en tributs, la haine implacable d'une partie de l'Europe, tel avait été l'héritage légué par Napoléon Ier, malgré son génie et ses talents de grand capitaine. La Restauration et la monarchie de Juillet avaient à leur tour disparu, au milieu de perturbations politiques et sociales, dont quelques-unes avaient profondément troublé le travail des ateliers et des manufactures.

Nos savants, nos artistes, nos manufacturiers, ne s'étaient point laissé décourager par tant d'épreuves. Ils s'étaient en quelque sorte retrempés dans le malheur. Leur ardeur au travail, leur souci des grands intérêts nationaux, leur dévouement à la patrie, leur esprit d'initiative, loin de faiblir, avaient grandi, surexcités par la lutte contre la mauvaise fortune. L'ingéniosité et la vive intelligence de nos ouvriers leur avaient apporté le concours le plus précieux pour la réalisation de leurs idées et de leurs conceptions.

Nous n'avions cessé de marcher en avant, de perfectionner nos procédés de fabrication, d'améliorer nos produits industriels, de combattre virilement la concurrence étrangère. Dans la plupart des branches de la production, le succès avait couronné nos efforts.

Rien ne prouve mieux les ressources infinies du vieux peuple gaulois, si souvent abattu par le destin, mais toujours vaillant, toujours prêt à se relever avec une vigueur et une vitalité incomparables.

Il serait intéressant de reprendre et de récapituler les transformations de l'agriculture et des principales industries depuis la Révolution française jusqu'à l'époque de la dernière exposition nationale. Ce coup d'œil général sur des faits que j'ai dû rappeler isolément formerait la conclusion naturelle de l'étude consacrée aux diverses expositions qui se sont succédé à Paris de 1789 à 1849.

Le tableau serait, sinon facile à faire, du moins fort instructif.

Quelque tentante que soit cette tâche, je ne crois pas devoir l'aborder. Il me paraît préférable d'embrasser plus tard l'ensemble du siècle dont l'Exposition de 1889 a été le couronnement et presque l'apothéose.

DEUXIÈME PARTIE

HISTORIQUE SOMMAIRE
DES EXPOSITIONS UNIVERSELLES INTERNATIONALES
DE 1851 À 1888

DEUXIÈME PARTIE.

HISTORIQUE SOMMAIRE DES EXPOSITIONS UNIVERSELLES INTERNATIONALES DE 1851 À 1888.

CHAPITRE PREMIER.

EXPOSITION DE 1851 À LONDRES.

---

1. Origine des expositions internationales. — La première exposition universelle de Paris, celle de l'an VI, n'avait pas eu seulement pour objet de passer en revue nos ressources commerciales et industrielles, de stimuler les producteurs, de les pousser à l'étude et au progrès, de concourir à l'instruction et à l'éducation du public. Suivant l'expression même du Ministre de l'intérieur, François de Neufchâteau, elle constituait une véritable campagne contre l'Angleterre; les mots belliqueux tenaient une large place, soit dans les harangues, soit dans les circulaires du représentant du Gouvernement, et jetaient comme un voile de tristesse et de deuil sur les fêtes organisées en l'honneur du travail.

A la vérité, la France était en guerre avec la Grande-Bretagne, et notre ennemie d'alors, invulnérable dans son île, ne pouvait guère être attaquée que dans sa puissance productive.

Mais telle n'était point l'unique raison de l'état d'esprit que révélaient les discours ou les écrits de François de Neufchâteau et que partageait d'ailleurs la nation.

Si le souffle de la Révolution avait détruit les anciens privilèges de castes et de races, abaissé les barrières intérieures de douanes, apporté la liberté des citoyens, éveillé le sentiment de la fraternité entre tous les Français, il n'avait pu éteindre les vieilles haines des peuples. Ces haines étaient au contraire avivées par les assauts redoutables des coalitions nouées pour la destruction de notre jeune République.

Les dispositions de la France se retrouvaient dans les autres pays, sans en excepter ceux qui s'étaient le plus étroitement unis pour nous combattre.

Dans de telles conditions, l'idée des expositions internationales était loin de se faire jour. Il fallut, pour la faire éclore, une longue série d'années de paix, et une modification profonde dans les rapports des nations européennes.

Avec son caractère généreux et chevaleresque, la France devait être la première à oublier le passé, à comprendre la solidarité des peuples pour la grande cause du progrès et de la civilisation, à apprécier les services que des concours internationaux seraient susceptibles de rendre à cette cause, à sentir que l'amour de la patrie n'est nullement incompatible avec le culte du bien général de l'humanité.

Dès 1833, M. Boucher de Perthes, président de la Société d'émulation d'Abbeville, prononçait les paroles suivantes, qui ont été bien souvent citées, mais que je n'hésite pas à rappeler une fois de plus : « Pourquoi donc ces expositions sont-elles encore restreintes? Pourquoi ne sont-elles pas faites sur une échelle vraiment large et libérale? Pourquoi craignons-nous d'ouvrir nos salles d'exposition aux manufacturiers que nous appelons étrangers, aux Belges, aux Anglais, aux Suisses, aux Allemands? Qu'elle serait belle, qu'elle serait riche une exposition européenne! Quelle mine d'instruction elle offrirait pour tous! Et croyez-vous que le pays où elle aurait lieu y perdrait quelque chose? Croyez-vous que, si la place de la Concorde, ouverte au 1er mai 1834 aux produits de l'industrie française, l'était à ceux du monde entier, croyez-vous, dis-je, que la France en souffrît et que l'on y fabriquât ensuite moins ou moins bon? Non, Messieurs, la France n'en souffrirait pas plus que la capitale : les expositions sont toujours utiles, car partout elles offrent instruction et profit. »

Ce noble langage témoignait d'une évolution parmi les esprits éclairés. Toutefois les préjugés étaient encore trop enracinés et certaines branches de notre industrie n'étaient pas encore assez sûres d'elles-mêmes, pour que la semence déposée par M. Boucher de Perthes pût germer immédiatement.

Mayence, en 1842, et Berlin, en 1844, eurent des expositions auxquelles participèrent tous les États allemands. Mais, bien que ces expositions ne fussent pas restreintes au pays où était leur siège, elles n'avaient point, à proprement parler, un caractère international : car elles n'étaient accessibles qu'à des nations unies entre elles par la communauté de leur langue, de leur origine, et, sur beaucoup de points aussi, de leurs intérêts. C'était pour ainsi dire des rendez-vous pris par les membres d'une même famille, dont l'étroite parenté devait s'affirmer plus tard par la ligue du Zollverein, puis par le nouvel empire d'Allemagne.

Lorsque Tourret, ministre du commerce, s'occupa de préparer l'Exposition universelle de 1849 à Paris, il songea à la rendre internationale. J'ai dit (page 81) les obstacles qui se dressèrent devant lui et qu'il fut impuissant à surmonter. Son échec fut irréparable : la conception essentiellement française dont il avait été le défenseur malheureux ne tarda pas à être reprise par l'Angleterre et à y réussir avec éclat, grâce au sens pratique, à l'initiative et à l'esprit de décision de nos voisins.

Aucun pays n'était, du reste, on doit le reconnaître, dans une situation meilleure que la Grande-Bretagne pour convier les autres peuples à un grand tournoi pacifique. Son industrie était florissante; ses procédés de fabrication avaient atteint un haut degré de perfection; son pavillon flottait sur toutes les mers; sa navigation à vapeur et son réseau de chemins de fer étaient déjà très développés; elle entretenait des relations commerciales avec toutes les parties du monde; l'habileté de ses gouvernants et en particulier de deux ministres illustres, Huskisson et Robert Peel, l'avait dotée, pour son commerce extérieur, d'un régime libéral qui assurait sa prospérité et la plaçait en même temps à la tête du mouvement libre-échangiste.

La ville de Birmingham, où une exposition avait lieu en 1849, invita les nations étrangères à y prendre part. Cette riche cité était le centre d'un grand nombre d'établissements métallurgiques et d'exploitations minières; sa production s'étendait depuis les ouvrages les plus considérables en fonte, en fer, en acier ou en cuivre, jusqu'aux articles les plus délicats de l'armurerie, de la quincaillerie et même de l'orfèvrerie et de la bijouterie; elle était desservie par un labyrinthe de canaux et sept lignes de voies ferrées. Cependant, quels que fussent son renom et sa puissance, l'appel qu'elle avait fait entendre ne trouva point d'écho.

Il fallait l'attrait d'une capitale, et Birmingham n'était qu'une ville de province.

Ce fut Londres qui eut l'honneur d'organiser avec succès, en 1851, la première Exposition universelle internationale et de marquer ainsi une date mémorable dans l'histoire de la civilisation.

2. Exposition de 1851 à Londres. — L'initiative de l'Exposition universelle internationale de 1851 à Londres fut prise par la Société royale des arts, des manufactures et du commerce, qui avait antérieurement institué des expositions annuelles pour les produits de l'art et de l'industrie britanniques.

Cette société provoqua la formation d'une compagnie qui, à l'aide d'un capital de garantie, obtint de la Banque d'Angleterre, à un taux modique d'intérêt, tous les fonds nécessaires.

Sur sa demande, une ordonnance royale du 3 janvier 1850 donna à l'entreprise la sanction officielle qui lui était nécessaire et créa une commission sous la présidence de S. A. R. le prince Albert.

Aussitôt après, des invitations furent adressées par la voie diplomatique aux gouvernements étrangers. La France, la Belgique, les pays compris dans le Zollverein, l'Autriche, la Russie, les États-Unis, la Suisse, l'Espagne, l'Italie, la Sicile, le grand-duché de Toscane, le Portugal, le Danemark, la Suède, la Norvège, la Turquie, la Hollande, la Grèce, répondirent favorablement aux ouvertures qui leur étaient faites.

Le Gouvernement français, notamment, accueillit ces ouvertures avec empressement et se hâta de prendre des mesures d'exécution en constituant une « Commission centrale pour l'Exposition de Londres », présidée par le baron Charles Dupin, et en organisant à Londres un Commissariat à la tête duquel fut placé M. Sallandrouze de Lamornaix.

La Commission centrale devait non seulement préparer la participation de la France, mais aussi apprécier plus tard les résultats de l'Exposition et présenter des rapports spéciaux sur les principales branches d'industrie. Pour cette dernière partie de sa tâche, elle se fondit ultérieurement avec la « Commission française du jury international de Londres ».

Sous l'impulsion commune de l'administration et de la Commission centrale, les dispositions préparatoires furent très habilement prises, et l'opinion publique, qui s'était d'abord montrée froide et rétive, finit par reconnaître que l'industrie française devait être largement et dignement représentée à l'Exposition de Londres.

Les commissaires royaux anglais avaient primitivement établi dans l'Exposition quatre grandes divisions : 1° matières premières; 2° machines; 3° objets manufacturés; 4° sculptures, modèles, arts plastiques en général.

La répartition définitive comprit 6 sections, se subdivisant en 30 classes :

Section A. Produits bruts. — Classe 1. Mines et carrières; produits minéraux et métallurgiques. — Classe 2. Produits chimiques et pharmaceutiques. — Classe 3. Substances alimentaires. — Classe 4. Matières végétales et animales employées dans les manufactures.

Section B. Machines. — Classe 5. Machines d'emploi direct (voitures, mécanisme naval et chemins de fer). — Classe 6. Machines et outils pour les manufactures. — Classe 7. Systèmes applicables à la mécanique, au génie civil, à l'architecture et aux bâtiments. — Classe 8. Génie militaire et architecture navale. — Classe 9. Machines et instruments d'agriculture et d'horticulture. — Classe 10. Instruments de mathématiques, de physique, de musique, d'horlogerie et de chirurgie.

Section C. Produits manufacturés. — Classe 11. Tissus et fils de coton. — Classe 12. Étoffes de laine et laine filée. — Classe 13. Soieries et velours. — Classe 14. Tissus et produits de lin et de chanvre. — Classe 15. Tissus mélangés comprenant les châles. — Classe 16. Cuirs, peaux, fourrures, plumes, poils et crins. — Classe 17. Papeterie, imprimerie, reliure. — Classe 18. Impression ou teinture. — Classe 19. Tapisserie, tapis, dentelles, broderie, etc. — Classe 20. Objets d'habillement confectionnés.

Section D. Ouvrages en métaux, verrerie et céramique. — Classe 21. Coutellerie et taillanderie. — Classe 22. Fers et quincaillerie. — Classe 23. Joaillerie, bijouterie. — Classe 24. Verre. — Classe 25. Produits céramiques.

Section E. Ouvrages divers. — Classe 26. Décors, meubles, papiers de tenture. — Classe 27. Substances minérales manufacturées, employées dans le bâtiment et le décor. — Classe 28. Substances végétales et minérales manufacturées, mais ni tissées ni feutrées. — Classe 29. Produits de manufactures diverses.

Section F. Beaux-arts. — Classe 30. Sculptures, modèles, plastique, mosaïques, émaux.

En parcourant cette nomenclature, on y constate plusieurs lacunes regrettables.

Tout d'abord, l'agriculture n'était représentée que par ses machines et instruments : j'ai déjà indiqué (page 83) les raisons pour lesquelles il convient de lui ouvrir plus largement la porte et d'associer les expositions agricoles aux expositions industrielles.

D'autre part, tout en créant une section des beaux-arts, la Commission royale avait eu la singulière idée d'exclure la peinture et de n'admettre que la sculpture, l'architecture et la gravure. Elle justifiait ainsi sa détermination : « La sculpture fournit ses artistes à l'industrie pour décorer une pendule, pour sculpter un meuble; l'architecture se combine avec l'industrie du potier, du fondeur, et donne les profils et les dessins de toutes décorations; la gravure s'exécute sur des cuivres et s'imprime avec une presse : ces arts sont industriels. Tout au contraire, la peinture transmet sur la toile un ordre d'études, de sujets, de passions, qui sont étrangers à l'industrie. » Cette distinction ne témoignait pas d'une grande élévation de vues, et la France devait d'autant plus la regretter qu'elle nous enlevait un champ de bataille sur lequel la victoire nous était assurée. Il est juste d'ajouter que nos artistes n'avaient pas encore su dépouiller leurs vieux préjugés à l'égard des industriels; que beaucoup d'entre eux auraient cru déchoir en participant à une exposition spécialement organisée pour les produits de

EXPOSITION DE 1851 À LONDRES

l'industrie, et que, par suite, un appel plus large et plus éclairé de l'Angleterre n'aurait pas attiré beaucoup de peintres français : dans son remarquable rapport, M. le comte de Laborde, rapporteur pour les beaux-arts, raconte avec amertume les démarches qu'il dut faire et les résistances qu'il eut à vaincre, soit au sein de l'Académie, soit au dehors, pour décider quelques sculpteurs à produire leurs œuvres.

Enfin l'enseignement n'avait pas non plus sa place à l'Exposition de 1851, malgré le rôle considérable qu'il joue dans la vie sociale, malgré l'influence qu'il exerce sur la productivité industrielle, malgré les liens étroits qui l'unissent au travail des usines et des manufactures, malgré la lumière que l'étude de ses méthodes jette sur la civilisation des divers peuples.

L'Exposition fut installée sur les terrains de Hyde-Park, dans un superbe palais étudié par M. Paxton, exécuté par MM. Fox et Henderson, et connu sous le nom de *Palais de Cristal* parce qu'il était vitré non seulement à la partie supérieure, mais aussi sur ses parois latérales à partir du premier étage, c'est-à-dire d'une hauteur de 24 pieds au-dessus du sol.

L'espace couvert par les constructions était de 73,150 mètres carrés, et la surface de plancher, tant au premier étage qu'au rez-de-chaussée, de 95,000 mètres carrés.

Huit mois suffirent pour reviser les avant-projets, arrêter les plans d'exécution, déterminer les formes et les sections des pièces métalliques, contrôler les résultats du calcul par des essais directs, passer les marchés, inventer et mettre en œuvre des machines nouvelles, et mener à bien les travaux.

L'espace affecté à la France était de 100,000 pieds carrés, non compris 50,000 pieds carrés sur mur, pour les papiers, toiles peintes, stores, vitraux, etc.

La durée de l'Exposition fut de cinq mois environ (1er mai au 11 octobre 1851).

Le nombre des exposants dépassa 17,000, dont 9,730 pour

l'Angleterre, 1,760 pour la France, 1,360 pour le Zollverein, 750 pour l'Autriche, 560 pour les États-Unis, 510 pour la Belgique, et le surplus pour les autres pays.

La ville de Paris avait, à elle seule, fourni plus de la moitié du contingent de la France; l'Algérie y était comprise pour 68 exposants. Les manufactures nationales de Sèvres, des Gobelins et de Beauvais, le service des plans et cartes hydrographiques de la marine, celui des cartes de la guerre et l'Imprimerie nationale figuraient à l'Exposition; on y voyait aussi un spécimen de nos monnaies, poids et mesures métriques.

Afin d'éliminer les produits indignes de notre pays, l'administration française avait subordonné l'admission à un double examen, auquel il était procédé d'abord par des commissions départementales, puis à Paris par la Commission centrale. Toutefois étaient admis de droit les exposants qui avaient été honorés, dans nos précédentes expositions, soit de la décoration de la Légion d'honneur, soit de la médaille d'or, soit de la médaille d'argent.

Les objets admis étaient expédiés de Paris à Londres, aux frais du Trésor, et réexpédiés de même, après la fin de l'Exposition, soit à Dunkerque, soit à Paris, suivant le vœu des exposants.

Le jury mixte international, appelé à juger les exposants, se composait de 314 membres, dont moitié Anglais, moitié étrangers : nous avions 34 jurés.

Les récompenses étaient de trois ordres, savoir : médailles du conseil (ou grandes médailles), médailles de prix (ou médailles de 2e classe) et mentions honorables.

Sur 5,187 récompenses, nos nationaux en obtinrent 1,051, alors que l'Angleterre en recevait seulement 2,089. Le chiffre de 1,051 se décomposait en 57 médailles du conseil (le tiers du nombre total des médailles de cette catégorie), 622 médailles de prix et 372 mentions honorables. Nous pouvions être légitimement fiers d'un tel succès.

Parmi les Français auxquels fut décernée la grande médaille, je citerai les noms suivants : Barbedienne (bronzes), Bourdon (manomètres et baromètres), Cail et Cie (appareils de sucrerie), Chambre de commerce de Lyon (soieries), Darblay (mouture du grain), Dépôt de la guerre (cartes), École des mines de Paris (carte géologique), Érard (pianos et harpes), Froment (théodolite et mètre divisé), Froment-Meurice (orfèvrerie), Manufacture des Gobelins, Graux (laines), Guimet (bleu d'outremer), Japy (horlogerie), Ministère de la guerre (Algérie), Ministère de la marine (plans et cartes), Pradier (statue de *Phryné*), Risler (dépurateur pour le coton), Sax (instruments de musique), Manufacture de Sèvres, Wagner (horlogerie).

Le Président de la République, voulant témoigner à nos industriels sa profonde satisfaction, distribua 6 croix d'officier et 47 croix de chevalier de la Légion d'honneur.

Lors du vote du crédit de 650,000 francs, mis à la disposition du Ministre du commerce, l'Assemblée nationale avait décidé qu'une somme de 50,000 francs serait prélevée sur ce crédit pour l'envoi d'ouvriers et de contremaîtres à l'Exposition de Londres.

Cet exemple fut suivi par le département de la Seine et la Chambre de commerce de Paris, qui, de leur côté, ouvrirent un crédit total de 30,000 francs pour le même objet.

L'Exposition put ainsi être étudiée sur place par 296 contremaîtres et ouvriers, dont 114 consignèrent les résultats de leurs observations dans des rapports au Ministre du commerce.

Les missions de ce genre sont toujours fructueuses, quand les délégués ont été soigneusement choisis; l'Assemblée nationale a bien mérité du pays, en en prenant l'initiative. Il est certain que la visite des expositions étrangères élargit les horizons des ouvriers, développe leur intelligence, accroît leur instruction théorique et pratique, excite leur émulation, les pousse au progrès et peut provoquer de leur part des inventions nouvelles. Au retour, les délégués répandent autour d'eux les germes qu'ils ont rapportés de leurs voyages; ils font de nombreux élèves, et le niveau moyen des ateliers est nécessairement relevé.

IMPRIMERIE NATIONALE

Les pouvoirs publics avaient pris aussi, dans l'intérêt de l'enseignement public, une autre mesure fort louable. Sur le crédit de 650,000 francs, 100,000 francs étaient affectés à l'achat de modèles et d'échantillons étrangers pour le Conservatoire des arts et métiers.

Grâce à ce crédit et à la libéralité des commissaires étrangers, la Commission française réunit une collection fort intéressante de machines, d'instruments, d'outils, de matières premières et d'échantillons de tissus, qui vinrent enrichir les galeries, déjà si bien dotées, du Conservatoire.

Le nombre des personnes qui visitèrent l'Exposition de 1851 s'éleva à plus de 6 millions : on en compta jusqu'à 110,000 dans une journée.

L'entrée n'était gratuite que pour les commissaires, les jurés et les exposants. Le public payait 1 shilling (1 fr. 25), sauf le vendredi et le samedi, jours pour lesquels le prix était respectivement porté à 2 sh. 6 p. (3 fr. 12) et à 5 shillings (6 fr. 25); il y avait des abonnements de saison coûtant 3 livres sterling (75 francs).

La recette s'éleva à 12,700,000 francs et la Compagnie réalisa un bénéfice de 5,300,000 francs.

La Commission française a publié, à la suite de l'Exposition de Londres, une série de rapports tout à fait remarquables, dont la collection ne forme pas moins de quinze volumes.

Le cadre de cette publication était des plus vastes : il embrassait non seulement l'étude de l'Exposition, mais encore celle des progrès réalisés depuis l'origine du siècle par les peuples qui s'étaient trouvés en présence à Londres.

Charles Dupin, qui avait tenu à rédiger lui-même une longue introduction, entreprit un recensement et une comparaison des forces productives des nations et y consacra huit volumes, où il passa successivement en revue la Grande-Bretagne, les États-Unis de l'Amérique du Nord, les divers États de l'Amérique du Sud (Mexique,

Pérou, Bolivie, Chili, Confédération argentine, Brésil, etc.), les Guyanes française, hollandaise et britannique, les Antilles britanniques et françaises, la Polynésie, l'Australie, l'archipel des Philippines, le Japon, la Chine, l'Indo-Chine et les Indes.

Tous les sujets étaient abordés dans l'œuvre encyclopédique de Dupin : l'histoire, la géographie, l'ethnologie, la science pure ou appliquée, l'instruction publique, les beaux-arts, la philosophie, l'économie politique, la finance, la religion, l'art militaire y avaient leur place comme l'agriculture, le commerce et l'industrie; la politique n'en était point bannie; l'anecdote venait parfois jeter un élément de distraction dans la sévérité de l'ouvrage. L'auteur montrait une étendue de connaissances, un esprit d'assimilation, une patience de recherches et un talent d'écrivain vraiment admirables.

On peut toutefois reprocher aux travaux de Dupin et de ses collègues leur extrême tardivité : le premier volume parut en 1854, le dernier en 1873, et la collection demeura incomplète. Le compte rendu d'une exposition ne souffre pas un ajournement trop prolongé. En pareille matière, il ne suffit pas de faire bien, il faut aussi faire vite et produire rapidement : sinon les rapports, qui ont surtout un intérêt d'actualité, ne sollicitent plus l'attention et perdent presque toute leur utilité.

Je n'entreprendrai pas de résumer les rapports de la Commission française. Une analyse, si sommaire et si concise qu'elle fût, m'entraînerait beaucoup trop loin.

D'ailleurs il me serait impossible de faire une œuvre complète et de ne point laisser de côté certaines branches d'industrie fort intéressantes : en effet, comme je l'ai déjà rappelé, plusieurs rapporteurs n'ont pas accompli leur tâche; il en est d'autres aussi qui, malgré leur compétence, ne se sont peut-être pas suffisamment attachés à mettre en relief les résultats de l'Exposition de 1851.

Ajoutons enfin que l'étude détaillée des expositions internationales de l'étranger donnerait, sans utilité réelle, à cet historique des développements excessifs. Je n'entrerai donc dans les détails que pour les expositions tenues à Paris : ces expositions ont été assez nombreuses et assez rapprochées, et les autres pays y ont été assez largement représentés pour que l'on soit certain d'y trouver la trace de tous les progrès accomplis pendant la seconde moitié du XIXe siècle, non seulement en France, mais encore au delà de nos frontières.

CHAPITRE II.

EXPOSITION DE 1855 À PARIS.

1. Organisation et résultats généraux. — Un décret du 8 mars 1853 décida qu'une Exposition universelle des produits agricoles et industriels s'ouvrirait à Paris le 1er mai 1855 et que la durée en serait de cinq mois.

Toutes les nations étaient invitées à y prendre part. L'exposition quinquennale qui, aux termes de l'ordonnance du 4 octobre 1833, devait avoir lieu en 1854, était supprimée.

Peu de temps après, le 22 juin 1853, intervenait un second décret portant qu'une Exposition universelle des beaux-arts serait ouverte pendant la même période, de manière à coïncider avec l'Exposition universelle de l'industrie.

Cette réunion des beaux-arts et de l'industrie dans une même Exposition universelle internationale a eu une telle importance et une telle portée philosophique que je crois utile de reproduire *in extenso* les considérants, très courts mais très précis, du décret du 22 juin 1853 :

« Considérant qu'un des moyens les plus efficaces de contribuer au progrès des arts est une Exposition universelle qui, en ouvrant un concours entre tous les artistes du monde et mettant en regard tant d'œuvres diverses, doit être un puissant motif d'émulation et offrir une source de comparaisons fécondes; considérant que les perfectionnements de l'industrie sont étroitement liés à ceux des beaux-arts; que cependant toutes les expositions des produits industriels qui ont eu lieu jusqu'ici n'ont admis les œuvres des artistes que dans une proportion insuffisante; qu'il appartient spécialement à la France, dont l'industrie doit tant aux beaux-arts, de leur assigner, dans la prochaine Exposition universelle, la place qu'ils méritent... »

La décision du Gouvernement fut unanimement approuvée, et l'opinion publique lui sut gré d'avoir répondu aux sentiments artistiques de la France en comblant la regrettable lacune qui avait été constatée à l'Exposition de Londres.

Nous verrons plus loin que l'Exposition de 1855 comprit également d'autres éléments nouveaux propres à en rehausser la valeur et l'éclat.

Une Commission, placée sous la présidence du prince Napoléon, fut instituée le 24 décembre 1853 et préposée à la direction et à la surveillance de l'Exposition.

Elle se composait de 38 membres répartis en deux sections : l'une pour les beaux-arts, l'autre pour l'agriculture et l'industrie.

Une sous-commission de 11 membres était spécialement chargée de préparer les travaux de la Commission, d'exécuter ses décisions et de prendre toutes les mesures qui n'exigeraient pas son intervention.

Les opérations administratives étaient confiées à sept services distincts, dont les chefs formaient un Comité d'exécution. Plus tard, ce Comité se vit réduit à un rôle consultatif, par suite de l'institution d'un Commissariat général, à la tête duquel furent successivement placés M. le général Morin et M. Le Play.

L'Administration des beaux-arts, quoique dépendante du Commissariat général, eut toujours une grande liberté d'action.

La classification adoptée fut la suivante :

1re DIVISION. — PRODUITS DE L'INDUSTRIE.

GROUPE I. — *Industries ayant pour objet principal l'extraction ou la production des matières brutes.*

Classe 1. Art des mines et métallurgie.

2. Art forestier, chasse, pêche et récolte de produits obtenus sans culture.

Classe 3. Agriculture, y compris toutes les cultures de végétaux et d'animaux.

GROUPE II. — *Industries ayant spécialement pour objet l'emploi des forces mécaniques.*

Classe 4. Mécanique générale appliquée à l'industrie.
5. Mécanique spéciale et matériel des chemins de fer et des autres modes de transport.
6. Mécanique spéciale et matériel des ateliers industriels.
7. Mécanique spéciale et matériel des manufactures de tissus.

GROUPE III. — *Industries spécialement fondées sur l'emploi des agents physiques et chimiques, ou se rattachant aux sciences et à l'enseignement.*

Classe 8. Arts de précision, industries se rattachant aux sciences et à l'enseignement.
9. Industries concernant la production économique et l'emploi de la chaleur, de la lumière et de l'électricité.
10. Arts chimiques, teintures et impressions, industries des papiers, des peaux, du caoutchouc, etc.
11. Préparation et conservation des substances alimentaires.

GROUPE IV. — *Industries se rattachant spécialement aux professions savantes.*

Classe 12. Hygiène, pharmacie, médecine et chirurgie.
13. Marine et art militaire.
14. Constructions civiles.

GROUPE V. — *Manufactures de produits minéraux.*

Classe 15. Industrie des aciers bruts et ouvrés.
16. Fabrication des ouvrages en métaux d'un travail ordinaire.
17. Orfèvrerie, bijouterie, industrie des bronzes d'art.
18. Industries de la verrerie et de la céramique.

GROUPE VI. — *Manufactures de tissus.*

Classe 19. Industrie des cotons.
20. Industrie des laines.
21. Industrie des soies.
22. Industrie des lins et des chanvres.
23. Industries de la bonneterie, des tapis, de la passementerie, de la broderie et des dentelles.

GROUPE VII. — *Ameublement et décoration, modes, dessin industriel, imprimerie, musique.*

Classe 24. Industries concernant l'ameublement et la décoration.

Classe 25. Confection des articles de vêtement; fabrication des objets de mode et de fantaisie.
26. Dessin et plastique appliqués à l'industrie; imprimerie en caractères et en taille-douce; photographie.
27. Fabrication des instruments de musique.

2e DIVISION. — ŒUVRES D'ART.

GROUPE VIII. — *Beaux-arts.*

Classe 28. Peinture, gravure et lithographie.
29. Sculpture et gravure en médailles.
30. Architecture.

Cette classification, due à M. Le Play, comportait plusieurs innovations, parmi lesquelles je signalerai spécialement la création des classes 2, 9 et 12.

Une idée féconde et utile fut celle de la formation d'une galerie de l'économie domestique, où étaient rassemblés les objets à bas prix destinés aux emplois les plus usuels (aliments et provisions; meubles et ustensiles de ménage; linge et vêtements; plans, matériaux et spécimens de logements; spécimens de logements meublés). Elle émanait de M. Twining, membre de la Société des arts de Londres. Cet homme de bien, regrettant que les expositions antérieures eussent été surtout des exhibitions d'objets de luxe et d'art, avait instamment demandé que dorénavant on réunît, à côté des grandes richesses industrielles, les objets ayant un rapport direct avec le bien-être du plus grand nombre. Après quelques vicissitudes, la proposition de M. Twining, appuyée par la Société des arts de Londres, par un Comité international et par l'Empereur lui-même, aboutit au cours même de l'Exposition.

L'admission des produits industriels était prononcée, pour la France, par des comités départementaux, et pour l'étranger, par des comités dont l'institution était laissée aux soins de chacun des pays participants. Ces comités répartissaient eux-mêmes les espaces mis à leur disposition.

Les exposants n'étaient assujettis à aucune rétribution, soit pour location ou péage, soit à tout autre titre. L'administration pourvoyait elle-même à la manutention, au placement et à l'arrangement des produits dans l'intérieur du Palais, ainsi qu'aux travaux nécessités par la mise en mouvement des machines; elle fournissait gratuitement les tables ou comptoirs, planchers, clôtures, barrières, de telle sorte que la seule charge des exposants fût celle des aménagements particuliers (gradins, tablettes, supports, suspensions, vitrines, draperies, tentures, peintures et ornements).

On avait beaucoup discuté la question de savoir s'il conviendrait de proscrire ou d'autoriser l'indication du prix des objets exposés. Trois systèmes étaient en présence : celui de l'interdiction, celui de la simple faculté, celui de l'obligation. Le premier, qui avait prévalu en 1851, à Londres, avait l'inconvénient d'enlever au public un élément sérieux d'enseignement et d'appréciation. Le dernier, défendu énergiquement par le prince Napoléon qui le considérait comme le plus moral, éveillait les susceptibilités d'un grand nombre de producteurs ou même d'intermédiaires, dont l'intérêt bien ou mal entendu s'opposait à la divulgation des bases de leurs opérations commerciales; on hésitait d'ailleurs entre le prix de revient et le prix de vente, qui était cependant le plus utile, sinon le seul susceptible d'être exigé; enfin les moyens manquaient d'assurer la sincérité des déclarations : car le droit de préemption s'applique exclusivement au prix de vente, et, même pour ce dernier prix, on conçoit que des industriels se soumettent à une perte sérieuse sur des objets exposés, dans un but de réclame au profit de leur maison. Ce fut donc le système intermédiaire, celui de la faculté, qui reçut la consécration du règlement : les exposants furent, en conséquence, autorisés à afficher « le prix courant de vente au commerce », à l'époque de l'Exposition, sous la réserve : 1° que ce prix serait préalablement visé et reconnu sincère par le comité local d'admission; 2° qu'en cas de vente, il serait obligatoire pour l'exposant à l'égard de l'acheteur; 3° que, si la déclaration était reconnue fausse, la Commission impériale pourrait ordonner l'enlèvement de l'objet et exclure l'exposant du concours.

Le Palais de l'Exposition était constitué en entrepôt réel pour les produits étrangers. Les exposants pouvaient livrer ces produits à la consommation intérieure, en acquittant les droits de douane, pour la fixation desquels l'administration tenait compte de la dépréciation imputable au séjour dans les galeries de l'Exposition : la taxe était limitée au maximum de 20 p. 100 de la valeur réelle. Les marchandises prohibées étaient elles-mêmes exceptionnellement admises à la consommation intérieure, moyennant le payement de droits fixés à 20 p. 100 de leur valeur. Dans son rapport sur l'Exposition de 1855, le prince Napoléon insista pour que les produits étrangers destinés aux futures expositions fussent introduits en franchise : selon lui, la faible somme perçue sur les objets réexportés ne compensait nullement les écritures et autres formalités auxquelles la perception avait donné lieu; il considérait, en outre, la franchise comme susceptible d'attirer les exposants étrangers, sans nuire à l'industrie nationale.

Aux termes d'une loi du 5 mai 1855, les inventions industrielles et les dessins de fabrique admis à l'Exposition de 1855 étaient garantis jusqu'au 1er mai 1856 : le Parlement anglais avait déjà voté un bill dans le même but pour l'Exposition de 1851.

Pour l'exposition des beaux-arts, le prince Napoléon aurait voulu admettre toutes les œuvres produites depuis 1800 par les artistes les plus célèbres et offrir ainsi un ensemble complet de l'art au XIXe siècle. Craignant de donner au Salon une étendue excessive et de dégarnir outre mesure nos musées, la Commission impériale se limita aux œuvres des artistes français ou étrangers vivant au 22 juin 1853, date du décret constitutif de l'Exposition.

L'admission des œuvres d'art françaises était prononcée par un jury français, dont les membres avaient été désignés par la section des beaux-arts de la Commission impériale.

Un décret du 27 mars 1852 avait décidé la construction, dans le grand carré des Champs-Élysées, d'un édifice destiné à recevoir les expositions nationales, et pouvant servir aux cérémonies publiques et

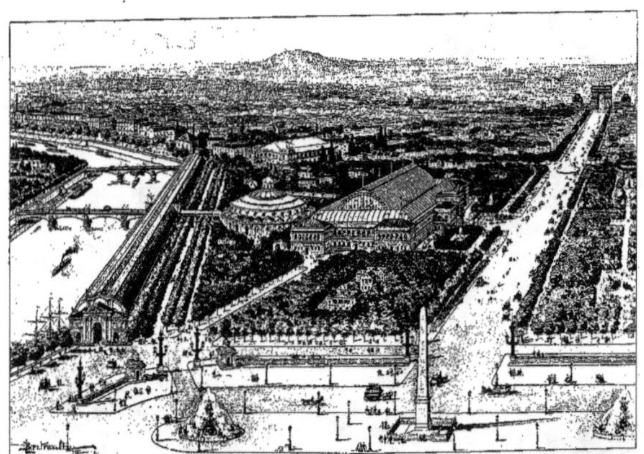

EXPOSITION DE 1855 AUX CHAMPS ÉLYSÉES

aux fêtes civiles ou militaires. MM. Ardoin et Cie s'étaient rendus concessionnaires de cet édifice en vertu d'une convention approuvée par décret du 29 août 1852.

Le Palais de l'Industrie était en voie d'exécution quand parut le décret instituant l'Exposition universelle de 1855.

Comme il ne devait présenter qu'une surface de plancher de 55,000 mètres carrés, étages compris, on y adjoignit : 1° une galerie de 27 mètres de largeur avec étage, établie sur le quai de rive droite de la Seine, entre la place de la Concorde et le pont de l'Alma; 2° une rotonde de panorama, qui existait en arrière du Palais de l'Industrie; 3° une galerie de communication traversant cette rotonde et reliant le Palais à la galerie du quai; 4° un jardin où étaient placés les objets susceptibles de rester à découvert; 5° un palais spécial affecté aux beaux-arts et construit au pied du Trocadéro, entre l'avenue de Matignon et la rue Marbeuf. L'espace occupé par les constructions fut ainsi porté à 99,000 mètres carrés, dont 82,900 mètres carrés pour l'agriculture et l'industrie; en y comprenant les étages, la superficie couverte était de 136,200 mètres carrés, dont 1,600 mètres simplement abrités et non clos; avec les terrains découverts, le développement superficiel complet atteignait 168,000 mètres carrés, dont 152,000 mètres carrés pour l'industrie et l'agriculture.

Cette combinaison était boiteuse; elle avait notamment le défaut de séparer complètement les beaux-arts de l'agriculture et de l'industrie. Il aurait fallu, dès l'origine, renoncer à l'utilisation du Palais de l'Industrie : on le pouvait, malgré le contrat de concession. Si la Commission avait su prendre ce parti, elle aurait eu une liberté d'action beaucoup plus grande; le plan de l'Exposition eût été certainement meilleur et la dépense moindre. Mais ses tâtonnements et ses erreurs s'expliquent par les craintes que la guerre de Crimée fit concevoir pour le succès de l'Exposition de 1855 et par l'incertitude qui en résulta dans l'appréciation des espaces nécessaires.

Je ne saurais entrer ici dans l'examen détaillé des dispositions prises pour l'installation des objets et produits exposés : cependant une innovation mérite d'être signalée, en ce qui concerne la galerie des machines. A Londres, on n'avait mis en mouvement qu'un très petit nombre de métiers ou autres mécanismes, et la vapeur avait été fournie non par les générateurs des exposants, mais par des chaudières appartenant à la Commission d'organisation. A Paris, au contraire, l'administration s'appliqua à faire fonctionner sous les yeux du public sinon la totalité, du moins la majeure partie des machines et métiers : la vapeur était produite par les chaudières des exposants et transmise aux moteurs exposés, actionnant eux-mêmes un arbre de couche sur lequel s'attelaient les métiers.

Ainsi que je l'ai dit précédemment, l'Exposition de 1855 devait s'ouvrir le 1er mai et se clore le 30 septembre. En fait, l'inauguration n'eut lieu que le 15 mai; encore fut-elle de pure forme. L'ouverture de la section des machines agricoles dut être reportée au 5 juin, celle de la galerie des machines du quai de Billy au 10 juin, celle de la rotonde du panorama au 27 juin, et celle de la galerie de jonction au 30 juin. La date primitivement fixée pour la clôture ne put en conséquence être maintenue et l'Exposition demeura ouverte jusqu'au 15 novembre : la saison, les dispositions adoptées pour la réexpédition des produits et les engagements contractés vis-à-vis des exposants et des acheteurs ne permettaient pas de dépasser ce terme.

Le nombre des exposants atteignit 23,954, soit en nombre rond 24,000. Beaucoup d'exposants avaient des expositions multiples, relevant de plusieurs classes.

Le chiffre de 23,954 se décomposait comme il suit :

			INDUSTRIE ET AGRICULTURE.	BEAUX-ARTS.
France.	Métropole	10,003	10,914	1,072
	Algérie	728		
	Colonies	183		
Pays étrangers			10,865	1,103
		Totaux	21,779	2,175
		Total général	23,954	

Parmi les pays étrangers qui occupaient la plus large place dans l'exposition industrielle, on doit citer l'Angleterre (1,589 exposants), la Prusse (1,319), l'Autriche (1,298), la Belgique (687), l'Inde anglaise (599), l'Espagne (569), le Portugal (443), la Suède (418), les Pays-Bas (411), la Suisse (408) et l'Australie (405).

Pour les beaux-arts, la Prusse venait au premier rang (932 exposants); elle était suivie par l'Angleterre (857), la Belgique (773) et les Pays-Bas (400).

Le jury mixte international était composé de Français et d'étrangers, dans la proportion du nombre des exposants des divers pays. Il comprenait 333 membres pour l'exposition industrielle et agricole, 60 membres pour l'exposition des beaux-arts, et 17 membres pour l'exposition d'économie domestique.

Les jurés français avaient été désignés par la Commission impériale et les jurés étrangers par les comités de leur pays.

Il y avait trois juridictions, à savoir : 1° jurys de classe; 2° jurys de groupe, formés par la réunion des jurys des classes correspondantes; 3° conseil des présidents et vice-présidents des 27 classes industrielles et agricoles.

Les présidents des classes étaient nommés par la Commission; les vice-présidents, rapporteurs et secrétaires étaient élus. Les bureaux des groupes étaient désignés à l'élection. Le Conseil des présidents et vice-présidents était présidé par le prince Napoléon et avait pour vice-présidents le Ministre d'État, le Ministre des finances et le président du Sénat.

Pour les 27 classes agricoles et industrielles, les récompenses étaient de cinq ordres : grandes médailles d'honneur (or), médailles d'honneur (or), médailles de 1re classe (argent), médailles de 2e classe (bronze) et mentions honorables. Ces récompenses pouvaient être attribuées non seulement aux industriels exposants, mais aussi aux contremaîtres et ouvriers signalés pour services rendus à leur industrie ou pour leur participation à la production des objets exposés. La mesure prise ainsi en faveur des *coopérateurs* n'eut pas tous les résultats attendus : certains patrons refusèrent toute indication, dans la crainte de perdre leurs ouvriers en les désignant à l'attention de leurs concurrents; d'autres, au contraire, formulèrent des demandes excessives.

Les médailles d'honneur étaient décernées par le Conseil des présidents et vice-présidents, sur la proposition des jurys de classe, approuvée par le jury de groupe; les autres récompenses l'étaient par les jurys de groupe, sur la proposition des jurys de classe.

Pour les beaux-arts, les récompenses à décerner étaient les suivantes : médailles d'honneur, médailles de 1re classe, médailles de 2e classe, médailles de 3e classe et mentions honorables. Toutes les médailles étaient en or. Les médailles d'honneur étaient votées par l'assemblée générale des trois classes; les autres récompenses l'étaient par les jurys de classe.

Le nombre total des récompenses fut de 11,033, savoir : agriculture et industrie, 10,564 (112 grandes médailles d'honneur, 252 médailles d'honneur, 2,300 médailles de 1re classe, 3,900 médailles de 2e classe et 4,000 mentions honorables); beaux-arts, 469 (16 médailles d'honneur, 67 médailles de 1re classe, 87 médailles de 2e classe, 77 médailles de 3e classe et 222 mentions honorables).

A partir de 1855, les titulaires des médailles d'ordre supérieur deviennent trop nombreux pour que j'en donne une liste, même restreinte aux noms les plus connus.

Indépendamment des récompenses proprement dites, l'Empereur distribua 1 croix de grand officier, 2 croix de commandeur, 16 croix d'officier et 125 croix de chevalier de la Légion d'honneur, sans compter les décorations au titre étranger.

Enfin des récompenses pécuniaires furent accordées à diverses personnes.

L'entrée du public, aux expositions antérieures, avait toujours été gratuite. En 1855, un tarif fut établi au profit des concessionnaires du Palais de l'Industrie : c'était une nouveauté; mais le Gouvernement considérait avec raison comme équitable de reporter sur les visiteurs tout ou partie des charges de l'entreprise, au lieu de les faire peser sur la masse des contribuables.

Le tarif avait d'abord été fixé à 1 franc les lundis, mardis, mercredis, jeudis et samedis; 5 francs les vendredis; 20 centimes les dimanches. Au cours de l'Exposition, le prix de 5 francs dut être abaissé à 2 francs. Il existait, en outre, des billets de saison à 50 et 25 fr.

Des entrées gratuites ou à prix réduit furent accordées à 10,000 contremaîtres ou ouvriers, qui avaient été délégués officiellement pour étudier l'Exposition. Les commissions scientifiques étrangères, les établissements d'instruction, l'armée et la presse obtinrent également un régime de faveur.

Le nombre des visiteurs fut de 5,160,000, dont 4,180,000 pour l'exposition de l'industrie et le surplus pour l'exposition des beaux-arts ou le musée chinois qui y était annexé. Les visites du dimanche à 20 centimes formaient plus de la moitié du nombre des visites payantes.

On compta jusqu'à 121,000 entrées dans une même journée.

La recette totale s'éleva à 3,200,000 francs.

Les dépenses engagées par l'État pour l'Exposition de 1855 ont été de 11,500,000 francs.

Sur cette somme, 3 millions devaient être couverts par des recettes et notamment par des répétitions à exercer contre la Compagnie du Palais de l'Industrie.

2. Rapport administratif du prince Napoléon. — Le prince Napoléon, président de la Commission impériale, rédigea sur l'Exposition de 1855 un rapport administratif fort intéressant, dans lequel il justifiait certaines mesures, en critiquait d'autres et formulait son avis sur diverses questions d'ordre général. Ses conclusions étaient les suivantes :

1° Sans proscrire complètement les expositions universelles, il proposait de faire des expositions spéciales plus fréquentes, en choisissant la branche de l'activité humaine qui serait en voie de perfection-

perfectionnement et présenterait un intérêt d'actualité. Ces expositions lui paraissaient susceptibles d'être plus complètes, plus utiles, plus faciles à étudier et moins coûteuses.

2° Il jugeait sage de maintenir le principe d'un droit d'entrée, mais en fixant ce droit à un taux modique, afin de ne pas écarter les visiteurs des classes peu aisées.

A ses yeux, l'organisation et l'exploitation des expositions devaient être abandonnées à l'initiative particulière. Cependant, pour tenir compte du tempérament français, il conseillait de donner à l'entreprise une investiture officielle et de l'entourer ainsi du prestige qui s'attache toujours à la délégation du pouvoir.

3° Le prince Napoléon n'admettait que des constructions temporaires, s'adaptant aux besoins du moment, et condamnait formellement les constructions permanentes qui ne pouvaient être utilisées qu'avec l'adjonction d'annexes, nuisant à l'harmonie, à l'unité et à la facilité d'étude des expositions.

Il esquissait un plan général, d'après lequel les objets seraient rangés transversalement par nationalité et longitudinalement par nature, de telle sorte que l'on pût voir toutes les industries d'un pays ou au contraire comparer les divers peuples pour une même industrie, suivant le sens dans lequel on parcourrait les galeries.

4° Comme je l'ai déjà indiqué, il concluait à accorder la franchise d'importation aux produits étrangers pour les expositions futures. A cette occasion, il faisait connaître ses vues sur notre régime douanier et demandait l'abaissement des droits sur les matières premières.

5° Il insistait pour qu'à l'avenir les exposants fussent tenus d'afficher le prix de vente de leurs produits.

6° Il attaquait très vigoureusement l'institution des jurys, qui avaient à remplir une tâche excédant les forces humaines, qui manquaient du temps, des moyens d'examen et des termes de comparaison indispensables, et dont les jugements étaient nécessairement discordants pour les diverses classes. L'appréciation du public était suivant lui bien plus efficace que la distribution de récompenses plus ou moins bien attribuées ou réparties; l'intérêt des industriels et le désir d'augmenter leur clientèle constituaient le meilleur stimulant pour le progrès du travail national.

Le prince Napoléon proposait donc de remplacer les jurys des récompenses par de simples commissions d'études.

Cependant il faisait une exception pour les beaux-arts et la motivait par le défaut de goût de la plupart des visiteurs, par l'éducation esthétique nécessaire au jugement des œuvres artistiques, par le peu d'avantages matériels que les artistes retiraient de ces œuvres.

7° Enfin il représentait comme éminemment propre à améliorer le sort des classes pauvres la création d'une galerie permanente d'économie domestique dans chaque capitale européenne.

Parmi les questions soulevées par le prince Napoléon, celles qui touchent le plus directement à l'organisation et au fonctionnement des expositions se représenteront plus tard devant nous.

Je me réserve de les examiner à propos de l'Exposition universelle de 1889.

3. Rapports du jury mixte international. — Les travaux du jury mixte international ont fait l'objet de rapports spéciaux, sans introduction générale.

Parmi les faits essentiels révélés par ces rapports, je citerai les suivants :

1. *Art des mines et métallurgie.* — De très grands progrès avaient été accomplis dans les études géologiques : l'œuvre magistrale de Dufrénoy et d'Élie de Beaumont continuait à servir de modèle à l'étranger comme en France.

Dans l'exploitation des mines, on constatait une tendance générale à accroître le champ desservi par chaque puits et à améliorer les moyens de transport intérieur. Les machines d'extraction devenaient plus puissantes; l'emploi des cages guidées et pourvues d'appareils de sûreté se généralisait; l'aérage était plus parfait, notamment pour les mines grisouteuses; des perfectionnements avaient été apportés à la lampe de sûreté de Davy par divers ingénieurs, tels que M. Mueseler, de Belgique.

Dans la métallurgie, la pratique avait définitivement consacré l'utilisation des gaz des hauts fourneaux, pour chauffer l'air des souffleries et produire la vapeur alimentaire des machines soufflantes. Les chaleurs perdues des fours à coke, fours à puddler et fours à réchauffer étaient également utilisées pour produire la vapeur nécessaire au jeu des marteaux, laminoirs et autres appareils mécaniques. Le poids et la levée des marteaux, de même que le diamètre et la vitesse des laminoirs, étaient sensiblement augmentés. L'usage de la méthode anglaise, caractérisée par l'emploi du four à réverbère, devenait de plus en plus général pour la fabrication du fer. Pour l'acier, le procédé d'affinage dans le foyer ordinaire faisait place au puddlage.

2. *Art forestier, chasse, pêche et récoltes de produits obtenus sans culture.* — L'Exposition montrait de superbes collections de produits naturels (bois, plantes textiles, matières tinctoriales, plantes médicinales, gommes, résines, dépouilles d'animaux, etc.) provenant de l'Algérie, des autres colonies françaises, des Indes anglaises, du Canada, des colonies néerlandaises.

Des efforts considérables étaient faits pour remédier aux effets du déboisement, soit en France, soit en Allemagne. Aux travaux de reboisement se rattachaient ceux de la mise en valeur des Landes, dus à M. Chambrelent, et ceux d'amélioration de la Sologne, dus à M. le marquis de Vibraye.

La plus haute récompense était accordée au docteur Boucherie pour la conservation des bois par des liquides injectés sous pression, et spécialement par le sulfate de cuivre.

Les plus belles fourrures venaient du Canada.

Dans les sections de la pêche et de la pisciculture, on remarquait les échelles exposées par le *Board of Works* de Dublin et destinées à la remonte du poisson au travers des barrages, ainsi que les procédés de pisciculture imaginés par MM. Coste et Millet.

3. *Agriculture.* — La France et après elle plusieurs nations étran-

gères avaient entrepris la publication de cartes agronomiques. M. de Caumont avait été le premier à réaliser l'idée.

L'Exposition présentait un réel intérêt au point de vue des engrais artificiels et des amendements, dont le rôle et l'utilité étaient chaque jour plus appréciés. Le jury signalait en particulier les phosphates naturels de chaux, les sels ammoniacaux et certains engrais composés.

Une heureuse transformation s'était effectuée dans le drainage; le mérite en revenait à l'Angleterre et à l'Écosse.

On s'appliquait à perfectionner les constructions rurales.

C'est en Angleterre que la fabrication des machines agricoles et des instruments aratoires avait le plus progressé. D'immenses ateliers de construction s'y étaient créés et leur production annuelle s'élevait à plusieurs millions.

Le seul reproche qu'on pût adresser aux fabricants anglais était de ne pas assez se préoccuper du bon marché. Malgré ce défaut, le jury était tellement convaincu de la supériorité de l'Angleterre qu'il demandait une réduction des droits de douane sur les machines agricoles étrangères.

Les charrues ne présentaient aucune invention nouvelle d'une importance capitale; mais les formes en étaient améliorées. L'exposition des semoirs était très digne d'attention par la variété et la bonne exécution de ces instruments. On admirait surtout les machines à moissonner et les faucheuses mécaniques.

Les laines les plus fines avaient été envoyées par les pays, comme l'Allemagne et l'Australie, où l'on tirait peu de parti de la chair des moutons. Nos moutons donnaient des laines moins fines, mais des toisons plus lourdes. Le jury insistait sur l'altération des laines par les alternatives d'humidité et de sécheresse, par le contact de la terre, par les poussières; le parcage lui paraissait présenter à cet égard de réels inconvénients.

Pour les tabacs, dont la consommation allait sans cesse grandissant, l'île de Cuba laissait loin derrière elle toutes les autres régions. On remarquait ensuite l'importante exposition d'Algérie. La culture en Allemagne faisait des progrès plus marqués qu'en France, par suite de la liberté dont y jouissaient les planteurs.

4. *Mécanique générale appliquée à l'industrie.* — Deux constructeurs français, MM. Fourneyron et Fontaine-Baron, devaient être placés tout à fait hors ligne pour leurs moteurs hydrauliques.

Les machines à vapeur n'offraient rien de bien neuf. Cependant on constatait l'accroissement du nombre des machines horizontales, l'accélération de la vitesse, et les efforts faits pour économiser le métal et réduire la consommation de combustible. Les constructeurs qui occupaient le premier rang étaient : pour les machines à bateaux, MM. Schneider et Gâche (France), l'usine de Motala (Suède), MM. Todd et Mac-Gregor (Royaume-Uni); pour les machines fixes, MM. Fairbairn (Angleterre), Farcot, Cail et Bourdon (France).

A côté de belles chaudières à grand volume, en tôle de fer ou d'acier, on voyait un certain nombre de chaudières intéressantes à vaporisation rapide.

5. *Mécanique spéciale et matériel des chemins de fer,* etc. — La construction des locomotives était représentée avec éclat par MM. Schneider, Polonceau, Gouin et Cail (France); Engerth (Autriche); Cockerill (Belgique); Crampton (Angleterre); Borsig (Prusse).

Les rails exposés étaient presque tous remarquables par la régularité des formes et la netteté des surfaces, malgré l'accroissement simultané de leur section et de leur longueur. Des controverses étaient déjà engagées sur le choix entre le rail à patin et le rail à double champignon. On se préoccupait aussi de supprimer les traverses en bois par l'emploi de la fonte et du fer.

Les constructeurs de voitures et wagons n'avaient pris qu'une part tout à fait insuffisante à l'Exposition.

On voyait poindre l'invention des freins continus.

M. Tyer et M. Bonelli avaient imaginé diverses applications de l'électricité, pour enregistrer la position des trains et pour permettre aux convois d'échanger des dépêches, soit entre eux, soit avec les stations voisines.

6. *Mécanique spéciale et matériel des ateliers industriels.* — La belle

collection de machines à travailler le fer exposée par M. Withworth de Manchester, celle des machines à travailler le bois exposée par l'usine de Graffenstaden, et d'autres encore attestaient les inventions réalisées par la substitution du travail mécanique au travail de l'homme.

J'ai déjà parlé des machines agricoles. Au point de vue mécanique, le jury recommandait tout spécialement les machines à battre de M. Pitts (États-Unis) et les appareils de nettoyage des grains construits par MM. Vachon de Lyon.

M. Clayton de Londres avait établi d'excellentes machines à fabriquer les tuyaux de drainage.

Les inventeurs recherchaient, non sans succès, le moyen de pétrir mécaniquement la pâte.

L'attention se fixait sur diverses machines employées dans les ateliers du Ministère de la guerre.

Les progrès de la typographie depuis 1851 étaient très sensibles; une grande médaille d'honneur était décernée à M. Sörensen de Copenhague pour son composteur mécanique. Quant aux machines pour impressions lithographiques, elles ne réunissaient qu'à un moindre degré les qualités de bonne construction et de parfaite exécution.

7. *Mécanique spéciale et matériel des manufactures de tissus.* — La filature du coton avait pris des proportions gigantesques en Angleterre; venaient ensuite la France, l'Allemagne, la Suisse et les États-Unis. Sauf la peigneuse Heilmann, il n'y avait pas d'inventions saillantes. On cherchait à automatiser de plus en plus le mouvement des appareils et surtout à en accroître la rapidité. Des dispositions étaient prises pour protéger les ouvriers contre les accidents. L'un des traits caractéristiques des machines françaises était l'économie de la fonte et du fer.

Les principes de la filature mécanique du lin, découverts par un Français, Philippe de Girard, avaient été appliqués avec beaucoup de talent en Angleterre. Depuis, cette industrie avait acquis une extrême importance, non seulement dans la Grande-Bretagne, mais en France, en Belgique, en Allemagne.

De nombreuses améliorations étaient constatées dans le peignage de la laine et la filature de la laine peignée.

La filature de la laine cardée, qui jusqu'alors était peu avancée au point de vue mécanique, venait d'être perfectionnée par M. Mercier de Louviers, auquel le jury de Londres avait déjà accordé en 1851 la plus haute récompense.

Dans le filage de la soie, on continuait à faire une part trop large à l'habileté des ouvrières. Néanmoins MM. Schlumberger et Michel exposaient de beaux métiers.

Pour le tissage, l'Exposition révélait une multitude de modifications plus ou moins heureuses dans les métiers Jacquard, les battants-brocheurs et autres appareils.

Une grande médaille d'honneur était décernée à M. Meynier de Lyon.

L'Angleterre, la France et les États-Unis avaient une grande variété de machines à coudre, dont les unes faisaient passer complètement le fil au travers de l'étoffe, tandis que les autres produisaient le point de chaînette, le point de navette et le double point de chaînette.

8. *Arts de précision, industries se rattachant aux sciences et à l'enseignement.* — Dans l'école de Munich, fondée par Reichenbach, et dans l'école française, qui s'était si bien développée sous l'influence de Gambey, les instruments divisés se distinguaient par l'élégance des formes, la bonne disposition des différentes pièces, le fini du travail et une telle exactitude des divisions que l'on pouvait souvent éviter de recourir à la répétition des angles.

Les instruments d'optique étaient remarquables; l'achromatisme en était satisfaisant; mais on n'avait pu encore obtenir des disques de flint-glass et de crown-glass bien purs au delà de 38 centimètres de diamètre.

MM. Scheutz de Stockholm exposaient une belle machine pour calculer, au moyen des différences de divers ordres, des tables de mathématiques et d'astronomie.

Aucun pays ne surpassait la France pour les grands mécanismes d'horlogerie, les chronomètres et les montres de luxe; la Suisse tenait la tête pour les montres ordinaires.

Des perfectionnements notables se voyaient dans les instruments de physique, de chimie et de météorologie. Les échelles étaient graduées avec précision; les appareils avaient plus de stabilité et de puissance; les prix s'abaissaient par suite de la substitution de la fonte et du fer au cuivre.

La grande médaille d'honneur, décernée au Dépôt de la guerre pour ses cartes, était la juste récompense de ses travaux géodésiques, de ses études orographiques et hydrographiques, et du soin apporté à ses publications. Nous devons signaler aussi les opérations de nivellement effectuées par Bourdaloue et les belles cartes du Bureau topographique de la Confédération suisse, ainsi que de l'*Ordnance Map Office* d'Angleterre.

9. *Industries concernant l'emploi économique de la chaleur, de la lumière et de l'électricité.* — Plusieurs ingénieurs avaient soumis à l'appréciation du jury leurs procédés pour le chauffage et la ventilation des établissements publics, surtout des hôpitaux et des prisons cellulaires.

Sauf certains perfectionnements, les lampes exposées se ramenaient à deux types : le type Carcel et le type dit *modérateur*, imaginé en 1836 par M. Franchot.

Comme toujours on admirait les phares lenticulaires destinés à l'éclairage des côtes. L'administration dirigée par M. Reynaud, ingénieur en chef, obtenait une grande médaille d'honneur. MM. Lepaute et Sautter, constructeurs, recevaient une médaille d'honneur.

Dans la section d'électricité se trouvaient des appareils d'induction fondés sur la découverte de Faraday (Angleterre), divers appareils de télégraphie électrique, de belles horloges électriques, des électromoteurs. Le jury signalait en télégraphie une invention de M. Gintl (Autriche), permettant de transmettre simultanément deux dépêches par un même fil dans deux directions opposées; les câbles sous-marins commençaient à se développer; quant aux électro-moteurs, il n'existaient encore que comme instruments d'expérience.

M. Christofle (France) et MM. Elkington et Mason (Angleterre) étaient hors de pair pour les applications de la galvanoplastie.

La typographie et la gravure trouvaient dans les dépôts électriques un moyen de reproduire et de multiplier les types gravés.

10. *Arts chimiques; teintures et impressions; industries des papiers, des peaux*, etc. — Des progrès dans les arts chimiques se manifestaient par l'amélioration des procédés de fabrication, la diminution du prix de revient et la mise en œuvre de matières nouvelles. On pourra consulter avec fruit le savant rapport de M. Würtz sur la production de l'acide sulfurique, du carbonate de soude, du silicate de potasse, des prussiates de potasse, des chromates de potasse, des sels ammoniacaux, de l'acide borique, de l'iode, du phosphore amorphe, du graphite pur. En France, les premières usines étaient celles de la Société de Saint-Gobain, de M. Kuhlmann (Lille), de MM. Perret (Lyon), de la Société des mines de Bouxwiller et de M. Kestner (Thann).

L'exposition des bougies d'acides gras ou bougies stéariques était des plus remarquables. Le jury accordait une grande médaille d'honneur à l'illustre Chevreul, dont les magnifiques découvertes avaient engendré l'industrie stéarique, et une médaille d'honneur à M. de Milly, qui, par son habileté et son intelligente persévérance, avait porté cette industrie à un haut degré de perfection, ainsi qu'à la Compagnie Price de Londres et Liverpool, à la tête de laquelle était placé le savant M. Wilson.

L'Autriche était la première nation au point de vue de la fabrication des allumettes chimiques. Le problème de la substitution du phosphore amorphe au phosphore ordinaire préoccupait les esprits, mais n'était pas résolu.

Dans la section des huiles, on remarquait des industries presque nouvelles créées pour la distillation des schistes bitumineux, des calcaires asphaltiques et des tourbes.

La savonnerie marseillaise demeurait sans rivale pour ses savons marbrés à base de soude et d'huile d'olive.

L'appropriation du caoutchouc aux vêtements, aux soupapes, aux joints de tuyaux, aux courroies, aux objets de tabletterie, avait fait de notables progrès. Une grande médaille d'honneur était attribuée à M. Goodyear (Angleterre), inventeur de la vulcanisation.

Les anciens procédés de la tannerie étaient encore les meilleurs; aucun des agents chimiques substitués à l'écorce de chêne n'avait donné des résultats bien satisfaisants. La corroirie progressait. Des médailles d'honneur étaient méritées par l'industrie du vernissage des cuirs et de la maroquinerie.

Dans l'exposition des papiers et cartons, le jury signalait particulièrement la fabrication des papiers vergés à la machine et les nouvelles tentatives faites pour le remplacement des chiffons par des matières fibreuses naturelles.

L'Angleterre et la France tenaient le premier rang dans l'impression des tissus : l'Angleterre s'adressait surtout aux classes moyennes ou pauvres, et la France aux classes plus aisées. Des vœux étaient formulés par le jury pour assurer la propriété des dessins de fabrique et la diminution des droits sur les matières premières.

Parmi les nouvelles matières tinctoriales employées pour les fils de soie, de laine et de coton, on remarquait le vert de Chine, la noix de galle de Chine, le cachou, l'acide chrysamique et l'acide purpurique de Vauquelin. Une grande médaille d'honneur était attribuée à M. Guinon, habile teinturier de Lyon.

La section de teinture des étoffes brillait par la grande variété, la richesse et la pureté des teintes.

11. *Préparation et conservation des substances alimentaires.* — Cuba et Java occupaient sous tous les rapports le premier rang pour la production du sucre de canne. La fabrication du sucre de betterave prenait un développement sans cesse croissant : des médailles d'honneur étaient attribuées, en France, au Comité des fabricants de sucre de Valenciennes, qui avait réalisé d'importantes améliorations dans l'industrie sucrière, et, en Prusse, à la Société industrielle du Zollverein.

Une récompense du même ordre était accordée à des industriels de Valenciennes pour leurs alcools de betterave.

Bien que non exposant, M. Dubrunfaut de Bercy obtenait la

grande médaille pour ses nombreuses découvertes relatives tant à la production du sucre qu'à celle de l'alcool de betterave.

La viticulture était représentée par des échantillons de vins d'un grand nombre de pays. Nos grands vins de Bourgogne, de Bordeaux et de Champagne se montraient dignes de leur renommée universelle. On fondait déjà de grandes espérances sur la culture de la vigne en Algérie. Le jury signalait les très remarquables travaux de M. de Vergnette-Lamothe sur l'amélioration des procédés de fabrication des vins.

D'heureuses améliorations avaient été introduites dans la fabrication des chocolats, qui s'élevait annuellement en France à 6 millions de kilogrammes, représentant une valeur de 15 millions de francs.

12. *Hygiène, pharmacie, médecine et chirurgie.* — Pour la première fois, les arts et les sciences ayant pour objet direct la conservation de la santé et de la vie des hommes avaient leur place marquée à part dans une classification méthodique. L'hygiène, la médecine et la chirurgie, la pharmacie, l'anatomie humaine et comparée occupaient un rang digne de leur importance.

Trois grandes médailles d'honneur étaient décernées : la première au docteur Arnott, médecin éminent de la Grande-Bretagne, pour ses nombreuses inventions utiles à l'hygiène publique ou privée; la seconde au docteur Auzoux, pour ses modèles d'anatomie; la troisième à M. Charrière fils, pour ses instruments de chirurgie.

13. *Marine et art militaire.* — Le fait le plus saillant, pour la marine militaire, était la tendance à adjoindre aux grands navires de guerre des bâtiments à vapeur d'un plus faible tirant d'eau (canonnières ou batteries flottantes), susceptibles de s'approcher davantage des côtes et de remonter les fleuves : je relève dans le rapport du commandant de la Roncière Le Noury ses vues d'avenir sur le blindage métallique des forts.

Pour la marine marchande, le jury signalait, à côté de l'emploi de plus en plus répandu des moteurs à vapeur, la construction de longs navires à voiles ou clippers, presque tous excellents marcheurs.

Il prémunissait les constructeurs contre la réduction excessive du rapport entre la largeur et la longueur, réduction qui ne permettait plus de gouverner aussi sûrement au milieu des grosses lames de l'Atlantique. Le bois faisait place au fer.

Dans la lutte entre l'hélice et les roues à aubes, l'avantage restait définitivement à la première.

Au point de vue de l'art militaire, l'artillerie et le génie de l'armée française continuaient à se distinguer par leur science : la théorie des armes rayées, le remplacement des projectiles pleins par des projectiles creux tirés dans de longues bouches à feu, les travaux de fortification de Paris et de Lyon en fournissaient la preuve.

L'industrie armurière de la ville de Paris donnait des produits d'une qualité et d'un goût irréprochables. On admirait aussi les armes de Liège et celles de Solingen (Prusse).

14. *Constructions civiles.* — La classe des constructions civiles présentait une riche collection de matériaux naturels ou artificiels : roches feldspathiques (granites, trachytes, laves, porphyres), ardoises, serpentines, roches quartzeuses, marbres, pierres calcaires diverses, roches de chaux sulfatée, chaux, ciments, plâtres, bitumes, briques, tuiles, carreaux, tuyaux, terres cuites ornementales, bois, métaux, etc. Je me borne à relater la création des ardoises émaillées par M. Magnus (Royaume-Uni), l'essor pris en France par l'exploitation des marbres, les résultats obtenus dans la fabrication des chaux hydrauliques et des ciments, grâce aux savants travaux de Vicat, les grands efforts industriels de la France pour la production des fontes et des fers employés dans les constructions (fontes moulées, tuyaux, fers à T, cornières, tôles ondulées, tôles émaillées).

Les travaux publics avaient des modèles et des dessins de leurs plus beaux ouvrages. On distinguait notamment, pour la France, l'aqueduc de Roquefavour par M. de Montricher, les barrages à fermettes de M. Poirée, les barrages à hausses de M. Chanoine, les ponts de Tarascon et d'Avignon par M. Talabot, le pont métallique d'Asnières par M. Flachat, le phare du Bréhat par M. Reynaud ; pour l'Angleterre, le pont Britannia par M. R. Stephenson, le nouveau bassin de Grimsby par M. Rendel, divers travaux de MM. Fairbairn, Hodgkinson, Clark, Murray, Brunel et Fowler; pour les États-Unis, la forme de Brooklyn par M. Stuart; pour la Suède, l'écluse de Stockholm par le colonel Ericsson; pour le Canada, un ensemble de canaux; pour les Indes anglaises, le canal du Gange par M. Cautley.

L'art des constructions avait réalisé de grands progrès par l'amélioration des mortiers, l'extension des procédés mécaniques, l'emploi du fer pour remplacer les anciens matériaux, le travail sous l'eau au moyen des scaphandres, les fondations tubulaires à l'air comprimé d'après la méthode de Triger.

15. *Industrie des aciers bruts et ouvrés.* — Dans l'industrie de l'acier, le fait le plus considérable qu'attestât l'Exposition de 1855 consistait dans la fabrication de l'acier par le puddlage, jusqu'alors exclusivement réservé à la production du fer. L'initiative en appartenait à la Prusse rhénane, où l'on faisait ainsi de l'acier, soit avec des fontes aciéreuses, soit avec des fontes ordinaires.

Les plus hautes récompenses étaient méritées en France par le Creusot et par la maison Jackson, Petin et Gaudet; en Prusse, par M. Krupp, qui possédait déjà des marteaux-pilons de 12 et 15 tonnes et commençait à fabriquer des canons en acier fondu; enfin, en Belgique, par la Société Cockerill.

On constatait dans les instruments en acier des progrès dus à l'adoption des procédés mécaniques de travail, à l'économie du métal, à un meilleur choix des matières, aux soins du montage, à l'habileté croissante des ouvriers.

Pour la coutellerie, il n'y avait pas de réputation mieux établie que celle de Sheffield (Angleterre); les produits de Langres et de Nogent étaient très appréciés.

Pour la quincaillerie, le premier rang était occupé par les fabricants de Sheffield, par M. Mannesmann (Prusse) et par MM. Goldenberg de Saverne et Coulaux de Klinghenthal.

16. *Fabrication des ouvrages en métaux d'un travail ordinaire.* — Qualité meilleure, fabrication plus soignée, abaissement de prix, tels étaient les traits caractéristiques des ouvrages en métal. Le jury si-

gnalait comme un grand pas fait dans l'élaboration des métaux par voie de moulage l'apparition de l'acier fondu utilisé, comme la fonte, pour des usages auxquels ce métal n'avait pas encore été appliqué, par exemple pour la confection des cloches.

17. *Orfèvrerie, bijouterie, industrie des bronzes d'art.* — L'orfèvrerie avait récemment transformé ses procédés. C'est ainsi, par exemple, que, dans la fabrication des couverts d'argent, le forgeage à la main, l'estampage à la masse, l'ouverture des fourchons à la lime, la reprise des filets au burin, le polissage au chiffon, avaient été supprimés ou réduits, d'abord par l'emploi du mouton et l'impression au laminoir, puis par l'application de la pression sans secousse, l'usage d'aciers perfectionnés et le fini des matrices. La France, l'Angleterre et la Prusse exposaient de très beaux objets.

La joaillerie était arrivée à un degré de perfection précédemment inconnu, pour l'enchâssement des pierres; la bijouterie fine était remarquable par sa richesse, sa variété et son élégance; le doublé présentait une netteté de fabrication qui le disputait à la bijouterie d'or; le doré avait fait d'immenses progrès.

Dans les bronzes d'art, la fantaisie et l'érudition étaient unies. A côté de reproductions fidèles des chefs-d'œuvre de l'antiquité, on rencontrait des compositions modernes empreintes d'une grâce et d'un goût très purs. Pour les bronzes d'ameublement, le style Louis XIII et le style Louis XIV étaient abandonnés; les fabricants s'inspiraient surtout de la rocaille et des chicorées Louis XV, ainsi que des guirlandes Louis XVI.

18. *Industrie de la verrerie et de la céramique.* — Saint-Gobain exposait une grande glace de 5 m. 37 sur 3 m. 36, c'est-à-dire de 18 mètres carrés de superficie, à peu près exempte de défaut. Des glaces un peu moins parfaites, de 18 m.q. 50 et de 15 m.q. 40, étaient exposées par la Compagnie de Cirey et par celle de Floreppe (Belgique).

Les trophées de la cristallerie française et de la verrerie allemande excitaient l'admiration générale.

Les verres de Bohême se faisaient remarquer par la variété des formes, la diversité des couleurs, l'habileté manuelle de la fabrication et le bon marché.

La faïence, qui avait perdu ses débouchés pour les usages de la table, en cherchait de nouveaux, notamment pour la décoration. Suivant l'exemple de l'Angleterre, la France, la Belgique et la Prusse produisaient des cailloutages très satisfaisants au point de vue de la légèreté, de la dureté du vernis et du brillant de la glaçure.

Les porcelaines qui figuraient à l'Exposition se divisaient en porcelaines dures, porcelaines tendres et porcelaines anglaises. Par suite de son prix élevé, la porcelaine dure avait été, pendant longtemps, dans l'impossibilité de soutenir la lutte contre les cailloutages anglais : mais la substitution de la houille au bois, la découverte de gisements de kaolin et de matières feldspathiques, enfin la création de nouveaux moyens de transport allaient la faire revivre. L'attribution d'une grande médaille d'honneur attestait une fois de plus les mérites de notre manufacture nationale de Sèvres.

Les vitraux peints prenaient leur place dans l'architecture civile.

19. *Industrie des cotons.* — L'industrie du coton était une des plus importantes qui pût fixer l'attention du public. Elle procurait un travail manufacturier à trois millions d'hommes environ et atteignait une valeur de 3 à 4 milliards; elle donnait lieu aux cultures les plus étendues, après les céréales; elle rendait les plus grands services dans toutes ses applications aux besoins de l'homme.

Le jury insistait particulièrement sur trois progrès : l'introduction de la peigneuse Heilmann, l'application des machines *self-acting*, l'extension des métiers mécaniques.

Les plus grands centres de fabrication étaient les districts de Manchester, de Salford et de Glasgow en Angleterre. Pour la France, Rouen et ses environs tenaient la tête : 1,800,000 broches fonctionnaient dans cette région; 30 millions de kilogrammes de coton y étaient mis chaque année en œuvre; la filature et le tissage y occupaient 200,000 ouvriers.

Le Gouvernement français faisait de grands efforts pour développer la production du coton en Algérie.

20. *Industrie des laines.* — Le peignage mécanique avait presque partout remplacé le peignage à la main : les peigneuses jugées les meilleures étaient celles d'Heilmann et de Donistorpe.

La France occupait le premier rang pour la filature de la laine peignée : 1,100,000 broches y étaient affectées. Plusieurs industriels de Reims avaient imprimé une vive impulsion à la filature de la laine cardée et amélioré les filés fins, pour la fabrication des flanelles de santé, des étoffes à gilets ou à pantalons et des châles tartans.

Pour les draps, presque toutes les nations étaient largement représentées à l'Exposition. En France, la fabrique de Sedan, déjà renommée sous Louis XIV, se montrait digne de son passé; Elbeuf grandissait chaque jour et produisait avec perfection tous les genres de draperie; Abbeville était justement réputé pour ses draps fins, ses nouveautés et spécialement ses satins. En Autriche, les principaux centres de fabrication du drap étaient la Bohême, la Moravie et la Silésie : la valeur de la matière première mise en œuvre sur tout le territoire de la monarchie s'élevait à 131 millions de francs, et celle des produits à 250 millions. En Prusse, l'industrie avait pris un essor inouï, grâce à l'institution du Zollverein; ses produits pouvaient soutenir avantageusement la comparaison avec ceux des autres pays. En Belgique, la fabrication était concentrée à Verviers; elle y atteignait 40 millions, dont le tiers pour l'exportation. L'Angleterre était à peine représentée à l'Exposition, malgré l'importance de ses manufactures, qui consommaient environ 50 millions de livres de matière première.

Pour les tissus de laines lisses, croisés, non foulés ou légèrement foulés, et spécialement pour les mérinos, deux grandes médailles étaient attribuées à la ville de Reims et à la maison Paturle-Lupin, Seydoux, Sieber et Cie de Paris; le tissage mécanique, qui présentait tant de difficultés dans son application à la laine pure, sur chaîne simple, avait obtenu à Reims un succès complet.

Pour les tissus mélangés, la fabrique de Paris était sans égale dans le monde entier, sous le rapport du goût et de la variété des articles créés à chaque saison. L'industrie roubaisienne rivalisait cependant avec celle de Paris; elle occupait 80,000 ouvriers et avait un mouvement d'affaires de 150 millions de francs.

La filature anglaise des poils de chèvre avait anéanti la filature d'Amiens; le tissage était très développé et perfectionné à Bradford et à Halifax.

Les châles de l'Inde étaient arrivés à un degré extraordinaire de richesse; les producteurs de la vallée de Kachemyr s'efforçaient plus que jamais de suivre les fluctuations du goût à Paris, leur principal marché. Quant aux châles brochés français, ils étaient fabriqués avec talent à Paris, Lyon et Nîmes; l'Autriche luttait contre la France, sinon pour le goût, du moins pour le bon marché.

Paris, Roubaix, Mulhouse, Nîmes, produisaient de belles étoffes d'ameublement qu'imitaient l'Autriche et la Prusse.

21. *Industrie des soies.* — La production des soieries ne cessait de s'accroître. En France, elle était évaluée pour l'année 1855 à 532 millions de francs, dont deux tiers de matières premières et un tiers de main-d'œuvre; sur les 355 millions de matières premières, 190 millions étaient fournis par l'agriculture, la filature et le moulinage français. Dans l'ensemble de l'Europe, la production des soieries était estimée à 1 milliard.

Les soieries de Lyon et les rubans de Saint-Étienne occupaient sans contredit la première place.

L'Autriche, dont l'industrie s'était révélée à l'Exposition de Londres, fabriquait pour 300 millions. Il était impossible de faire mieux et à meilleur marché que la Confédération suisse les articles légers pour la grande consommation; les deux cantons de Zurich et de Bâle avaient 40,000 métiers. Le nombre des métiers était à peu près le même dans la Prusse rhénane, où l'industrie de la soie avait été importée par des Français à la suite de la révocation de l'édit de Nantes. L'Angleterre possédait 110,000 métiers, donnant 220 millions d'étoffes et de rubans où dominait la soie.

Le jury, tout en constatant notre supériorité pour le dessin, appelait la sollicitude du Gouvernement sur les écoles destinées aux jeunes dessinateurs.

L'éducation des vers à soie, la filature du cocon et le moulinage avaient reçu de nouvelles améliorations; le rôle des diverses races précédemment confondues était de mieux en mieux compris; les magnaneries étaient aménagées d'une manière plus rationnelle. De grandes médailles étaient attribuées, pour les soies grèges, filées et moulinées, au département de l'Ardèche, à la Chambre de commerce de Milan et à la Chambre de commerce de Turin.

Pour les tissus, les grandes médailles étaient décernées à la Chambre de commerce de Lyon, à MM. Heckel et Cie de Lyon, à MM. Martin et Casimir de Tarare, à MM. Schulz et Béraud de Lyon. La Chambre de commerce de Saint-Étienne recevait une récompense du même ordre pour la rubanerie.

22. *Industrie des lins et des chanvres.* — La production de l'industrie linière dans les divers pays était estimée à 1,500 millions.

Des progrès continuaient à s'accomplir, pour la matière brute, par la séparation complète du travail agricole et du travail manufacturier (rouissage, teillage, etc.), et pour la filature, ainsi que pour le tissage, par la substitution progressive du travail mécanique au travail manuel.

Le rouissage sur terre était remplacé, soit par le rouissage à l'eau courante, soit par le rouissage à l'eau chaude, soit par une méthode mixte.

On comptait, pour la filature du lin, 2,400,000 broches, dont 1,400,000 en Angleterre et 500,000 en France : le capital de premier établissement était évalué à 150 francs par broche et le rendement annuel à 200 francs.

Pour le tissage, la ville de Belfort et le groupe de Valenciennes, Cambrai et Bapaume recevaient de grandes médailles d'honneur.

23. *Industrie de la bonneterie, des tapis,* etc. — L'usage des tapisseries et des tapis se généralisait par suite de la baisse des prix. Au point de vue de l'art, les manufactures nationales de Beauvais et des Gobelins et la ville d'Aubusson étaient sans conteste au premier plan.

Un immense accroissement était constaté dans la bonneterie de soie, de laine ou de coton, surtout en Angleterre et en France.

IMPRIMERIE NATIONALE.

Paris était le foyer le plus actif et le plus intelligent pour la passementerie : on y comptait 34,000 ouvriers employés à cette industrie et fabriquant des produits dont la valeur était estimée à 100 millions.

La broderie blanche se développait au delà de toute prévision et occupait 600,000 à 700,000 ouvrières en Europe. Cette industrie s'était répandue avec succès en Allemagne, en Suisse, en France et dans la Grande-Bretagne. Le centre français le plus important était le département des Vosges.

La fabrication des dentelles employait 550,000 à 600,000 ouvrières de tout âge et donnait lieu à un mouvement commercial de 150 millions; dans des genres différents, la France et la Belgique défiaient toute comparaison.

Nottingham en Angleterre et Calais en France fabriquaient des tulles et des blondes d'une perfection exceptionnelle et d'un bon marché étonnant : le nombre des ouvriers et ouvrières était de 14,000 dans la première de ces villes et de 5,000 dans la seconde.

24. *Industrie concernant la décoration et l'ameublement.* — La France restait en tête de ces industries, comme de toutes celles qui touchaient au domaine de l'art. Sa supériorité était due à l'habileté éprouvée de ses fabricants, à la hardiesse de leurs conceptions, au concours d'artistes de talent, qui assuraient la perfection du dessin, le charme des dispositions, l'élégance de l'ornementation.

De grands progrès n'en avaient pas moins été accomplis dans les pays étrangers et notamment en Angleterre, en Autriche et en Belgique.

Le jury enregistrait les tentatives de l'industrie parisienne pour la mise en œuvre des bois de l'Algérie (thuya, cèdre, olivier, chêne-liège et cactus) dans la fabrication des meubles de luxe.

25. *Confection des articles de vêtement, fabrication des objets de mode et de fantaisie.* — Cette classe de l'Exposition ne comptait pas moins de 30 industries diverses (lingerie, vêtements d'homme et de femme, chaussures, gants, chapeaux, fleurs artificielles, parapluies, cannes, gainerie, petite maroquinerie, tabletterie, etc.). Je ne la mentionne

cependant que pour mémoire, parce qu'il ne s'en dégageait aucun fait d'une grande importance.

26. *Dessin et plastique appliqués à l'industrie, imprimerie, photographie*, etc. —Pour la première fois, le dessin de fabrique avait la place qui lui était légitimement due dans une exposition industrielle. Ce n'était que justice : car le dessinateur exerce une grande influence sur la production nationale et doit réunir au sens artistique une connaissance approfondie de la fabrication à laquelle il prête son concours. La Chambre de commerce de Paris recevait une grande médaille pour les artistes dessinateurs en tissus, papiers peints, impressions, bronzes, orfèvrerie, bijouterie, ébénisterie et gravure sur bois, dont les créations incessantes, la supériorité de goût, le cachet d'élégance et de distinction étaient universellement reconnus.

La lithographie, née en Allemagne, s'était surtout développée en France : l'établissement de M. Lemercier avait déjà une réputation européenne.

La photographie avait définitivement franchi les limites du domaine scientifique pour entrer dans la pratique. Les épreuves daguerriennes étaient presque complètement remplacées par les épreuves sur papier. On ne pouvait encore assurer la durée indéfinie des épreuves positives les mieux fixées; mais Niepce de Saint-Victor venait de découvrir l'héliographie et de substituer ainsi aux épreuves positives photographiques des épreuves imprimées à l'encre à l'aide de la presse et par suite indélébiles. Ce savant était arrivé récemment à reproduire les objets avec leurs couleurs naturelles; toutefois il n'obtenait encore que des images facilement altérables. Une grande médaille lui était justement accordée pour ses beaux travaux. Le jury rendait également hommage aux fabricants d'appareils; il insistait sur la nécessité de réduire les prix de vente et d'améliorer les papiers.

La typographie était brillamment représentée : l'Imprimerie nationale de France, l'Imprimerie impériale de Vienne, MM. Firmin-Didot et Mame produisaient de véritables chefs-d'œuvre.

Une exposition fort curieuse était celle de la calligraphie : elle fit l'objet d'un rapport très savant de M. Merlin.

On admirait une magnifique collection de spécimens de gravures : gravure en creux, gravure en relief; gravure à la main, gravure par des procédés mécaniques, gravure par des moyens chimiques ou autres; gravure pour impression en noir, gravure pour impressions en couleur; gravure pour tirage sur papier, gravure pour tirage sur étoffes; gravure sur surfaces planes ou sur cylindres; gravure au burin pour la bijouterie; gravure modelée en creux ou en relief sur matières dures.

Au point de vue industriel, les plus hautes récompenses étaient décernées à M. Collas, pour sa machine à graver; au Ministère du commerce, de l'industrie et des travaux publics de Prusse, pour ses publications d'ouvrages illustrés; à M. Lockett de Manchester, pour la gravure sur cylindres.

Mentionnons encore les excellents types de reliure exposés par la France et l'Angleterre.

27. *Fabrication des instruments de musique.* — L'Exposition de 1855 marquait dans l'industrie de la fabrication des instruments une époque de réel progrès. Aux simples essais, aux tâtonnements sans méthode, avait succédé l'application de principes basés sur l'observation attentive des phénomènes.

Ainsi, pour les instruments à vent en bois ou métal, avec trous et clefs, on avait reconnu la nécessité absolue de l'identité de la colonne d'air dans tout son parcours, afin d'assurer la formation normale des nœuds de vibration et l'égalité du timbre.

Pour les grandes orgues, on avait fait disparaître les abrégés, créé les tirages directs, adouci les mouvements, fourni d'immenses moyens de combinaisons et d'effets qui n'existaient pas dans la soufflerie et l'équilibre de l'air, inventé des jeux nouveaux.

Pour les orgues à anches libres, le timbre était renforcé et diversifié par les dispositions des cases, des tables d'harmonie et des réflecteurs sonores.

La facture des instruments à archet possédait une théorie certaine, déduite d'expériences ingénieuses et d'une analyse attentive des faits acoustiques.

Un pas important avait été franchi pour la sonorité des pianos.

Les noms suivants méritent d'être cités : Boehm de Munich (flûtes et hautbois); Sax (instruments à vent de divers genres); Triebert de Paris (clarinettes); Cavaillé-Coll (orgues); Alexandre (instruments à anches libres); Vuillaume (instruments à archet); Érard, Herz, Pleyel (pianos).

28. *Beaux-arts.* — Les jurys des beaux-arts se sont abstenus de présenter des rapports et n'ont fourni qu'une liste des récompenses.

Les titulaires des grandes médailles étaient : dans la section de peinture, gravure et lithographie, MM. Decamps, Delacroix, Heim, Henriquel-Dupont, Ingres, Meissonier et H. Vernet (France); de Cornelius (Prusse); Landseer (Angleterre); Leys (Belgique); dans la section de sculpture et gravure en médailles, MM. Dumont, Duret et Rude (France); Rietschell (Saxe); dans la section d'architecture, MM. Duban (France) et Barry (Angleterre).

29. *Produits de l'économie domestique.* — La classe d'économie domestique embrassait tous les objets et produits nécessaires ou utiles à la masse des consommateurs; le bon marché constituait l'un des éléments principaux des décisions du jury.

Je me borne à signaler les habitations établies par la Société des cités ouvrières de Mulhouse, les livres de la maison Mame, les fourneaux économiques de M. Laury, les couverts de M. Christofle, les pâtes alimentaires de M. Magnin, les draps de Louviers, Reims et Vire.

M. Michel Chevalier a rédigé un remarquable rapport sur le bon marché et sur les moyens de le réaliser. C'est un chapitre d'économie sociale du plus haut intérêt.

CHAPITRE III.

EXPOSITION DE 1862 À LONDRES.

L'essor donné à l'industrie par les expositions universelles internationales de 1851 et 1855 avait été si fécond que des manifestations analogues de l'activité humaine devaient se reproduire périodiquement.

Dès 1858, la Société des arts de Londres, qui avait déjà rendu tant de services à l'Angleterre et même à l'humanité, émit l'idée d'une nouvelle exposition pour l'année 1861.

Après avoir vu d'abord son initiative contrariée par la guerre d'Italie, elle put reprendre au commencement de l'année 1860 le cours de ses démarches, en reculant d'une année la date primitivement fixée.

Elle s'entendit avec les commissaires de 1851 pour l'obtention d'un terrain propre à la réalisation de l'entreprise, constitua une association de garantie et demanda la sanction du Gouvernement. Une charte royale en date du 14 février 1861 nomma commissaires les cinq délégués qu'elle avait présentés : Lord Granville, le duc de Buckingham, Sir Wentworth Dilke, Thomas Baring et Thomas Fairbairn.

Des invitations officielles furent adressées aux nations étrangères et reçurent un accueil favorable.

Par décret du 14 mai 1861, Napoléon III institua, sous la présidence du prince Napoléon, une Commission chargée d'assurer la participation de la France. M. Le Play, secrétaire général de cette Commission, fut plus tard nommé commissaire général de l'Empire français.

La nomenclature et le classement des produits et objets susceptibles d'être admis étaient arrêtés comme il suit :

Section I. — Classe 1. Produits des mines, des carrières et des usines métallurgiques. — Classe 2. Produits chimiques et pharmaceutiques. — Classe 3. Produits agricoles et alimentaires (de facile conservation). — Classe 4. Substances végétales et animales employées dans l'industrie.

Section II. — Classe 5. Matériel des chemins de fer. — Classe 6. Voitures des chemins ordinaires. — Classe 7. Machines et outils des manufactures. — Classe 8. Machines en général. — Classe 9. Machines et instruments d'agriculture. — Classe 10. Constructions civiles. — Classe 11. Armes et équipements militaires. — Classe 12. Matériel naval. — Classe 13. Instruments de précision. — Classe 14. Appareils et épreuves photographiques. — Classe 15. Ouvrages d'horlogerie. — Classe 16. Instruments de musique. — Classe 17. Instruments et appareils de chirurgie, d'hygiène et de médecine.

Section III. — Classe 18. Fils et tissus de coton. — Classe 19. Fils et tissus de lin et de chanvre. — Classe 20. Tissus de soie. — Classe 21. Fils et tissus de laine pure ou mélangée. — Classe 22. Tapis. — Classe 23. Spécimens de teinture et d'impression. — Classe 24. Tapisseries, dentelles et broderies. — Classe 25. Fourrures, poils et plumes. — Classe 26. Cuirs, peaux et objets de sellerie. — Classe 27. Objets d'habillement. — Classe 28. Papiers, œuvres d'impression et de reliure, ouvrages édités. — Classe 29. Méthodes et matériel de l'enseignement. — Classe 30. Objets d'ameublement. — Classe 31. Quincaillerie, bronzes d'art et autres; ouvrages de métaux communs. — Classe 32. Coutellerie et objets d'acier. — Classe 33. Ouvrages d'orfèvrerie, de bijouterie et de joaillerie. — Classe 34. Objets de verrerie. — Classe 35. Objets de céramique. — Classe 36. Tabletterie et articles de voyage.

Section IV. — Classe 37. Dessins et gravures d'architecture. — Classe 38. Peintures, aquarelles et dessins. — Classe 39. Sculptures. — Classe 40. Gravures et lithographies.

Cette nomenclature montre qu'éclairée par le passé, l'Angleterre s'écartait du précédent de 1851 et admettait les beaux-arts sans restriction.

Les commissaires anglais avaient toutefois déclaré que leur but était non d'établir un concours entre les artistes des diverses nations, mais de faire constater les progrès et l'état de l'art moderne, et qu'en conséquence, il ne serait point accordé de récompenses dans la section des beaux-arts. Chaque pays demeurait libre de fixer la période à laquelle devraient se rapporter les œuvres qu'il enverrait à l'Exposition. Pour l'Angleterre, cette période s'étendait aux ouvrages des artistes vivant encore au 1er mai 1762. L'espace restreint mis à la disposition de la France détermina la Commission française à n'accepter que les œuvres exécutées depuis 1850, sauf à remonter à l'année 1840 pour les artistes décédés qui n'étaient pas encore nés en 1790.

Une autre lacune de l'Exposition de 1851 était comblée par l'addition d'une classe réservée aux méthodes et au matériel de l'enseignement. Le programme primitif des commissaires anglais était très large à cet égard : il embrassait l'enseignement à tous les degrés, depuis les salles d'asile jusqu'aux universités ou facultés; il comprenait même tous les moyens à l'aide desquels les hommes faits et les savants peuvent étendre leur instruction et continuer leurs études. Malheureusement la publication en fut tardive, et il ne put être complètement rempli. Plusieurs nations s'abstinrent; les autres, telles que la France et l'Angleterre, se renfermèrent à peu près exclusivement dans le cadre de l'instruction primaire ou de l'instruction professionnelle élémentaire. Néanmoins le pas était franchi et le terrain préparé pour les expositions futures.

Le Palais construit pour l'Exposition de 1862 était situé près du parc de Kensington, au sud du jardin de la Société d'horticulture. Les plans en avaient été dressés et l'exécution surveillée par M. le capitaine Fowke, ingénieur et architecte de la Société d'horticulture et du Gouvernement pour le *Department of sciences and arts.*

Il se composait d'un corps principal, établi à titre définitif, et de deux annexes provisoires.

Le corps principal avait la forme d'un grand rectangle de 350 m. environ de longueur sur 175 mètres de largeur, et comprenait une grande nef de 26 mètres de largeur sur 30 m. 50 de hauteur, deux transepts de mêmes dimensions, diverses galeries et six cours vitrées; deux dômes vitrés, s'élevant à 61 mètres de hauteur, décoraient le

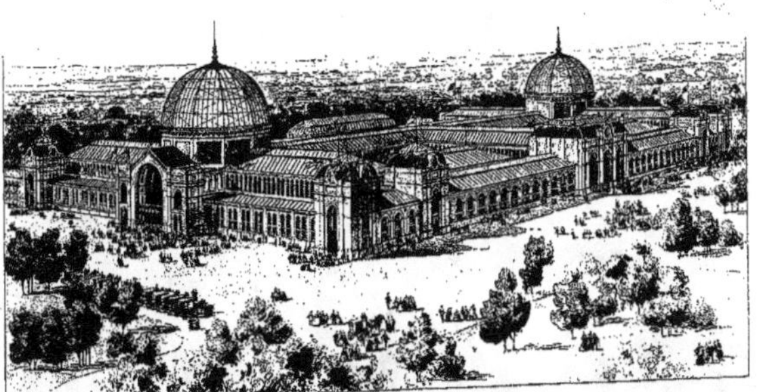

EXPOSITION DE 1862 À LONDRES

bâtiment à la rencontre de la nef et des transepts. Les façades étaient en briques; les séparations et les appuis intérieurs étaient en fonte. L'aspect laissait, on doit le reconnaître, quelque peu à désirer.

De même qu'en 1851, on regrettait qu'il n'y eût pas des espaces découverts où les visiteurs pussent prendre au grand air quelques instants de repos.

Les beaux-arts étaient installés dans des galeries du premier étage.

La superficie couverte était de 95,200 mètres carrés, et l'espace disponible pour les exposants, tant au rez-de-chaussée qu'au premier étage, de 125,400 mètres carrés, dont 117,550 pour l'agriculture et l'industrie et 7,850 pour les beaux-arts. La France occupait 14,680 mètres carrés environ, savoir : pour l'industrie et l'agriculture, 13,720; pour les beaux-arts, 960.

Commencés le 11 mars 1861, les travaux furent terminés dès le 12 février 1862, sauf quelques ouvrages de peu d'importance et la décoration intérieure.

La durée de l'Exposition fut de six mois (du 1er mai au 1er novembre 1862); un délai supplémentaire de quinze jours fut accordé pour la vente des objets.

Le nombre des exposants agricoles ou industriels atteignit 27,500, dont 8,150 pour l'Angleterre et 5,520 pour la France et ses colonies; celui des artistes s'éleva à 2,300, dont 1,000 pour l'Angleterre et 260 pour la France.

L'admission des produits français de l'agriculture et de l'industrie était prononcée par des comités départementaux, sauf recours devant un comité central de revision. Dans son rapport, la Commission impériale s'est plainte du défaut d'activité et d'indépendance des comités départementaux et a conseillé, pour l'avenir, de leur substituer des délégués locaux accrédités à Paris auprès de l'administration.

Quant à l'admission des œuvres d'art, le soin en était remis à un comité central.

Comme en 1851, les frais d'expédition des objets de Paris à Londres et ceux de réexpédition étaient à la charge du Trésor.

Au début, les commissaires anglais semblaient disposés à laisser l'opinion publique juger seule les produits exposés. Mais ils ne tardèrent pas à constater que la suppression des récompenses éloignerait un grand nombre d'exposants; par suite, ils abandonnèrent leur idée première, sauf pour les beaux-arts.

Le jury mixte international comptait 567 membres, dont 296 anglais et 271 étrangers : nous en avions 65. On voit que l'Angleterre s'était fait la part du lion : elle fut vivement critiquée à ce sujet.

Les récompenses n'étaient que de deux ordres : médailles et mentions honorables.

Sur 12,305 récompenses, l'Angleterre en obtint 4,141 et la France 2,658 (1,611 médailles et 1,047 mentions honorables).

L'Empereur donna 2 croix de commandeur, 20 croix d'officier et 107 croix de chevalier de la Légion d'honneur.

De même qu'en 1851, des délégués, choisis principalement parmi les contremaîtres et ouvriers, furent envoyés à Londres pour y étudier l'Exposition. Leur nombre s'éleva à 1,000.

La Commission impériale alloua aux délégations ouvrières un subside de 40,000 francs. Moitié de cette somme fut attribuée à la délégation parisienne, qui reçut une subvention égale du conseil municipal.

On n'eut qu'à se féliciter du zèle dont firent preuve les ouvriers dans l'accomplissement de leur mandat, des avantages qu'ils retirèrent de leurs visites et de la compétence avec laquelle plusieurs d'entre eux rendirent compte de leurs observations.

Le nombre des personnes qui visitèrent l'Exposition de 1862 fut de 6 millions environ; la recette correspondante s'éleva à 10 millions 450,000 francs.

Dans leur ensemble, les recettes de toute nature atteignirent 10,490,000 francs et laissèrent un petit excédent de 20,000 francs sur les dépenses, dont le chiffre était de 11,470,000 francs; la construction du palais, sans ses abords, avait coûté 8,225,000 francs.

Une somme de 1,200,000 francs avait été affectée à la section française.

Ce crédit ne fut épuisé que jusqu'à concurrence de 975,000 francs.

La section française du jury international a publié, à la suite de l'Exposition de 1862, des rapports fort étudiés dont la collection forme six volumes.

Michel Chevalier, président de la section, a fait précéder ces rapports d'une savante introduction, où l'on retrouve toutes ses qualités d'écrivain, de moraliste, de philosophe et d'économiste. Après avoir défini la puissance productive de l'homme et indiqué ses rapports avec le capital, la science et l'organisation politique et sociale des peuples, il en montre les accroissements successifs depuis les temps les plus reculés, puis insiste plus spécialement sur les progrès accomplis depuis l'Exposition de 1855. Il passe successivement en revue les machines locomobiles, les machines à gaz, les machines à vapeur pour la navigation, les locomotives, les chemins de fer, les appareils hydrauliques, les machines à air comprimé, les machines-outils, la métallurgie, les produits chimiques, la télégraphie électrique, les machines magnéto-électriques, la galvanoplastie, l'aération et le chauffage des édifices, etc. Enfin il expose ses vues sur la division du travail, sur les mesures législatives et administratives susceptibles de développer l'industrie nationale, sur les institutions de crédit, l'enseignement, la liberté du travail, les encouragements à donner au principe d'association, la liberté commerciale, la réforme du service des intermédiaires, les améliorations à apporter à l'agriculture, ainsi qu'à la condition des paysans. Son œuvre est magistrale, comme toutes celles qui sont sorties de sa plume.

Malgré tout l'intérêt que présentent les rapports de la section française du jury de 1862, je crois devoir, pour les raisons indiquées page 115, m'abstenir de les analyser.

CHAPITRE IV.

EXPOSITION DE 1867 À PARIS.

1. **Organisation et résultats généraux.** — Après la clôture de l'Exposition de Londres, les principaux exposants français avaient manifesté le désir qu'une exposition nouvelle fût ouverte à Paris en 1867.

Déférant à ce vœu, le Gouvernement décida par décret du 22 juin 1863 qu'une Exposition universelle des produits agricoles et industriels s'ouvrirait le 1er mai 1867 au Palais de l'Industrie et que toutes les nations seraient admises à y participer. Nous verrons plus loin que l'emplacement dut être modifié et reporté au Champ de Mars.

Un décret ultérieur du 1er février 1865 ajouta à l'exposition agricole et industrielle une exposition des beaux-arts.

La première question qui se posa fut celle de savoir si, comme en 1855, l'opération resterait entre les mains de l'État et serait poursuivie aux frais et risques du Trésor, ou si, à l'exemple de l'Angleterre, elle pourrait être remise à une compagnie particulière, placée sous le patronage officiel du Gouvernement.

Cette seconde combinaison fut écartée. Les habitudes du public français ne paraissaient point en effet se prêter à la perception de droits d'entrée aussi élevés qu'à Londres; il ne semblait pas possible de prélever, de même qu'en Angleterre, une part des bénéfices réalisés par les restaurateurs, limonadiers et autres marchands; les recettes devaient par suite être relativement moins fortes. D'un autre côté, on jugeait nécessaire de donner aux constructions plus d'ampleur qu'en 1862, d'y consacrer une somme plus considérable, d'affecter un crédit à la distribution de médailles en or et en argent, au lieu de ne décerner que des récompenses sans valeur intrinsèque. D'après ses calculs, l'administration s'attendait à un déficit de 12 millions. Dans ces conditions, une société privée n'aurait pu se charger de l'entreprise sans être largement subventionnée par l'État, et dès lors le Gouvernement n'avait aucun intérêt à se dessaisir.

Les pouvoirs publics s'arrêtèrent définitivement à la solution suivante, qui avait un caractère mixte.

L'État conservait la direction. Il donnait une subvention de 6 millions; la ville de Paris accordait un subside de pareille somme, ce qui formait un total de 12 millions.

Le surplus de la dépense, évalué à 8 millions, faisait l'objet d'un emprunt garanti par les produits de l'Exposition et par une association de souscripteurs.

Les parts de garantie avaient été fixées à 1,000 francs, sur lesquels 20 francs seulement étaient immédiatement exigibles; les appels supplémentaires ne devaient être faits que si les recettes ne couvraient pas les dépenses. En cas de bénéfice, les garants avaient droit au tiers du produit net, les deux autres tiers étant attribués l'un à l'État et l'autre à la ville de Paris.

Une Commission impériale, présidée d'abord par le prince Napoléon, puis par le Ministre d'État, et composée de 60 membres, dont 41 nommés par l'Empereur et 19 choisis par les premiers, parmi les souscripteurs, était chargée de diriger et de surveiller l'entreprise, et remplissait en outre les fonctions de conseil d'administration pour la Société de garantie.

L'un des membres de la Commission, M. Le Play, était désigné comme commissaire général.

La souscription, en tête de laquelle les commissaires nommés par l'Empereur s'étaient inscrits pour près de 1,500,000 francs, réussit au delà de toute espérance; au 20 juillet 1865, date de la clôture des listes, elle montait à 10,347,000 francs.

La Commission impériale se subdivisait en 11 comités spéciaux chargés d'étudier avec les vice-présidents et le commissaire général les règlements organiques et les mesures d'exécution.

L'administration était répartie, sous l'autorité du commissaire général, entre 12 services, qui se réduisirent à 4 pendant la période de liquidation.

La classification adoptée fut la suivante :

Groupe I. — *Œuvres d'art (postérieures au 1er janvier 1855 et n'ayant pas figuré à l'Exposition universelle de 1855).*

Classe 1. Peintures à l'huile.
2. Peintures diverses et dessins.
3. Sculptures et gravures sur médailles.
4. Dessins et modèles d'architecture.
5. Gravures et lithographies.

Groupe II. — *Matériel et application des arts libéraux.*

Classe 6. Produits d'imprimerie et de librairie.
7. Objets de papeterie; reliures; matériel des arts de la peinture et du dessin.
8. Application du dessin et de la plastique aux arts usuels.
9. Épreuves et appareils de photographie.
10. Instruments de musique.
11. Appareils et instruments de l'art musical.
12. Instruments de précision et matériel de l'enseignement des sciences.
13. Cartes et appareils de géographie et de cosmographie.

Groupe III. — *Meubles et autres objets destinés à l'habitation.*

Classe 14. Meubles de luxe.
15. Ouvrages de tapissier et de décorateur.
16. Cristaux, verrerie de luxe et vitraux.
17. Porcelaines, faïences et autres poteries de luxe.
18. Tapis, tapisseries et autres tissus d'ameublement.
19. Papiers peints.
20. Coutellerie.
21. Orfèvrerie.
22. Bronzes d'art, fontes d'art diverses et ouvrages en métaux repoussés.

Classe 23. Horlogerie.
24. Appareils et procédés de chauffage et d'éclairage.
25. Parfumerie.
26. Objets de maroquinerie, de tabletterie et de vannerie.

Groupe IV. — *Vêtements (tissus compris) et autres objets portés par la personne.*

Classe 27. Fils et tissus de coton.
28. Fils et tissus de lin, de chanvre, etc.
29. Fils et tissus de laine peignée.
30. Fils et tissus de laine cardée.
31. Soies et tissus de soie.
32. Châles.
33. Dentelles, tulles, broderie et passementerie.
34. Articles de bonneterie et de lingerie; accessoires du vêtement.
35. Habillements des deux sexes.
36. Joaillerie et bijouterie.
37. Armes portatives.
38. Objets de voyage et de campement.
39. Bimbeloterie.

Groupe V. — *Produits (bruts et ouvrés) des industries extractives.*

Classe 40. Produits de l'exploitation des mines et de la métallurgie.
41. Produits des exploitations et des industries forestières.
42. Produits de la chasse, de la pêche et des cueillettes.
43. Produits agricoles (non alimentaires) de facile conservation.
44. Produits chimiques et pharmaceutiques.
45. Spécimens des procédés chimiques de blanchiment, de teinture, d'impression et d'apprêt.
46. Cuirs et peaux.

Groupe VI. — *Instruments et procédés des arts usuels.*

Classe 47. Matériel et procédés de l'exploitation des mines et de la métallurgie.
48. Matériel et procédés des exploitations forestières.
49. Engins et instruments de la chasse, de la pêche et des cueillettes.
50. Matériel et procédés des usines agricoles et des industries alimentaires.
51. Matériel des arts chimiques, de la pharmacie et de la tannerie.
52. Moteurs, générateurs et appareils mécaniques spécialement adaptés aux besoins de l'Exposition.

Classe 53. Machines et appareils de la mécanique générale.
54. Machines-outils.
55. Matériel et procédés du filage et de la corderie.
56. Matériel et procédés du tissage.
57. Matériel et procédés de la couture et de la confection des vêtements.
58. Matériel et procédés de la confection des objets de mobilier et d'habitation.
59. Matériel et procédés de la papeterie, des teintures et des impressions.
60. Machines, instruments et procédés usités dans divers travaux.
61. Carrosserie et charronnage.
62. Bourrellerie et sellerie.
63. Matériel des chemins de fer.
64. Matériel et procédés de la télégraphie.
65. Matériel et procédés du génie civil, des travaux publics et de l'architecture.
66. Matériel de la navigation et du sauvetage.

Groupe VII. — *Aliments (frais ou conservés) à divers degrés de préparation.*

Classe 67. Céréales et autres produits farineux comestibles, avec leurs dérivés.
68. Produits de la boulangerie et de la pâtisserie.
69. Corps gras alimentaires, laitages et œufs.
70. Viandes et poissons.
71. Légumes et fruits.
72. Condiments et stimulants; sucres et produits de la confiserie.
73. Boissons fermentées.

Groupe VIII. — *Produits vivants et spécimens d'établissements de l'agriculture.*

Classe 74. Spécimens d'exploitations rurales et d'usines agricoles.
75. Chevaux, ânes, mulets, etc.
76. Bœufs, buffles, etc.
77. Moutons, chèvres, etc.
78. Porcs, lapins, etc.
79. Oiseaux de basse-cour.
80. Chiens de chasse et de garde.
81. Insectes utiles.
82. Poissons, crustacés et mollusques.

Groupe IX. — *Produits vivants et spécimens d'établissements de l'horticulture.*

Classe 83. Serres et matériel de l'horticulture.
84. Fleurs et plantes d'ornement.
85. Plantes potagères.
86. Fruits et arbres fruitiers.
87. Graines et plants d'essences forestières.
88. Plantes de serres.

Groupe X. — *Objets spécialement exposés en vue d'améliorer la condition physique et morale de la population.*

Classe 89. Matériel et méthodes de l'enseignement des enfants.
90. Bibliothèques et matériel de l'enseignement donné aux adultes dans la famille, l'atelier, la commune ou la corporation.
91. Meubles, vêtements et aliments de toute origine distingués par les qualités utiles, unies au bon marché.
92. Spécimens des costumes populaires des diverses contrées.
93. Spécimens d'habitations caractérisées par le bon marché, uni aux conditions d'hygiène et de bien-être.
94. Produits de toutes sortes fabriqués par des ouvriers chefs de métier.
95. Instruments et procédés de travail, spéciaux aux ouvriers chefs de métier.

Cette classification était basée tout à la fois sur des considérations philosophiques relatives aux divers besoins de l'homme et sur les convenances de la distribution des objets et produits dans les espaces disponibles.

Les beaux-arts y avaient la place d'honneur, à laquelle ils pouvaient légitimement prétendre.

L'enseignement, sans faire l'objet d'un groupe spécial, était représenté dans les classes 12, 13, 89 et 90. Mais on pouvait regretter que les portes ne lui eussent point été plus largement ouvertes : toute l'attention des organisateurs semblait s'être fixée sur l'enseignement primaire, à l'exclusion de l'enseignement secondaire ou supérieur.

La création d'un groupe pour l'horticulture constituait une heureuse innovation.

En instituant le groupe X, la Commission n'avait fait que reprendre l'idée qui avait présidé en 1855 à l'organisation d'une galerie de l'économie domestique. Toutefois elle avait élargi le cadre primitif et cherché à mettre en relief tous les faits sociaux se rattachant à l'amélioration matérielle, intellectuelle et morale du plus grand nombre.

A l'exposition des beaux-arts, de l'agriculture et de l'industrie, était annexée une exposition de l'histoire du travail. La Commission avait pensé avec raison qu'il y aurait intérêt à mettre sous les yeux du public une comparaison entre les produits du travail de l'homme aux diverses époques et chez les différents peuples.

Cette exposition était ouverte aux objets produits depuis les temps les plus reculés jusqu'à la fin du XVIIIe siècle. Au lieu d'être rangées par collections, comme dans la plupart des expositions rétrospectives, les œuvres exposées devaient être classées méthodiquement par époques et par nationalités, disposition favorable à l'instruction des visiteurs, appropriée aux recherches des savants et cadrant avec la conception générale du plan de l'Exposition de 1867. Pour la France, la galerie de l'histoire du travail était divisée en dix époques : 1° la Gaule avant les métaux; 2° la Gaule indépendante; 3° la Gaule pendant la domination romaine; 4° les Francs jusqu'au sacre de Charlemagne (800); 5° les Carlovingiens, du commencement du IXe siècle à la fin du XIe siècle; 6° le moyen âge, du commencement du XIIe siècle au règne de Louis XI inclusivement (1483); 7° la Renaissance, depuis Charles VIII jusqu'à la mort de Henri IV (1610); 8° les règnes de Louis XIII et de Louis XIV (1610 à 1715); 9° le règne de Louis XV (1715 à 1775); 10° le règne de Louis XVI et la Révolution (1775 à 1800).

Quelques expositions spéciales méritent encore d'être signalées.

Une exposition des poids, des mesures et des monnaies était organisée, en vue de préparer la simplification des rapports internationaux de commerce au moyen de communes mesures d'échange : on y voyait des poids, des mesures de longueur et de capacité, des horloges, des calendriers, des baromètres, des thermomètres, des aréomètres, des monnaies, des billets de banque, des papiers-monnaie, des timbres-poste.

Il y avait aussi des expositions pour les œuvres musicales, pour les secours aux blessés militaires, pour la navigation de plaisance.

La Compagnie du canal de Suez avait obtenu un emplacement pour un diorama, des plans, des dessins, des photographies, des modèles et des collections d'histoire naturelle.

Enfin l'une des nouveautés de l'Exposition de 1867, et non la moins curieuse, était le concours ouvert entre «les établissements et localités, qui avaient développé la bonne harmonie entre les personnes coopérant aux mêmes travaux et qui avaient assuré le bien-être matériel, intellectuel et moral».

Les mérites à apprécier et à récompenser étaient énumérés comme il suit dans le règlement :

1° Institutions remédiant à l'imprévoyance et au dénuement;

2° Institutions remédiant au vice;

3° Institutions améliorant l'état intellectuel et moral;

4° Organisation de travaux et de salaires tendant à élever la condition de l'ouvrier;

5° Subventions tendant à rendre stable la condition de l'ouvrier;

6° Habitudes d'épargne;

7° Harmonie entre les personnes coopérant aux mêmes travaux;

8° Permanence des bons rapports entre les personnes coopérant aux mêmes travaux;

9° Alliance des travaux agricoles et manufacturiers;

10° Propriété de l'habitation ou permanence des locations;

11° Respect accordé au caractère de la jeune fille;

12° Respect accordé au caractère de la mère de famille;

13° Mérites particuliers.

Les articles de la nomenclature comportaient de nombreuses subdivisions, que je m'abstiens de reproduire. Chacun d'eux était affecté d'un coefficient de valeur relative, fixé à 1 pour l'article 1er, à 2 pour les articles 2 et 3, à 3 pour les articles 4, 5 et 6, à 4 pour les articles 7, 8 et 9, et à 5 pour les articles 10, 11 et 12.

Je ne sais qui eut l'idée de ce concours. Mais il est permis d'en attribuer la paternité à M. Le Play, qui s'est tant occupé de la famille et des rapports entre patrons et ouvriers; il est permis aussi de croire que le projet ne déplut point à l'Empereur, dont les questions sociales avaient toujours séduit l'esprit.

Le programme de la Commission a été très vivement critiqué, comme empreint d'une tendance excessive à développer le rôle du prêtre et du chef d'établissement dans la vie de l'ouvrier. Des plaisanteries faciles ont été dirigées contre certaines formules qui y étaient employées. On ne saurait cependant méconnaître les vues généreuses et élevées qui l'avaient inspiré, non plus que le désir, dont il témoignait, de provoquer une émulation salutaire et de fixer l'attention publique sur d'importants problèmes sociaux.

L'admission des œuvres d'art françaises était prononcée par un jury de 57 membres, qui se subdivisait en quatre sections. Deux tiers des membres furent élus par les artistes membres de la Légion d'honneur ou médaillés aux expositions des beaux-arts; le dernier tiers fut directement nommé par la Commission impériale. Quant aux œuvres d'art étrangères, l'admission en fut, comme pour tous les autres objets, remise entièrement aux soins des commissions des divers pays.

Pour les produits industriels et agricoles français, les demandes d'admission étaient soumises à des comités de classes, institués et désignés par la Commission impériale. Les comités départementaux n'étaient point supprimés; mais leur rôle avait subi une transformation complète. Ils devaient : 1° faire connaître les mesures concernant l'organisation de l'Exposition; 2° signaler les principaux artistes, agriculteurs et manufacturiers, dont l'admission semblait particulièrement utile à l'éclat du concours; 3° provoquer les expositions de produits agricoles du département; 4° instituer une commission de savants, d'agriculteurs, de manufacturiers, de contremaîtres et autres hommes spéciaux, pour étudier l'Exposition et indiquer les enseignements dont le département pourrait tirer profit; 5° préparer, par voie de souscription ou de cotisation, un fonds destiné à des visites de contremaîtres, cultivateurs et ouvriers, ainsi qu'à la publication des rapports d'étude. Malgré le zèle déployé par la plupart d'entre eux, les comités départementaux n'ont pas rendu tout ce qu'on en attendait d'abord.

Certaines dispositions spéciales, qu'il est inutile de rappeler ici, durent être prises pour l'admission des produits agricoles et horticoles, pour les concours d'instruments et pour les concours d'animaux.

L'admission des objets de l'histoire du travail était confiée à une commission spéciale, qu'assistait un jury recruté parmi les savants et les collectionneurs.

Des comités spéciaux étaient également constitués pour les auditions musicales.

Les exposants n'avaient à supporter aucun droit de location; les frais d'installation demeuraient entièrement à leur charge. L'enceinte de l'Exposition était considérée comme entrepôt réel des douanes pour les produits étrangers.

Le décret du 22 juin 1863, que j'ai précédemment cité, prescrivait d'utiliser le Palais de l'Industrie pour l'Exposition de 1867. Cette décision ne put être maintenue : le Palais des Champs-Élysées était tout à fait insuffisant, et l'expérience de 1855 avait été trop mauvaise pour être renouvelée.

Divers emplacements furent proposés : le quartier Monceau, Courbevoie (près du pont de Neuilly), le terrain des docks de Saint-Ouen, le Champ de Mars. Le choix des pouvoirs publics se fixa sur le Champ de Mars, qui avait l'avantage de présenter une grande étendue (45 hectares), d'offrir de larges voies d'accès et de pouvoir être facilement desservi tant par un service de bateaux à vapeur sur la Seine que par un embranchement de chemin de fer.

Au centre fut élevé un palais, affectant la forme de deux demi-cercles de 190 mètres de rayon, reliés par un rectangle de 380 mètres de longueur sur 110 mètres de largeur. Quatre portes monumentales y donnaient accès, la première en face du Trocadéro, la seconde en face de l'École militaire, et les deux autres en face des rues Saint-Dominique et Desaix.

L'espace occupé par le Palais était divisé en zones concentriques, affectées aux groupes de produits similaires de tous les pays, et en secteurs rayonnants, consacrés chacun à une nation. Ainsi, en allant du milieu à la périphérie par l'un des secteurs, on passait successivement en revue, pour un même pays, l'histoire du travail, les œuvres d'art, les arts libéraux, le mobilier, le vêtement, les produits des industries extractives, les instruments et procédés des arts usuels, les aliments frais ou conservés. En suivant au contraire une galerie concentrique, on pouvait voir et étudier les produits d'un même groupe dans les différents pays. La classification avait été faite de manière à éloigner d'autant plus les groupes du jardin central qu'ils exigeaient une plus grande superficie. Cette disposition fort originale, qui fut l'un des attraits de l'Exposition de 1867, mettait en application les idées émises par le prince Napoléon dans son rapport sur l'Exposition de 1855.

Le bâtiment ne contenait qu'un rez-de-chaussée : en effet, les expositions antérieures avaient révélé les sérieux inconvénients des étages, pour la mise en place et l'éclairage des objets, ainsi que pour la commodité des visiteurs.

L'une des galeries les mieux aménagées et les plus intéressantes était celle du groupe VI. Elle avait 33 mètres de largeur; une plate-forme centrale de 4 mètres, placée à 5 mètres au-dessus du sol, supportait la transmission principale de mouvement et servait en outre de promenoir, afin de permettre aux visiteurs d'embrasser l'ensemble des appareils exposés. On y voyait le travail mécanique sous toutes ses formes : la force motrice distribuée dans la galerie s'élevait à 635 chevaux-vapeur. Par une combinaison ingénieuse, le travail manuel avec sa perfection de goût, d'habileté et d'intelligente précision, était placé en regard du travail mécanique avec ses caractères de puissance et de rapidité : la Commission impériale avait voulu amener ainsi des rapprochements utiles et féconds, et, au moment où la machine semblait à la veille d'envahir toute l'industrie, démon-

EXPOSITION DE 1867 AU CHAMP DE MARS

trer que, pour certaines opérations, la main de l'homme défiait toute concurrence mécanique.

Dans la partie non occupée par le Palais, le Champ de Mars était converti en parc et en jardin. Le jardin, placé dans l'angle des avenues de La Motte-Picquet et de La Bourdonnais, comprenait des serres, un aquarium d'eau douce et un aquarium d'eau de mer : l'eau salée qui alimentait ce dernier aquarium venait des côtes de Normandie et coûtait 15 francs la tonne. Le parc, avec ses eaux, ses pelouses toujours vertes, ses arbres et ses arbustes, fut un des éléments de succès de l'Exposition : il était, dans la mesure compatible avec les convenances de la décoration, réparti, comme le Palais, en zones concentriques et en secteurs; un grand nombre de constructions industrielles ou agricoles et de spécimens d'habitations lui donnaient une physionomie variée et pittoresque, et caractérisaient les mœurs et la civilisation des divers pays.

La berge de la Seine fut aménagée pour recevoir les appareils dont le fonctionnement ou l'installation réclamait le voisinage de l'eau (machines hydrauliques, machines marines, engins de sauvetage, etc.), et pour servir de port à la flottille de plaisance. Elle était mise en communication avec le parc par une petite vallée, au fond de laquelle était creusé un lac et sur laquelle était jeté le pont métallique d'Orsay, première application de l'acier faite en France à un ouvrage d'art.

Une annexe fut créée pour l'agriculture dans l'île de Billancourt, qui offrait, sur 30 hectares, un sol de consistance moyenne, propre à des essais variés de culture.

On y organisa les concours d'animaux vivants et de machines agricoles; des spécimens de construction rurales et des types de culture y trouvèrent également leur place.

Les groupes VIII et IX étaient ainsi distribués entre le parc, le jardin et l'annexe de Billancourt.

Le groupe X était dispersé dans le parc et le Palais : les objets placés dans le Palais furent, autant que possible, rattachés aux groupes correspondants, mais sur des emplacements distincts.

La surface totale affectée à l'Exposition dépassa 687,000 mètres carrés, dont 166,000 pour le Palais (y compris 13,000 mètres carrés de portiques couverts et de jardin central), 245,000 pour le parc, 48,000 pour le jardin, 8,000 pour la berge, 220,000 pour l'île de Billancourt.

La part de la France et celle des autres pays furent respectivement de 67,000 mètres carrés et 86,000 mètres carrés dans le Palais, de 158,000 mètres carrés et 172,000 mètres carrés dans l'ensemble formé par le Palais, le parc et la berge.

Tels étaient le plan général et la distribution de l'Exposition de 1867.

Notons encore que le caractère provisoire du Palais et des raisons majeures d'économie avaient fait bannir de la construction toute recherche de décoration architecturale. Les bâtiments étaient en métal et remplissage.

Pour les produits industriels français, l'installation, au lieu de demeurer l'œuvre individuelle des exposants, fut généralement confiée à des syndicats élus dans chaque classe par les intéressés.

Ce mode de procéder assura plus d'unité et d'harmonie; en outre, il réduisit les dépenses et facilita les rapports entre l'administration et les exposants.

Les syndicats des classes du groupe VI se réunirent même en une association générale pour les travaux à exécuter dans la galerie du travail.

Quant à l'installation des produits industriels étrangers, elle fut laissée à l'initiative et à la discrétion des commissions représentant les divers pays.

La Commission impériale se chargea elle-même de la galerie des beaux-arts et de celle de l'histoire du travail.

L'Exposition put ouvrir à la date fixée, c'est-à-dire le 1er avril 1867; elle ferma le 3 novembre.

Le nombre des exposants, dans les groupes I à X et la galerie de l'histoire du travail, fut de 52,200, chiffre sensiblement supérieur au double de celui qui avait été atteint en 1855. La France y entrait pour 15,969 exposants. Après elle, les pays le plus largement représentés étaient l'Angleterre (6,077), la Turquie (4,946), l'Italie (4,140), l'Espagne (2,648), l'Allemagne du Nord (2,489), l'Autriche (2,044), la Belgique (1,918), le Portugal (1,883), la Russie (1,414), le Brésil (1,339), la Suède et la Norvège (1,083), les Principautés roumaines (1,061), la Suisse (1,006). Ensuite venaient les États-Unis d'Amérique, les Pays-Bas, la Grèce, les Républiques américaines, la Bavière, le Danemark, le Wurtemberg, la Hesse, Bade, les États pontificaux, le Japon, l'Égypte, la Chine, le Maroc, Hawaï, Tunis, Siam et la Perse.

Les beaux-arts comptaient 1,014 exposants, dont 558 pour la France, 398 pour la Grande-Bretagne et le surplus pour les autres pays.

Le jury mixte international des beaux-arts et des groupes industriels ou agricoles comprenait 627 membres, dont 318 français. Les jurés français étaient nommés par la Commission impériale et les jurés étrangers désignés par les commissions des divers pays.

Pour les beaux-arts, les membres devaient être choisis dans le jury d'admission. Ils se répartissaient en quatre sections, dont le président était nommé par la Commission impériale : ces sections délibéraient ensemble, le cas échéant.

Pour les classes agricoles et industrielles, il y avait trois degrés de juridiction : 1° jurys de classe, dont le président, le vice-président, le rapporteur et le secrétaire étaient désignés à l'élection; 2° jurys de groupe, formés des présidents et rapporteurs des jurys de classe, avec un président, deux vice-présidents et un secrétaire, désignés par la Commission impériale; 3° conseil supérieur, formé des présidents et vice-présidents des jurys de groupe et présidé par l'un des vice-présidents de la Commission impériale.

Les récompenses du groupe des beaux-arts étaient de quatre ordres : grands prix, d'une valeur de 2,000 francs chacun; premiers prix, d'une valeur de 800 francs; deuxièmes prix, d'une valeur de 500 francs; troisièmes prix, d'une valeur de 400 francs.

Celles des groupes industriels et agricoles étaient de cinq ordres : grands prix et allocations en argent, médailles d'or, médailles d'argent, médailles de bronze et mentions honorables. Elles pouvaient être accordées non seulement aux exposants, mais aussi aux collaborateurs, contremaîtres et ouvriers, signalés soit pour des services rendus à l'agriculture ou à l'industrie, soit pour leur participation à des objets remarquables compris dans l'Exposition.

La distribution des récompenses eut lieu le 1er juillet 1867, c'est-à-dire longtemps avant la clôture de l'Exposition, si ce n'est pour les groupes VIII et IX et pour les classes 52 et 95, dont les jurys devaient prolonger leurs opérations.

J'indique ci-dessous le nombre des récompenses décernées par le jury et leur répartition entre la France et les nations étrangères :

BEAUX-ARTS.				AGRICULTURE ET INDUSTRIE.			
DÉSIGNATION des récompenses.	FRANCE.	ÉTRANGER.	TOTAL.	DÉSIGNATION des récompenses.	FRANCE.	ÉTRANGER.	TOTAL.
Grands prix......	8	9	17	Grands prix.......	33	33	66
Premiers prix.....	20	13	33	Médailles d'or.....	655	488	1,143
Deuxièmes prix....	22	21	43	Médailles d'argent..	2,468	1,944	4,412
Troisièmes prix...	25	21	46	Médailles de bronze.	3,771	3,617	7,388
				Mentions honorables.	2,936	3,311	6,247
TOTAUX.....	75	64	139	TOTAUX.....	9,863	9,393	19,256

Il convient, en outre, de rappeler que 381 exposants étaient hors concours, comme membres des jurys.

Un jury spécial de 25 membres, dont 9 français, avait été constitué pour juger le concours des établissements ou localités qui avaient développé la bonne harmonie entre les personnes coopérant aux mêmes travaux et assuré le bien-être matériel, intellectuel et moral des ouvriers.

Ce jury décerna 12 prix d'une valeur de 10,000 francs chacun,

24 mentions honorables et 5 citations. Les titulaires français des prix étaient MM. de Diétrich et Cie (forges de Niederbronn), M. Goldenberg (forges du Zornhoff), le groupe industriel de Guebwiller et M. Mame (imprimerie et reliure); M. Schneider du Creusot, classé comme méritant également un prix, était hors concours.

La somme totale affectée aux médailles et récompenses fut de 1,089,000 francs.

En outre, l'Empereur accorda 3 croix de grand officier, 10 croix de commandeur, 48 croix d'officier et 166 croix de chevalier de la légion d'honneur, non compris les décorations au titre étranger.

Le prix d'entrée sans carte était fixé comme il suit :

1° Entrée de l'enceinte du parc : à partir de 10 heures du matin, 1 franc; de 6 heures à 10 heures du matin, 2 francs;

2° Entrée directe de l'enceinte du jardin : à partir de 10 heures du matin, 1 fr. 50; de 6 heures à 10 heures du matin, 2 fr. 50;

3° Passage de l'enceinte du parc dans l'enceinte du jardin, 0 fr. 50;

4° Entrée de l'annexe de Billancourt, 1 franc.

Par exception, le tarif des entrées dans les deux enceintes du parc et du jardin fut élevé à 20 francs pour le jour de l'ouverture et à 5 francs pour chacun des jours suivants de la première semaine.

Des cartes d'abonnement valables pour toute la durée de l'Exposition et des cartes de semaine étaient mises à la disposition du public. Détail intéressant : à l'origine, les cartes d'abonnement, taxées à 100 francs pour les hommes, ne l'étaient qu'à 60 francs pour les dames. Le beau sexe avait certainement des admirateurs dans la Commission impériale; cependant les égards dont il avait été d'abord l'objet ne durèrent pas : car, à partir du 14 juin, il n'y eut plus qu'un tarif unique.

Le nombre total des entrées payantes, du 1er avril au 3 novembre 1867, s'éleva à près de 11 millions; on en compta jusqu'à 184,000 par jour, non compris les porteurs de cartes d'abonnement ou de semaine.

La recette atteignit 10,765,000 francs, y compris les entrées payantes antérieures à l'ouverture ou postérieures à la clôture de l'Exposition.

La Commission impériale, qui, par la création du groupe X et du nouvel ordre de récompenses, avait déjà manifesté sa sollicitude pour les classes ouvrières, compléta son œuvre en mettant les ouvriers à même de visiter facilement l'Exposition, de formuler leurs observations, d'indiquer leurs besoins et d'émettre leurs vœux.

Un comité d'encouragement pour les études des ouvriers fut constitué sous la présidence de M. Devinck, avec une dotation de 40,000 francs, et recueillit 140,000 francs par voie de souscription publique. Il organisa des baraquements, un restaurant économique, un service médical et pharmaceutique gratuit. Les logements préparés par le Comité furent successivement occupés par 67,000 ouvriers, dont 40,000 étrangers. Près de 400,000 billets furent délivrés gratuitement.

Les délégués venant de l'étranger ou de la province étaient agréés par le Comité, sur la proposition des gouvernements, des chambres de commerce, des corporations ou des particuliers; ceux de Paris étaient élus par leurs pairs. Les uns et les autres recevaient une carte de semaine et une indemnité de travail de 50 francs.

Ces délégués rédigèrent des rapports fort curieux et instructifs.

Ils tinrent des réunions, dans lesquelles ils abordèrent avec beaucoup d'ordre et de méthode les questions sociales les plus délicates. Quelques-uns de leurs désidérata parurent susceptibles d'être accueillis : une loi du 2 août 1868 abrogea l'article 1781 du Code civil, aux termes duquel «le maître était cru sur son affirmation pour la quotité des gages, pour le payement du salaire de l'année échue et pour les acomptes de l'année courante»; les chambres syndicales d'ouvriers furent tolérées comme celles des patrons; deux projets de loi, l'un sur le travail des enfants et des femmes, l'autre sur l'enseignement professionnel, furent mis à l'étude, etc.

L'Exposition de 1867 fut donc, à tous égards, profitable aux ouvriers : celle de 1862 leur avait déjà apporté la liberté des coalitions.

De son côté, le Ministre de l'instruction publique voulut également donner aux instituteurs primaires de France le moyen de voir les merveilles de l'Exposition universelle, d'y examiner particulièrement ce qui se rapportait à leur profession et d'étudier à loisir l'exposition spéciale d'instruction populaire organisée dans l'hôtel même du Ministère. Un comité de souscription, formé sous son patronage, réunit une somme de 100,000 francs. Les instituteurs furent appelés à désigner un délégué par canton.

Les délégués restaient huit jours à Paris, étaient logés gratuitement dans les lycées et nourris dans ces établissements, moyennant une somme de 3 francs par jour au compte du Comité. Des conférences leur étaient faites à la Sorbonne sur la législation scolaire, les maisons d'école, l'hygiène, l'organisation pédagogique des écoles, les matières de l'enseignement.

Les dépenses faites par la Commission impériale se sont élevées à 23,440,000 francs, dont 11,783,000 francs pour la construction du Palais, et 2,880,000 francs pour l'établissement du parc.

D'autre part, les recettes de toute nature, y compris les subventions de l'État et de la ville de Paris, ont atteint 26,257,000 francs.

La balance des recettes et des dépenses s'est ainsi soldée par un boni de 2,816,000 francs, sur lesquels 97,000 francs ont été mis en réserve pour les cas imprévus ou pour une œuvre de bien public, et 2,719,000 francs répartis à titre de bénéfice. On voit que la confiance des membres de l'association de garantie a été largement récompensée.

L'Exposition de 1867 a constitué un grand succès pour la France. A cette époque, la puissance du second Empire n'était point encore ou du moins ne paraissait pas ébranlée : cependant on était au lendemain de Sadowa et la Prusse attendait déjà l'occasion de compléter sa victoire et d'asseoir définitivement son hégémonie sur toute l'Allemagne, sinon sur l'Europe entière.

Dans son rapport administratif, M. Le Play donne la liste des souverains et des princes du sang qui visitèrent l'Exposition. Cette liste ne comprend pas moins de cinquante-sept noms. On y voit figurer l'empereur de Russie, le roi de Prusse, l'empereur d'Autriche, le sultan, le roi des Belges, le roi de Bavière, le roi de Wurtemberg, le roi de Suède, le roi de Portugal, le roi des Hellènes, la reine de Hollande, le prince de Galles, le prince Humbert d'Italie, le vice-roi d'Égypte, le frère du Taïkoun (Japon).

Parmi les nombreuses publications auxquelles a donné lieu l'Exposition de 1867, je dois mentionner spécialement une collection de rapports rédigés sur l'initiative du Ministre de l'instruction publique.

M. Duruy avait pensé que l'occasion était favorable pour procéder à une vaste enquête sur les progrès réalisés en France, depuis vingt ans, dans les sciences et les lettres. Des rapports devaient faire connaître :

1° Les progrès accomplis par les sciences mathématiques, physiques et naturelles;

2° Les progrès accomplis par les sciences morales et politiques dans leurs applications aux besoins de la société;

3° Le rôle des lettres françaises, étudiées moins au point de vue de la forme, ce qui est le rôle de la critique littéraire, que dans leurs effets sur l'éducation du pays.

Des hommes éminents, appartenant au Sénat, au Conseil d'État, à l'Institut et au haut enseignement, se chargèrent d'exécuter le programme. La collection devait comprendre 37 rapports : il en parut 33. Envisagée dans son ensemble, l'entreprise n'eut pas tout le succès et tout l'éclat qu'on en attendait. M. Jules Simon a fait observer, avec raison, dans son rapport sur l'Exposition de 1878, que les livres ne se rédigent pas sur commande et que les tentatives analogues faites à diverses époques ont toujours eu le même sort. Il cite deux précédents de 1795 et de 1840 : en 1795, la Convention avait confié à l'Institut de France la rédaction d'une sorte d'encyclopédie, et les rapporteurs s'étaient montrés si peu diligents que rien n'était achevé en 1840; à cette date, Cousin, Ministre de l'instruction publique, avait repris l'idée de la Convention, mais subi comme elle un échec complet.

2. Rapport administratif de M. Le Play. — M. Le Play, commissaire général, a rédigé sur l'Exposition de 1867 un excellent rapport administratif. Dans un appendice fort étudié, il fait connaître ses vues relativement à l'avenir des expositions.

Suivant lui, les expositions universelles internationales présentent de graves inconvénients :

1° Pour chaque solennité nouvelle, l'arène ouverte à l'émulation des peuples doit être élargie : sinon, l'attente du public serait profondément déçue.

L'extension incessante du cadre conduit à des difficultés d'exécution de plus en plus grandes. Il deviendra notamment impossible de trouver dans les grandes capitales, comme Londres ou Paris, un emplacement assez étendu pour suffire commodément à tous les besoins.

2° Le peu de temps dont on dispose pour la préparation de l'entreprise empêche d'y apporter l'esprit de méthode et d'ordre qui serait cependant si indispensable.

On ne saurait, d'autre part, augmenter beaucoup les délais d'élaboration, sans qu'ils fussent en disproportion choquante avec la durée de l'entreprise. D'ailleurs les exposants, absorbés par les travaux et les soucis de leur industrie, se soustrairaient toujours aux mesures à longue échéance.

3° La durée des expositions temporaires est trop courte, eu égard aux dépenses énormes engagées pour leur organisation et leur installation.

Elle est insuffisante aussi pour permettre, non seulement à la masse des visiteurs, mais aussi aux hommes d'étude, de voir en détail la multitude d'objets exposés qui seraient susceptibles de les intéresser :

le but d'enseignement et d'éducation, qui doit avant tout être poursuivi, est ainsi complètement manqué.

La publicité n'est assez prolongée, ni pour attirer les personnes qui pourraient visiter l'exposition, ni pour assurer aux exposants la rémunération de leurs efforts et de leurs débours.

L'affluence des visiteurs rend la vie peu commode pour les étrangers, jette le trouble dans l'existence des habitants de la cité et détermine un renchérissement général de toutes choses.

4° La confusion des produits importants et des produits secondaires porte obstacle à ce que les divers peuples dégagent les données essentielles au développement de leurs relations commerciales.

5° Les expositions passent comme des crises de travail et de curiosité. C'est à peine si les commissaires des différentes nations trouvent quelques loisirs pour se mettre en rapport les uns avec les autres; leur contact n'amène point dès lors les résultats politiques ou sociaux qu'on pourrait en attendre.

M. Le Play concluait à remplacer les expositions temporaires par des expositions permanentes, affectant deux formes différentes : 1° celle d'expositions universelles, installées en dehors des grands centres de population et dites *musées généraux;* 2° celle d'expositions restreintes, installées dans les capitales et dites *musées commerciaux.*

Il traçait un plan complet de ces musées.

Suivant lui, les *musées généraux* auraient compris les produits commerciaux faisant l'objet de transactions internationales, les plantes et animaux à exposer dans l'intérêt de la science ou de l'acclimatation, toutes les manifestations destinées à faire connaître les travaux des arts usuels, la culture des arts libéraux et les habitudes de la vie sociale. Ils auraient eu comme complément des concours annuels, ouverts à tous les peuples, mais ne portant que sur les objets ou produits qui eussent présenté un intérêt réel d'actualité.

Le rapporteur s'attachait à démontrer que les musées généraux pourraient prospérer à l'extérieur des capitales, que leur permanence permettrait de compenser les charges d'établissement, qu'elle donnerait l'efficacité désirable à l'enseignement, à la publicité et au rapprochement des hommes, qu'elle modérerait utilement l'affluence des visiteurs et supprimerait tous les défauts des expositions temporaires.

Il préconisait la disposition en un jardin central et douze zones concentriques affectées aux divers groupes, et l'abandon de l'entreprise à des corporations déclarées d'utilité publique.

Mais il ne se dissimulait pas les difficultés que rencontrerait la réalisation des musées généraux par suite de leur immensité, du chiffre élevé des dépenses, des vues de spéculation qui pourraient dénaturer le caractère de l'œuvre.

Aussi témoignait-il ses préférences pour les *musées commerciaux*, qu'il concevait comme devant comprendre : 1° une exposition géographique permanente, mettant en relief les productions naturelles du sol dans les divers pays, la race et les habitudes caractéristiques des populations, les produits commerciaux essentiels recommandables par leur utilité, leur bonne fabrication et leur bon marché; 2° des concours partiels internationaux; 3° pour chaque pays, des salons de conversation, de lecture et de conférences.

Malgré le bien fondé de certaines des critiques formulées par M. Le Play contre les grandes expositions temporaires, l'expérience n'a pas justifié ses craintes. Plusieurs expositions universelles internationales ont eu lieu depuis 1867 : celles de Paris, en 1878 et 1889, sans parler des autres, ont montré que l'institution n'avait rien perdu de sa vitalité et que ses éléments de succès, loin de faiblir, allaient toujours grandissant.

Les tentatives faites jusqu'à ce jour, soit en Angleterre, soit en France, pour la création de musées généraux ne sont pas encourageantes. Pour être complète, l'entreprise aurait des proportions si gigantesques et engloutirait des capitaux si considérables qu'il serait extrêmement difficile de la mener à bien et surtout de la faire vivre.

Le gros public n'est attiré que par les spectacles nouveaux et temporaires; il faut exciter sa curiosité par des constructions nouvelles, par

IMPRIMERIE NATIONALE.

un aménagement nouveau; il faut le solliciter en assignant à ses visites une échéance déterminée; il faut aussi se garder de lui demander un trop grand effort, un déplacement trop pénible.

Nous ne connaissons pas nos musées de peinture et de sculpture qui cependant renferment tant de richesses artistiques, nos monuments historiques devant lesquels nous passons chaque jour, nos bibliothèques qui regorgent de chefs-d'œuvre. Entraînés par nos occupations, nous remettons toujours au lendemain pour les visiter. A plus forte raison en serait-il ainsi pour un musée situé en dehors de Paris.

On n'arriverait à convier les visiteurs qu'en leur offrant des plaisirs et des délassements qui détourneraient leur attention, changeraient le caractère de l'œuvre et en seraient jusqu'à un certain point indignes.

Les musées commerciaux, plus modestes et plus faciles à organiser, auraient aussi plus de chances de succès. Il serait incontestablement utile de réunir dans les grands centres des échantillons, des moulages, des modèles, des dessins, des cartes, des documents statistiques, montrant la situation industrielle et commerciale des divers pays, leurs ressources, leurs besoins.

Les producteurs, les consommateurs et les intermédiaires y trouveraient de précieux renseignements. Nous savons que la Chambre de commerce de Paris s'en préoccupe.

3. Rapports du jury international. — Les rapports du jury international débutent par une remarquable introduction de M. Michel Chevalier.

Après avoir rappelé le succès de l'Exposition de 1867, l'éminent économiste consacre la première partie de son travail au développement des idées qui lui étaient chères. Il y traite de la puissance productive des individus et des sociétés; il expose les progrès de la capacité de production; il montre les rapports entre l'industrie, la science, le capital et la liberté.

Une seconde partie de l'introduction est réservée aux perfectionnements de l'industrie. On y trouve des vues et des indications générales sur les matières premières (fer, houille, coton, laine, soie, soufre, pétrole, bois, glace, mines métalliques), sur la mécanique (rôle de la mécanique dans l'industrie, nouvelles forces motrices, machines à vapeur, machines-outils, filature et tissage), sur les arts relevant de la physique et de la chimie (télégraphie et photographie, instruments et appareils de chirurgie, instruments de précision et horlogerie, cartes et plans, galvanoplastie, électro-métallurgie, etc.).

Dans une troisième partie, M. Michel Chevalier formule des observations relativement à la situation générale de l'agriculture, à son abaissement en comparaison des autres branches de l'industrie, aux charges exceptionnelles dont elle est grevée en France; il s'attache à mettre en relief l'influence des engrais et des amendements.

Puis, revenant aux considérations d'ensemble sur la production, il plaide chaleureusement la cause de la liberté du travail, de la liberté commerciale, de l'instruction à tous les degrés. Il rectifie des opinions erronées trop souvent admises sur le capital.

Il fait ressortir le rôle considérable des voies de communication perfectionnées, des institutions de crédit, de la division du travail, dans le progrès économique des sociétés.

Il retrace les encouragements qu'avait reçus la liberté du travail et les acquisitions qu'avait réalisées la puissance productive par les améliorations sociales et politiques.

Enfin il explique les transformations survenues dans les rapports des peuples entre eux et les moyens de faciliter encore ces rapports, il termine par un pressant appel à l'harmonie et à la solidarité des nations.

Toute cette introduction est l'œuvre d'un profond penseur; savant, économiste, philosophe et moraliste, l'auteur excelle dans tous les sujets qu'il aborde et y fait preuve d'une admirable élévation d'esprit. Les rêves de paix qu'il caressait devaient bientôt s'évanouir; il ne se faisait d'ailleurs pas beaucoup d'illusions, car il exprimait la crainte que «l'Exposition de 1867 n'eût été que comme un météore, lumineux mais passager, sur un horizon destiné à s'obscurcir et à être déchiré par les orages».

Voici les faits les plus intéressants à signaler d'après M. Michel Chevalier et les rapporteurs spéciaux :

1. *Peinture et dessins.* — La peinture anglaise, dont la première apparition au Palais de l'avenue Montaigne en 1855 avait été une véritable révélation, se montra encore en 1867 avec un caractère tout différent de celui de la peinture française. Elle présentait une violence de ton et une absence de composition dont l'œil était péniblement impressionné; mais elle se recommandait par la sincérité de l'expression et par l'originalité.

Après s'être immobilisée dans le style de Louis David, et avoir ensuite renoué la tradition flamande de Rubens et de son école adultérée par un mélange d'éléments espagnols et italiens, la Belgique s'était rejetée du côté des vieux peintres allemands, sous l'impulsion d'un artiste de grand talent, M. Leys d'Anvers : les tableaux de ce chef d'école se distinguaient par la minutie de l'exécution, le défaut de recherche de la beauté plastique, la physionomie des têtes, la beauté de la couleur. Cependant, en face du néo-germanisme de M. Leys, plusieurs peintres belges avaient planté le drapeau du réalisme, avec une tendance vers les séductions faciles qui firent le charme et aussi la faiblesse de quelques-uns de nos peintres romantiques. On remarquait en outre un groupe peu nombreux, mais très actif de peintres d'élégance.

Dans les Pays-Bas, la peinture s'était complètement écartée de ses origines; autrefois originale, individuelle, locale, elle avait perdu tous ces caractères. Tandis que les vieux maîtres hollandais donnaient la première place à l'homme qu'ils coudoyaient chaque jour, leurs descendants s'enfermaient dans la reconstitution archéologique des civilisations éteintes.

En Bavière, le roi Louis Ier avait fait de grands efforts pour provoquer une renaissance de l'art. Mais, entraîné par son culte pour le génie hellénique, il avait transformé Munich en une sorte de contrefaçon de la Grèce antique. Düsseldorf, capitale artistique de la Prusse, était un centre de production active et de mouvement artistique ; le peintre le plus apprécié, M. Knaus, et ses émules unissaient aux dons de l'observateur la délicatesse de l'invention, la finesse du dessin, la grâce abondante et facile, la distinction du coloris.

Le paysage prenait, en Suisse, le pas sur les autres genres; en général, les œuvres de premier ordre y faisaient défaut.

L'intérêt de l'école de Norvège et de Suède était dans les tableaux de genre, qui retraçaient les mœurs d'une population fine, douce, bienveillante, amie des plaisirs de l'intimité et des joies discrètes de la famille.

Depuis quelques années, l'Italie cherchait à s'affranchir des entraves académiques qui l'avaient si longtemps paralysée.

En France, comme dans les autres pays de l'Europe, la grande peinture, celle qu'on appelait la peinture d'histoire, était délaissée. Cet abandon s'expliquait par la transformation des mœurs, par le nombre croissant des amateurs qui achetaient des tableaux, sans disposer des espaces nécessaires pour recevoir des toiles d'un développement considérable et sans pouvoir imposer le nu à l'attention des visiteurs. Dans la peinture religieuse, l'œuvre d'art cédait le pas à la représentation simple et réservée des sujets offerts par les livres saints. La peinture de batailles modernes constituait l'un des genres le plus en honneur : on reprochait à ses productions d'être plutôt des bulletins militaires que des œuvres de passion et de sensibilité. Nous avions d'excellents tableaux de genre représentant des scènes de mœurs, des faits anecdotiques. L'école française était sans rivale pour le paysage . elle pénétrait la nature dans ses manifestations les plus diverses et en révélait toutes les expressions.

2. *Sculpture.* — L'art statuaire s'était peu développé chez les Anglais, que leur tempérament et leurs mœurs éloignaient de l'idéalité plastique et de la nudité.

La Belgique, bien que témoignant d'efforts plus heureux, ne fournissait en général que des réminiscences traitées d'une main assez habile, mais dépourvues d'accent, de caractère et d'originalité.

La sculpture allemande, bien qu'ayant fait peu d'envois, obtenait un grand prix pour une statue équestre du roi de Prusse.

Il semblait que les climats froids du Danemark, de la Suède, de la

Norvège, répugnassent à la statuaire. La Suisse n'était guère mieux partagée.

En revanche, l'Italie montrait une grande fécondité, une extrême habileté de métier dans le travail du marbre, une incontestable souplesse de main; cependant les œuvres de force et de grand art y étaient beaucoup trop rares.

Quant à la sculpture française, elle était hors de pair. Nous avions des maîtres d'une science et d'un talent remarquables. Le rapporteur du jury exprimait néanmoins le regret que l'inspiration et l'originalité fissent trop souvent défaut.

3. *Architecture.* — Parmi les manifestations de l'art, l'architecture est celle dont les intérêts sont le moins bien servis par les expositions. Elle y figure par des dessins qui intéressent fort peu le public et ne fournissent point en général, même aux hommes les plus expérimentés, des éléments complets d'appréciation.

En 1867, un jugement sur la situation artistique des divers pays était d'autant plus difficile à porter que nos architectes les plus éminents s'étaient abstenus.

4. *Gravure et lithographie.* — La gravure au burin, l'eau-forte, la lithographie, la gravure sur bois elle-même, étaient menacées par l'invention de procédés plus rapides et beaucoup moins coûteux, pour la reproduction des œuvres d'art.

Le rapporteur du jury poussait un cri d'alarme et insistait pour que l'État ne reculât pas devant les sacrifices et les commandes nécessaires au maintien de l'art.

5. *Produits de l'imprimerie et de la librairie.* — Malgré la grande réputation des caractères anglais, nous avions des modèles plus parfaits, d'une fermeté presque égale et d'une élégance supérieure.

L'Imprimerie impériale, avec ses moyens, ses traditions et ses ressources, devait nécessairement occuper le premier rang en 1867: nulle part ailleurs, on ne rencontrait rien de supérieur, ni même de semblable à ses productions. Toutefois le rapporteur lui conseillait de ne pas s'écarter des belles fontes de Firmin-Didot; il exprimait aussi le vœu que son privilège ne fût pas exercé au détriment de l'industrie privée et au delà des limites voulues pour lui conserver son caractère de musée, de laboratoire et d'école.

A côté de l'Imprimerie impériale se plaçaient la maison Mame, qui possédait un véritable établissement modèle et imprimait 20,000 volumes par jour, et surtout la vieille maison Didot, qui s'était illustrée par tant de chefs-d'œuvre.

L'Angleterre et l'Allemagne excellaient dans la publication des livres ordinaires; mais, si elles avaient à cet égard quelque supériorité, la France faisait mieux les ouvrages de luxe et de goût.

Préoccupé de diverses questions à l'ordre du jour, le rapporteur défendait l'emploi des femmes dans les ateliers de composition, la liberté de l'imprimerie et de la librairie, la suppression du timbre sur la presse périodique.

6. *Papeterie.* — Les matières premières autres que le chiffon commençaient à se répandre : l'Angleterre employait de préférence l'alfa d'Espagne et d'Afrique; en Allemagne, on utilisait la pâte de bois; en France, on recourait à la paille.

Dans l'ensemble, la qualité moyenne des papiers s'était sensiblement améliorée. A défaut de découverte importante, d'invention capitale, le jury constatait de sérieux perfectionnements dans le lavage, le lessivage et le blanchiment des chiffons, dans l'épuration des pâtes, dans le collage, dans l'apprêt, dans le mélange intelligent des succédanés.

7. *Application du dessin et de la plastique aux arts industriels.* — L'État, la ville de Paris et quelques autres centres importants avaient fait de vigoureux efforts pour l'enseignement du dessin appliqué aux arts industriels; mais, pour ne pas déchoir et pour conserver notre ancienne renommée, nous devions encore nous résoudre à de grands sacrifices.

L'Angleterre nous suivait de près, grâce à ses écoles et à son admirable musée de Kensington.

Tous les pays témoignaient d'ailleurs de l'importance qu'ils attachaient à enseigner la perfection des formes et la pureté du style.

Pour l'ameublement, les autres nations demeuraient presque toutes tributaires des compositeurs français. Nous avions en effet des artistes remarquables par la sobriété de la composition, la recherche des lignes, l'harmonie des proportions; cependant, à côté de leurs œuvres, on en voyait qui péchaient par le défaut de goût, de connaissances et d'originalité.

Les grands cabinets de dessins de fabrique avaient jeté dans la production trop d'uniformité et de monotonie. Pour éviter cet écueil, beaucoup d'industriels s'étaient attaché exclusivement des artistes de talent.

La fabrication des châles français n'avait pas de rivale.

Pour les papiers peints, les dessinateurs avaient marqué, depuis 1855, sinon par la supériorité du talent, du moins par la recherche constante de la nouveauté.

8. *Épreuves et appareils de photographie.* — La photographie comptait par millions la valeur de sa production commerciale; elle avait créé autour d'elle des industries accessoires, stimulé les progrès de l'optique, donné un débouché nouveau au commerce des produits chimiques; chaque jour, elle rendait des services inattendus aux arts qu'elle vulgarisait, aux sciences dont elle facilitait l'étude, à l'industrie qui empruntait son concours.

Ce qui caractérisait surtout l'Exposition de 1867, c'était le résultat des recherches faites pour s'affranchir des tirages aux sels d'or et d'argent, et remplacer les réactifs trop chers et donnant une image trop altérable par d'autres matières, le plus souvent mélangées de bichromate de potasse.

9. *Instruments de musique.* — Les grandes orgues avaient été perfectionnées dans l'alimentation du vent; plusieurs jeux de mutation, dont la réunion nuisait à la pureté de l'harmonie, avaient disparu; les jeux de nature différente étaient séparés sur des sommiers spéciaux; des effets de sonorité auparavant inconnus se trouvaient réalisés; des pédales d'accouplement et de combinaison mettaient à la disposition de l'organiste une multitude de moyens de variété.

Les pianos avaient acquis, dans l'étendue de leur diagramme sonore, une égalité de timbre longtemps désirée; leurs claviers avaient plus de sensibilité d'articulation et se prêtaient par suite à des nuances plus délicates; leur sonorité était augmentée.

Pour les instruments à archet, certains facteurs atteignaient la perfection des anciens luthiers de Crémone.

De sensibles progrès étaient constatés dans les instruments à vent en bois et à anche, au point de vue de l'égalité et de la justesse du son, ainsi que de la facilité du doigté.

Dans la catégorie des instruments en cuivre, de nouvelles voix sympathiques avaient été créées; des perfectionnements étaient réalisés quant à la justesse, aux facilités du mécanisme et aux moyens de transposition.

10. *Appareils et instruments de l'art médical.* — L'ensemble de ces appareils et instruments montrait des améliorations considérables, une sensible élévation dans les produits affectés à la conservation de la santé ou au soulagement des malades. L'une des caractéristiques les plus saisissantes était l'importance qu'avait prise, entre des mains ingénieuses et habiles, l'appropriation du caoutchouc aux divers usages médicaux.

La classe comprenait deux sections intéressantes consacrées, l'une à la gymnastique, l'autre aux ambulances.

11. *Instruments de précision et matériel de l'enseignement des sciences.* — La construction des instruments d'astronomie était en progrès marqué : des instruments portatifs et de petite dimension permettaient d'obtenir une précision comparable à celle des grands instruments d'observatoire; les divisions circulaires étaient plus parfaites et plus sûres; les fabricants de lunettes avaient perfectionné la matière des objectifs puissants et les méthodes de travail propres à assurer le pouvoir optique de ces objectifs.

La géodésie et la topographie disposaient d'excellents appareils, surtout pour la mesure des distances.

Mais c'était surtout dans la branche de l'électricité que l'on voyait les appareils les plus curieux par l'originalité de leur conception et la nouveauté de leurs effets. L'emploi de la lumière électrique pour l'éclairage des phares était définitivement acquis.

Un grand mouvement de vulgarisation, commencé en Angleterre et continué en France, se révélait par des appareils dont l'effet était de substituer à la vision directe des phénomènes leur image agrandie et projetée sur un large écran; un vaste auditoire pouvait ainsi se rendre compte d'expériences, qui autrement n'eussent été accessibles qu'à un petit nombre d'observateurs.

12. *Cartes et appareils de géographie, de géologie et de cosmographie.* — L'Exposition de 1867 mettait sous les yeux du public une belle collection de cartes topographiques figurant le relief du terrain soit par des hachures, comme en France, en Angleterre et en Suisse, soit par des courbes, comme en Belgique et dans le Danemark.

On y voyait également des cartes hydrographiques, pour lesquelles l'Angleterre était au premier rang; des plans en relief fort habilement exécutés par Bardin; des cartes géologiques présentées par presque tous les pays.

13. *Meubles de luxe et ouvrages de tapissier et de décorateur.* — Pour les meubles de luxe, l'Exposition de 1867 accusait des progrès : la forme était généralement meilleure; l'abus des sculptures et des ornementations inutiles avait heureusement diminué. Cependant, à part certaines exceptions, les objets exposés manquaient de style propre, d'invention et d'inspiration; l'affaiblissement du goût, dû à l'insuffisance de l'éducation professionnelle et à l'interposition du marchand, du boutiquier, entre le producteur et l'acquéreur, ne s'était pas encore suffisamment corrigé. L'influence française conservait d'ailleurs sa prédominance.

La situation était analogue pour la tapisserie.

14. *Cristaux, verrerie de luxe et vitraux.* — Le progrès le plus important depuis 1855, pour la verrerie, avait été réalisé dans la fusion des matières à vitrifier, par l'adoption des fours Siemens à régénérateur. Les principales expositions de cristaux de luxe appartenaient à la France, aux États autrichiens et à l'Angleterre; celles de Baccarat et de Saint-Louis l'emportaient sur toutes les autres.

Saint-Gobain et Cirey exposaient des glaces de 18 mètres carrés à 21 m.q. 50 de superficie, coulées avec la matière d'un seul creuset.

On constatait un pas en avant dans la peinture sur verre, particulièrement en France, où les nombreuses églises catholiques prêtaient davantage à ce genre d'ornementation.

15. *Porcelaines, faïences et autres poteries de luxe.* — Au point de vue commercial, l'Angleterre avait conservé sa place à la tête des nations, pour les faïences fines; toutefois, bien loin derrière elle, la France commençait à exercer une influence sérieuse sur la fabrication. Nos produits pouvaient revendiquer une certaine supériorité, au point de vue de la blancheur, du corps de la pâte et de la dureté de la couverte.

Les faïences décoratives présentaient, à côté de pièces d'un mérite incontestable, beaucoup trop de surmoulages et de copies.

La manufacture de Sèvres exposait une belle collection de porcelaines tendres françaises. On voyait aussi de nombreuses pièces de porcelaine tendre anglaise; le défaut de ces pièces était de reproduire trop fidèlement d'anciennes formes classiques de Sèvres.

Pour la porcelaine dure, des progrès avaient été accomplis dans le coulage, la cuisson à la houille, la décoration sous émail et la décoration sur émail. Malgré les efforts des pays voisins, nous avions gardé notre supériorité.

16. *Tapis, tapisserie et autres tissus d'ameublement.* — L'industrie des tapis et des tissus d'ameublement s'était développée dans de larges proportions. Toutes les nations avaient tenu à exhiber des tapis, depuis les tapis en poil de chèvre de la Roumanie et les tapis de jute d'Écosse jusqu'aux riches tapis, façon Savonnerie. La fabrication des tissus pour ameublement était plus concentrée : la France, la Russie, l'Angleterre et l'Autriche en avaient le monopole.

Le tissage mécanique des étoffes riches avait peu progressé; les tissus unis étaient encore les seuls qui pussent se faire avantageusement au métier mécanique.

Dans l'ensemble, le classement par ordre de mérite s'établissait comme il suit : France, Grande-Bretagne et Indes anglaises, Prusse et Confédération du Nord, Autriche.

17. *Papiers peints.* — Sans pouvoir donner des coloris très variés

ni produire des papiers de luxe, comme l'impression à la planche, le travail mécanique avait pris une grande extension et notablement abaissé les prix. Malgré l'importance de la fabrication anglaise ou américaine, l'industrie du papier peint était restée essentiellement française. On constatait l'invention de genres spéciaux, frappés, veloutés ou dorés, et le perfectionnement des imitations de cuirs.

18. *Coutellerie.* — Dix-sept pays exposaient de la coutellerie; à la tête des centres de production se plaçaient ceux de Sheffield (Angleterre), Solingen (Prusse rhénane), Thiers, Châtellerault, Nogent et Paris (France), Steyr (Autriche).

19. *Orfèvrerie.* — Le goût français continuait à prévaloir dans cette industrie éminemment artistique, que les procédés électro-chimiques avaient considérablement développée. L'Angleterre, après avoir progressé grâce à sa richesse, subissait un temps d'arrêt. L'exposition russe était une des plus curieuses; elle empruntait surtout son intérêt à la variété des teintes données au métal, ainsi qu'à l'emploi habile des nielles et de la damasquinure.

MM. Christofle et Cie avaient importé en France le travail japonais des émaux cloisonnés.

20. *Bronzes et fontes d'art, objets en métaux repoussés.* — L'industrie des bronzes d'art se régénérait par la reproduction des chefs-d'œuvre de la statuaire antique ou moderne, par la collaboration d'artistes éminents, par l'institution de concours. Paris approvisionnait le monde entier; MM. Denière et Barbedienne jouissaient d'une légitime réputation. Parmi les pays autres que la France, c'était l'Italie qui semblait le plus avancé dans la voie artistique.

Avec le concours de la galvanoplastie, la fonte de fer avait pu être heureusement appliquée à la reproduction des œuvres d'art et à la décoration monumentale.

Quelques objets en métal repoussé attestaient une délicatesse d'exécution comparable à celle des meilleures époques.

21. *Horlogerie.* — Pour la fabrication des montres de poche, l'un des faits les plus saillants était l'extrême division du travail. Malgré les grands efforts de la France, malgré la création d'une école d'hor-

logerie à Besançon, nous luttions difficilement contre la Suisse et l'Angleterre.

Les pendules civiles de Paris, depuis le régulateur destiné aux observations astronomiques et la pendule monumentale jusqu'aux élégantes pièces de cheminée, soutenaient avantageusement la comparaison avec les produits étrangers.

L'art de la construction des montres marines, dont Pierre Leroy avait été, sinon l'initiateur, du moins le représentant le plus autorisé, était arrivé à un haut degré de perfection. M. Phillips venait de faire de remarquables travaux mathématiques sur l'isochronisme du ressort spiral.

22. *Appareils et procédés de chauffage et d'éclairage.* — Dans la classe des appareils de chauffage et de ventilation, on constatait une meilleure entente des besoins et des conditions à remplir, ainsi qu'une grande variété de moyens. Les dispositions exposées comportaient, pour le chauffage, l'emploi de la vapeur, de l'eau chaude ou de l'air chaud, et pour la ventilation, les appels d'air extérieur par de simples ouvertures, par des cheminées ou par des appareils mécaniques.

L'éclairage par les huiles minérales commençait à se répandre. Des progrès notables avaient été réalisés pour l'éclairage au gaz : une application nouvelle et intéressante en était faite aux plafonds lumineux.

Je relève au passage, dans le rapport de M. Péligot sur les allumettes, la critique de propositions tendant à investir l'État du monopole de la fabrication.

23. *Fils et tissus de coton.* — La guerre civile aux États-Unis avait cruellement atteint l'industrie cotonnière, en amenant une hausse énorme dans le prix de la matière première.

La filature présentait peu d'inventions nouvelles; mais les inventions antérieures avaient reçu de nombreuses améliorations. Après l'Angleterre (34 millions de broches) venaient les États-Unis (8 millions), la France (6,800,000), l'Autriche (1,500,000), le Zollverein (900,000), etc.

Pour le tissage, l'Angleterre avait 400,000 métiers; son exportation dépassait sensiblement 1 milliard. L'outillage français comprenait 280,000 métiers, dont 80,000 métiers mécaniques et 200,000 métiers à bras.

Rien n'égalait la belle exposition de tissus imprimés de Mulhouse; l'harmonie des couleurs et la supériorité de goût et d'apprêt donnaient aux impressions d'Alsace un cachet qui ne se retrouvait nulle part ailleurs. Comme principales découvertes, le jury signalait le noir d'aniline et les couleurs garance d'application.

24. *Fils et tissus de lin, de chanvre,* etc. — Le lin était principalement produit par la Russie, la Belgique, la France et l'Irlande, et le chanvre par la France, l'Italie et la Russie.

Le travail manuel pour la filature du lin et du chanvre diminuait chaque jour et faisait place au travail mécanique; le nombre des broches en Europe était évalué à 3 millions, dont 600,000 en France.

Le tissage mécanique s'était considérablement développé et avait reçu de nombreux perfectionnements de détail. Notre importation de tissus diminuait et notre exportation augmentait.

25. *Fils et tissus de laine peignée.* — Plusieurs systèmes de dégraissage entièrement automatiques étaient appliqués au lavage des laines communes; la carde était presque universellement adoptée, comme machine préparatoire, pour les laines fines et moyennes. Le peignage était effectué au moyen des machines Schlumberger, Holden, Noble, Lister, Rawson et Morel : Reims, qui possédait 536 machines peigneuses, et Roubaix, qui en comptait 356, avaient puissamment contribué au développement du peignage en France.

Le véritable progrès de la filature avait été dans l'application, sans cesse plus générale, du métier *self-acting*, qui coûtait peu, produisait au moins autant que le mull-jenny et donnait une grande économie de façon. La France présentait une supériorité incontestable pour la filature de la laine douce et l'Angleterre pour le travail des laines longues : de ces deux pays, le premier avait 1,750,000 broches et le second 1,300,000 environ.

Notre supériorité pour les tissus de laine pure demeurait incontestée; du reste, la rareté du coton pendant la guerre américaine avait été très favorable à la vente de ces tissus. Reims, Roubaix, Amiens, Saint-Quentin, le Cateau, Guise, étaient au premier plan. Pour les tissus mélangés, Roubaix, menacé à la suite des traités de commerce par la concurrence des redoutables manufactures du Yorkshire, avait vaillamment lutté.

En 1866, nos exportations atteignaient 335 millions pour les tissus de laine pure et 110 millions pour les tissus mélangés.

26. *Fils et tissus de laine cardée.* — Dans le cardage et la filature, on cherchait partout à substituer absolument l'agent moteur au travail de l'ouvrier, par la chargeuse automatique alimentant les cardes et par le métier *self-acting*.

Pour les draps unis, nous rencontrions une concurrence très sérieuse de la part de l'Angleterre, de la Prusse, de l'Autriche et de la Belgique; pour les nouveautés, nous occupions encore la première place, mais nous étions également concurrencés par l'Angleterre et la Belgique. Le jury recommandait aux producteurs français une grande vigilance et leur conseillait le tissage mécanique.

27. *Soies et tissus de soie.* — La sériciculture se présentait moins brillante et moins prospère qu'en 1855, par suite de la maladie des vers à soie : en France, par exemple, la production des cocons était tombée à 10 millions de kilogrammes, alors qu'avant l'épidémie elle s'élevait à 20 millions de kilogrammes. Les races inférieures du Japon remplaçaient les races françaises, italiennes ou espagnoles.

Malgré les difficultés contre lesquelles il avait à lutter, notre pays était toujours à la tête de la filature et du moulinage; la fabrication des écheveaux à tours comptés et titrés avait pris une grande extension.

L'exposition de tissus organisée par la Chambre de commerce de Lyon était admirable. Notre exportation en soieries proprement dites, non compris les tulles, les blondes, la bonneterie et les rubans, atteignait 340 millions. De l'étude comparée des divers pays, le jury concluait que la fabrication des tissus façonnés, riches et moyens, et des nouveautés de goût devait appartenir plus spécialement à la France, celle des velours d'Allemagne à la Prusse, et celle des étoffes légères à la Suisse.

La production des rubans en Europe était estimée à 250 millions, dont 115 pour la France, 45 pour la Prusse, 40 pour la Suisse et 35 pour l'Angleterre.

28. *Châles.* — L'industrie des châles brochés était de plus en plus prospère en France; l'Angleterre, l'Autriche et la Prusse soutenaient difficilement la lutte. On constatait l'invention d'un battant dit *spoulineur,* permettant d'imiter mécaniquement l'étoffe indienne.

29. *Dentelles, tulles, broderies et passementeries.* — L'industrie des dentelles à la main, loin d'être en décadence depuis 1855, se soutenait et montrait des produits remarquables par l'harmonie et la composition des dessins; cependant les points fins et riches étaient de moins en moins demandés par le public. En France, les principaux centres étaient Alençon, Lille, Arras, Bailleul, Chantilly, Bayeux, Caen, Mirecourt et le Puy.

A Saint-Pierre-lez-Calais, Lyon et Nottingham, la fabrication des tulles de soie et de coton unis et brochés avait pris de l'extension.

La broderie faisait preuve de beaucoup de goût et de sentiment artistique. A côté de l'ancien travail à la main était venu se placer le travail mécanique pour la broderie blanche.

Pour les passementeries, plusieurs pays étrangers, notamment l'Italie et l'Allemagne, avaient progressé; toutefois ces pays manquaient d'initiative et empruntaient les modèles et les idées de la France.

30. *Bonneterie.* — L'Angleterre, la France et la Saxe étaient à la tête de l'industrie pour la fabrication de la bonneterie. Les métiers mécaniques, depuis longtemps employés par les Anglais, commençaient à s'introduire en France.

31. *Joaillerie et bijouterie.* — L'Exposition de 1867 dénotait un sentiment d'indépendance plus accentué dans les idées de chaque nation et une tendance générale à l'étude des bonnes époques de l'art sans éclectisme.

La France brillait par l'invention, le goût, le dessin, la main-d'œuvre, la variété de styles et de produits. Dans la section italienne, on voyait des restitutions remarquables de l'art grec, toscan, roman, byzantin.

Comme conclusion à son rapport, le jury demandait que les pouvoirs publics fissent tomber les obstacles apportés au commerce d'exportation par la loi sur le contrôle de garantie et que les joailliers et les bijoutiers s'efforçassent davantage d'encourager les artistes et d'étendre leur marché à l'étranger.

32. *Armes portatives.* — Trois progrès principaux se manifestaient dans les armes à feu portatives destinées à la guerre : 1° vulgarisation de l'arme rayée; 2° adoption d'un petit calibre et du chargement par la culasse; 3° fabrication mécanique empruntée aux Américains.

L'arquebuserie de luxe ne se signalait par aucun fait saillant. Le goût et le soin de la fabrication mettaient Paris au premier rang. Liège et Saint-Étienne rivalisaient pour les armes à bas prix, sans négliger l'élégance des formes.

Les armes blanches de Solingen restaient hors ligne.

33. *Produits de l'exploitation des mines et de la métallurgie.* — Cette classe si importante a fait l'objet de savants rapports qui doivent être lus *in extenso.* Nous nous bornons à quelques indications spéciales sur lesquelles M. Michel Chevalier s'est arrêté dans son introduction.

Parmi tous les gîtes houillers de l'Europe et du monde, ceux de l'Angleterre jouaient incomparablement le plus grand rôle, en ce qu'ils alimentaient non seulement les Îles Britanniques, mais aussi de nombreux pays étrangers; l'exportation de la houille anglaise avait triplé depuis 1850 et s'élevait à 10 millions de tonnes. On commençait à s'inquiéter de l'épuisement éventuel des gisements, si puissants et si riches qu'ils fussent. M. Michel Chevalier recommandait l'économie; il signalait particulièrement les appareils Siemens, qui permettaient d'augmenter l'effet utile et d'employer des combustibles de qualité inférieure; il appelait aussi l'attention sur le four annulaire de M. Hoffmann de Berlin, pour les terres cuites et poteries. Le rapporteur général insistait sur la dévastation des forêts et sur la nécessité d'en mieux aménager l'exploitation et de les reconstituer.

Une industrie intéressante était celle des agglomérés obtenus en agglutinant le menu de houille avec du goudron de gaz ou du brai, sous l'influence de la chaleur combinée avec une très forte pression.

IMPRIMERIE NATIONALE.

L'anthracite fournissait de précieuses ressources pour les usages domestiques.

L'une des plus remarquables nouveautés industrielles qui eussent signalé les dernières années était l'exploitation du pétrole dans l'Amérique du Nord. Cette huile minérale formait de l'autre côté de l'Atlantique un vaste commerce, qui y avait déterminé la fondation de plusieurs villes et qui occupait un grand nombre de navires pour porter le pétrole brut en Europe et dans quelques autres contrées où il était raffiné. De 1861 à 1867, il avait été extrait du sein de la terre, dans l'Union américaine, 1,300 millions de litres de pétrole, représentant un poids de plus de 1 million de tonnes; en 1866 et 1867, l'exportation dépassait 300 millions de litres. La région du Caucase, principale zone pétrolifère de l'Europe, avait entrepris une exploitation analogue, mais beaucoup plus restreinte.

Dans l'industrie du fer, un immense progrès, déjà prévu en 1862, était celui qu'avait réalisé la fabrication de l'acier Bessemer; en France, à la fin de 1867, cet acier ne se vendait, comme l'acier puddlé, que 310 à 330 francs la tonne, alors que le fer courant était à 190 ou 200 francs.

M. Michel Chevalier prévoyait la substitution de l'acier au fer pour les navires, les chaudières, les ponts, les rails de chemin de fer. A côté du puddlage et du procédé Bessemer, il indiquait un autre procédé de fabrication de l'acier, dû à M. Martin et sur lequel on fondait de très belles espérances.

Les minerais manganésifères étant particulièrement propres à donner du fer aciéreux, le rapporteur énumérait les principaux gisements de ces minerais : nous en avions à Prades, à Vicdessos, dans le Dauphiné, à Mokta-el-Hadid (Algérie).

La métallurgie du fer avait pris un développement inouï et subi une profonde transformation par la puissance de son nouveau matériel. A elle seule, l'Angleterre avait extrait de son sol 10 millions de tonnes de minerais et produit plus de 4 millions et demi de tonnes de fonte brute. Les hauts fourneaux, qui autrefois ne rendaient que 3 à 5 tonnes de fonte par jour, allaient jusqu'à 50 tonnes; le poids des marteaux-pilons atteignait 30 tonnes. M. Krupp exposait un bloc d'acier de 40 tonnes.

On trouve dans le rapport de M. Michel Chevalier une étude comparative très raisonnée sur l'enseignement professionnel des ingénieurs des mines et sur la population ouvrière spéciale en Allemagne, en Angleterre et en France.

Les titulaires des grands prix dans la classe des mines et de la métallurgie avaient des noms célèbres : Krupp d'Essen (aciers fondus et forgés), Petin et Gaudet de Rive-de-Gier (acier fondu et fer), Schneider et Cie du Creusot (fers, tôles, etc.), Japy de Beaucourt (quincaillerie, serrurerie, horlogerie).

34. *Produits des exploitations et des industries forestières.* — Les bois, considérés comme matière première de la charpente, de la menuiserie et de l'ébénisterie, s'étaient présentés en très grande variété à l'Exposition. Le Brésil, notamment, en fournissait un fort contingent.

Toute l'Amérique intertropicale offrait une richesse infinie de bois d'ébénisterie et de bois de teinture.

La zone tempérée du nouveau monde, aussi bien que la zone équinoxiale, était abondamment pourvue de bois de construction. Déjà l'Europe en achetait au Canada et aux États-Unis. L'Inde donnait du bois de teck pour les navires et les voitures de chemin de fer. La Suède et la Norvège faisaient un prodigieux commerce de bois de pin ou de sapin.

La vannerie était en progrès dans plusieurs États, parmi lesquels la France et la Belgique; les pays de l'Extrême-Orient exposaient des articles domestiques de toute sorte en bambou.

Dans certains pays, l'extraction du tanin de nombreuses espèces de végétaux avait pris de l'extension.

35. *Produits agricoles (non alimentaires) de facile conservation.* — Comme je l'ai déjà rappelé, la guerre de Sécession avait provoqué une véritable révolution dans l'approvisionnement de l'Europe en coton. Alors qu'auparavant les États-Unis fournissaient aux manufactures européennes plus de 700 millions de kilogrammes sur les 850 mil-

lions consommés par ces manufactures, leur exportation était tombée rapidement à 25 millions. Les autres pays producteurs en profitèrent pour accroître leur commerce : l'Inde passa de 92 à 253 millions de kilogrammes, l'Égypte de 25 à 80, le Brésil de 7 à 27; l'Australie, l'Asie Mineure, la Grèce, l'île de Malte, l'Algérie, l'Italie méridionale, la Perse, apportèrent leur quote-part. En 1867, les États-Unis n'avaient pas encore repris la moitié de leur clientèle. M. Michel Chevalier espérait que la concurrence des Indes amènerait un abaissement des prix.

Le département du Nord et la partie flamande de la Belgique continuaient à former le siège de la plus belle production linière du monde; l'Algérie inspirait de grandes espérances. Malgré la généralité de la culture du chanvre en France, nous en importions de la Russie, de l'Italie, de la Hongrie, de l'Allemagne et de l'Angleterre.

Pour la laine brute, un résultat important était acquis : la production s'était considérablement élargie en Australie, au Cap et dans le bassin de la Plata. En 1866, l'Australie exportait plus de 30 millions de kilogrammes et la Plata 27 millions. On venait de découvrir un procédé propre à débarrasser les laines de la Plata de leurs graterons.

La maladie dont le ver à soie du mûrier était atteint obligeait à recourir aux graines du Japon, bien que ces graines fussent fort chères et donnassent de la soie de qualité inférieure. M. Pasteur pensait être sur la voie de la guérison partielle : il en était grand besoin, car l'importation des soies étrangères en France allait sans cesse grandissant. On cherchait à élever des bombyx autres que celui du mûrier.

Les échantillons de houblon de la Bavière, de la Bohême et de l'Alsace attiraient l'attention des visiteurs.

Comme précédemment, l'exposition des tabacs était très abondante. La Havane restait hors de pair; ensuite venait la France, qui se distinguait par le soin apporté à la production, aux achats et aux manutentions.

36. *Produits chimiques et pharmaceutiques.* — Peu d'années avant l'Exposition, le soufre se tirait principalement des solfatares de la

Sicile. Mais la barbarie des méthodes siciliennes et les droits dont était grevée l'exportation avaient conduit à utiliser les sulfures de fer ou pyrites pour la fabrication de l'acide sulfurique : d'habiles manufacturiers, MM. Perret, avaient entrepris à cet égard des expériences couronnées de succès.

Le procédé Leblanc pour la transformation du sulfate de soude en carbonate n'avait point encore de rival.

Dans son remarquable rapport sur les produits chimiques à l'Exposition de 1867, M. Balard donne des renseignements pleins d'intérêt relativement à un grand nombre de produits, tels que l'acide chlorhydrique, le chlore, le chlorure de chaux, la potasse et ses dérivés, le chlorure de magnésium, le brome, l'iode, l'alumine et ses composés, les manganates, l'acide carbonique, etc. Il traite notamment des acides hydrofluorique et fluosilicique : de ces deux acides, le premier avait été récemment appliqué à la gravure sur pierre; le second, que l'on était parvenu à extraire industriellement, trouvait sous forme de fluosilicate des emplois utiles dans la verrerie et l'industrie des faïences.

Le besoin de bien-être et de confortable avait considérablement augmenté la consommation des bougies. MM. de Milly et Motard partageaient avec MM. Chevreul et Gay-Lussac le mérite des progrès réalisés par l'industrie stéarique.

Parmi les produits nouveaux dont on était redevable à la chimie organique, il n'y en avait pas de plus curieux que les matières colorantes dérivées de la houille. Dès 1862, on énumérait treize couleurs ayant cette origine et utilisées par la teinture; elles formaient presque toute la gamme du spectre solaire. L'Exposition de 1867 en révélait un bien plus grand nombre et montrait que les opérations s'étaient simplifiées et améliorées. M. Hofmann de Berlin avait puissamment contribué à multiplier ces substances colorantes.

Une invention sur laquelle l'attention avait été justement appelée était celle de la nitroglycérine et de la dynamite.

37. *Teintures et impressions.* — La France était, de toutes les nations, la mieux représentée; après elle venaient la Suisse, la Prusse,

l'Autriche, la Russie, la Belgique et l'Espagne; l'Angleterre s'était presque complètement abstenue.

Les principales matières colorantes découvertes ou perfectionnées depuis quelques années étaient le violet Hofmann, le violet Poirrier et Chappat, le vert et le marron d'aniline, le bleu de diphénylamine, le jaune de naphtylamine, le gris et le noir d'aniline, l'indigo purifié et les extraits de garance.

38. *Cuirs et peaux.* — L'industrie des cuirs et peaux s'était perfectionnée; l'usage des machines à vapeur, chauffées par la tannée, avait amélioré le travail.

Si la France l'emportait encore sur les autres pays, elle était suivie de près par l'Allemagne, pour les vernis et les maroquins; par la Suisse et la Belgique, pour les cuirs tannés; par l'Angleterre, pour les cuirs destinés à la sellerie.

39. *Matériel et procédés de l'exploitation des mines et de la métallurgie.* — L'art du sondeur avait pris une grande extension. En 1866, MM. Degousée et Laurent avaient achevé à Rochefort un forage de 858 mètres, d'où jaillissait de l'eau à la température de 40 degrés. MM. Kind et Chaudron venaient de réussir à garnir les puits de mine de cuvelages imperméables à la traversée des nappes aquifères. Nos soldats creusaient des puits en Algérie et les oasis naissaient avec l'eau jaillissante.

L'exploitation des eaux minérales avait conquis sa place parmi les branches de la richesse générale.

On pouvait considérer comme terminée l'évolution qui consistait à remplacer les moteurs animés par les moteurs hydrauliques ou les machines à vapeur pour l'extraction des minerais et l'épuisement des mines. Les transports à l'intérieur de la mine s'effectuaient par voie ferrée; dans plusieurs exploitations, les wagons étaient mis en mouvement par l'air comprimé ou l'eau sous pression. On tentait aussi la perforation, l'abatage et le havage mécaniques. Les machines d'aérage se répandaient en Belgique et en France.

Le rapporteur des procédés métallurgiques insistait plus spécialement sur divers faits que nous énumérons sans commentaires : progrès dans la préparation des combustibles; adoption des fours Siemens; accroissement de la production des hauts fourneaux; conversion directe de la fonte en acier fondu par le procédé Bessemer; puissance de l'outillage pour le travail des fers.

La galvanoplastie n'hésitait plus à aborder les articles de grande dimension; appliquée, sous la dénomination d'*électro-métallurgie*, au dépôt du cuivre sur la fonte, elle donnait à bon marché des pièces monumentales, élégantes et protégées contre l'oxydation.

40. *Matériel et procédés des exploitations rurales.* — Les mauvaises charrues étaient encore trop nombreuses; les meilleures qui fussent exposées appartenaient à l'Angleterre, à la France, à la Belgique, à la Prusse, à l'Autriche, à la Suède et aux États-Unis d'Amérique. A ne juger que d'après les essais de Billancourt, l'Angleterre occupait le premier rang pour la perfection et la régularité du labour, et la France pour la profondeur du défoncement (charrue Vallerand et charrue Bonnet).

Le meilleur modèle de moissonneuse était celui de M. Mac-Cormick de Chicago; il existait aux États-Unis 175,000 moissonneuses, dont la plupart de ce type; leur travail équivalait à celui de 1,500,000 hommes.

Partout la machine à battre supplantait le fléau.

L'idée très juste d'ajouter artificiellement au sol les éléments favorables à chaque culture avait fait son chemin; ces éléments étaient le phosphate de chaux, la potasse à l'état salin, la chaux sous la forme d'hydrate, de plâtre ou de carbonate, l'azote à l'état de sulfate d'ammoniaque ou d'azotate de soude, le chlore combiné avec un alcali; leur emploi n'excluait point celui du fumier de ferme.

Les constructeurs de locomobiles étaient parvenus à mieux utiliser le combustible et à simplifier les organes; un grand nombre de locomobiles agricoles ou routières étaient exposées par les Anglais.

C'était en Allemagne et en France que l'on trouvait les meilleurs procédés d'exploitation des forêts. Le réensemencement et le reboisement des montagnes étaient à l'ordre du jour.

41. *Pisciculture.* — Parmi les exposants, on distinguait l'Admi-

nistration des ponts et chaussées de France, qui avait créé l'établissement de pisciculture d'Huningue; le Bureau des travaux publics d'Irlande, qui fournissait les plans d'échelles à poissons; les associations de Suède et de Norvège, qui avaient repeuplé plusieurs rivières.

42. *Matériel et procédés des usines agricoles et des industries alimentaires.* — De grands perfectionnements avaient été apportés à l'outillage de la sucrerie de betterave : le laveur était devenu d'un service plus facile ; une nouvelle râpe travaillait avec moins d'effort et plus de précision ; les presses avaient atteint un haut degré de perfection; une nouvelle méthode de dessiccation avait été découverte; une presse à écume était venue répondre à des besoins depuis longtemps constatés; l'appareil à triple effet, qui était une nouveauté en 1855, se répandait dans toutes les usines; on avait appris à granuler le sucre dans la chaudière même; l'essoreuse s'était améliorée; la dyalise, sous le nom d'*osmose*, extrayait des mélasses le tiers du sucre cristallisable; le noir animal était mieux revivifié; l'acide carbonique et la chaux se produisaient dans de meilleures conditions.

La boulangerie était envahie par les machines. On voyait à l'Exposition plusieurs pétrins mécaniques destinés à supprimer le travail du geindre, si peu attrayant pour le consommateur et si dur pour l'ouvrier.

MM. Carré avaient imaginé d'ingénieux appareils pour la fabrication de la glace, à l'aide du gaz ammoniac ou de l'acide sulfurique.

43. *Matériel des arts chimiques, de la pharmacie et de la tannerie.* — Le matériel de la stéarinerie était un de ceux qui, depuis 1855, avaient le plus occupé le génie inventif et l'activité des constructeurs de machines.

L'industrie du gaz avait progressé, tant au point de vue de la disposition des appareils de fabrication et de consommation que sous celui de l'utilisation des sous-produits; des appareils photométriques garantissaient le pouvoir éclairant du gaz et des compteurs habilement construits en mesuraient le volume.

La Direction générale des tabacs exposait une belle collection des modèles de ses principales machines.

L'industrie des cuirs était dotée d'un grand nombre de machines-outils spéciales.

44. *Moteurs, générateurs et appareils mécaniques spécialement adaptés aux besoins de l'Exposition.* — L'administration avait eu à résoudre des problèmes très délicats pour distribuer l'eau et le gaz à une véritable ville de 100,000 âmes, pour fournir les 600 chevaux de force de la galerie des machines, pour assurer la manutention des 20,000 tonnes de produits exposés, pour ventiler une salle de 15 hectares susceptible de contenir 100,000 spectateurs. Elle avait confié cette partie de son œuvre à des exposants, et ce n'était certes pas la partie la moins intéressante de l'Exposition.

Après avoir pensé à l'air comprimé et à l'eau comprimée pour la mise en marche des machines, on avait dû finalement y renoncer et s'en tenir à la vapeur d'eau.

Un grand prix fut décerné à M. Hirn de Logelbach pour ses belles transmissions par câbles télodynamiques.

45. *Machines et appareils de la mécanique générale.* — Pour les machines à vapeur, on employait de plus en plus le système Woolf, qui conciliait les plus grandes détentes avec un écart modéré entre les efforts maximum et minimum. Comme nouveautés, l'Exposition montrait deux machines américaines, celle de M. Corliss et celle de M. Hicks : la première présentait un mode nouveau de distribution par quatre robinets cylindriques; la seconde se composait de quatre pistons plongeurs à simple effet, par groupe de deux, dont chacun servait de tiroir à son voisin. L'attention se fixait aussi sur les nouveaux régulateurs isochrones de MM. Rolland, Léon Foucault et Farcot. Une invention digne d'intérêt était celle des générateurs tubulaires à circulation de M. Field. Notons encore le régulateur d'alimentation des chaudières Belleville.

M. Sommeiller, ingénieur en chef du percement du mont Cenis, avait résolu la question de l'emmagasinement et de la transmission à longue distance des forces naturelles au moyen de l'air comprimé.

M. Armstrong avait vulgarisé l'emploi des appareils à eau comprimée, utilisée soit comme moteur, soit comme accumulateur de force vive.

On voyait une belle machine à air chaud et des machines à gaz économiques.

Rien de neuf ne s'était produit dans l'emploi de l'électricité comme force motrice.

46. *Machines-outils.* — Les machines-outils, dont on était redevable à M. Withworth de Manchester, présentaient en 1867 un double progrès : 1° elles étaient plus puissantes et faisaient la besogne plus en grand; 2° elles étaient plus automatiques.

La fraise, dont le domaine était à l'origine très restreint, avait pris beaucoup de faveur.

On constatait des applications nouvelles de la scie à lame sans fin pour le découpage du fer, d'heureuses combinaisons mécaniques pour la taille des engrenages, l'invention de machines pour le martelage, pour la fabrique des chaînes et pour le travail des matières argileuses. Nous devons encore signaler l'emploi du diamant noir pour les forages.

47. *Matériel et procédés du filage et de la corderie.* — En parlant des fils et tissus, j'ai déjà dû donner quelques indications sur le matériel et les procédés de la filature : les résultats attestés par l'Exposition de 1867 étaient dus plutôt à la diffusion des progrès qu'à l'originalité des moyens.

La fabrication des cordages subissait une véritable transformation : aux anciens ateliers, nécessitant des espaces considérables pour le développement des câbles à produire à la main, tendaient à se substituer des outillages mécaniques n'exigeant que des emplacements beaucoup moins étendus.

48. *Matériel et procédés du tissage.* — Le métier Jacquard avait reçu d'heureuses modifications. Pour les tissages simples, on remarquait un métier de MM. Howard et Bullough, dans lequel, au cas de bris du fil ou d'épuisement d'une navette, celle-ci était immédiatement remplacée par une autre.

M. Joyot avait imaginé une machine à tisser le velours.

De grands perfectionnements venaient d'être apportés aux métiers rectilignes ou circulaires pour la fabrication mécanique du tricot. On était arrivé à un métier simple et peu coûteux, dit *tricoteur omnibus*, pour la façon des bas.

Un grand prix était attribué à M. Meynier, inventeur du battant-brocheur.

49. *Machines à coudre.* — Les machines à coudre devenaient d'un usage de plus en plus fréquent. Elles étaient surtout fabriquées aux États-Unis : la seule usine Wheeler et Wilson en avait déjà fourni 300,000 et en produisait 50,000 par an, alors que les bonnes maisons européennes n'arrivaient pas à 15,000 au total. Toutefois le rapporteur du jury se plaignait de l'élévation excessive du prix de ces machines.

50. *Matériel et procédés de la papeterie et des impressions.* — Une machine ingénieuse, pour la conversion du bois en pâte à papier, était exposée dans la section du Wurtemberg par MM. Völter et Decker.

La fabrication des presses mécaniques typographiques avait pris en France un très grand développement : Paris en produisait pour plus de 1,500,000 francs, dont le tiers destiné à l'exportation. A part une maison de Bavière qui rivalisait avec nos meilleurs établissements, nous avions une supériorité incontestable. Le tirage par heure et par machine atteignait couramment 6,000 feuilles et pouvait s'élever au quadruple; grâce au clichage, on pouvait satisfaire à tous les besoins avec une composition unique. 4 machines Marinoni et 28 ouvriers suffisaient au travail qui, trente ans auparavant, eût exigé 160 presses et 1,500 ouvriers.

Les appareils à imprimer les objets en les numérotant s'étaient multipliés : M. Lecoq exposait un numéroteur pour billets de chemins de fer, dont le rendement pouvait atteindre 20,000 tickets à l'heure.

Dans tous les ateliers, les presses mécaniques lithographiques se développaient rapidement. En transportant les dessins une fois tirés sur de nouvelles pierres, on reproduisait les gravures à un nombre illimité d'exemplaires.

M. Dulos obtenait une médaille d'or pour un nouveau procédé de gravure, fondé sur la propriété des surfaces métalliques d'être ou non mouillées par le mercure, suivant leur nature, et sur l'emploi de la galvanoplastie pour avoir des surfaces dans des conditions différentes, en les recouvrant, par exemple, de fer ou d'argent.

51. *Carrosserie.* — Les voitures de luxe s'étaient améliorées au point de vue de l'élégance et de la variété des formes, de la légèreté, de la simplicité dans la disposition des trains et le montage, du confort, des matières employées dans la construction, du soin apporté à tous les détails.

Les seules voitures de service figurant à l'Exposition étaient des omnibus : le fait le plus frappant consistait dans l'augmentation de leur capacité.

Dans l'ensemble, la France et l'Angleterre occupaient le premier rang. Nous n'avions plus rien à envier à nos voisins d'outre-Manche, si ce n'est peut-être pour le confort des voitures.

52. *Matériel des chemins de fer.* — Le réseau des voies ferrées s'étendait rapidement : il comptait en France près de 16,000 kilomètres exploités, en Angleterre plus de 21,000, aux États-Unis 52,000, aux Indes anglaises 5,500, dans l'Allemagne du Nord plus de 9,000, en Autriche 6,000, en Belgique 2,400, en Russie 4,500, en Italie plus de 5,000, etc.

Pour la voie, le type à double champignon et le type Vignole se partageaient les préférences des ingénieurs. L'augmentation du trafic et de la puissance des machines conduisait à employer des rails en acier sur les lignes à grande circulation : on comptait ainsi réaliser une économie considérable sur les frais et les sujétions de l'entretien, et accroître la sécurité. Plusieurs établissements exposaient des rails Vignole mixtes dont le champignon supérieur était en acier et le surplus en fer. Le poids des rails par mètre courant tendait à augmenter : il atteignait 46 kilogrammes sur le North-Western. On essayait de remplacer les traverses en bois par des traverses métalliques; on expérimentait aussi des voies sans traverse, formées de rails-longrines ou de rails posés sur des longrines métalliques.

Pour les machines, les principaux faits que l'Exposition mettait en relief étaient les suivants : dimensions plus grandes des foyers; réduction de la longueur des tubes; progrès dans la fumivorité; emploi de l'acier fondu dans la construction des chaudières; consolidation des faces planes; généralisation de l'injecteur Giffard; substitution de la vis au levier des changements de marche; invention de MM. Lechatelier et Ricour, permettant d'utiliser la contre-vapeur comme frein modérateur à la descente des pentes; mise en usage de locomotives à huit, dix et même douze roues couplées; meilleure fabrication des roues; systèmes divers d'avant-trains mobiles; développement de l'adhérence sur les très fortes rampes par le système Fell.

Pour les voitures, le type à compartiments isolés était, en général, préféré au type américain à circulation longitudinale. Dans toutes les catégories de voitures, le confortable était mieux assuré. Les châssis en bois faisaient place aux châssis en fer. Les bouillottes à eau constituaient encore le meilleur mode de chauffage. Diverses combinaisons fondées sur l'emploi de l'électricité ou d'autres agents de transmission étaient mises à l'essai, en vue d'établir des communications entre les voyageurs et les conducteurs des trains.

Pour les wagons à marchandises, la tendance était à la réduction du nombre des types spéciaux.

Parmi les freins, on remarquait ceux de MM. Stilmant, Lapeyrie, Bricogne, Achard et Guérin.

Un progrès saillant était la connexion établie entre les signaux et les aiguilles, au moyen de l'enclenchement de leurs leviers de manœuvre par le système Vignier. MM. Saxby et Farmer exposaient aussi le modèle de leurs postes de leviers groupés pour la manœuvre des aiguilles et des signaux.

53. *Matériel et procédés de la télégraphie.* — L'Exposition comprenait différents types d'appareils télégraphiques indicateurs, tels que l'appareil Bréguet à cadran, et d'appareils enregistreurs, comme le télégraphe Morse. Mais les véritables nouveautés offertes au public

étaient les télégraphes imprimeurs, notamment ceux de M. Hughes et de M. Guyot d'Arlincourt, et les télégraphes autographiques de M. l'abbé Caselli et de M. Lenoir.

Un événement considérable était la pose définitive du câble transatlantique.

Le public s'intéressait aussi au système pneumatique installé à Paris pour les échanges de dépêches entre les bureaux de la capitale.

54. *Matériel et procédés du génie civil, des travaux publics et de l'architecture.* — Cette classe très importante a fait l'objet d'une série de rapports qui demandent à être lus *in extenso.*

Parmi les matériaux de construction, une large place était faite au ciment Portland, au ciment Vicat, à la chaux du Theil, au béton aggloméré Coignet. L'industrie des terres cuites paraissait en progrès : l'introduction du four annulaire de M. Hoffmann de Berlin était un fait important. Le fer entrait pour une part de plus en plus importante dans les constructions publiques ou particulières.

L'une des plus grandes améliorations apportées aux travaux de maçonnerie résultait de l'usage des petits matériaux hourdés en mortier de ciment.

Parmi les modèles exposés de ponts ou viaducs en maçonnerie, nous citerons le pont Napoléon à Saint-Sauveur, le pont de Tilsitt à Lyon, le pont de Chalonnes et le viaduc du Point-du-Jour.

Les ponts en fer se multipliaient. On les construisait le plus souvent à poutres droites, avec des travées dont l'ouverture atteignait 100 mètres; leurs piles étaient parfois métalliques, comme aux viaducs de Busseau-d'Ahun et de la Cère. Quelques ponts en fer étaient formés d'arcs supportant la chaussée : tels les ponts d'Arcole, de Szegedin, de Saint-Just et de Coblentz.

Plusieurs beaux ponts en fonte avaient été établis depuis peu d'années à Tarascon, à Paris, à Constantine, etc.

Le pont suspendu le plus remarquable était celui du Niagara, d'une portée de 250 mètres.

Les principaux types de barrages mobiles étaient ceux de MM. Poirée, Chanoine et Louiche-Desfontaines.

On admirait le réservoir du Furens.

Les fondations à l'air comprimé avaient fait de grands progrès, notamment au pont de Kehl.

Une entreprise importante était celle du percement du mont Cenis, où M. Sommeiller avait su tirer si habilement parti de l'air comprimé.

Le canal de Suez était en pleine exécution : cette œuvre merveilleuse touchait presque à son terme.

L'alimentation en eau des villes avait donné lieu à des travaux intéressants, tels que la dérivation des sources de la Dhuis et celle des eaux du lac Michigan pour la ville de Chicago.

Les réseaux d'égout se développaient. Partout les ingénieurs se préoccupaient tout à la fois d'utiliser pour l'agriculture les eaux écoulées par ces émissaires et d'éviter l'infection des fleuves ou rivières dans lesquels les égouts allaient déboucher : à Paris, on essayait concurremment l'épuration chimique et l'emploi direct des eaux aux irrigations.

Pour les travaux maritimes, l'art avait trouvé un auxiliaire puissant dans les blocs artificiels en béton, dont le poids s'élevait jusqu'à 240 tonnes; l'emploi du scaphandre était un fait désormais acquis. Les grandes écluses à la mer et les formes de radoub voyaient leurs dimensions croître avec celles des navires. L'eau comprimée commençait à être employée pour les manœuvres et la manutention dans les ports.

Les phares se perfectionnaient et se multipliaient. Deux innovations étaient, d'une part, la construction de phares métalliques, d'autre part, la production de la lumière au moyen de l'électricité.

55. *Matériel de la navigation et du sauvetage.* — Les paquebots à vapeur devenaient sans cesse plus nombreux et se perfectionnaient continuellement, au point de vue de la célérité et du confort; d'Europe en Amérique, de Brest ou de Liverpool à New-York, la traversée était réduite à neuf jours.

La navigation à vapeur pour les marchandises gagnait du terrain sur la navigation à voiles; l'Angleterre, qui, en 1856, n'avait que

86 navires à vapeur contre 7,149 navires à voiles, possédait, en 1867, 1,616 navires à vapeur d'un tonnage total de 813,000 tonneaux contre 20,161 navires à voiles d'un tonnage de 4,700,000 tonneaux; en France, il y avait, au 31 décembre 1866, 407 navires à vapeur jaugeant 128,000 tonneaux contre 15,230 navires à voiles jaugeant 915,000 tonneaux.

Comme son prédécesseur de 1855, le rapporteur du jury de 1867 prémunissait les constructeurs contre les inconvénients et les dangers d'une augmentation excessive du rapport entre la longueur et la largeur des navires.

L'hélice éliminait progressivement les roues : on employait des hélices jumelles pour les navires à faible tirant d'eau et à grande vitesse.

Pour les machines marines, les progrès réalisés consistaient dans l'emploi de moteurs à grande vitesse, avec détentes directes très étendues, enveloppes complètes de vapeur, surchauffe modérée et condensation par surface.

Au point de vue militaire, l'exposition maritime se concentrait sur les navires cuirassés, tels que *la Gloire*, *la Flandre*, *le Solférino*, *le Marengo* et *l'Alma*, pour la France. A côté des navires armés de bouches à feu tirant en batterie, on voyait des navires à coupoles ou à tourelles, qui commençaient à compter de nombreux partisans en Angleterre et en Amérique.

L'exposition de la navigation montrait aussi des modèles intéressants de formes de radoub en maçonnerie et de docks flottants, ainsi qu'un appareil de visite et de radoub construit par M. Clark et constituant une des plus merveilleuses applications du principe de la presse hydraulique.

Notons encore la belle section des appareils de sauvetage.

56. *Aliments.* — L'exposition des aliments était très artistement et très savamment organisée; elle présentait une grande variété. Je ne m'arrêterai qu'aux produits les plus importants.

La production du blé en France s'était améliorée par la substitution de la semaille en ligne à la semaille à la volée et par l'emploi plus rationnel des engrais. Cependant nous restions encore tributaires de l'étranger dans les mauvaises années : nos importations venaient de la Russie méridionale, de l'Égypte, de l'Algérie, des provinces situées près des rives de la Baltique et de l'Amérique du Nord. A cette époque, l'exportation annuelle de la Russie oscillait entre 200 et 280 millions de francs. On considérait la production des États-Unis comme en décroissance, par suite de l'épuisement des terres.

Les pays riches en bestiaux recherchaient le moyen de conserver les viandes pour les exporter : mais on n'avait encore que le procédé Appert, qui exigeait une main-d'œuvre trop coûteuse. M. de Liebig venait de doter l'économie domestique d'un extrait de viande, dont on attendait de réels services pour l'alimentation.

En 1855, la France avait 275 fabriques de sucre de betterave, donnant 92 millions de kilogrammes par an; en 1866, ces chiffres s'étaient respectivement élevés à 440 et 220 millions : la consommation totale des sucres de toute nature était évaluée à 265 millions de kilogrammes. Le jury exprimait le vœu que l'impôt de près de 50 p. 100 fût réduit.

Notre production en vins suivait une marche ascendante et atteignait, en 1866, 64 millions d'hectolitres. Après la France, les pays les plus riches en vignobles étaient l'Italie, l'Espagne et l'Autriche. M. Michel Chevalier prévoyait l'avenir réservé à l'Italie et à l'Espagne, pour le jour où ces deux pays auraient amélioré leur fabrication et seraient dotés d'un réseau suffisant de voies de transport. M. Pasteur et M. Marès obtenaient chacun un grand prix, le premier pour une méthode de conservation des vins par le chauffage et le second pour une étude des maladies de la vigne et pour la propagation de l'emplo du soufre.

Les bières les plus remarquées à l'Exposition étaient celles de Strasbourg, de Bavière, d'Autriche et d'Angleterre.

Nos eaux-de-vie des deux Charentes et de l'Armagnac restaient dignes de leur ancien renom. L'invasion de l'oïdium et plusieurs mauvaises récoltes successives dans les vignobles du midi de la France avaient imprimé un puissant essor à la fabrication des alcools de

IMPRIMERIE NATIONALE

betterave, de pomme de terre et de grains : cette fabrication prenait une importance sans cesse croissante, non seulement en France, mais aussi dans divers pays étrangers; la production prussienne était même beaucoup plus considérable que la nôtre et sa clientèle s'étendait à plusieurs régions du territoire français.

57. *Produits vivants et spécimens d'établissements de l'agriculture.* — Cette partie de l'Exposition a fait l'objet d'une série de rapports extrêmement intéressants, parmi lesquels nous citerons en particulier celui de M. Tisserand, aujourd'hui directeur de l'Agriculture.

Le concours de 1867 mettait en relief les grands progrès accomplis depuis quinze ou vingt ans, c'est-à-dire l'invention et la diffusion d'un outillage perfectionné, l'adoption générale du principe de la restitution intégrale, la découverte de ressources naturelles facilitant l'application de ce principe, l'extension donnée à l'instruction agricole. Cependant les populations rurales avaient encore de grands efforts à faire. De son côté, le Gouvernement devait réduire les impôts tout à fait excessifs levés sur les actes translatifs de la propriété, diminuer les frais écrasants des licitations, organiser ou encourager le crédit agricole pour les avances à courte échéance et pour les prêts à long terme sur hypothèque, répandre l'enseignement supérieur, vulgariser les notions économiques sur l'usage du capital et du crédit.

Dans la classe des spécimens d'exploitations rurales, les titulaires de grands prix étaient l'empereur d'Autriche (encouragements à l'agriculture); M. Decrombecque de Lens, M. Schattenmann de Bouxwiller et M. Fiévet de Masny (belles cultures); MM. Ransomes, Sims et Howard d'Angleterre (machines agricoles); M. Mac-Cormik de Chicago (moissonneuse); M. Markham de Londres (introduction de la culture du quinquina dans les Indes anglaises); le prince Torlonia (desséchement du lac Fuccino).

L'élément étranger faisait presque complètement défaut à l'exposition chevaline. A part quelques chevaux russes hors ligne de la race Orloff, les spécimens de la production exotique laissaient plus ou moins à désirer. En revanche, la France avait fourni de très beaux lots d'étalons et de poulinières qui faisaient grand honneur à son élevage;

la race anglo-normande (demi-sang) était en majorité et offrait plusieurs types magnifiques alliant la force et la solidité à l'élégance des formes et aux allures.

Par suite de l'existence du typhus dans divers pays voisins, l'Exposition de 1867 n'avait pu être véritablement internationale pour les animaux des races bovines. L'un des faits qui frappaient le plus les visiteurs était la tendance de l'élevage français à conserver les races indigènes dans leur état de pureté, à abandonner les substitutions de race par voie de croisement continu, à choisir avec soin les reproducteurs et à développer les aptitudes et les qualités du bétail par une alimentation régulière et appropriée.

Les races ovines les meilleures pour la boucherie se reproduisaient en France avec toute leur perfection : telles étaient les races Southdown, Dishley et New-Kent. Mais les cultivateurs n'avaient généralement pas intérêt à en composer leurs troupeaux; ils trouvaient plus d'avantages à les employer pour créer des métis donnant tout à la fois de la viande et de la laine. Les mérinos et les métis-mérinos, réservés pour les plateaux, s'amélioraient au point de vue des formes; leur toison, quoique perdant de sa finesse, possédait les qualités que l'industrie réclamait et payait le mieux.

La maladie du ver à soie avait rendu presque nulle l'exposition de sériciculture.

58. *Produits vivants et spécimens d'établissements de l'horticulture.* — Grâce à l'accroissement de la fortune publique, l'horticulture était en progrès.

Les grands parcs et les jardins publics étaient établis sur des données rationnelles et scientifiques. On en comprenait toute l'utilité pour l'hygiène des villes.

La Grande-Bretagne et la France obtenaient chacune un grand prix pour leurs plantes d'ornement en pleine terre. Pour la culture maraîchère, on constatait de réelles améliorations dans le mode de préparation du sol, dans les procédés d'arrosage, dans les méthodes de culture forcée. Pour les arbres fruitiers, les espèces étaient meilleures et les soins mieux entendus. Les plantes de serre se trouvaient brillamment représentées : un grand prix récompensait les mérites de M. Linden de Bruxelles et de M. Chantin de Paris.

59. *Objets spécialement exposés en vue d'améliorer la condition physique et morale de la population.* — Parmi les sections les plus remarquables de ce groupe étaient celles qui touchaient à l'éducation et à l'instruction des enfants et des jeunes gens.

On y voyait des modèles de crèches et de salles d'asile.

Les écoles primaires y étaient largement représentées par des plans ainsi que par des types de mobilier et de matériel; à cette époque, malgré des progrès incontestables, 500,000 enfants sur 4 millions s'abstenaient encore de fréquenter nos écoles ou étudiaient dans leur famille; un grand nombre de conseils généraux demandaient déjà l'instruction obligatoire, c'est-à-dire la mise en vigueur d'un principe fécond appliqué par l'Allemagne depuis deux siècles.

Des procédés ingénieux étaient mis en usage pour l'enseignement spécial des aveugles, des sourds-muets et des idiots.

Les cours d'adultes se multipliaient. En France, après une période de décadence de 1850 à 1863, ils avaient repris leur essor; l'armée avait ses écoles régimentaires et ses écoles des équipages de la flotte; l'enseignement primaire était donné jusque dans les prisons.

L'enseignement spécial ou professionnel prenait une place de plus en plus grande dans les préoccupations des gouvernements et des peuples et se répandait successivement dans les pays où l'éducation classique avait longtemps prédominé d'une manière exclusive. Pour la France, le mérite en revenait à un ministre éminent, M. Duruy : citons en particulier l'École normale de Cluny.

L'enseignement technique agricole, industriel ou commercial avait également reçu une vive impulsion : partout on comprenait la nécessité d'avoir des contremaîtres, des employés, des ouvriers, possédant des connaissances assez étendues sur leur profession.

Un mouvement général se manifestait en faveur des bibliothèques populaires : l'Allemagne et l'Angleterre figuraient au premier rang parmi les exposants.

L'exposition des costumes populaires était des plus pittoresques et des plus instructives : ces costumes avaient été envoyés non seulement par les diverses régions de la France, mais aussi par la Suède, la Norvège, la Turquie, la Grèce, la Russie, l'Égypte, la Roumanie, la Prusse, l'Autriche, la République Argentine, la Tunisie, le Japon, le Danemark et le Portugal.

En Allemagne, en Angleterre, aux États-Unis, en France, en Italie, en Suisse, d'importantes entreprises s'étaient fondées en vue de procurer aux ouvriers des habitations économiques et salubres. Nous mentionnerons, pour la France, la cité Jouffroy-Renault à Clichy-la-Garenne, les cités ouvrières de Mulhouse, les maisons de la Société des houillères d'Anzin.

CHAPITRE V.

EXPOSITIONS DE 1871, 1872, 1873 ET 1874 À LONDRES, DE 1873 À VIENNE ET DE 1876 À PHILADELPHIE.

1. Expositions de 1871, 1872, 1873 et 1874 à Londres. — L'Angleterre a inauguré en 1871 une série d'expositions annuelles qui, considérées isolément, n'étaient point universelles, mais qui, dans leur ensemble, devaient présenter ce caractère.

Ces expositions se composaient de deux éléments, l'un fixe, l'autre variable suivant l'année.

L'élément fixe comprenait : 1° les beaux-arts, c'est-à-dire la peinture, la sculpture, la gravure, l'architecture et tous les objets industriels présentés au point de vue de la forme et du dessin plutôt qu'à celui de la fabrication; 2° les inventions scientifiques récentes et les nouvelles découvertes en tous genres. En effet le programme reposait sur deux principes fondamentaux : l'application de l'art à l'industrie et la divulgation des découvertes.

Quant à l'élément variable, il comprenait chaque année un certain nombre d'industries désignées et embrassait leurs matières premières, leur outillage, leurs procédés, leurs produits. On comptait passer ainsi en revue, pendant une période de cinq ans, toutes les branches de l'activité humaine.

L'idée était originale et ingénieuse. En ne réunissant pas l'universalité des industries pour les présenter simultanément au public, il devenait possible de consacrer à chacune d'elles un espace plus considérable et des moyens d'étude plus complets, de les admettre avec tous leurs développements, d'en rendre l'examen plus facile et plus efficace.

L'entreprise était organisée, sous la présidence du prince de Galles, par les commissaires de la Reine qui avaient été préposés en 1851 au premier concours universel international de Londres. Elle avait pour siège des galeries encadrant les magnifiques jardins de la Société royale d'horticulture à South-Kensington.

D'après les règlements, les œuvres d'art, sauf les reproductions d'œuvres anciennes, devaient avoir été exécutées depuis 1862, et aucun artiste ne pouvait exposer plus de deux œuvres dans la même classe. Pour l'industrie, la Commission n'admettait qu'un spécimen de chaque produit.

Le tiers de la superficie totale était réservé aux exposants étrangers.

L'administration prenait à sa charge les frais d'installation, de vitrines, de tables, d'étagères, etc. Mais, en revanche, elle plaçait les objets à son gré, en les groupant par nature et non par nationalité.

Il n'était accordé ni médaille, ni autre récompense.

La première Exposition, celle de 1871, comprit, outre le groupe des beaux-arts et celui des inventions ou découvertes, un groupe de la céramique, de l'industrie des laines, ainsi que du matériel et des méthodes d'enseignement, et un groupe de l'horticulture.

La France avait promis, dès 1870, d'y participer; les commissaires généraux, appelés à la représenter, étaient MM. Ozenne et du Sommerard. Nous avions obtenu l'autorisation d'élever à nos frais des bâtiments spéciaux, afin de conserver à la section française son caractère national et de lui ménager plus d'ampleur, plus d'indépendance, plus de liberté d'allures.

Survinrent les événements de la guerre, puis ceux de l'insurrection communaliste. Nos industries étaient paralysées ou bouleversées; les communications de Paris et d'une partie de la France avec l'Angleterre étaient interceptées. Cependant il fallait prouver que notre pays n'était point mort, qu'il avait encore sa place dans les arts et les productions qui en relèvent, que ses malheurs immérités n'avaient point étouffé son génie artistique et industriel.

Le Gouvernement français, les commissaires généraux, les exposants eux-mêmes, déployèrent en cette occasion un courage patriotique au-dessus de tout éloge. De son côté, l'Angleterre nous prodigua les témoignages et les marques de la plus vive sympathie.

En attendant l'arrivée des œuvres ou objets qui devaient être expédiés de France, M. du Sommerard garnit provisoirement les galeries à l'aide des ressources empruntées aux riches collections anglaises, grâce à l'appui du prince de Galles et de M. Gladstone.

Après l'installation définitive, le catalogue français ne comptait pas moins de 1,151 numéros. Non seulement l'honneur de notre drapeau était sauf, mais notre exposition remportait un succès inespéré. Les exposants obtinrent des résultats inattendus au point de vue des transactions commerciales.

Il ne sera pas sans intérêt de relater ici une innovation due à M. du Sommerard et consistant dans l'ouverture d'un bureau qui fonctionnait gratuitement sous la direction du commissaire général et servait d'intermédiaire entre les artistes ou industriels et le public pour la vente des objets exposés. Ce bureau débarrassait les artistes de soins qui sont souvent pour eux un obstacle et une difficulté, surtout à l'étranger; il rendait le même service aux industriels dont les produits avaient été envoyés à Londres sous le couvert de la Commission française et sans l'entremise d'un correspondant spécial. Son rôle fut unanimement apprécié.

Aux termes des règlements arrêtés par les commissaires de la Reine, des rapports devaient être rédigés avec le concours des délégués des divers pays. Malheureusement la manière dont cette disposition fut exécutée laissa tellement à désirer et provoqua de si vives réclamations que la Commission l'abandonna pour les années suivantes.

Les commissaires généraux de la France, désireux de faire connaître par des comptes rendus impartiaux et compétents les résultats de l'Exposition de 1871, s'adjoignirent à cet effet M. Viollet-le-Duc pour les beaux-arts, M. Gruyer pour les produits industriels présentés au point de vue de la forme et du dessin, M. de Luynes pour la céramique, et M. Focillon pour l'enseignement et les inventions ou découvertes scientifiques. On peut lire encore aujourd'hui avec beaucoup d'intérêt le recueil de ces comptes rendus.

Pour la seconde Exposition, celle de 1872, le groupe industriel se composait des cotons et tissus de coton, de la bijouterie, de la joaillerie, des instruments de musique, des appareils d'acoustique, de la papeterie, de la librairie et de l'imprimerie.

Le nombre des numéros du catalogue français était de 843.

Les résultats obtenus par nos nationaux furent au moins aussi brillants et aussi importants qu'en 1871 : on pourra en juger d'après les rapports de MM. Octave Lacroix, Aimé Girard, de Luynes, Focillon et Georges Masson.

Je me borne à mentionner l'Exposition de 1873. Elle coïncidait avec l'Exposition universelle de Vienne : le Gouvernement français avait décidé de n'y point prendre part, afin de ne rien détourner des œuvres et des produits que la France pouvait envoyer en Autriche.

Les exposants des autres pays et même ceux du Royaume-Uni désertèrent également South-Kensington.

La direction anglaise, qui, malgré les conseils prudents dont elle était entourée, n'avait pas eu la sagesse d'accepter un ajournement, fut dans l'impossibilité de réunir les éléments d'une exposition sérieuse. Elle chercha vainement à attirer les visiteurs par des conférences et des exhibitions de pure curiosité, et subit tout à la fois une perte considérable et un échec presque irrémédiable.

L'Exposition de 1874, c'est-à-dire la quatrième, comprenait, indépendamment du groupe des beaux-arts et du groupe des inventions, les dentelles, le génie civil, le chauffage, les cuirs, la reliure et les vins étrangers.

Notre catalogue comptait 972 numéros. La France avait deux sections particulièrement remarquées : celle de la ville de Paris et celle des monuments historiques.

Néanmoins l'entreprise devait encore échouer. Car la direction, avec laquelle il faut se garder de solidariser les commissaires de la Reine, avait commis une faute de plus, en ne laissant pas aux exposants un délai assez prolongé pour se préparer à une nouvelle exposition après celle de Vienne; en outre, à la suite de graves dissentiments, elle s'était vue privée des jardins de la Société royale d'horticulture, si bien que le public, habitué à jouir de ces superbes jardins, se trouvait désormais cantonné dans les galeries.

Dès les premiers jours de mai, la Commission royale résolut de clore au 31 octobre suivant la série commencée en 1871, au lieu de la poursuivre tout au moins jusqu'en 1875, conformément aux engagements du début.

Les assises de 1874 furent ainsi les dernières : MM. Lafenestre, Baumgart, Michaux et Lix en ont rendu compte dans des rapports très soignés.

J'ai déjà indiqué les causes principales de l'insuccès d'une œuvre qui avait été d'abord si favorablement accueillie et qui méritait sans aucun doute de mieux finir. Il me reste à signaler encore certaines erreurs qui s'étaient glissées dans le programme ou dans sa réalisation.

La Commission anglaise avait fait fausse route en accaparant l'installation des produits, en ne laissant aucune initiative aux exposants, en groupant les objets sans distinction de nationalité : ce qui peut convenir pour un musée est inadmissible pour une exposition artistique et industrielle, où les adhérents doivent conserver leur cachet d'origine et leur personnalité, pour mieux fixer l'attention des visiteurs et recueillir le profit moral ou matériel auquel ils peuvent légitimement prétendre en compensation de leurs peines et de leurs sacrifices. A la vérité, la France et quelques autres nations avaient réussi à se soustraire aux exigences de la Commission anglaise; mais les pays qui n'étaient point dans ce cas n'en souffraient que davantage : les producteurs du Royaume-Uni se sentirent si profondément atteints dans leurs intérêts que plusieurs meetings de protestation furent organisés à Londres sous la présidence du lord-maire et de hauts personnages.

L'expérience montra aussi que la Commission s'était trompée en supprimant les récompenses, ou du moins en n'organisant point un jury compétent pour la rédaction de rapports officiels, dans lesquels les artistes et les industriels les plus méritants auraient vu, faute de mieux, leurs noms et leurs mérites signalés à l'attention publique.

Enfin la direction avait eu le tort très grave d'oublier les égards dus aux pays étrangers, de prendre des décisions qui les intéressaient sans même consulter leurs représentants, et de provoquer par ses allures la retraite de la plupart des commissaires généraux.

2. Exposition de 1873 à Vienne. — L'Exposition ouverte à Vienne le 1er mai 1873 ne se bornait pas, comme celles dont nous venons de retracer sommairement l'historique, au développement des beaux-arts, des arts industriels et d'un nombre restreint d'industries se groupant d'année en année. Elle était universelle; son programme comprenait l'ensemble des produits de l'intelligence et du travail des nations civilisées.

L'organisation en fut confiée, sous le haut patronage de l'empereur d'Autriche et le protectorat de l'archiduc Charles-Louis, à une Commission impériale présidée par l'archiduc Régnier. Le conseiller intime, baron de Schwarz-Senborn, était chargé de la direction générale.

Bien que nous fussions au lendemain de cruels désastres, la France y tint une large place et donna ainsi une preuve consolante de sa vitalité. La participation fut habilement préparée par la Commission supérieure des expositions internationales et par MM. Ozenne et du Sommerard, commissaires généraux.

La classification était la suivante :

Groupe I. Exploitation des mines et métallurgie.

II. Agriculture, culture de la vigne et des arbres fruitiers, horticulture, exploitation et industrie forestière.

Groupe III. Arts chimiques.
IV. Substances alimentaires et de consommation comme produits de l'industrie.
V. Industrie des matières textiles et confections.
VI. Industrie du cuir et du caoutchouc.
VII. Industrie des métaux.
VIII. Bois ouvrés.
IX. Objets en pierre, industrie de la verrerie et de la céramique.
X. Tabletterie, maroquinerie, bimbeloterie.
XI. Industrie du papier.
XII. Arts graphiques et dessins industriels.
XIII. Machines, matériel de transport.
XIV. Instruments de précision et de l'art médical.
XV. Instruments de musique.
XVI. Art militaire.
XVII. Marine.
XVIII. Matériel et procédés du génie civil, des travaux publics et de l'architecture.
XIX. Types de l'habitation bourgeoise, ses dispositions intérieures, sa décoration, son ameublement.
XX. Types de l'habitation rurale, ses dispositions, ses ustensiles et son mobilier.
XXI. L'industrie domestique nationale.
XXII. Représentation de l'influence des musées des beaux-arts appliqués à l'industrie.
XXIII. Objets d'art pour les services religieux.
XXIV. Objets d'art des époques antérieures exposés par des amateurs et des collectionneurs.
XXV. Beaux-arts, œuvres produites depuis l'Exposition universelle de Londres en 1862.
XXVI. Éducation, enseignement, instruction.

Il y avait en outre des sections additionnelles pour l'histoire des inventions, l'histoire de l'industrie, les instruments de musique de Crémone, l'utilisation des déchets, l'histoire des prix, le commerce du monde représenté par des données statistiques et par des échantillons.

Des expositions temporaires étaient réservées aux animaux vivants, aux viandes, aux produits de la laiterie et de la fromagerie, à l'horticulture, aux plantes nuisibles.

Certaines parties de la classification avaient une véritable originalité : je citerai notamment le groupe XXII.

Le groupe XXVI était très complet. Il se subdivisait ainsi :

1° Éducation représentée par tout ce qui se rapporte à l'éducation de l'enfant, à son développement physique et moral, depuis les premiers jours de son existence jusqu'à son entrée à l'école (nourriture de l'enfant, crèches, jardins d'enfants, jeux d'enfants, appareils de gymnastique, etc.);

2° Enseignement représenté par des types, modèles et dessins des bâtiments scolaires et fournitures des écoles, par le matériel d'enseignement, par les ouvrages et les publications périodiques relatives à l'enseignement public, par les descriptions et les illustrations des méthodes d'enseignement, par l'histoire et la statistique des écoles, par leur organisation et leurs règlements (écoles primaires, y compris le matériel pour l'enseignement des aveugles, des sourds-muets et des idiots; écoles secondaires, telles que lycées et écoles professionnelles; écoles des arts et métiers, écoles commerciales, écoles normales et centrales, écoles des ponts et chaussées; universités);

3° Instruction dans son sens plus restreint; formation de l'adulte par les productions de la littérature, les publications périodiques, les bibliothèques privées et publiques, les sociétés et les associations ayant pour but le complément de l'instruction du peuple.

Pour la première fois, la porte était grande ouverte à l'enseignement et à l'éducation, qui ne peut s'en séparer : l'initiative prise à cet effet par la Commission impériale autrichienne restera pour elle un titre à la reconnaissance de tous ceux qu'intéresse le progrès de l'humanité. La culture intellectuelle était représentée sous toutes ses formes et à tous les degrés; la pédagogie se montrait, non seulement par son matériel, c'est-à-dire par ses livres, ses cartes, ses instruments, mais aussi par ses méthodes et ses règlements. Rien de plus rationnel et de plus sage : l'instruction joue un tel rôle et a une telle importance dans la civilisation moderne qu'on ne saurait lui faire une place trop large à côté des produits de l'agriculture et de l'industrie; on ne peut d'ailleurs apprécier les diverses branches de l'enseignement, en les considérant isolément, en rompant les liens si étroits et si intimes qui les unissent les unes aux autres.

L'Exposition occupait un des plus beaux emplacements qu'il fût possible de choisir. Construites dans le parc du Prater, ses galeries se développaient parallèlement au Danube, au milieu d'arbres séculaires et à une distance assez rapprochée de la ville pour la facilité des communications.

Le Palais de l'industrie était formé d'un long transept et de galeries perpendiculaires laissant entre elles de larges cours, qui avaient été mises à la disposition des commissions étrangères et où s'élevaient des pavillons de toute nature, de tout style et de toute forme. Au centre du transept était une immense rotonde de 104 mètres de diamètre, surmontée d'une coupole monumentale, dont le lanterneau atteignait une hauteur de 86 mètres au-dessus du sol. Les dimensions colossales de cette coupole étaient d'un grand effet; cependant la forme conique qui lui avait été donnée manquait un peu de grâce et de souplesse.

Il y avait en outre un vaste bâtiment pour les produits et les machines agricoles, une halle aux machines parallèle au Danube et présentant la même longueur que le Palais principal, enfin un Palais des beaux-arts pourvu d'un excellent éclairage et parfaitement approprié à sa destination.

L'Autriche n'avait reculé devant aucun sacrifice pour recevoir dignement ses hôtes étrangers et pour donner à son entreprise tout l'éclat désirable. Elle y consacra une somme de 58 millions. D'après une note que le Ministère du commerce autrichien a bien voulu me remettre, la surface totale occupée était de 1,834,000 mètres carrés, dont 246,000 mètres de superficie couverte.

Le classement des divers pays était purement géographique; chacun d'eux restait à peu près libre d'utiliser, comme il l'entendait,

2 [illegible]

i [illegible]
l [illegible]
c [illegible]
r [illegible]
s [illegible]

EXPOSITION DE 1873 A VIENNE

l'espace qui lui était assigné. A côté de certains avantages, cette disposition avait le défaut de rendre difficile le rapprochement des produits similaires et l'étude de telle ou telle spécialité déterminée. On se trouvait plutôt en présence d'une série d'expositions distinctes que d'une exposition d'ensemble, méthodique et coordonnée.

Après l'Autriche, qui s'était naturellement réservé la plus large part, les nations les plus favorisées, la France, l'Angleterre et l'Allemagne, avaient obtenu des conditions presque identiques. Les emplacements affectés à la France étaient les suivants :

1° Une section du transept, où étaient placées les industries du bronze, de l'ameublement, de la céramique, de l'orfèvrerie, des étoffes pour meubles, des tapis et des tentures;

2° Trois galeries latérales, consacrées à la bijouterie, à l'horlogerie, à l'arquebuserie, à la librairie, à la papeterie, à la photographie, aux articles de Paris, aux produits de la confection, aux fourrures, aux passementeries, aux dentelles, à la bonneterie, à la chapellerie, aux fleurs artificielles, aux produits chimiques et pharmaceutiques, à la parfumerie, aux instruments de chirurgie, à la coutellerie, aux appareils de précision, à la télégraphie;

3° Trois salles édifiées dans les cours et comprenant l'exposition spéciale de la ville de Paris, celle de l'Administration des travaux publics, la carrosserie, l'exposition de la Chambre de commerce de Lyon, les tissus de Reims, Sedan, Louviers et Elbeuf, les fils et étoffes de toute sorte, les fontes de fer, les bronzes d'art, les produits des fabriques de Tarare, l'exposition du matériel d'éducation préparée par le Ministère de l'instruction publique;

4° Une partie du bâtiment destiné aux produits et aux machines agricoles, où l'on trouvait les substances alimentaires, les vins, l'exposition du Ministère de l'agriculture, les pompes à incendie et des types de machines;

5° Une fraction importante de la salle des machines et du Palais des beaux-arts.

Il n'avait pas été créé de comités spéciaux d'admission en France, pour les produits de l'agriculture et de l'industrie envoyés à l'Exposition de Vienne. Ces produits étaient admis sur l'avis favorable des chambres de commerce et des comités consultatifs d'agriculture, qui avaient reçu tous pouvoirs à cet effet.

Quant aux œuvres d'art, elles étaient soumises à un jury recruté parmi les membres de la Commission des expositions internationales. Leur expédition de Paris à Vienne et leur réexpédition étaient payées par l'État.

Le règlement général arrêté par la Commission impériale autrichienne mettait à la charge des expositions étrangères un droit de location de 10 florins par mètre superficiel dans les galeries du Palais de l'industrie, pour frais de grande installation, de décoration générale, de plafonds et parquets; ces frais étaient acquittés par le Gouvernement français, de telle sorte que nos exposants supportaient seulement les dépenses de transport et d'installations particulières.

Comme aux expositions internationales de Londres en 1871 et 1872, un bureau spécial était organisé dans la section française pour faciliter les relations des exposants avec le public, la vente des œuvres d'art et des produits industriels exposés, ainsi que le recouvrement des fonds.

Le catalogue français comptait : 1° dans les groupes industriels et agricoles, 4,764 exposants, parmi lesquels beaucoup de collectivités, telles que sociétés d'agriculture et autres; 2° dans la section des beaux-arts, 548 exposants, déduction faite des artistes décédés et des membres du jury placés hors concours. Cependant les tableaux statistiques que m'a remis l'administration autrichienne ne portent qu'à 3,911 le nombre total des exposants français.

D'après ces tableaux, il y aurait eu environ 42,000 exposants de toute nationalité (9,104 pour l'Autriche, 3,018 pour la Hongrie, 7,973 pour l'Allemagne, 3,991 pour la France, 3,724 pour l'Italie, 2,180 pour la Turquie, 2,139 pour l'Espagne, 1,828 pour la Grande-Bretagne, 1,353 pour la Russie, 1,243 pour la Roumanie, 1,007 pour la Suède et la Norvège, etc.).

Le nombre des membres du jury international était réglé, pour les pays étrangers comme pour l'Autriche-Hongrie, à raison de 1 par 100 exposants; les jurés autrichiens étaient nommés moitié par le président de la Commission impériale, moitié par le suffrage des exposants de chaque groupe.

Les différents degrés de juridiction étaient les suivants : 1° jurys de section, qui élisaient parmi leurs membres un président et deux vice-présidents; 2° jurys de groupe, dont le président et les vice-présidents étaient nommés par le président de la Commission impériale et qui élisaient leurs rapporteurs; 3° Conseil des présidents, vice-présidents et rapporteurs des jurys de groupe, placé sous la direction d'un président et de vice-présidents dont la nomination appartenait au président de la Commission impériale.

Les jurys de section formulaient leurs propositions de récompenses. Ces propositions étaient examinées par les jurys de groupe, qui statuaient définitivement, sauf pour les diplômes d'honneur, dont l'attribution définitive était réservée au Conseil des présidents.

Pour les groupes industriels ou agricoles, les récompenses étaient le diplôme d'honneur, la médaille de progrès, la médaille de mérite, la médaille de bon goût et le diplôme de mérite; les collaborateurs pouvaient recevoir une médaille dite *de coopération.*

Dans le groupe des beaux-arts, une seule récompense était décernée : la médaille pour l'art.

Les exposants étaient libres de se mettre hors concours.

Les états récapitulatifs dressés par le Ministère du commerce autrichien portent le nombre total des récompenses à 25,552, savoir : 1° dans les sections industrielles et agricoles, 441 diplômes d'honneur, 2,923 médailles de progrès, 8,676 médailles de mérite, 310 médailles de bon goût, 10,066 diplômes de mérite et 2,159 médailles de coopération; 2° dans la section des beaux-arts, 977 médailles. L'Autriche aurait eu 6,158 récompenses, l'Allemagne 5,020, la France 2,975, l'Italie 1,843, la Hongrie 1,638, l'Espagne 1,117, la Grande-Bretagne 1,086, la Russie 990, etc.

Il existe un désaccord entre ces états et les listes officielles du

Commissariat général français, qui attribuait à la France 3,180 récompenses : 1° dans les sections industrielles et agricoles, 86 diplômes d'honneur, 552 médailles de progrès, 960 médailles de mérite, 40 médailles de bon goût, 885 diplômes de mérite, 416 médailles de coopération; 2° dans la section des beaux-arts, 241 médailles.

Quoi qu'il en soit de ce désaccord, la France a remporté un très grand succès.

Du reste, elle n'avait rien négligé pour soutenir le vieux renom français.

L'Assemblée nationale avait libéralement voté un crédit de 1 million 550,000 francs, sur lequel les habiles commissaires généraux purent réaliser une économie de plus de 400,000 francs.

1 croix de grand officier, 3 croix de commandeur, 10 croix d'officier et 52 croix de chevalier de la Légion d'honneur furent distribuées à nos nationaux.

L'Exposition de Vienne a fait grand honneur à l'Autriche-Hongrie.

Malheureusement elle a quelque peu souffert des désastres financiers qui venaient d'affliger la place de Vienne et des craintes qu'inspirait l'épidémie cholérique. Le nombre des visiteurs ne s'en est pas moins élevé à 7,255,000; au jour de plus grande affluence, on a enregistré jusqu'à 139,000 entrées.

Le prix d'entrée était de 50 kreutzers (0 fr. 625) les dimanches et jours de fête, et de 1 florin (2 fr. 50) les autres jours. Il y avait des billets de semaine à 5 florins, ainsi que des billets de saison à 100 florins pour les hommes et à 50 florins pour les femmes.

Les dépenses ont atteint 58,449,000 francs; les recettes n'ont pas dépassé 10,640,000 francs, y compris le produit de la taxe d'emplacement imposée aux exposants. C'est l'État qui a supporté intégralement le déficit.

3. Exposition de 1876 à Philadelphie. — Dès 1871, le Congrès de Washington avait décidé que le centième anniversaire de l'indépendance des États-Unis serait célébré par une Exposition internationale des beaux-arts, de l'industrie, des produits du sol et des mines. Son but était non seulement de fêter la libération du pays, mais aussi de montrer les immenses progrès réalisés par le nouveau monde.

L'Exposition s'ouvrit le 10 mai 1876 à Philadelphie et dura jusqu'au 10 novembre.

C'était une entreprise privée. Cependant le Gouvernement fédéral la couvrait de son patronage officiel : il lui accordait une subvention de 1,500,000 dollars ou 7,500,000 francs (dont la Cour suprême devait réclamer plus tard la restitution); des commissaires, au nombre de 93, étaient désignés par le Président des États-Unis pour représenter les divers États et territoires auprès de la Commission d'organisation et formaient ce que l'on a appelé «la Commission du Centenaire».

La participation française ne pouvait être douteuse. Sans parler des relations commerciales si importantes qui existaient entre les États-Unis et la France, les sentiments de solidarité et de sympathie nés sur les champs de bataille de l'Indépendance étaient trop vivaces pour ne pas déterminer un grand nombre de nos compatriotes à accueillir favorablement l'invitation du Gouvernement américain. On ne saurait trop louer le zèle déployé en cette circonstance par nos deux commissaires généraux, MM. Ozenne et du Sommerard, et par le Comité spécial institué sous la présidence du Ministre de l'agriculture et du commerce. Bien des causes rendaient leur tâche difficile : il suffira de citer l'éloignement de Philadelphie, l'élévation exorbitante du tarif des douanes et les obstacles que ce tarif apportait à la vente de nos produits, l'absence de toute garantie de la part du Gouvernement des États-Unis, les dangers de la contrefaçon, le mauvais vouloir de certaines maisons de commission intéressées à ne pas voir des rapports directs se créer entre la production française et la consommation américaine, enfin des incidents fâcheux qui s'étaient produits à l'Exposition antérieure de New-York. Malgré tout, notre catalogue comptait 1,862 numéros, dont près de 550 pour les beaux-arts.

Les objets et produits étaient répartis entre 340 classes et rattachés à 7 groupes, savoir :

Groupe I. Exploitation des mines et métallurgie.
II. Produits manufacturés.
III. Éducation et sciences.
IV. Beaux-arts.
V. Machines.
VI. Agriculture.
VII. Horticulture.

Quelques détails sur le groupe de l'éducation et des sciences ne seront pas inutiles. Ce groupe était, en effet, très développé : voici la nomenclature et la définition abrégée des classes dont il se composait :

Classe 300. Instruction élémentaire. (Ecoles et jardins d'enfants : arrangements, ustensiles et leur application, mode d'éducation. Écoles publiques, écoles mutuelles : agencement intérieur des cours et bâtiments, costumes d'écoles, cours, méthodes d'instruction, livres, appareils, etc. Travaux d'élèves. Hygiène des élèves.)

Classe 301. Éducation supérieure. Académies et écoles supérieures. (Collèges et universités : bâtiments, bibliothèques, livres; musées de géologie, de botanique, de minéralogie, d'art et d'archéologie; appareils de démonstration et de recherche; cours gradués de mathématiques, de physique, de chimie et d'astronomie; gymnases.)

Classe 302. Écoles professionnelles. (Théologie. Droit. Médecine et chirurgie; art dentaire; pharmacie. Écoles des mines, des ponts et chaussées, d'agriculture et des arts mécaniques. Écoles de dessin industriel. Écoles militaires, navales, normales, commerciales. Écoles de musique.)

Classe 303. Institutions pour l'instruction des aveugles, des sourds-muets et des idiots.

Classe 304. Rapports et statistiques sur l'éducation.

Classe 305. Bibliothèques.

Classe 306. Livres d'éducation, etc. (Dictionnaires, encyclopédies, littérature en général, journaux et autres publications périodiques, almanachs, indicateurs, livres d'adresses, etc.)

Classe 310. Institutions fondées pour l'accroissement et la propagation des sciences. (Institut de Smithson, Institut royal, Institut de France, Association britannique, Association américaine, etc. : organisation, histoire et résultats.)

Classe 311. Sociétés scientifiques et d'éducation. (Sociétés géologiques et minéralogiques; sociétés techniques et professionnelles; sociétés d'ingénieurs; écoles de beaux-arts, de biologie, de zoologie et de médecine; observatoires astronomiques.)

Classe 312. Musées. (Collections; galeries de beaux-arts; musées des sciences et des arts; expositions; concours agricoles.)

Classe 313. Musique et art dramatique.

Classe 320. Instruments de précision. (Physique, astronomie, géodésie, arpentage, nivellement, marine, météorologie.)

Classe 321. Appareils d'indication et d'enregistrement, autres que ceux de météorologie.

Classe 322. Poids et mesures.

Classe 323. Appareils chronométriques.

Classe 324. Instruments et appareils d'optique.

Classe 325. Appareils électriques.

Classe 326. Matériel télégraphique et applications.

Classe 327. Instruments de musique et appareils d'acoustique.

Classe 330. Génie civil; ponts et chaussées; cadastre.

Classe 331. Génie industriel. (Construction et travail des machines; modèles de manufactures et établissements métallurgiques.)

Classe 332. Chemins de fer. (Tracé, construction et administration.)

Classe 333. Génie militaire.

Classe 334. Art naval.

Classe 335. Plans topographiques.

Classe 340. Éducation physique. (Chambre de nourrice et ses accessoires. Gymnases; jeux et sports de l'âge adulte. Patinage, courses gymnastiques, jeu de paume, exercices acrobatiques, pêche, chasse, etc.)

Classe 341. Alimentation. (Marchés. Préparation et distribution des aliments.)

Classe 342. Habitation. (Conditions et règlements de salubrité. Dispositions intérieures. Bon marché combiné avec les conditions essentielles de santé et de confort. Constructions à l'épreuve du feu. Hôtels, clubs, etc. Bains publics.)

Classe 343. Systèmes commerciaux. (Méthodes et formes commerciales. Comptoirs et bureaux. Banques. Caisses d'épargne et institutions de crédit. Assurances contre l'incendie, sur la vie et maritimes. Organisations commerciales, chambres de commerce, bourses. Corporations commerciales et manufacturières.

Chemins de fer et autres compagnies de transport. Sociétés de construction et de location.)

Classe 344. Monnaies. (Frappe. Collections. Médailles et jetons. Billets de banque et autres papiers. Garantie de payement, stocks, bons, gages, hypothèques, annuités. Précautions contre le faux monnayage et l'altération des monnaies.)

Classe 345. Gouvernement et lois. (Systèmes de gouvernement. Divisions gouvernementales : revenus et impôts; organisation militaire, pouvoir exécutif; forme et pouvoirs législatifs; systèmes et fonctions judiciaires; organisation de la police; assistance publique. Droit international; droit des gens; services diplomatique et consulaire; droit administratif; naturalisation. Codes. Gouvernement municipal. Protection de la propriété industrielle. Système postal. Punition des crimes.)

Classe 346. Assistance publique. Hôpitaux. (Hôpitaux et hospices de toute nature. Asiles. Maisons de refuge. Dispensaires. Sociétés de protection pour les enfants, pour les émigrants. Quarantaines. Sociétés protectrices des animaux.)

Classe 347. Sociétés coopératives. (Sociétés politiques. Trade-Unions et sociétés ouvrières. Sociétés industrielles. Sociétés secrètes et fraternelles.)

Classe 348. Religion. Organisation des cultes. (Religions et confessions diverses. Sociétés et ordres religieux. Sociétés et organisations pour la propagation des religions par la voie des missionnaires. Sociétés bibliques. Sociétés de brochures pieuses. Systèmes et méthodes d'instruction religieuse et d'éducation de la jeunesse. Écoles du dimanche. Distribution de secours, taxes d'église, etc.)

Classe 349. Expositions artistiques et industrielles. (Concours agricoles; expositions; congrès, etc.)

Je ne donne pas ce programme comme un modèle irréprochable. Le champ en est un peu vaste et les limites en sont imparfaitement tracées; l'instruction et la science proprement dite n'y sont pas suffisamment isolées; on aurait pu en éliminer certains éléments, qui eussent gagné à prendre place dans d'autres groupes ou à faire l'objet de groupes spéciaux.

Néanmoins, tel qu'il a été conçu, le plan du groupe III témoigne d'une grande hauteur de vues; il montre combien les organisateurs de l'Exposition de Philadelphie avaient le sentiment de ce qui fait la valeur de l'homme et la grandeur des peuples, avec quel soin ils traitaient les questions d'enseignement théorique ou pra-

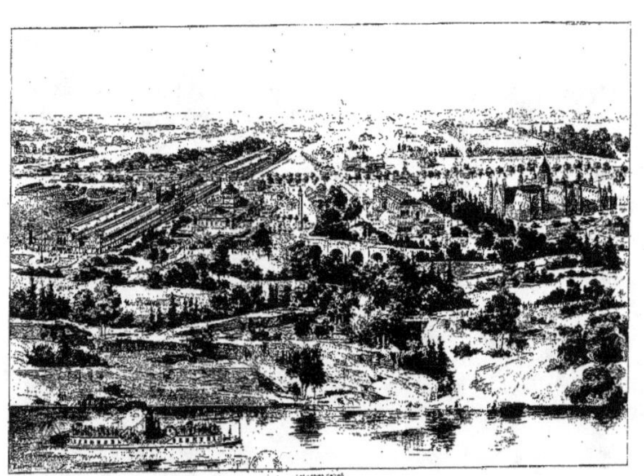

EXPOSITION DE 1876 À PHILADELPHIE

[illegible]

tique, et celles d'éducation physique, intellectuel ou moral, à tous les âges de la vie comme dans toutes les classes sociales.

L'Exposition fut installée dans le parc de Fairmount et y occupa 1,150,000 mètres carrés.

Les bâtiments couvraient 289,000 mètres carrés et comprenaient notamment : 1° un Palais pour les mines, la métallurgie, les produits manufacturés, l'éducation et les sciences (82,000 mètres carrés); 2° une galerie pour les beaux-arts (6,000 mètres carrés); 3° une galerie pour les machines (57,000 mètres carrés); 4° un Palais pour l'agriculture (35,000 mètres carrés); 5° un pavillon pour l'horticulture (5,000 mètres carrés).

Le Palais des mines, de la métallurgie et de l'éducation affectait la forme d'un rectangle de 573 mètres de longueur sur 142 mètres de largeur. Des portes monumentales et des tours coupaient les grandes lignes de l'édifice.

Des frais considérables avaient été faits pour la galerie des beaux-arts. Malgré ses dimensions restreintes, cette galerie coûtait presque autant que le Palais principal. Un grand dôme en ornait le centre et s'élevait à 46 mètres de hauteur.

La durée de l'Exposition fut de six mois (10 mai au 10 novembre).

Je n'ai pas trouvé l'indication exacte du nombre total des exposants : ce nombre devait être de près de 27,000.

Comme je l'ai déjà dit, le catalogue français comptait 1,862 numéros, dont près de 550 pour les beaux-arts; les objets exposés appartenaient à 1,377 exposants, sur lesquels plus de 280 peintres, sculpteurs, graveurs ou architectes.

Seules, les œuvres d'art étaient transportées aux frais de l'État, après avis de comités d'admission recrutés parmi nos artistes les plus éminents. Les autres exposants supportaient la charge du double transport, comme celle des vitrines, étagères, comptoirs, etc.; l'emplacement leur était livré gratuitement par l'administration américaine.

J'ai fait précédemment allusion au tarif exorbitant des douanes. Les objets entraient bien en franchise sur le territoire des États-Unis; mais ils ne pouvaient être vendus que moyennant payement préalable des droits. Le fisc avait même exigé tout d'abord des exposants qui voulaient disposer de leurs produits la consignation préalable de la taxe sur l'intégralité de leur exposition, et il n'avait renoncé à cette prétention excessive que contraint et forcé par les réclamations les plus pressantes. Il était en outre interdit d'introduire des duplicata.

Dans de telles conditions, on comprend que les transactions commerciales aient été presque nulles et que nos nationaux aient dû ramener en France la plus grande partie de leurs produits : pour les beaux-arts, par exemple, la vente ne dépassa pas 35,000 francs, alors que l'assurance contre les risques maritimes accusait une valeur totale de 3,200,000 francs.

En présence de dispositions si peu hospitalières, les grandes fabriques de l'Angleterre, aussi bien que de nombreux industriels appartenant à toutes les nationalités, n'hésitèrent pas à afficher leurs prix de revient, de manière à éclairer les consommateurs américains sur les effets du régime douanier de leur pays et à provoquer un mouvement d'opinion en faveur de l'abaissement de ce tarif.

Le jury comprenait 250 jurés, moitié américains, moitié étrangers; les membres américains étaient désignés par la Commission du Centenaire, et les membres étrangers par les commissions des divers pays.

La France ne put avoir que 15 jurés, et ses représentants ne furent point admis à défendre leurs nationaux dans les classes autres que celles auxquelles ils étaient officiellement attachés.

Il n'y eut qu'une catégorie de récompenses, consistant en un diplôme avec médaille de bronze et extrait du rapport du jury.

Les jurés étrangers étaient partis et la distribution des récompenses avait eu lieu, lorsque la Commission du Centenaire créa, sous le titre de *jury d'appel*, un comité de revision uniquement composé de membres américains, dont quelques-uns n'avaient même pas participé aux travaux du jury international. Cette décision, si peu justifiable, était fondée sur le motif spécieux qu'un grand nombre d'exposants n'avaient pas été soumis à l'examen; en fait, elle rouvrait la discussion sur tous les jugements antérieurs : car les exposants étaient admis à formuler leurs plaintes sur l'appréciation dont ils avaient été l'objet. De nombreuses récompenses furent ainsi attribuées, après coup, par la Commission du Centenaire; des retranchements furent en revanche opérés dans les listes primitives.

On conçoit les plaintes légitimes que provoqua un pareil procédé, dû sans doute à un défaut d'expérience. Quels que soient les sentiments d'équité auxquels la Commission du Centenaire ait obéi, quelles qu'aient été l'intégrité, l'honorabilité et la compétence des membres du jury d'appel, les États-Unis n'auraient pas dû, après avoir appelé les hommes les plus distingués, les plus experts, les plus savants de tous les pays, faire reviser leurs opérations par un comité ne présentant plus dans sa composition les garanties voulues.

Le nombre définitif des récompenses décernées aux exposants français fut de 653.

2 croix d'officier et 25 croix de chevalier de la Légion d'honneur furent accordées à nos nationaux les plus méritants.

Le nombre total des entrées a été de 10,165,000, dont 8,050,000 entrées payantes.

Le jour où l'affluence des visiteurs semble avoir été la plus grande a été celui de la fête de l'Indépendance : il y a eu, à cette date, 51,700 entrées payantes et 9,100 entrées non payantes.

Les dépenses ont dépassé 40 millions de francs : elles ont été plus que couvertes par les allocations du Congrès, des États ou des villes, par les dons ou souscriptions et par les recettes.

La France a consacré à sa participation la somme de 490,000 fr., non compris le crédit de 100,000 francs affecté aux délégations ouvrières, ni les frais des missions spéciales.

Des rapports remarquables ont été publiés par les jurés français;

les bons citoyens qui sont allés ainsi défendre le drapeau de notre pays, au prix des plus extrêmes fatigues, ont droit à la reconnaissance publique.

Je dois signaler aussi le beau rapport de la Commission française chargée, sous la présidence de M. Buisson, d'étudier l'Exposition de Philadelphie au point de vue de l'instruction primaire.

CHAPITRE VI.

EXPOSITION DE 1878 À PARIS.

1. Organisation et résultats généraux. — Ce ne fut pas sans quelques hésitations que les pouvoirs publics décidèrent l'ouverture d'une Exposition universelle internationale à Paris pendant l'année 1878.

Lorsque la question fut soulevée, nous étions presque au lendemain des cruels événements de 1870 et 1871. La guerre, l'invasion allemande, la mutilation du territoire, l'indemnité écrasante exigée par le vainqueur, la lutte fratricide de la Commune, la rigueur inévitable des mesures de répression prises contre les insurgés, avaient jeté sur la France un voile de deuil et de tristesse. Le moment était-il venu de soulever ce voile et de convier le monde à des fêtes publiques? Fallait-il donner aux autres peuples le spectacle de nos monuments encore en ruine: des Tuileries, de l'Hôtel de Ville, du palais du quai d'Orsay? Ne valait-il pas mieux se recueillir plus longtemps et attendre la reconstitution complète de nos forces matérielles, de notre armée, de nos ouvrages de défense? Était-il sage et patriotique d'organiser un grand concours international, dans lequel la grande famille française se présenterait sans l'Alsace et la Lorraine, où ces deux provinces auraient la douloureuse obligation d'arborer le pavillon germanique, si elles ne préféraient s'abstenir, et qui donnerait ainsi une consécration nouvelle au démembrement de la France? Quel accueil les États monarchiques réserveraient-ils à l'invitation de notre jeune République, dont à l'intérieur même l'existence était ouvertement combattue par les partisans des anciens régimes?

Malgré tout, le Gouvernement pensa, et on doit lui en savoir gré, que la France ne devait point s'enfermer dans un isolement et un recueillement indéfinis, qu'elle ne pouvait abandonner sa mission séculaire dans l'œuvre du progrès et de la civilisation, qu'il importait, après tant de malheurs immérités, de la montrer toujours vivante, sérieuse, active, intelligente et laborieuse.

L'épreuve n'était pas sans périls; mais, si nous la subissions avec succès, comme il était permis de l'espérer, le pays était appelé à en retirer un grand profit moral et matériel.

Deux décrets des 4 et 13 avril 1876 annoncèrent en conséquence qu'une Exposition universelle des produits agricoles ou industriels et des beaux-arts aurait lieu à Paris du 1er mai au 31 octobre 1878, et que toutes les nations y seraient admises.

Les mesures préparatoires furent élaborées par la Commission supérieure des expositions internationales.

Pour des raisons analogues à celles qui avaient déjà prévalu lors des expositions antérieures, le Gouvernement ne crut pas devoir abandonner l'entreprise à l'initiative privée. Il n'eut même pas recours à la combinaison d'une société de garantie, comme en 1867. Conformément à ses propositions, une loi du 29 juillet 1876 laissa à la charge de l'État l'intégralité des risques financiers : le Trésor devait faire face aux dépenses, sauf un concours de 6 millions demandé à la ville de Paris, et encaisser les recettes de toute nature; le déficit de 10 millions était considéré comme devant être plus que couvert par la plus-value des impôts et par la diminution des sommes à verser entre les mains des concessionnaires de chemins de fer, au titre de la garantie d'intérêt.

La haute direction était confiée à un éminent ingénieur, M. Krantz, investi des fonctions de commissaire général et secondé par d'habiles chefs de service, dont les principaux étaient M. Duval pour les travaux, M. Dietz-Monnin pour la section française, M. Berger pour les sections étrangères et M. Tisserand pour l'agriculture.

La tâche était difficile, eu égard aux circonstances et surtout à la brièveté du délai dont on disposait : le commissaire général et ses collaborateurs s'en acquittèrent à leur honneur et firent preuve d'un incomparable talent d'organisation.

La classification adoptée fut la suivante :

Groupe I. — *Œuvres d'art* (postérieures au 1er mai 1867).

Classe 1. Peintures à l'huile.
2. Peintures diverses et dessins.
3. Sculptures et gravures sur médailles.
4. Dessins et modèles d'architecture.
5. Gravures et lithographies.

Groupe II. — *Éducation et enseignement; matériel et procédés des arts libéraux.*

Classe 6. Éducation de l'enfant; enseignement primaire; enseignement des adultes.
7. Organisation et matériel de l'enseignement secondaire.
8. Organisation, méthodes et matériel de l'enseignement supérieur.
9. Imprimerie et librairie.
10. Papeterie, reliure; matériel des arts de la peinture et du dessin.
11. Application usuelle des arts du dessin et de la plastique.
12. Appareils et épreuves de photographie.
13. Instruments de musique.
14. Médecine, hygiène et assistance publique.
15. Instruments de précision.
16. Cartes et appareils de géographie et de cosmographie.

Groupe III. — *Mobilier et accessoires.*

Classe 17. Meubles à bon marché et meubles de luxe.
18. Ouvrages du tapissier et du décorateur.
19. Cristaux, verrerie et vitraux.
20. Céramique.
21. Tapis, tapisseries et autres tissus d'ameublement.
22. Papiers peints.
23. Coutellerie.
24. Orfèvrerie.
25. Bronzes d'art, fontes d'art diverses, métaux repoussés.
26. Horlogerie.
27. Appareils et procédés de chauffage et d'éclairage.

Classe 28. Parfumerie.
29. Maroquinerie, tabletterie et vannerie.

Groupe IV. — *Tissus, vêtement et accessoires.*

Classe 30. Fils et tissus de coton.
31. Fils et tissus de lin, de chanvre, etc.
32. Fils et tissus de laine peignée.
33. Fils et tissus de laine cardée.
34. Soies et tissus de soie.
35. Châles.
36. Dentelles, tulles, broderies et passementeries.
37. Articles de bonneterie et de lingerie; objets accessoires du vêtement.
38. Habillement des deux sexes.
39. Joaillerie et bijouterie.
40. Armes portatives; chasse.
41. Objets de voyage et de campement.
42. Bimbeloterie.

Groupe V. — *Industries extractives; produits bruts et ouvrés.*

Classe 43. Produits de l'exploitation des mines et de la métallurgie.
44. Produits des exploitations et des industries forestières.
45. Produits de la chasse; produits, engins et instruments de la pêche et des cueillettes.
46. Produits agricoles non alimentaires.
47. Produits chimiques et pharmaceutiques.
48. Procédés chimiques de blanchiment, de teinture, d'impression et d'apprêt.
49. Cuirs et peaux.

Groupe VI. — *Outillage et procédés des industries mécaniques.*

Classe 50. Matériel et procédés de l'exploitation des mines et de la métallurgie.
51. Matériel et procédés des exploitations rurales et forestières.
52. Matériel et procédés des usines agricoles et des industries alimentaires.
53. Matériel des arts chimiques, de la pharmacie et de la tannerie.
54. Machines et appareils de la mécanique générale.
55. Machines-outils.
56. Matériel et procédés du filage et de la corderie.

Classe 57. Matériel et procédés du tissage.
58. Matériel et procédés de la couture et de la confection des vêtements.
59. Matériel et procédés de la confection des objets de mobilier et d'habitation.
60. Matériel et procédés de la papeterie, des teintures et des impressions.
61. Machines, instruments et procédés usités dans divers travaux.
62. Carrosserie et charronnage.
63. Bourrellerie et sellerie.
64. Matériel des chemins de fer.
65. Matériel et procédés de la télégraphie.
66. Matériel et procédés du génie civil, des travaux publics et de l'architecture.
67. Matériel de la navigation et du sauvetage.
68. Matériel et procédés de l'art militaire.

GROUPE VII. — *Produits alimentaires.*

Classe 69. Céréales; produits farineux avec leurs dérivés.
70. Produits de la boulangerie et de la pâtisserie.
71. Corps gras et alimentaires, laitages et œufs.
72. Viandes et poissons.
73. Légumes et fruits.
74. Condiments et stimulants; sucres et produits de la confiserie.
75. Boissons fermentées.

GROUPE VIII. — *Agriculture et pisciculture.*

Classe 76. Spécimens d'exploitations rurales et d'usines agricoles.
77. Chevaux, ânes, mulets, etc.
78. Bœufs, buffles, etc.
79. Moutons, chèvres, etc.
80. Porcs, lapins, etc.
81. Oiseaux de basse-cour.
82. Chiens.
83. Insectes utiles et insectes nuisibles.
84. Poissons, crustacés et mollusques.

GROUPE IX. — *Horticulture.*

Classe 85. Serres et matériel de l'horticulture.
86. Fleurs et plantes d'ornement.

Classe 87. Plantes potagères.
88. Fruits et arbres fruitiers.
89. Graines et plants d'essences forestières.
90. Plantes de serre.

Cette classification était en grande partie calquée sur celle de 1867. Néanmoins elle comportait certaines modifications importantes.

Trois classes étaient consacrées, dans le groupe II, au matériel et aux procédés de l'enseignement à tous les degrés. En effet, le succès des expositions pédagogiques de Vienne et de Philadelphie, et les progrès considérables accomplis depuis 1867 dans l'organisation de l'enseignement public, commandaient d'attribuer aux choses de l'éducation une place plus large que dans les expositions françaises antérieures.

La médecine, l'hygiène et l'assistance publique, qui ont des relations si étroites avec l'éducation, faisaient aussi l'objet d'une classe distincte dans le groupe II.

Le groupe X de 1867, c'est-à-dire celui des objets destinés à améliorer la condition physique et morale de la population, était supprimé : le commissaire général, la Commission supérieure et le Ministre considéraient ce groupe comme faisant double emploi avec les autres éléments de l'Exposition et comme affirmant des distinctions sociales incompatibles avec l'état des mœurs et le régime républicain. Mais, en le supprimant, l'administration n'élimina point les objets et produits dont il s'était composé dans l'exposition précédente. L'enseignement des enfants et des adultes fut reporté au groupe II; les meubles et les habitations à bon marché passèrent aux groupes III et VI; les produits et l'outillage de la petite industrie furent placés à côté des produits et de l'outillage des grandes maisons : on adopta même, en faveur des chefs ouvriers pauvres, des dispositions exceptionnelles et très libérales.

Nous avons vu qu'en 1867, sous le nom de *galerie de l'histoire du travail*, on avait constitué au Champ de Mars une collection d'objets anciens classés méthodiquement par époques et par nationalités, et que cette collection avait obtenu un légitime succès.

En 1878, plus encore qu'en 1867, l'attention du public se portait avec ardeur vers l'étude du passé. Les penseurs voulaient pénétrer les mystères des civilisations éteintes, remonter le courant des siècles jusqu'aux temps les plus reculés, franchir les étapes successives que l'homme avait parcourues depuis ses origines.

Il était cependant impossible de copier l'œuvre de l'exposition précédente et d'en conserver le cadre. L'administration organisa une exposition historique de l'art ancien : son but était non seulement de satisfaire la curiosité des visiteurs, mais aussi de mettre sous les yeux des artistes et des ouvriers les meilleurs modèles qui nous aient été légués par nos devanciers, de développer le goût et le sentiment esthétique, de contribuer aux progrès des industries d'art, comme la joaillerie, la bijouterie, l'ameublement, la céramique, etc. Le programme comprenait les subdivisions suivantes : 1° art primitif et antiquités des Gaules; 2° sculpture antique, du moyen âge, de la Renaissance; glyptique; 3° céramique : moyen âge, Renaissance; faïences, porcelaines; 4° manuscrits, livres incunables, dessins; reliures; 5° armes et armures; 6° numismatique gauloise et du moyen âge; médaillons; sigillographie; 7° orfèvrerie, ivoires, cristaux, bijoux; 8° ameublement, étoffes, tapisserie; 9° ethnographie des peuples étrangers à l'Europe; 10° instruments anciens de musique.

Les objets d'art de l'Europe étaient autant que possible classés par ordre chronologique; pour les objets ethnographiques relatifs aux autres pays, le classement était opéré dans l'ordre géographique.

Jamais on ne vit pareille réunion de splendeurs artistiques.

Une très intéressante exposition de portraits nationaux historiques, comprenant plus de 900 œuvres (peintures, sculptures, tapisseries, émaux, dessins, etc.), fut également adjointe à la section des beaux-arts. Le concours des municipalités, des autorités diocésaines, des collectionneurs et des descendants de familles illustres, permit de la former sans rien distraire des musées du Louvre et de Versailles.

La Société d'anthropologie de Paris prit l'initiative d'une exposition internationale des sciences anthropologiques; elle obtint tout à la fois un grand succès scientifique et un réel succès de curiosité.

Une autre exposition, pleine de féconds enseignements, était celle des ressources des ports de commerce français : on y voyait les dispositions de nos ports, leur aménagement, leur outillage de manutention, leurs relations soit avec l'étranger, soit avec l'intérieur du pays, les éléments de leur fret d'entrée ou de sortie, etc.

Je dois encore mentionner l'exposition des eaux minérales françaises, destinée à faire connaître les richesses hydrothermales de la France et à fournir des données complètes sur la recherche de ces eaux, leur captage, leur composition chimique, leur conservation et leur emploi.

Les auditions musicales furent organisées avec plus de soin et de développements qu'en 1867; ce fut un grand attrait, en même temps qu'un hommage au rôle si considérable de la musique dans la civilisation moderne.

Nous en aurions fini avec les éléments constitutifs de l'Exposition de 1878, s'il n'était nécessaire de dire quelques mots de l'exposition ouvrière.

Au début, les ouvriers désireux d'appeler l'attention sur les œuvres qu'ils étaient capables de produire par eux-mêmes, sans l'intervention des patrons, avaient demandé le privilège d'exposer en dehors des classes, c'est-à-dire de créer une exposition dans l'Exposition. On jugea impossible de les soustraire ainsi à la règle commune; néanmoins, afin d'affirmer ses intentions bienveillantes, l'administration prit à son compte tout ou partie des frais d'installation, pour les petits producteurs qui ne disposaient pas des ressources suffisantes et qui méritaient une pareille faveur.

Cette mesure ne satisfit point les chambres syndicales : une exposition ouvrière distincte fut organisée par elles, en dehors de l'Exposition générale, avec un subside de 100,000 francs prélevé sur le budget de l'État, du département de la Seine et de la ville de Paris.

A côté de l'exposition des produits de l'activité humaine, l'administration ouvrit à la pensée un autre champ de manifestation sous forme de congrès et conférences. Elle confia l'étude et l'exécution du programme à un comité qu'elle sut recruter parmi les hommes les plus célèbres et les plus compétents.

Il y eut une série de congrès et de conférences pour chacun des groupes de l'Exposition, ainsi que pour l'économie politique, les sciences économiques, le droit administratif, le droit industriel et le droit international.

L'idée n'était pas absolument nouvelle : les expositions de 1867 et de 1873 l'avaient vu éclore; mais jamais elle n'avait reçu une aussi large application.

Tels étaient les principaux éléments constitutifs de l'Exposition universelle internationale de 1878.

Je dois maintenant rappeler, comme je l'ai fait pour les expositions antérieures, les règles auxquelles était subordonnée l'admission des objets et produits à exposer.

L'admission des œuvres d'art françaises était prononcée par un jury composé, pour un tiers, de membres de l'Académie des beaux-arts, pour un autre tiers, de membres élus, et enfin, pour le dernier tiers, de membres désignés par l'administration. Le corps électoral comprenait tous les artistes français membres de l'Institut, décorés de la Légion d'honneur pour leurs œuvres, ou ayant obtenu soit une médaille, soit le prix du Salon aux expositions précédentes, soit le grand prix de Rome. Quant aux œuvres d'art étrangères, l'admission en fut, comme pour tous les autres objets et de même qu'en 1867, remise aux soins des commissaires des divers pays.

Pour les produits industriels et agricoles français, les demandes d'admission étaient soumises à des comités de classe, dont les membres furent désignés par le Ministre de l'agriculture et du commerce et par le Ministre de l'instruction publique. Les comités départementaux étaient maintenus; leur mission consistait : 1° à faire connaître les règlements de l'Exposition; 2° à signaler les principaux artistes, agriculteurs et manufacturiers, dont l'admission leur semblait désirable; 3° à provoquer les expositions des produits agricoles et horticoles de leur département; 4° à encourager et à organiser, s'il y avait lieu, le groupement collectif des produits d'une même classe. Les groupements de cette nature constituèrent l'une des plus heureuses innovations de l'Exposition de 1878.

Dix comités spéciaux étaient chargés de préparer l'exposition historique de l'art ancien dans tous les pays et de l'ethnographie des peuples étrangers à l'Europe.

Des dispositions auxquelles je ne crois pas devoir m'arrêter ici étaient également prises pour les autres expositions spéciales.

Aucun loyer n'était exigé des exposants; les frais d'installation demeuraient à leur charge. L'enceinte de l'Exposition était érigée en entrepôt réel des douanes pour les produits étrangers.

Plusieurs emplacements avaient été proposés en dehors de Paris pour l'Exposition de 1878 : je citerai notamment Vincennes, Courbevoie et le bois de Boulogne. Mais il était impossible, aussi bien pour la population parisienne que pour les étrangers, d'abandonner ainsi l'enceinte de la capitale.

Ce fut encore le Champ de Mars qui obtint la préférence, avec adjonction du Trocadéro, du quai d'Orsay jusqu'au pont de l'Alma, et de la partie de l'esplanade des Invalides comprise entre le quai et la rue Saint-Dominique.

Le Palais principal était établi au Champ de Mars. Il affectait la forme d'un rectangle de 706 mètres de longueur, dans le sens perpendiculaire à la Seine, et de 350 mètres, dans le sens parallèle au fleuve. L'administration n'avait pas cru devoir reproduire le plan de 1867, qui était à la vérité très rationnel, mais qui présentait le grave défaut de compliquer la construction, de créer de réelles difficultés pour les transmissions de mouvement, et de laisser, lors de la démo-

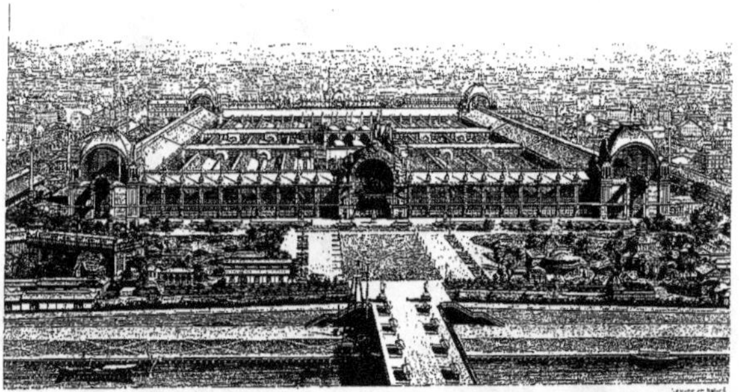

EXPOSITION DE 1878 À PARIS.. PALAIS DU CHAMP DE MARS

lition, une ossature métallique assez peu facile à utiliser et à vendre : d'ailleurs la variété est une nécessité impérieuse pour les expositions successives, et cette raison, à défaut d'autres, eût suffi pour faire écarter les dispositions de 1867. Toutefois, en substituant les formes rectilignes aux formes courbes, les auteurs du projet avaient entendu respecter autant que possible le mode de répartition des objets exposés : cette répartition devait être faite de telle sorte qu'il suffît de cheminer longitudinalement pour rencontrer toutes les classes d'un même groupe ou transversalement pour voir tous les groupes d'un même pays.

La galerie des beaux-arts occupait le grand axe de l'édifice. Elle comprenait une série de pavillons de 25 mètres de largeur; des passages découverts de 18 mètres de largeur l'isolaient du reste de l'édifice. En traversant le bâtiment à partir d'une de ces cours, on trouvait successivement trois galeries de 25 mètres de portée, avec passages intermédiaires de 5 mètres de largeur, le grand hall des machines d'une ouverture de 35 mètres, une galerie de 12 mètres et une véranda de 5 mètres. La partie voisine de l'avenue de La Bourdonnais était réservée à la France et la partie voisine de l'avenue de Suffren aux pays étrangers. Du côté de l'École militaire et du côté de la Seine, l'édifice était limité par deux galeries de 25 mètres qui, à leur rencontre avec les halls des machines, formaient quatre vastes salles recouvertes par des dômes : la galerie de La Motte-Picquet était affectée au travail manuel.

Les tranches du Palais réservées aux nations étrangères étaient fermées, vers le passage découvert qui isolait les beaux-arts du reste de l'Exposition, par des façades caractérisant l'architecture des pays. Ainsi fut constituée la *rue des Nations*, si curieuse, si intéressante et si instructive.

Sur les hauteurs du Trocadéro, MM. Davioud et Bourdais, architectes, furent chargés de construire un autre palais faisant face au premier. Ce second palais, dont l'État avait espéré obtenir la reprise par la ville de Paris et qui était pour ce motif établi à titre définitif, comprenait : 1° au centre, une grande salle à peu près circulaire pouvant recevoir 5,000 à 6,000 personnes et destinée aux fêtes, aux concerts, aux grandes solennités; 2° deux hautes tours flanquant cette salle; 3° deux ailes courbes, tournant leur concavité vers la Seine et formant une longue galerie de 13 mètres environ de largeur, avec portique de 5 mètres. En avant était une cascade monumentale avec de puissants motifs de décoration. Le Palais du Trocadéro reçut l'exposition historique de l'art ancien et celle des portraits nationaux; il servit en outre aux auditions musicales, ainsi qu'aux congrès et conférences.

Entre les deux palais se développait un parc à cheval sur la Seine.

De nombreuses annexes s'élevaient, soit dans le parc, soit dans les espaces disponibles entre le Palais du Champ de Mars et les avenues de La Motte-Picquet, de Suffren et de La Bourdonnais.

Les expositions des ports de commerce, de la navigation, du sauvetage et des pompes étaient installées sur la berge de rive gauche de la Seine; celle de l'agriculture l'était sur le quai d'Orsay entre le Champ de Mars et le pont de l'Alma; enfin celle des animaux vivants avait pris place sur l'esplanade des Invalides.

L'installation des produits français fut confiée à des comités spéciaux composés, pour moitié, de membres choisis par le Ministre dans les comités d'admission, et pour l'autre moitié, de membres élus par les exposants de la classe. Ce mode de recrutement mixte assurait le respect des décisions prises pour la répartition des espaces et maintenait les comités d'installation dans un état suffisant de dépendance vis-à-vis de l'administration, en même temps qu'il en faisait les mandataires autorisés des exposants.

Quant à l'installation des produits étrangers, elle fut laissée à l'initiative et aux soins des commissaires représentant les divers pays.

L'Exposition ouvrit le 1er mai; elle ne fut toutefois en plein fonctionnement que le 20 du même mois. La fermeture, qui avait été tout d'abord fixée au 31 octobre, fut reportée au 10 novembre.

Sur les 36 gouvernements invités officiellement, 35 avaient fait un

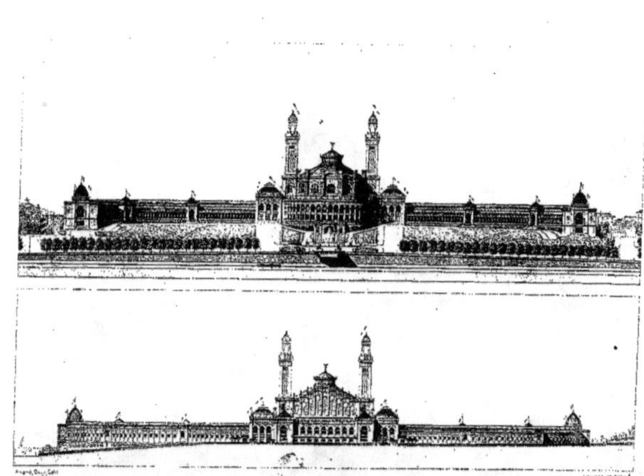

EXPOSITION DE 1878 À PARIS _ PALAIS DU TROCADÉRO

PALAIS ET PARC DU TROCADÉRO

[illegible] Il y avait, comme [illegible]

[illegible] degrés de [illegible]

[illegible] résulte [illegible] ayant [illegible]

[illegible] le groupe [illegible] pas [illegible] sur [illegible]

[illegible] de la [illegible]

[illegible] la [illegible]

[illegible]

[illegible] comme [illegible]

[illegible] les indications données [illegible]

accueil favorable à cette invitation. Seul, le Cabinet de Berlin avait cru devoir la décliner et interdire toute exposition allemande : plus tard, il s'était décidé à lever l'interdit pour le groupe I, mais sous la condition expresse que les œuvres envoyées d'Allemagne resteraient en dehors de la distribution des récompenses.

Le nombre total des exposants fut de 52,835, chiffre peu différent de celui de 1867. La France y entrait pour 25,872 exposants. Après elle, les pays les plus largement représentés étaient l'Espagne (4,583), l'Autriche-Hongrie (3,983), la Grande-Bretagne et ses colonies (3,184), l'Italie (2,408), le Portugal (2,142), la Belgique (1,700), les États-Unis (1,203), la Russie et la Finlande (1,202), la Suisse (1,075), la Suède et la Norvège (1,004).

Les beaux-arts comptaient 2,983 exposants, dont 838 pour la France, 370 pour la Grande-Bretagne, 290 pour l'Italie, 215 pour la Belgique, 178 pour l'Autriche-Hongrie, 148 pour l'Allemagne, et le surplus pour les autres pays.

Le jury international comprenait près de 800 membres titulaires, dont environ 400 français et 400 étrangers. Les jurés français étaient nommés par décret, sur la proposition de la Commission supérieure, et les jurés étrangers désignés par les gouvernements des divers pays.

Pour les beaux-arts, les membres devaient être choisis dans le Comité d'admission. Ils se répartissaient en quatre sections, dont le président était nommé par décret : ces sections pouvaient se réunir en assemblée générale.

Pour les classes agricoles et industrielles, il y avait, comme en 1867, trois degrés de juridiction : jurys de classe, jurys de groupe et jury des présidents. Les bureaux des jurys de classe étaient nommés à l'élection; ceux des jurys de groupe l'étaient par décret, sur la proposition de la Commission supérieure, sauf pour les présidences et vice-présidences laissées à la désignation des gouvernements étrangers; enfin le jury des présidents et vice-présidents avait à sa tête l'un des présidents de la Commission supérieure.

D'après les indications données dans le rapport de M. Krantz,

29,810 récompenses de tout ordre furent décernées aux exposants français ou étrangers ou à leurs collaborateurs, savoir :

Diplômes d'honneur	324
Grands prix	181
Rappels de grands prix	13
Diplômes à la mémoire d'artistes décédés	38
Diplômes équivalant à une médaille d'or	764
Médailles d'or	2,423
Rappels de médailles d'or	252
Diplômes équivalant à une médaille d'argent	479
Médailles d'argent	6,212
Rappels de médailles d'argent	413
Diplômes équivalant à une médaille de bronze	217
Médailles de bronze	9,156
Rappels de médailles de bronze	125
Mentions honorables	9,213

Les diplômes étaient attribués aux expositions collectives; quant aux rappels des médailles obtenues en France à l'une des expositions internationales, ils l'étaient aux exposants qui ne méritaient pas une récompense d'ordre supérieur.

A la liste précédente il convient d'ajouter 27 objets d'art, 1,502 médailles et 1,422 bons de prime, pour les concours d'animaux vivants à l'esplanade des Invalides.

Ni le rapport de M. Krantz ni les documents annexes ne font connaître comment les récompenses se répartirent entre Français et étrangers.

Près de 2 millions furent affectés aux prix et médailles.

Indépendamment des récompenses décernées par le jury, le Gouvernement distribua 4 croix de grand officier, 16 croix de commandeur, 80 croix d'officier et 300 croix de chevalier de la Légion d'honneur, non compris les décorations au titre étranger.

Le prix des entrées était fixé à 1 franc et perçu au moyen de tickets. Ce prix fut exceptionnellement abaissé à 25 centimes, le jour de la fête nationale du 30 juin.

Des cartes d'abonnement valables pour toute la durée de l'Exposition et vendues 100 francs furent mises à la disposition du public.

Le nombre total des visiteurs atteignit 16,100,000. On en compta jusqu'à 210,000 en une journée.

La recette s'éleva à 12,640,000 francs.

Une disposition de la loi du 17 mai 1878 autorisait le Ministre de l'agriculture et du commerce à allouer des subventions aux délégations agricoles et ouvrières et à leur accorder une somme double de celle qui serait votée par les conseils généraux et municipaux.

Des conférences furent organisées pour rendre plus profitables les visites de ces délégations : il y eut 612 séances et plus de 16,000 auditeurs.

Les délégués recevaient des permis d'entrée valables pour une semaine. Un grand nombre d'entrées gratuites furent en outre délivrées aux ouvriers : les maires des arrondissements de Paris purent, à eux seuls, en distribuer 500,000.

Des mesures analogues furent également prises en faveur des instituteurs, des soldats et des élèves appartenant aux écoles d'arts et métiers de Châlons, d'Angers et d'Aix.

Je viens de rappeler les dispositions adoptées en vue de faciliter la visite de l'Exposition, pour les ouvriers, les instituteurs et autres personnes peu aisées.

Désireuse d'accroître les ressources affectées à cette œuvre et d'encourager en même temps le commerce, l'administration prit l'initiative d'une loterie nationale, dont les lots étaient acquis parmi les objets exposés. Le tiers du produit de la vente des billets devait servir à subventionner les visites des instituteurs et des ouvriers. Sans atteindre le chiffre primitivement prévu de 4 millions, la somme dont le Ministre du commerce put ainsi disposer n'en fut pas moins très considérable : elle atteignit 2 millions.

Les dépenses faites par l'État pour l'Exposition de 1878 se sont élevées à 55,400,000 francs environ, dont 23 millions en nombre rond pour le Palais du Champ de Mars et près de 14 millions pour le Palais du Trocadéro et ses annexes.

D'autre part, les recettes ont été de 23,700,000 francs, y compris la subvention de la ville de Paris.

La différence, soit 31,700,000 francs, a été couverte par des affectations budgétaires.

2. Rapport administratif de M. Krantz. — Comme son prédécesseur M. Le Play, M. Krantz, commissaire général de l'Exposition de 1878, a rédigé, sur les opérations dont il avait eu la haute direction, un rapport administratif plein d'utiles enseignements et remarquable par son extrême lucidité.

Indépendamment des détails les plus précis et les plus complets sur les préliminaires de l'Exposition, sur l'organisation des services, sur les travaux et sur l'exploitation, on trouve dans ce rapport des notices fort intéressantes au sujet des expositions spéciales, comme celles de l'art historique ancien, de l'ethnographie, des portraits nationaux, des sciences anthropologiques, ainsi qu'au sujet des auditions musicales.

3. Rapports du jury international. — M. Jules Simon a été chargé des fonctions de rapporteur général. Citer le nom de l'auteur de l'introduction aux rapports particuliers des classes, c'est dire que le livre est un véritable chef-d'œuvre, au fond et en la forme.

On ne sait qu'admirer le plus, de l'élévation de la pensée, de l'universalité des connaissances, de l'esprit d'assimilation, de la philosophie tout à la fois critique et bienveillante, de l'élégance et des charmes du style, de l'attrait avec lequel sont étudiées et présentées les questions les plus sérieuses et les plus arides.

Après un historique rapide et alerte des expositions nationales, de 1798 à 1849, puis des expositions internationales, de 1851 à 1867, M. Jules Simon consacre un chapitre aux indications et considérations générales sur l'Exposition de 1878, sur la classification des produits, sur la participation ouvrière, sur les travaux du jury, sur les congrès et conférences.

Ensuite il traite successivement de la maison et du mobilier, des aliments, des forces productives et de l'école : toutes les catégories d'objets exposés viennent prendre place dans ces grandes divisions.

La conclusion est un chaleureux plaidoyer pour l'étude et la science : «Il est impossible, en parcourant, même d'un œil distrait, les galeries d'une Exposition universelle, de ne pas se sentir envahi par cette pensée, que la science a pris définitivement possession de la direction de tout le travail humain..... Donnons des écoles à nos mineurs, à nos forgerons, à nos architectes, à nos peintres, à nos décorateurs, à nos tisseurs, à nos horlogers, à nos sculpteurs sur bois, à nos ébénistes, à nos cultivateurs! Mais songeons surtout à faire des hommes, parce que c'est avec des hommes qu'on fait des ouvriers, des industriels, des savants. Écoles primaires et secondaires pour faire des hommes, écoles d'apprentissage pour faire des ouvriers, écoles d'application pour faire des ingénieurs et des chimistes, écoles supérieures pour faire des savants, des réformateurs, des inventeurs. Commençons la sainte croisade, la croisade de la science. Il n'y a plus de supériorité ni de sécurité que par elle. Dans la société telle que les siècles, les révolutions et la liberté nous l'ont faite, il n'est plus permis d'ignorer, il n'est plus possible de s'arrêter. Il faut courir ou mourir.»

Quant aux rapports des jurys de classe, ils sont au nombre de 72. Voici les faits essentiels qui s'en dégagent.

1. *Sculpture.* — Bien que quinze peuples eussent pris part à l'exposition de sculpture, deux écoles seulement s'imposaient à l'attention : l'école française et l'école italienne. A ces deux écoles se rattachaient plus ou moins toutes les autres.

La sculpture française présentait dans son ensemble une incontestable supériorité. Elle péchait cependant par trop d'uniformité, par des redites nombreuses dans le choix des sujets, par le défaut de richesse dans la pensée, par une excessive abondance d'études d'atelier faites d'après le nu, sans autre préoccupation que de reproduire un modèle.

La sculpture italienne dénotait un extrême talent de pratique pour le travail de la matière, mais aussi un certain oubli des principes souverains sur lesquels repose l'art plastique. On sentait que nos voisins travaillaient non plus pour les musées ou les palais, mais pour l'habitation bourgeoise, et qu'ils étaient devenus les clients d'un public dont le goût manquait d'élévation.

Dans tous les pays, les sculpteurs avaient fait de grands efforts pour s'élever au-dessus de la traduction littérale de la nature et pour joindre à l'habileté d'exécution des sentiments élevés et personnels.

2. *Architecture.* — L'exposition d'architecture présentait un ensemble d'œuvres magistrales.

Pour l'entente générale de la composition, les architectes français avaient conservé le premier rang.

Dans l'expression architecturale proprement dite, la supériorité de la France, quoique incontestable, était cependant moins marquée. On constatait une uniformité de tendances et de formules, qui contrastait péniblement avec l'originalité et la franchise d'allures de certaines époques.

Le rapporteur insistait pour que, à côté de l'École des beaux-arts de Paris, des écoles fussent créées en province, de manière à développer le génie propre à chaque contrée, en s'appuyant sur les usages, sur les coutumes, sur les nécessités du climat, sur les ressources en matériaux.

3. *Gravure et lithographie.* — L'école française avait, une fois de plus, prouvé sa prééminence et justifié sa vieille renommée; parmi les œuvres des artistes étrangers, plusieurs attestaient sans doute une habileté remarquable, mais, le plus souvent, une habileté tout individuelle.

Malgré les progrès accomplis dans le domaine de la reproduction mécanique, la gravure au burin était encore, grâce à quelques talents d'élite, l'un des titres d'honneur les plus sérieux de l'art contemporain et, plus particulièrement, de l'art français.

La gravure à l'eau-forte avait repris faveur : beaucoup d'œuvres révélaient une grande intelligence des ressources du procédé, ainsi qu'un sentiment délicat du dessin et de l'effet.

La gravure en manière noire semblait tombée en désuétude, même dans la Grande-Bretagne où elle avait été autrefois pratiquée avec tant de succès; la gravure à l'aquatinte tendait de plus en plus à se réduire à l'office d'un vulgaire procédé de commerce. Au contraire, la gravure sur bois progressait : le rapporteur se bornait à exprimer le vœu que les artistes, loin de chercher à simuler les travaux compliqués du burin, s'en tinssent à des indications sommaires d'effet et de modelé, à l'expression résumée de la forme.

La lithographie ne servait plus guère qu'aux reproductions : c'est à peine si l'invention trouvait un dernier refuge dans les caricatures ou autres pièces fabriquées au jour le jour pour amuser la curiosité de la foule.

4. *Arts décoratifs.* — Les arts décoratifs ont fait l'objet d'un rapport d'ensemble extrêmement remarquable, dans lequel l'auteur passe en revue l'architecture, la sculpture, la peinture, la décoration théâtrale, le papier peint, les tapisseries et tapis, les tissus d'ameublement, les châles, les broderies et dentelles, les meubles et la céramique.

Arrivé au terme de son étude, M. Didron insiste sur l'absence d'originalité dans la conception, qu'il constate malheureusement dans presque toutes les branches des arts décoratifs. Il rappelle un certain nombre de principes trop souvent méconnus : caractère accessoire de la perfection d'exécution relativement à la composition rationnelle de l'œuvre; nécessité de toujours approprier la matière à sa destination et de ne point la violenter, pour lui imprimer des formes qui ne lui conviennent point; convenance de ne pas abuser des procédés mécaniques. Les expositions et la facilité des moyens de communication lui apparaissent comme devant contribuer, dans une large mesure, à l'unification complète des idées esthétiques et des méthodes d'exécution. Pour remédier au mal et lutter contre la concurrence sans cesse plus menaçante de l'étranger, il conseille le développement et la réforme de l'enseignement, ainsi que la création d'un musée des arts décoratifs.

5. *Enseignement secondaire.* — L'exposition de l'enseignement secondaire en 1878 témoignait d'une transformation profonde, d'une lutte entre les idées classiques et les programmes techniques. Elle établissait aussi l'étroite solidarité de l'industrie et de l'école : les organisateurs de la classe 7 s'étaient d'ailleurs attachés à symboliser la relation entre l'usine et le laboratoire scolaire, en constituant et en exposant une collection de livres, dite *Bibliothèque du corps enseignant,* choisie parmi les œuvres des maîtres tels que Pasteur, Chevreul, Sainte-Claire Deville, etc.

Au moment où l'Université se présenta au jugement du public, l'opinion lui était peu favorable. Depuis longtemps, la presse lui reprochait d'écarter les réformes, de repousser en fait l'enseignement spécial, de ne pas enseigner sérieusement les langues vivantes, de laisser les enfants dans l'ignorance systématique du monde contemporain et de la géographie, de les écraser de travaux écrits en négligeant l'hygiène, la gymnastique, le besoin d'air et de mouvement, etc. Le jury, placé tout d'abord sous l'impression de ces critiques, ne tarda pas à lui rendre pleine justice et à constater les grands efforts faits, notamment sous les ministères de M. Duruy et de M. Jules Simon, pour l'introduction et le développement de l'enseignement spécial si nécessaire à l'industrie, au commerce et à l'agriculture, pour l'enseignement des langues vivantes, pour l'histoire et la géographie, pour l'éducation physique, pour l'émancipation des professeurs au point de vue de leurs méthodes, ainsi que pour la réduction de l'étude des langues mortes à de justes proportions. Sur la proposition d'un juré étranger, le Ministère de l'instruction publique obtint un grand prix, le seul de la classe 7.

Le vieil et célèbre établissement de Sainte-Barbe et la jeune École Monge, avec ses innovations, subirent aussi avec succès l'épreuve de l'examen approfondi auquel se livra le jury.

De grands progrès se révélèrent également dans l'enseignement technique. Des médailles d'or étaient attribuées, dans la section française, à l'École professionnelle de l'imprimerie Chaix; aux chambres de commerce de Lyon, de Marseille et de Paris, pour leurs écoles commerciales; à l'École académique et professionnelle de Douai; à l'École commerciale de Paris; à l'École communale professionnelle d'Avignon; à l'École d'apprentissage du Havre; à l'École des beaux-arts de Limoges; à l'École des beaux-arts et des sciences industrielles de Toulouse; à l'École La Martinière de Lyon; à l'École municipale professionnelle de Reims; à l'École supérieure de commerce de Paris; à l'École supérieure de commerce de Marseille; à l'École supérieure de commerce et de tissage de Lyon; aux écoles supérieures de commerce et d'industrie de Rouen; à l'Institut industriel, agricole et commercial du nord de la France; au Collège d'Adran; aux écoles des arts et métiers; à l'École d'horlogerie de Cluses; à la Société de l'enseignement professionnel du Rhône; à la Société industrielle d'Amiens; à la Société industrielle de Saint-Quentin; à l'Union centrale des beaux-arts appliqués à l'industrie. Le directeur de l'École des arts décoratifs et la directrice de l'École nationale de dessin pour les jeunes filles recevaient un grand prix de collaborateur : c'était un hommage rendu non seulement aux mérites personnels des deux titulaires, mais aussi à l'enseignement professionnel du dessin.

6. *Imprimerie et librairie.* — L'exposition de l'imprimerie et de la librairie ne présentait rien de bien nouveau ni de bien saillant. La moyenne de la qualité des productions s'était élevée; les œuvres, même les plus modestes, étaient généralement traitées avec plus de soin : mais les procédés ne s'étaient pas sensiblement modifiés, et l'on ne comptait plus guère de chefs-d'œuvre typographiques.

Ce qui frappait le plus, c'était l'extension inouïe et universelle de l'imprimerie et de la lithographie, l'extrême diffusion de la pensée humaine.

Comme la plupart de ses collègues, le rapporteur exprimait le vœu que l'éducation professionnelle fût complétée et améliorée, et que la France préparât ainsi une génération d'ouvriers capable de la maintenir à son rang parmi les nations civilisées.

7. *Épreuves et appareils de photographie.* — La photographie

devenait un auxiliaire de plus en plus actif dans toutes les branches des connaissances humaines : les sciences naturelles, les sciences d'observation, l'enseignement, les arts, l'industrie, l'administration, en faisaient de nombreuses applications. C'est ainsi, par exemple, que M. Janssen, dans ses recherches sur la constitution du soleil, avait pu obtenir en moins d'un millième de seconde des images d'une fidélité surprenante.

L'industrie photographique représentait, pour la France seule, un chiffre d'affaires de près de 32 millions.

Les faits les plus considérables étaient : 1° l'invention de méthodes nouvelles, remarquables au point de vue de l'extrême sensibilité; 2° le développement des procédés dits *aux encres grasses*, qui reliaient la photographie à la gravure, à la lithographie, à la typographie, et lui ouvraient un horizon illimité.

Ici encore, le rapporteur insistait pour la création de centres d'enseignement où les photographes pourraient trouver des notions artistiques, scientifiques et techniques.

8. *Instruments de musique.* — M. Cavaillé-Coll exposait des orgues tout à fait admirables par les bonnes qualités de la soufflerie, par la perfection du mécanisme assurant l'obéissance des claviers et la facilité de leurs accouplements, par la diversité des jeux, par l'exactitude et l'égalité des timbres.

L'industrie des instruments à anche libre, bien que très prospère en Angleterre, aux États-Unis et en France, n'avait pas ajouté beaucoup aux ressources dont elle disposait dès 1867; le progrès se manifestait surtout dans la production artistique à bon marché.

L'exposition des pianos faisait le plus grand honneur à la facture contemporaine : les maisons Érard, Pleyel et Herz produisaient des pianos à queue irréprochables au point de vue de la puissance et de la rondeur du son, de l'ampleur des basses, de l'homogénéité des registres, de la docilité du clavier. Toutefois le rapporteur du jury mettait les facteurs en garde contre une tendance à augmenter outre mesure la puissance des instruments et à oublier que le piano, créé pour la chambre, ne se prêtait point à un excès de sonorité.

Dans les instruments à archet, on louait surtout le choix des bois et la qualité des vernis.

De belles collections d'instruments exotiques appartenant aux colonies néerlandaises ou françaises intéressaient vivement le public.

9. *Instruments de précision.* — Je ne puis donner ici une idée même sommaire de l'Exposition de 1878, pour la classe des instruments d'astronomie, de géodésie, de physique générale, d'optique, d'électricité, d'acoustique, de météorologie, de marine, de mathématiques, etc.

Quatre grandes médailles étaient attribuées à MM. Brunner frères (appareil pour la mesure des bases géodésiques), Bréguet (chronomètre à interruptions électriques), Feil (objectifs astronomiques), Redier (appareils pour les études météorologiques).

10. *Cartes et appareils de géographie et de cosmographie.* — Cette classe comprenait les cartes et appareils de géographie (géodésie, topographie, cartes à grande échelle, cartes à échelle moyenne, cartes à petite échelle, cartes hydrographiques, voyages, sociétés de géographie et publications géographiques, matériel de l'enseignement géographique, cartes spéciales, modes de projection, procédés de reproduction), la géologie, la météorologie et la statistique.

Elle a fait l'objet d'un long et savant rapport de M. Grandidier, qui s'est attaché non seulement à rendre compte de l'exposition, mais à faire connaître l'état exact de la science et des travaux dans tous les pays. Malgré la précision des détails dans lesquels est entré le rapporteur, la lecture de son livre est profondément attachante. On y voit l'activité merveilleuse déployée par les savants de toutes les nationalités pour l'étude de la constitution physique du globe, de la répartition des peuples qui l'habitent, de leur état social; on y trouve une revue pleine d'intérêt des voyages d'exploration; on y suit l'immense développement pris depuis 1867 par l'étude des masses minérales qui forment l'écorce terrestre; on y assiste à la naissance et aux premiers progrès de la météorologie, cette branche si importante de la physique générale. Enfin l'auteur fournit de nombreuses données sur la statistique de la population, de l'instruction, de l'agriculture,

IMPRIMERIE NATIONALE.

du commerce, de l'industrie, ainsi que sur la statistique judiciaire, financière, médicale ou minérale, dans les divers pays.

11. *Meubles. Ouvrages du tapissier et du décorateur.* — La section française de l'ameublement frappait tous les visiteurs par la richesse et la variété des objets exposés, par l'entente des styles anciens, par la perfection du travail. Mais elle péchait par le défaut d'originalité, et, si l'on voyait de fort belles reproductions des anciens meubles Renaissance, Louis XIII, Louis XIV ou Louis XVI, les juges compétents pouvaient à peine entrevoir les premiers symptômes de la création d'un style propre à l'époque contemporaine. Peu de meubles étaient à la fois élégants, simples et accessibles aux fortunes moyennes. Les deux rapporteurs s'unissaient pour demander la modification des méthodes en usage dans l'enseignement du dessin et pour réclamer l'institution d'un musée d'art décoratif, avec cours et conférences.

Les peuples étrangers marquaient une tendance à se dégager de nos styles conventionnels et à rattacher leur industrie mobilière à l'histoire et aux traditions locales. L'Angleterre notamment avait fait de très sérieux progrès et obtenait l'une des trois grandes médailles, dont les deux autres étaient attribuées à la France.

L'industrie parisienne du tapissier décorateur était brillamment représentée et offrait des types achevés de haut goût et de véritable élégance.

12. *Cristaux, verrerie et vitraux.* — La verrerie ordinaire de table et même la cristallerie de demi-luxe laissaient à désirer au point de vue du goût et de la recherche du style; les formes étaient trop souvent banales et molles; les perfectionnements apportés aux procédés matériels affaiblissaient incontestablement la valeur artistique des ouvriers.

Néanmoins les cristalliers français présentaient de très beaux spécimens de leur fabrication. Au premier rang se plaçait le grand établissement de Baccarat, l'une des gloires nationales de la France : la pièce principale de son exposition, un kiosque avec balustrade, bien que critiquable dans l'emploi du cristal à un ouvrage de ce genre, mettait du moins en relief les moyens extraordinaires de production et de travail dont disposait l'usine.

On constatait des progrès très marqués dans la cristallerie anglaise, qui avait largement profité de l'enseignement donné à Kensington. Les verreries et cristalleries de Bohême, de Venise et de Belgique méritaient aussi de grands éloges.

Parmi les nouveautés, le jury signalait la trempe du verre, l'introduction en France des émaux de couleur pour la décoration des objets de verre et de cristal, l'emploi des fours continus dans la fabrication des bouteilles.

Les glaces de Saint-Gobain atteignaient 27 mètres carrés de superficie et se faisaient remarquer par la correction de leur dressage, ainsi que par la pureté et la transparence de leur matière.

Faute d'emplacements spéciaux convenablement appropriés, l'exposition de vitraux ne présentait pas la bonne ordonnance que l'on eût désirée et ne se prêtait point à une juste appréciation des produits. Elle affirmait une fois de plus la supériorité de la France; toutefois les artistes de ce pays, comme ceux d'Allemagne et de Belgique, avaient peu progressé depuis 1867, tandis que les Anglais avançaient rapidement par une interprétation fort habile des œuvres anciennes.

13. *Céramique.* — Le fait que l'Exposition de 1878 mettait le plus en évidence était la fortune rapide et croissante des faïences d'art, due à la facilité relative de leur fabrication et de leur décoration. D'une manière générale, on constatait un sérieux développement de l'art céramique au double point de vue de la forme et de la couleur.

Parmi les progrès mentionnés par les rapports, je signalerai spécialement pour la porcelaine dure l'invention de machines destinées au battage de la pâte et à la fabrication mécanique des services de table, l'extension des procédés de coulage, les essais de cuisson continue au gaz.

Les titulaires de grandes médailles ou de diplômes équivalents furent la collectivité des exposants japonais, les fabricants de porcelaine dure du Cher, ceux de Limoges, la manufacture de Sèvres, M. Bapterosses de Briare (boutons et perles), M. Deck (poteries décoratives), la maison Minton d'Angleterre (objets de table et de toilette, et carrelages).

14. *Tapis, tapisseries et autres tissus d'ameublement.* — Dans cette classe, les grandes médailles furent accordées à la manufacture nationale des Gobelins, à celle de Beauvais, à S. M. le Shah de Perse et à MM. Braquenié et Cie, fabricants à Aubusson et à Malines.

L'Angleterre était à la tête de la fabrication des tapis de laine, pour les genres courants et à chaînes imprimées. Mais la France gardait son rang pour les articles riches et de bon goût; son exportation portait principalement sur les tapis d'Aubusson, d'Amiens, de Beauvais, de Nîmes et de Tourcoing.

Le jury demandait la création d'une école professionnelle en Algérie pour la fabrication des tapis d'Orient.

15. *Papiers peints.* — La fabrication à la planche offrait des spécimens d'une exécution parfaite : la tendance à la simplicité s'accusait dans la plupart de ses produits.

Quant à la fabrication à la machine, elle s'était considérablement développée et comptait en France 160 machines; elle avait abordé les genres élégants et riches, tels que les reproductions de tentures et de décors.

L'industrie des papiers peints continuait à être essentiellement française et surtout parisienne. Cependant elle avait pris hors de France une importance qui se révélait par le chiffre stationnaire de notre exportation.

16. *Coutellerie.* — Les fabriques de coutellerie s'étaient multipliées depuis 1867; les machines-outils avaient augmenté la production en diminuant la main-d'œuvre.

C'était encore la France qui occupait la première place pour le service de table, tant par l'élégance des formes que par la variété des modèles. Mais sa supériorité était moins manifeste pour les objets de grande consommation; elle paraissait même en état d'infériorité pour certains articles.

L'Amérique, qui antérieurement offrait d'importants débouchés à l'industrie européenne, allait se suffire à elle-même.

Le rapporteur demandait que des cours fussent faits aux ouvriers pour les instruire sur les métaux et autres matières premières, ainsi que sur les méthodes de travail.

17. *Orfèvrerie.* — La France gardait le premier rang : MM. Christofle et Fannière la représentaient dignement. Cependant d'immenses progrès avaient été réalisés à l'étranger, sous le rapport artistique comme sous le rapport de la fabrication. C'est ainsi que la Russie montrait de fort belles pièces, où l'art était traité d'une façon sérieuse, tout en conservant le cachet de son origine; les États-Unis présentaient les remarquables produits de la maison Tiffany de New-York : ces deux pays employaient, pour certaines pièces de table et de fantaisie, un composé d'or, d'argent, de cuivre et d'étain, nommé *mocoumé* au Japon et *mixt-metal* en Angleterre et en Amérique, qui offrait des veines analogues à celles du bois et reposait du blanc éclatant ou mat de l'argent.

18. *Bronzes d'art, fontes d'art diverses, métaux repoussés.* — On remarquait dans les bronzes d'art un goût artistique plus pur et un fini d'exécution plus irréprochable. L'exposition de M. Barbedienne était admirée de tous.

L'industrie du zinc d'art était en progrès; la ciselure des creux se faisait avec une grande perfection.

La fonte d'art obtenait de réels succès dans les œuvres de grande décoration; un grand prix était accordé à la Société du Val-d'Osne.

Dans la section des métaux repoussés et martelés, le public admirait la tête de la statue de la Liberté, qui devait être édifiée à New York, à l'occasion du centenaire de l'Indépendance des États-Unis.

De beaux produits attestaient les perfectionnements de l'émaillerie cloisonnée et champlevée.

19. *Horlogerie.* — Pour la grosse horlogerie, la France avait encore la supériorité au point de vue des dispositions d'ensemble et de la beauté d'exécution; mais elle trouvait de redoutables concurrents dans l'Amérique, l'Angleterre, l'Allemagne et la Suède.

L'horlogerie électrique n'était pas encore entrée dans le domaine de la pratique; quant aux horloges pneumatiques, l'essai qui venait d'en être autorisé à Paris n'était pas encore réalisé, et, malgré l'expérience de Vienne, le jury ne pouvait porter un jugement définitif sur leur valeur.

L'industrie de la pendule avait pris en France un très grand développement depuis 1867. Trois grands centres de fabrication existaient également en Allemagne, aux États-Unis et en Autriche, mais ne donnaient, surtout dans les deux premiers pays, que des produits de qualité inférieure.

Les principaux pays de production des montres étaient la Suisse, la France, l'Amérique et l'Angleterre. Pour les montres compliquées, la Suisse était sans rivale; pour les belles montres civiles et de précision, l'Angleterre et la Suisse marchaient de pair, avec des genres différents. Besançon donnait des montres très appréciées dans le genre dit *bon courant*.

La fabrication des chronomètres de marine ne présentait d'importance commerciale qu'en Angleterre; la France n'en avait pas moins gardé la prépondérance au point de vue du soin dans l'exécution.

Dans ses conclusions, le jury demandait l'amélioration des écoles existantes et la création d'un enseignement manuel pour les ouvriers.

20. *Procédés et appareils de chauffage et d'éclairage.* — Des progrès incontestables avaient été accomplis dans la ventilation des édifices publics; les ingénieurs savaient employer avec discernement les divers procédés d'aération par appel ou par injection. Mais il restait encore beaucoup à faire pour les écoles, les bureaux et les habitations des grands centres.

Les appareils de chauffage n'offraient rien de bien nouveau.

C'était l'éclairage électrique qui avait les honneurs de la classe 27. MM. Gramme et Cie et la Société «l'Alliance» obtenaient de grandes médailles.

21. *Fils et tissus de coton.* — Le nombre total des broches dans les divers pays était passé de 57 millions à plus de 72 millions, pendant la période de 1867 à 1878 : l'Angleterre en avait 41 millions (1,200

par 1,000 habitants), l'Amérique 10,500,000 (220 par 1,000 habitants), l'Allemagne 4,650,000 (110 par 1,000 habitants), la France 4,600,000 (130 par 1,000 habitants), la Russie 3 millions (40 par 1,000 habitants), la Suisse 1,850,000 (675 par 1,000 habitants), l'Espagne 1,750,000 (100 par 1,000 habitants), l'Autriche 1,550,000 (40 par 1,000 habitants), la Belgique 800,000 (150 par 1,000 habitants), l'Italie 800,000 (30 par 1,000 habitants), etc. La France avait perdu environ 2 millions de broches : cette perte était presque entièrement imputable à la mutilation de notre territoire. L'insuffisance de la filature française obligeait nos tisseurs à acheter des filés en Angleterre et en Suisse.

Le nombre des métiers à tisser atteignait 515,000 en Angleterre, 190,000 aux États-Unis, 68,000 en France, 60,000 en Allemagne, 60,000 en Russie, etc. L'annexion de l'Alsace à l'Allemagne nous avait enlevé 36,000 métiers mécaniques.

Partout le tissage mécanique s'était développé.

Les principaux centres français de production étaient Saint-Quentin, Tarare, Roanne et Thizy, pour les tissus clairs et les broderies; les Vosges, Villefranche-sur-Saône, Troyes, Amiens, la Normandie, Évreux, Condé-sur-Noireau, Flers et La Ferté-Macé, pour les tissus serrés et unis; Rouen, pour les impressions.

22. *Fils et tissus de lin, de chanvre,* etc. — Depuis 1867, la culture du lin avait subi en France une diminution sensible, due à diverses causes et notamment à la concurrence faite à cette culture par celle de la betterave. Notre importation de lins étrangers s'élevait à 70 millions de kilogrammes, représentant une valeur de 100 millions de francs et correspondant à la production de 175,000 hectares. Les pays dont nous étions ainsi tributaires étaient la Belgique (16,000 tonnes) et la Russie (52,000 tonnes) : la production russe, de beaucoup la plus importante de l'Europe, atteignait 250 millions de kilogrammes.

Le travail du lin, qui avait été à son apogée pendant la crise cotonnière, traversait une période difficile, non seulement en France, mais aussi en Angleterre et en Belgique : c'est ainsi que le nombre des broches de nos filatures était tombé au-dessous de 500,000, malgré la suppression presque complète du filage mécanique.

Le tissage français continuait à donner d'excellents produits.

Je n'ai jusqu'ici parlé que du lin. Pour le chanvre, la France était le pays de culture par excellence; sa production se chiffrait par 50 ou 60 millions de kilogrammes; l'importation y atteignait néanmoins 15 à 16 millions de kilogrammes, fournis principalement par l'Italie et la Russie. Le travail mécanique du chanvre n'offrait nulle part autant d'importance que celui du lin, relativement au travail manuel.

Signalons encore les progrès de l'industrie du jute.

23. *Fils et tissus de laine peignée.* — Le développement de l'industrie lainière allait sans cesse croissant, aussi bien en France qu'à l'étranger : l'Australie, la Plata et le Cap de Bonne-Espérance n'importaient pas moins de 1,220,000 balles en Europe pendant l'année 1878, tandis que le chiffre correspondant à l'année 1867 n'avait pas sensiblement dépassé 700,000.

En France, le nombre des broches était passé de 1,750,000 à 2,270,000, malgré la perte de l'Alsace-Lorraine. La production annuelle de notre industrie de laine peignée s'élevait à 564 millions de francs, pour lesquels il était payé 148 millions de salaires.

Le système Heilmann, exploité par MM. Schlumberger et Cie, continuait à servir de point de départ à la plupart des nouvelles peigneuses. Les métiers à filer dits *mull-jennys* étaient presque complètement remplacés par des *self-acting* de 500 à 600 broches, ou même davantage.

Les grands prix furent attribués à la Chambre de commerce de Reims, à la Société industrielle de Fourmies et à MM. Seydoux, Siéber et Cie du Cateau, pour le tissage des mérinos et cachemires; aux fabricants de Roubaix et de Tourcoing, ainsi qu'au Gouvernement égyptien, pour l'industrie de la laine peignée longue et commune; enfin à la collectivité des exposants de Paris-Picardie, pour les tissus de haute nouveauté.

24. *Fils et tissus de laine cardée.* — L'industrie de la laine cardée, sans avoir réalisé des progrès éclatants, n'était cependant pas restée stationnaire : les procédés de fabrication s'étaient perfectionnés; les

machines produisaient plus et mieux; l'emploi des métiers automatiques avait permis d'obtenir, avec des laines inférieures, des degrés de finesse qu'il était jusqu'alors impossible d'atteindre; l'épaillage chimique recevait de larges applications.

La production nationale était évaluée à 250 millions. Par suite du développement de la fabrication à l'étranger, nos exportations de tissus tendaient à diminuer, tandis qu'augmentait l'importation.

Les titulaires de grands prix furent les chambres de commerce d'Elbeuf, de Louviers, de Sedan et de Vienne (France), la Chambre consultative des arts et manufactures de Mazamet, la collectivité des exposants d'Orléans, la Chambre de commerce de Brünn (Autriche-Hongrie), celles de Huddersfield et de West of England, la collectivité de Leeds (Angleterre), la Chambre de commerce de Verviers (Belgique), le Département du commerce et de l'industrie de Saint-Pétersbourg, et le Ministère de la guerre du Danemark.

25. *Soies et tissus de soie.* — L'exposition des soies a fait l'objet d'un admirable rapport de M. Natalis Rondot, président de la section des industries textiles à la Commission permanente des valeurs de douane. On y trouve les indications les plus détaillées et les plus complètes, relativement à la production des soies grèges et ouvrées dans les divers pays.

Il est absolument impossible de résumer ce rapport si savant et si étendu; je dois me borner à quelques citations de chiffres et à quelques observations.

L'éducation du ver à soie, en Italie et en France, c'est-à-dire dans les deux principaux foyers de la production européenne, avait repris un certain essor : l'Italie donnait de 1,860,000 à 1,900,000 kilogrammes de soie grège par an, et la France 500,000 kilogrammes environ, alors qu'avant la maladie les chiffres correspondants s'étaient élevés à 3,700,000 kilogrammes et 1,600,000 kilogrammes.

En année moyenne, la récolte totale de cocons frais dans tout l'univers était évaluée à 307 millions de kilogrammes, ce qui équivalait à près de 21,100,000 kilogrammes de soie tirée ou filée; les vers domestiques, nourris avec la feuille du mûrier, produisaient

18,850,000 kilogrammes de soie grège, et les vers à demi domestiques ou sauvages, nourris soit avec la feuille du mûrier, soit avec celle d'autres arbres, 3 millions de kilogrammes de soie grège ou de fil de bourre. La Chine était au premier rang et fournissait la moitié du produit total.

Partout le prix de la soie avait baissé, bien que la consommation ne se fût pas déprimée et présentât même une certaine augmentation.

Des modifications profondes étaient survenues dans l'industrie des soieries. La fabrication s'était développée dans diverses contrées où elle n'avait antérieurement que peu d'importance, notamment aux États-Unis; le goût se détachait des étoffes de prix pour se porter vers les étoffes de moindre valeur. Cet état de choses devait préjudicier plus particulièrement à la France : le danger était d'autant plus grand pour elle que d'autres pays tels que l'Italie, stimulés par les désastres de la sériciculture, avaient fait des efforts inouïs pour perfectionner leur outillage. Aussi la production de la fabrique lyonnaise et l'exportation des tissus français avaient-elles subi une sensible réduction.

Quoi qu'il en soit, grâce à l'intelligence et au goût de nos fabricants, nous occupions encore une place digne de notre ancienne réputation.

Sur 23 grandes médailles ou diplômes d'honneur, la France en obtint 10; les autres furent décernées à l'Italie, à l'Autriche-Hongrie, à la Russie, à la Chine, aux Indes anglaises, au Japon, au royaume de Siam, à la Perse et à la Suisse.

26. *Châles.* — Le châle broché était loin de jouir de la même faveur qu'autrefois : l'importance de la fabrication avait diminué de moitié depuis 1867. L'industrie parisienne conservait le monopole de cette fabrication.

L'article indien de luxe voyait également sa clientèle diminuer.

Au contraire le châle tartan, dont le type primitif avait été emprunté aux plaids écossais, trouvait encore beaucoup d'acheteurs. Malgré la concurrence de la Belgique, de l'Allemagne et de l'Angleterre, nous avions la prédominance pour la nouveauté des effets et la réussite des coloris.

27. *Dentelles, tulles, broderies et passementeries.* — L'exposition de cette classe était magnifique. Des diplômes d'honneur ou de grandes médailles furent accordés à la Chambre syndicale des dentelles de la Haute-Loire, à MM. Lefébure frères et à la Chambre syndicale des dentelles de la Belgique, pour les dentelles à la main; à la Chambre consultative de Saint-Pierre-lez-Calais et à la ville de Nottingham, pour les tulles et dentelles à la mécanique; au Directoire commercial de Saint-Gall, à la ville de Saint-Chamond, au Gouvernement de la Perse, pour les broderies; et enfin à la ville de Saint-Chamond, pour les passementeries.

L'un des faits les plus importants était l'emploi des machines pour la broderie de lingerie et de confection. Ces machines, inventées en Suisse, conduites par un homme et deux femmes, faisaient le travail de cinquante brodeuses à la main.

28. *Bonneterie, lingerie, accessoires du vêtement.* — Les industries de cette classe occupaient en France 320,000 ouvriers et leur production se chiffrait par 600 millions de francs environ. L'Angleterre, l'Allemagne et l'Autriche étaient à peu près dans la même situation.

De grands progrès se manifestaient, au point de vue de la perfection des produits, ainsi que de l'économie du travail.

La France était au premier rang, par son goût, sa promptitude à créer, son habileté à suivre ou même à faire naître les caprices de la mode.

L'Angleterre, la Saxe et les États-Unis d'Amérique se faisaient remarquer par l'importance de leur matériel mécanique.

29. *Habillement des deux sexes.* — Il ne sera pas sans intérêt de donner le chiffre des affaires pour quelques-unes des sections de cette classe, en ce qui concerne la France : fleurs artificielles, 25 à 30 millions (dont deux tiers pour l'exportation); modes, chapeaux pour dames et coiffures, 250 millions (dont 150 millions pour l'exportation); confections pour dames, manteaux et robes, plus de 175 millions (dont 75 millions pour l'exportation); vêtements confectionnés pour hommes, 300 millions; chaussures 700 millions (dont 90 à 100 millions pour l'exportation).

Nous avions à lutter contre la concurrence de Londres, Berlin et New-York, qui achetaient nos modèles, spécialement pour les confections destinées aux femmes.

30. *Joaillerie et bijouterie.* — Cette classe était extrêmement intéressante. La France y obtint un très grand succès, grâce à son organisation du travail, à son sens artistique, à la variété de ses conceptions, à son goût dans le dessin, à son habileté dans la main-d'œuvre. Les trois grandes médailles furent décernées à MM. Boucheron, Falize et Massin.

Parmi les faits de quelque importance, on peut signaler la découverte des mines de diamants du Cap de Bonne-Espérance. Ces mines exportaient en 1878 pour plus de 56 millions de francs; leur exploitation avait considérablement diminué le prix des diamants et puissamment contribué au développement de la joaillerie.

31. *Armes portatives* (*chasse*). — L'exposition des armes portatives de chasse était extrêmement curieuse : à côté des carabines à répétition portant, avec une précision admirable, à des distances de 1,500 à 2,000 mètres, on voyait des arcs de l'Océanie à flèches empoisonnées.

Le fait le plus saillant pour les fusils de chasse consistait dans le remplacement de la cartouche à broche par la cartouche à percussion centrale. Parmi les vœux formulés par le jury, j'en relève spécialement un qui tendait à un emploi plus général des machines dans la fabrication.

Tolède justifiait sa vieille renommée pour les armes blanches, formées d'une âme en fer avec enveloppe d'acier trempé : les lames ainsi constituées acquerraient une grande dureté sans devenir cassantes.

On constatait en France un goût plus prononcé pour le tir à la cible.

32. *Produits de l'exploitation des mines et de la métallurgie.* — La production du combustible minéral pour l'ensemble du globe s'était élevée, en 1876, à 288 millions de tonnes (Grande-Bretagne 136 millions, Allemagne et Luxembourg 50 millions, États-

Unis 48 millions, France 17 millions, Belgique 14 millions, Autriche-Hongrie 13 millions; etc.).

L'exportation de l'Angleterre, en houille, coke et agglomérés, était évaluée à 17 millions de tonnes. Nous n'exportions que 725,000 tonnes, alors que notre importation atteignait 8 millions de tonnes, provenant principalement de la Belgique et de l'Angleterre.

Au premier rang des pays producteurs de pétrole se trouvaient les États-Unis, la Russie et le Canada. Les gisements de Pensylvanie fournissaient à eux seuls 64,000 hectolitres par jour.

L'exploitation des minerais d'argent avait pris un développement considérable, surtout aux États-Unis. On évaluait à plus de 400 millions de francs la production annuelle et à 38 ou 39 milliards la valeur de l'argent en circulation.

Quant à la production de l'or, après avoir atteint 900 millions en 1852, elle était tombée au-dessous de 500 millions; on estimait à 32 ou 33 milliards la valeur de l'or en circulation.

L'Angleterre fournissait 2,300,000 tonnes de sel, la Russie 700,000 tonnes et la France 600,000 tonnes.

L'Exposition de 1878 témoignait de l'importance considérable prise par l'exploitation des phosphates de chaux, notamment en France, dans les gîtes de nodules de la Meuse et des Ardennes, ainsi que dans les poches jurassiques du Quercy.

Dans la sidérurgie, j'ai surtout à signaler le procédé Martin, donnant du métal fondu sur la sole du four à réchauffer, à l'aide des hautes températures produites par le chauffage Siemens. Ce métal ne le cédait en rien à celui que fournissait le procédé Bessemer et semblait même devoir lui être préféré pour certains emplois.

Les ingénieurs éprouvaient un embarras de plus en plus grand pour distinguer le fer de l'acier et pour définir les diverses catégories de fer ou d'acier. Un comité international, fondé à l'occasion de l'Exposition de Philadelphie, avait proposé une nomenclature comprenant quatre classes : le fer soudé, l'acier soudé, le fer fondu et l'acier fondu. La plupart des usines s'attachaient de préférence à caractériser le métal par sa résistance à la traction ou au choc.

Depuis que les procédés Bessemer et Siemens-Martin avaient permis d'obtenir facilement de grosses masses d'acier fondu, tous les fabricants cherchaient à mouler directement un grand nombre d'organes mécaniques qu'il fallait auparavant fabriquer en métal laminé ou martelé.

Une spécialité intéressante, qui avait pris un grand développement, était celle de la fonte malléable.

Grâce aux nouveaux procédés métallurgiques, on arrivait à faire d'un seul morceau des pièces métalliques extrêmement volumineuses. C'est ainsi que la Société du Creusot exposait le fac-similé d'un lingot moulé de 120 tonnes. En même temps, les engins de forge prenaient une puissance inouïe : la même société montrait le modèle d'un marteau-pilon de 80 tonnes.

On pouvait voir au Champ de Mars des plaques de blindage en acier ou en fer et acier soudés, dont l'épaisseur atteignait 80 centimètres.

33. *Produits des exploitations ou des industries forestières.* — L'exposition de l'Administration française des forêts présentait un grand attrait. Deux bâtiments d'une forme et d'une structure très originales avaient été érigés au Trocadéro : l'un était le «chalet forestier» et l'autre le «pavillon des gardes». On y voyait des collections savantes et parfaitement coordonnées, des cartes, des publications spéciales et d'intéressants documents sur la fixation des dunes entre La Rochelle et l'embouchure de l'Adour.

L'attention se portait aussi sur les beaux travaux dus à l'initiative de M. Chambrelent (alors ingénieur en chef des ponts et chaussées) et entrepris pour assainir et rendre productif le sol des landes de Gascogne.

Des échantillons de bois de toute nature, de toute essence et de toute provenance s'offraient aux yeux du public : l'Algérie, l'Amérique centrale, le Brésil, le Canada, l'Australie, les Indes, avaient joint leur contingent à celui de l'Europe. Je dois mentionner particulièrement l'*Eucalyptus globulus* cultivé dans notre colonie algérienne.

L'Autriche-Hongrie occupait de beaucoup le premier rang pour le débitage et le commerce du bois blanc et du bois de chêne. De son côté, la France avait une prépondérance incontestée pour la fabrication du placage.

34. *Produits agricoles non alimentaires.* — Les États-Unis, sortis de la crise de 1861-1866, reprenaient leur prépondérance pour la fourniture du coton : la France, par exemple, en recevait par an plus de 100,000 tonnes, sur une consommation totale de 150,000 tonnes, alors que les Indes anglaises lui envoyaient seulement 27,000 tonnes et l'Égypte 12,000. Loin de ruiner la production américaine, l'abolition de l'esclavage avait été le point de départ de perfectionnements dans les procédés de culture du coton.

Malgré de louables efforts, cette culture n'avait pas pris en Algérie l'extension désirée.

La superficie consacrée en France à la culture du lin ne cessait de décroître et ne dépassait plus 80,000 à 90,000 hectares : l'excédent de notre importation sur notre exportation atteignait 45,000 tonnes environ; les principaux centres de production étaient le Nord, le Finistère, les Côtes-du-Nord et le Pas-de-Calais. Le pays le plus producteur était la Russie, où la culture du lin occupait 800,000 hectares. En Belgique, la surface cultivée était de 60,000 hectares.

Presque tous les pays produisaient du chanvre; ceux où la culture présentait le plus de développement étaient la Russie (550,000 hectares), l'Italie (130,000), la France (100,000), puis l'Espagne et l'Autriche-Hongrie. En France, les récoltes les plus considérables se faisaient dans les départements de la Sarthe, de Maine-et-Loire, de l'Ain, de l'Isère, des Côtes-du-Nord, de la Vienne et d'Indre-et-Loire. Quoique fort importante, notre production laissait un déficit de plus de 10,000 tonnes.

D'une manière générale, on constatait que, depuis 1867, la production des laines tout à fait fines avait diminué, tandis que celle des laines longues avait augmenté, en même temps que leur qualité s'améliorait. Le nombre des bêtes à laine décroissait constamment en France. Le mouvement ascensionnel de l'exportation continuait en Australie (127,000 tonnes), au Cap (72,000 tonnes), ainsi que dans la République Argentine et l'Uruguay (120,000 à 125,000 tonnes).

En ce qui concerne la soie, je ne puis que renvoyer aux indications de la page 265.

L'usage du tabac se généralisait; les progrès réalisés dans les manufactures résultaient principalement de la substitution du travail mécanique au travail manuel : des machines et appareils fort ingénieux étaient exposés par la Régie.

35. *Produits chimiques et pharmaceutiques.* — Les traits caractéristiques de la période 1867-1878 étaient le remplacement presque absolu du soufre par les pyrites dans la fabrication de l'acide sulfurique, la régénération du peroxyde de manganèse dans la fabrication du chlore, la substitution du procédé à l'ammoniaque au procédé Leblanc dans la production de la soude, la découverte de l'alizarine et de toute une nouvelle série de matières colorantes.

Les industries chimiques avaient pris, dans tous les pays, un essor prodigieux.

La découverte de l'alizarine, que je viens de mentionner, avait anéanti la culture de la garance : c'était un véritable désastre pour toute une région de la France. L'orseille et la cochenille étaient elles-mêmes menacées par les nouveaux produits colorants que donnaient les matières azoïques et les dérivés de la résorcine, et qui à l'avantage d'un prix peu élevé joignaient ceux d'une grande fixité à la lumière et d'une préparation facile.

Un accroissement considérable se manifestait dans la stéarinerie; des améliorations étaient constatées dans le mode de saponification et l'utilisation des matières accessoires.

Pour le pétrole, l'exportation des États-Unis avait presque triplé depuis 1867; la consommation française avait quadruplé : les produits accessoires du raffinage, tels que la paraffine et la vaseline, trouvaient des emplois nombreux et divers.

36. *Blanchiment, teinture, impression et apprêts.* — Les perfectionnements apportés au blanchiment des tissus et des fibres d'origine végétale résidaient surtout dans l'emploi plus judicieux et plus économique des anciens agents, dans l'adoption d'appareils permettant de diminuer le prix de revient, tout en respectant mieux l'intégrité des tissus et les dispositions données aux fibres par le tissage. Des progrès fort sensibles se révélaient dans la teinture et l'impression des tissus de coton, grâce à l'usage des matières colorantes nouvelles et à des méthodes perfectionnées de fixation.

Aucune découverte originale n'était signalée pour le blanchiment, la teinture et l'apprêt des laines.

Dans l'industrie des soieries, les matières colorantes récemment inventées avaient permis de créer les tons les plus variés; l'emploi des machines auxiliaires à laver, à essorer, à battre, à secouer, à cheviller, à lustrer, était devenu général; les teinturiers se préoccupaient davantage de la partie scientifique de leur art.

37. *Matériel et procédés de l'exploitation des mines et de la métallurgie.* — L'Exposition de 1878 confirmait les progrès déjà accusés par l'Exposition de Vienne, dans l'emploi des perforatrices, de la dynamite et de l'amorçage électrique pour le tirage des mines. Un grand nombre de perforatrices à percussion avaient été imaginées, notamment en France; l'application des perforatrices à rodage s'était également développée. Des perfectionnements se réalisaient dans l'emploi de l'air comprimé pour la mise en jeu des appareils perforateurs : on arrivait à éviter le refroidissement produit par la détente.

Les machines d'aérage avaient acquis plus de puissance depuis 1867; c'était le ventilateur à force centrifuge qui dominait dans les exploitations charbonnières.

De nombreuses tentatives avaient été faites pour prévenir les explosions de grisou ou en conjurer les effets. L'expérience montrait que, depuis 1862, la plupart des accidents avaient eu pour cause le tirage à la poudre : par suite, les efforts de certains exploitants tendaient, soit à supprimer l'usage de la poudre, soit à l'entourer des précautions nécessaires.

IMPRIMERIE NATIONALE.

L'éclairage des mines grisouteuses avait peu progressé depuis 1867; mais la supériorité de la lampe Mueseler s'était affirmée.

Les transports mécaniques se développaient à l'intérieur des mines. On y affectait soit des machines fixes, soit des locomotives : l'Exposition présentait quelques essais remarquables d'application de l'air comprimé à ce dernier genre de moteur.

On constatait la tendance à réduire le nombre des puits d'extraction. Le problème de l'exploitation à 1,000 mètres de profondeur, considéré pendant longtemps comme insoluble, venait d'être résolu.

L'installation des machines d'épuisement au fond des travaux avait fait un grand pas dans la période de 1867 à 1878.

J'ai déjà abordé précédemment les améliorations dans les procédés de la métallurgie. Il ne me reste à signaler ici qu'un fait important, la déphosphoration des fontes par l'emploi de revêtements basiques dans la construction des fours.

38. *Matériel et procédés des exploitations rurales et forestières.* — Dans la section du génie agricole, on pouvait admirer des œuvres considérables, telles que l'assainissement et l'irrigation de la plaine du Forez, l'amélioration de la Dombes, l'assainissement et la mise en valeur des landes de Gascogne, le colmatage de la vallée de l'Isère, la distribution des eaux de la Neste, divers canaux d'irrigation (Ministère des travaux publics de France); le desséchement des marais de Polésie (Ministère des domaines de Russie); les conquêtes faites sur la mer par la Compagnie des polders de l'Ouest et par la Société des polders de Bouin; les irrigations de la plaine de Gennevilliers à l'aide des eaux d'égout, en vue de l'assainissement de la Seine (ville de Paris).

L'Angleterre et les États-Unis d'Amérique offraient une série de charrues d'un intérêt capital et manifestaient une double tendance : accroître la solidité et, en même temps, diversifier le mode d'emploi, soit par de nombreux types différents, soit par les modifications susceptibles d'être apportées au même outil. Les appareils de labourage à vapeur étaient restés l'apanage exclusif des constructeurs anglais. Toutes les faucheuses dérivaient des types Sprague ou Wood. Les moissonneuses étaient arrivées à un grand degré de perfection : les moissonneuses-lieuses constituaient une nouveauté très intéressante pour les pays à vastes cultures et à main-d'œuvre rare. La question des presses à fourrage préoccupait les agriculteurs et les industriels.

L'exposition des matières fertilisantes était des plus complètes, notamment en France et en Angleterre. A elle seule, la France consommait annuellement pour 10 millions de francs de phosphates fossiles, pour 3 millions de superphosphates, pour 5 à 6 millions de sulfates d'ammoniaque, pour 400,000 à 500,000 francs de sels de potasse, pour 2 millions et demi à 3 millions d'engrais chimiques composés, etc. Les efforts les plus louables étaient faits pour tirer parti des déchets de toute sorte, débris des fabriques de colle ou des abattoirs, excréments humains, etc.

La Direction générale des forêts de France présentait une exposition merveilleuse, que j'ai eu déjà l'occasion de signaler : on y remarquait en particulier les travaux de reboisement des montagnes et de fixation des dunes. Le Ministère de l'agriculture d'Autriche-Hongrie se montrait aussi dans des conditions très brillantes. (L'exportation des bois de ce pays avait dépassé 130 millions de francs en 1877.)

Il me reste à mentionner les mérites exceptionnels de l'Administration française des manufactures de l'État, la science de ses ingénieurs, la beauté et la parfaite appropriation de son outillage.

39. *Matériel et procédés des usines agricoles et des industries alimentaires.* — Depuis 1867, des progrès considérables avaient été réalisés dans la fabrication du sucre de betterave. L'application très large de l'idée de M. Linard, pour le transport souterrain des jus, avait conduit à établir les râperies sur le lieu de production et à monter de grandes usines centrales desservies par ces râperies annexes. Le procédé d'extraction de M. Dombasle, perfectionné par M. Robert et connu sous le nom de *diffusion*, avait pris un grand développement, surtout en Allemagne, où les producteurs s'étaient vus ainsi obligés

d'améliorer la culture de la betterave et d'en accroître la richesse saccharine.

Les appareils de distillation de l'alcool ne présentaient que de légères modifications ayant pour but d'obtenir un chauffage économique et un travail facile. Celui qui paraissait le plus perfectionné était exposé par MM. Savalle : on y trouvait le chauffage à la vapeur des vinasses, la disposition tubulaire du condenseur réfrigérant et du chauffe-vin, les cloisons intérieures destinées à multiplier l'effet de ces deux organes, le régulateur de vapeur, etc.

Pour la production artificielle de la glace, il n'y avait pas de principes physiques nouveaux; mais la pratique industrielle s'était considérablement améliorée.

Deux faits principaux se dégageaient de la belle exposition de la meunerie : d'une part, la tendance à augmenter le rendement du blé et la qualité de la farine, par l'amélioration des appareils ordinaires de nettoyage, de mouture et de blutage; d'autre part, les efforts dépensés, principalement à l'étranger, pour substituer aux meules des appareils nouveaux, tels que les cylindres.

De nombreux pétrins mécaniques étaient placés sous les yeux du public.

40. *Matériel des arts chimiques.* — Parmi les appareils de chimie exposés dans cette classe, on remarquait ceux du laboratoire de l'École des tabacs, pour l'analyse des fontes, fers, aciers et matières organiques, ainsi que pour le dosage de l'acide chlorhydrique, de l'acide azotique, de l'acide carbonique, de la nicotine, de divers produits extraits du tabac, etc. Une autre collection intéressante était celle des appareils employés par la Direction générale des manufactures de l'État néerlandais, pour l'analyse des sucres bruts, pour le pesage des dissolutions sucrées, alcools, huiles, pétroles, pour la détermination de la force alcoolique des liqueurs, de la force des bières et de celle des vinaigres.

L'Exposition révélait une conquête importante de la science : je veux parler de la liquéfaction des gaz considérés autrefois comme permanents.

L'éclairage au gaz jouait un rôle de plus en plus considérable : en 1878, 687 villes de France, représentant une population de 10 millions d'habitants, en faisaient usage et consommaient 382 millions de mètres cubes; le capital engagé dans les usines était de près de 600 millions; le poids du charbon distillé ou employé au chauffage atteignait 2 millions de tonnes. De nombreux perfectionnements avaient été apportés au matériel de distillation, de condensation, d'extraction ou d'épuration.

Les procédés de la stéarinerie ne s'étaient pas sensiblement modifiés depuis 1867; mais les appareils avaient reçu de nombreuses améliorations, ayant pour effet d'accroître la puissance de production, de relever la qualité des produits et de réduire le prix de revient. Le poids annuel des bougies fabriquées en France était presque doublé et atteignait 35 millions de kilogrammes; l'abaissement du prix de vente pouvait être estimé à 15 p. 100.

41. *Machines et appareils de la mécanique générale.* — On eût vraiment cherché à l'exposition de la mécanique générale de grandes découvertes susceptibles de bouleverser l'industrie. Un chemin considérable n'en avait pas moins été parcouru, grâce à d'innombrables perfectionnements portant sur tous les détails des organes. On voyait à chaque pas la trace d'une instruction scientifique et technique plus large et plus étendue.

Les bonnes proportions entre les éléments des générateurs étaient mieux observées; les types étaient plus spécialisés et plus convenablement adaptés à leur destination. On employait plus souvent les réchauffeurs d'alimentation.

La rivure par pression hydraulique tendait à se répandre. Les injecteurs étaient d'un usage courant. Sans avoir complètement résolu la question des nettoyages et de l'entretien, les constructeurs s'en préoccupaient davantage.

Les chaudières exposées se ramenaient à cinq catégories : 1° chaudières à foyer extérieur; 2° chaudières à foyer intérieur; 3° chaudières tubulaires, avec parcours de flammes à l'intérieur des tubes; 4° chaudières tubulaires, avec parcours de flammes à l'extérieur des tubes;

5° chaudières mixtes. Parmi les générateurs de la quatrième catégorie, ceux de la maison Belleville eurent un véritable succès; dans la cinquième catégorie, je mentionnerai les chaudières Galloway.

Les machines à vapeur accusaient le retour à deux types principaux : la machine verticale à balancier, avec détente Woolf, et la machine horizontale à connexion directe, simple ou à deux cylindres. Bien que les anciens systèmes de distribution par tiroirs fussent toujours en faveur, la distribution par déclenchement, appliquée aux glissières et aux soupapes, avait pris une large extension; on revenait aux soupapes à deux sièges mues par des excentriques à ondes. La détente par échelons s'était étendue aux machines horizontales.

Avec de bonnes machines et de bonnes chaudières, on obtenait un cheval-vapeur par kilogramme de houille brûlée en une heure.

Les machines à gaz s'étaient propagées pour les faibles puissances.

Dans la section des machines hydrauliques, on constatait l'accroissement de la vitesse imprimée aux pistons des pompes, la grande extension et l'amélioration des pompes centrifuges, l'usage plus répandu du bélier hydraulique, la perfection des turbines, l'emploi assez fréquent des moteurs à colonne d'eau.

Les machines agissant par l'action de l'eau sous de fortes pressions rendaient les plus précieux services.

L'industrie employait davantage les machines à air comprimé.

Une progression sensible se manifestait dans l'emploi des câbles télédynamiques.

Sur tous les chantiers, dans tous les ateliers, on avait recours aux grands appareils de levage, mus souvent à la vapeur ou par pression hydraulique.

Les grandes médailles se répartirent entre la France, la Suisse, l'Angleterre et les États-Unis.

42. *Machines-outils.* — Il y avait peu de nouveautés, mais une grande somme d'efforts pour réduire les frais de transformation de la pièce d'œuvre soumise à la machine-outil, soit en recourant à des machines plus puissantes, soit en rendant ces machines aussi automatiques que possible, soit en les combinant de telle sorte qu'elles

pussent façonner les pièces dans un grand nombre de directions, sans changement de montage.

43. *Matériel et procédés de la corderie, de la filature et du tissage.* — L'Exposition témoignait de la puissance exceptionnelle de l'Angleterre pour la construction des machines de la filature et du tissage.

Tout d'abord tributaires des modèles anglais, les États-Unis créaient à leur tour des machines originales.

La Belgique et la Suisse établissaient leur outillage propre.

L'Espagne, le Portugal, l'Italie, la Russie, les Indes, achetaient encore au dehors la majeure partie de leur matériel.

La France comptait des industriels entreprenants et des ingénieurs éprouvés. Mais elle avait perdu ses magnifiques ateliers d'Alsace et portait encore le poids des funestes événements de 1870; Manchester, Oldham, Bolton, alimentaient presque exclusivement les manufactures françaises.

Aucune invention de quelque importance ne mérite d'ailleurs d'être signalée dans ce compte rendu très sommaire.

44. *Matériel et procédés de la couture.* — Les machines à coudre d'un usage général n'avaient point reçu de perfectionnements remarquables, et le seul fait considérable était leur diffusion extraordinaire : les maisons Singer et Howe d'Angleterre et la Compagnie Wheeler et Wilson des États-Unis en produisaient chaque année un nombre extrêmement élevé.

Les machines spéciales étaient plus intéressantes. Beaucoup avaient été créées depuis 1867; plusieurs reposaient sur des principes nouveaux et constituaient de véritables inventions, entraînant la transformation des industries correspondantes. Je citerai spécialement le couso-brodeur de M. Bonnaz, la machine de M. Legat pour la couture des chapeaux de paille et celle de M. Henriksen pour la couture des gants. A cet égard, la France occupait sans conteste le premier rang.

45. *Matériel et procédés de la papeterie, des teintures et des impressions.* — Sans avoir été l'objet d'inventions importantes depuis 1867, les procédés de la papeterie s'étaient sensiblement améliorés. La fabrication de la pâte de bois avait pris un énorme développement,

surtout en Suède et en Norvège, pays qui possédaient de vastes forêts et des chutes d'eau puissantes.

Pour l'impression, les machines rotatives avaient reçu de tels perfectionnements qu'on pouvait presque y voir une découverte nouvelle. La maison Marinoni exposait trois presses à journaux : la première imprimait, coupait, comptait et rangeait les journaux de petit format par simple exemplaire; la seconde faisait les mêmes opérations pour les journaux de grand format; la troisième y ajoutait le pliage mécanique.

On commençait à employer les presses rotatives à papier continu pour les journaux illustrés.

L'Exposition de 1878 avait à son actif une presse mécanique en taille-douce.

La teinture au trempé et à la main était remplacée par des moyens mécaniques donnant plus de régularité aux opérations. Un type spécial d'essoreuse pour le séchage après la teinture paraissait destiné à rendre de grands services.

46. *Machines, instruments et procédés usités dans divers travaux.* — Cette classe comprenait un ensemble varié de machines, outils et instruments, dont la plupart, fort ingénieux, constituaient une partie importante du petit outillage de l'*article de Paris*. Elle mettait bien en lumière les conquêtes incessantes du travail mécanique.

On y voyait pour la première fois des machines à écrire venant des États-Unis d'Amérique et du Danemark, une machine à sténographier venant d'Italie, et un spécimen de machine à voter imaginé par un horloger français.

47. *Carrosserie.* — Alors qu'en 1867 nous étions arrivés avec peine à lutter contre l'Angleterre, l'Exposition de 1878 affirmait la supériorité de la carrosserie française. Les voitures anglaises n'en avaient pas moins de très sérieuses qualités. Celles des États-Unis se distinguaient par leur très grande légèreté.

Parmi les essais d'amélioration, je signalerai l'application du caoutchouc au pourtour des roues, afin d'amortir les chocs et de diminuer le bruit du roulement.

Les vélocipèdes étaient représentés par de bons modèles.

48. *Matériel des chemins de fer.* — Le réseau des chemins de fer continuait à se développer très rapidement : la France avait plus de 23,000 kilomètres en exploitation, l'Angleterre 27,500, l'Allemagne 29,000, la Russie 21,000, l'Autriche-Hongrie 17,000, la Belgique près de 4,000, la Suède et la Norvège 5,700, la Hollande 1,600, la Suisse 2,500, les États-Unis 126,000; la longueur totale des voies ferrées dans l'ensemble du monde était évaluée à 313,000 kilomètres.

La substitution des rails en acier aux rails en fer se généralisait, non seulement pour les lignes à grande circulation, mais aussi pour les autres lignes : le prix de l'acier Bessemer ou Martin avait d'ailleurs subi de fortes réductions. Sur certains réseaux, on apportait au poids des rails en acier des diminutions jugées depuis excessives. La longueur des barres était augmentée, de manière à diminuer le nombre des joints. Les essais entrepris dès avant 1867, pour remplacer les traverses en bois par des traverses métalliques, ou même pour supprimer les traverses, avaient été poursuivis sans grand succès.

L'enclenchement des leviers d'aiguilles et de signaux commençait à recevoir de larges applications.

Il en était de même du *block-system*.

Le type de la machine à roues libres avait disparu; la machine Crampton, n'ayant plus assez de puissance pour enlever à grande vitesse des trains lourdement chargés, faisait place à la machine mixte à deux essieux accouplés et à roues de grand diamètre. Pour les marchandises, les locomotives se ramenaient à deux types, comportant l'un trois, l'autre quatre essieux accouplés. Les machines-tenders étaient de plus en plus employées. Parmi les nouveautés de l'Exposition, on remarquait la machine à crémaillère de M. Riggenbach, qui faisait un bon service sur les profils exceptionnels. Je dois encore signaler les faits suivants, en ce qui concerne les locomotives : accroissement des dimensions des foyers; emploi de roues d'un grand diamètre, sans surélévation du centre de gravité; utilisation du poids total de la machine comme moyen d'arrêt.

En passant en revue les voitures exposées, on était frappé du nombre des véhicules de luxe. Pour les voitures ordinaires, la France continuait à préférer le type à compartiments isolés, tandis que dans d'autres pays on adoptait le type à communication. La question du chauffage des voitures de toutes classes avait été résolue affirmativement sur le réseau français et sur un grand nombre de réseaux étrangers.

Pour les véhicules à marchandises, on constatait une tendance générale à l'accroissement des espaces utilisables, tout en maintenant la limite de 10 tonnes pour le chargement.

La voie étroite était représentée par des spécimens très intéressants.

Les tramways faisaient leur apparition. Au nombre des machines destinées à la traction mécanique sur ces nouvelles voies ferrées, on voyait des machines à air comprimé du système Mekarski et des machines à eau surchauffée du système Franck.

Les freins continus commençaient à offrir une assez grande variété : je citerai en particulier le frein Westinghouse à air comprimé, le frein Smith agissant par le vide et le frein électrique Achard.

49. *Matériel et procédés de la télégraphie.* — L'Exposition de 1878 révélait des découvertes qui avaient à juste titre un grand retentissement, mais qui n'étaient pas encore entrées dans le domaine de la pratique : le téléphone articulant, étudié dès 1854 par M. Bourseul, agent de l'Administration française des télégraphes, venait d'être livré simultanément au public par M. Bell et par M. Elisha Gray; le microphone avait été trouvé par M. Hughes; enfin le phonographe avait été inventé par M. Edison.

On voyait un grand nombre d'appareils télégraphiques. Je signalerai spécialement : 1° l'appareil Wheatstone, destiné à la transmission automatique des dépêches par l'appareil Morse et augmentant dans une large proportion la capacité des lignes; 2° les appareils imprimeurs Chambrier, Dujardin, d'Arlincourt, Bigeon, Digney, Wheatstone, Hughes, Olsen et Lucchesini; 3° les appareils autographiques Meyer, Lenoir et d'Arlincourt.

Les tentatives de transmission simultanée par un même fil avaient abouti : les principaux noms à rappeler sont ceux de Wheatstone, de Meyer et de Baudot.

La fabrication des câbles souterrains avait fait de grands progrès. Il en était de même de celle des câbles sous-marins, dont la longueur totale en 1878 dépassait 60,000 milles marins.

Plusieurs exposants montraient de bons appareils de télégraphie optique, pour les communications militaires ou marines.

50. *Matériel de la navigation et du sauvetage.* — Le Ministère de la marine exposait des modèles d'un certain nombre de navires sortis de ses arsenaux, tels que cuirassés de haut bord, cuirassés de dimensions plus réduites, garde-côtes, croiseurs, avisos; à côté de ces modèles, on en voyait d'autres exposés soit par les administrations étrangères, soit par l'industrie privée. Ce qui frappait le plus, c'était la tendance à augmenter le cuirassement, à accroître néanmoins la vitesse de marche et à localiser les avaries par l'adoption du système cellulaire à cloisons étanches.

Les torpilleurs étaient devenus d'un usage presque général dans les marines militaires.

Les dimensions et la vitesse des paquebots transatlantiques s'étaient notablement accrues; ils atteignaient couramment 130, 140 et même 160 mètres de longueur; leur tonnage dépassait 5,500 tonneaux, et la puissance indiquée de leurs moteurs 5,000 chevaux-vapeur; ils filaient 15 et 16 nœuds à l'heure. La coque et les ponts principaux étaient en fer. De nombreuses modifications avaient été apportées aux types antérieurs, pour mieux assurer le confort et la sécurité.

Depuis 1867, deux faits considérables avaient exercé une très grande influence sur les machines marines, à savoir : 1° la vulgarisation dans la pratique journalière du condenseur à surfaces; 2° l'accroissement de la puissance de vaporisation des chaudières par l'emploi du tirage forcé.

Suivant les cas, on faisait usage soit de machines à trois cylindres avec détente directe dans chaque cylindre, soit de machines Compound, soit de machines Woolf.

Pour les navires destinés au transport des marchandises, la substitution de la vapeur à la voile s'accélérait.

Les constructeurs cherchaient à remplacer le travail des matelots par celui des machines, pour toutes les opérations exigeant une certaine dépense de puissance mécanique.

La navigation de plaisance, très développée en Angleterre, avait pris quelque importance en France depuis 1867.

Je signalerai encore le matériel de la Société centrale de sauvetage des naufragés et les pompes à vapeur pour extinction des incendies.

51. *Aliments.* — L'étendue de la culture du blé et son rendement s'étaient sensiblement accrus. Nous importions encore plus de blé que nous n'en exportions; mais, en revanche, nos exportations de farine étaient notablement supérieures à nos importations.

La Russie demeurait un grand pays producteur de froment; elle en exportait annuellement près de 20 millions d'hectolitres.

Aux États-Unis, la superficie consacrée à la culture du blé avait augmenté de 4 millions d'hectares; bien que le rendement par hectare eût baissé, la production avait gagné. En 1877-1878, l'exportation s'était élevée à 32 millions d'hectolitres; elle devait atteindre 47 millions en 1878-1879 et 54 millions et demi en 1879-1880.

La consommation de viande croissait rapidement; les prix subissaient une hausse considérable.

Les conserves alimentaires fabriquées par le procédé Appert étaient l'objet d'une faveur croissante. Des conserves de viande, préparées à Chicago et à Saint-Louis par une méthode qui tenait à la fois de la salaison, du boucanage et du procédé Appert, commençaient à trouver des débouchés à l'exportation.

Pendant la période de 1867-1878, le nombre des fabriques françaises de sucre de betterave s'était élevé à 500 et la production en sucre brut à 400 millions de kilogrammes; l'Allemagne produisait 290 millions de kilogrammes, la Russie 265 millions, l'Autriche-Hongrie plus de 100 millions, la Belgique 70 millions. On évaluait à 3,550,000 tonnes la quantité de sucre de toute nature livrée, soit à la consommation directe, soit au raffinage, dans l'ensemble du globe, alors qu'en 1867, le chiffre correspondant ne dépassait pas 2,350,000 tonnes.

Les sucres coloniaux les plus remarqués étaient ceux de l'île Maurice et de la Guadeloupe.

De grands progrès avaient été réalisés dans la chocolaterie; l'usine de Noisiel, appartenant à M. Menier, pouvait être considérée comme un véritable modèle.

La fabrication du vinaigre s'était transformée en grande industrie par l'application des découvertes de M. Pasteur sur les ferments.

De 1868 à 1877, la production française en vins avait oscillé entre 36 millions et 84 millions d'hectolitres et atteint en moyenne 56 millions d'hectolitres. Malgré l'importance de cette production, la France consommait une certaine quantité de vins étrangers, qu'elle tirait surtout de l'Espagne, de l'Italie, du Portugal et de la Hongrie : l'importation était d'ailleurs plus que compensée par l'exportation.

Nos eaux-de-vie de fine champagne et de Cognac restaient sans équivalent dans le monde. Notre production en eaux-de-vie de vin ne s'était d'ailleurs pas ralentie depuis 1867, tandis que celle des alcools de vin tendait à disparaître, en raison des progrès considérables accomplis dans les procédés de vinification.

Ces alcools étaient presque complètement remplacés par les alcools d'industrie, fabriqués, pour la presque totalité, avec les betteraves et les mélasses, et, pour une moindre part, avec les grains et matières farineuses. A cet égard, nous subissions une concurrence redoutable de la part de l'Allemagne, de la Belgique et de la Russie.

La nation qui fabriquait le plus de bière était l'Allemagne, dont le rapporteur du jury évaluait la production à 54 millions d'hectolitres. Parmi les divers pays de l'empire, celui qui jouissait de la plus grande célébrité, la Bavière, ne donnait plus des produits aussi remarquables qu'autrefois, au point de vue de la qualité.

En Angleterre, la brasserie avait fait des progrès considérables; les bières anglaises, de fermentation haute, étaient saines, apéritives et stimulantes; leur richesse en alcool et leur houblonnage en assuraient la conservation.

Les bières autrichiennes, d'une grande limpidité et d'une extrême finesse, étaient dignes de leur réputation.

C'était dans la cave américaine que l'on trouvait les meilleures bières de l'Exposition.

La production de la brasserie française n'augmentait qu'avec une extrême lenteur; plusieurs fabricants exposaient d'excellentes bières de fermentation basse.

52. *Agriculture.* — Dans le groupe de l'agriculture, il n'a été rédigé de rapport que sur l'exposition hippique, sur les espèces bovine et porcine, sur les insectes utiles et sur les poissons, crustacés et mollusques.

Les chevaux étaient répartis en quatre grandes sections : 1° races pures (pur sang arabe, pur sang anglo-arabe, pur sang anglais); 2° races propres à l'attelage; 3° races propres à la selle; 4° races de gros trait. La famille du pur sang arabe n'était représentée que par un petit nombre de sujets; au contraire, la famille du pur sang anglais se présentait dans les conditions les plus brillantes, grâce surtout aux louables efforts de la Société française d'encouragement; les anglo-arabes étaient peu nombreux, mais de haute qualité. Le concours des étalons carrossiers fut un vrai triomphe pour la Normandie. Pour les étalons de selle au-dessus de 1 m. 55, le succès de la production normande fut également complet; pour les chevaux de selle de moyenne taille, la Normandie, la Bretagne, le Limousin, les Pyrénées et l'Angleterre se disputèrent la victoire.

Les récompenses attribuées aux chevaux de gros trait se répartirent entre l'Angleterre, la Belgique et la France (races percheronne et boulonnaise).

La participation étrangère à l'exposition des animaux de l'espèce bovine laissait à désirer. Mais cette exposition mettait en lumière les progrès de notre élevage. La race limousine se distinguait par l'harmonie de ses formes et sa double aptitude au travail et à l'engraissement; les races de Salers et d'Aubrac, bien que comptant parmi les plus précieuses de France, étaient moins brillamment représentées; la race du Mézenc se montrait inférieure aux trois précédentes et péchait par la conformation; la catégorie des durhams français, tout en comprenant encore de beaux sujets, semblait quelque peu dégénérée et appelait des reproducteurs d'élite.

Les animaux de l'espèce porcine témoignaient de perfectionnements considérables; la situation s'était améliorée au point de vue de la nature des races, de la salubrité des étables, de la nourriture et des accouplements.

Des essais importants avaient été faits pour propager en France, à côté du bombyx du mûrier, les bombyx du chêne de la Chine et du Japon; d'autres pays étaient entrés dans la même voie. Ces races n'étant point soustraites aux maladies qui avaient si profondément atteint le ver à soie du mûrier, notamment à la pébrine et à la flacherie, les éleveurs avaient dû redoubler d'efforts pour combattre le mal et appliquer les belles découvertes de M. Pasteur. Des progrès très sérieux avaient été réalisés depuis 1867.

L'apiculture s'était sensiblement développée, grâce au perfectionnement des méthodes d'élevage et à l'importation de races étrangères. On évaluait en France le nombre des ruches à 2 millions ou 2 millions et demi et le produit à 22 ou 23 millions.

L'Exposition fournissait des données intéressantes sur l'aquiculture maritime et sur l'aquiculture des eaux douces : M. Vaillant, professeur d'ichtyologie au Muséum d'histoire naturelle, en a fait l'objet d'un rapport que l'on pourra lire avec fruit.

53. *Horticulture.* — On voyait à l'Exposition de 1878 des plans fort bien faits de parcs et jardins publics, des spécimens de grottes et rochers artificiels, de belles serres (pour la plupart à charpente métallique), des thermosiphons, des thermomètres, des types pour clôtures et meubles de jardin, des objets de céramique horticole, des appareils d'arrosage, des collections d'outils, des fruits admirablement moulés et une série d'ouvrages sur l'horticulture.

La classe des plantes potagères faisait ressortir toute l'habileté de nos jardiniers maraîchers. On remarquait en particulier les produits obtenus à Gennevilliers par l'emploi de l'eau des égouts de Paris.

L'exposition des graines et plants d'essences forestières présentait un réel intérêt. Elle offrait des exemples tout à fait remarquables de transplantation d'arbres au chariot.

4. Congrès et conférences. — Les comptes rendus des congrès ne forment pas moins de 35 volumes.

Je dois me borner à une simple nomenclature :

1° Agriculture (agriculture proprement dite; économie du bétail; viticulture; sylviculture; horticulture et cultures arbustives; génie rural; industries agricoles; sériciculture et entomologie; économie et législation rurales; enseignement agricole; production chevaline).

2° Unification du numérotage des fils de toute nature.

3° Institutions de prévoyance (caisses d'épargne, caisses d'épargne scolaires, bureaux d'épargne des manufactures et ateliers; sociétés de secours mutuels; assurances sur la vie; caisses de retraite civiles, militaires et populaires; unions de consommation; unions de production; unions de crédit; banques populaires).

4° Démographie.

5° Sciences ethnographiques (ethnogénie; ethnologie; ethnographie théorique; ethnographie descriptive; éthique; ethnographie politique; ethnodicée).

6° Travaux des géomètres-experts.

7° Statistique.

8° Développement et amélioration des moyens de transport (chemins de fer; navigation intérieure; navigation maritime).

9° Architecture.

10° Hygiène (hygiène du nouveau-né; altération des cours d'eau; hygiène alimentaire; logements des classes nécessiteuses; hygiène professionnelle; prophylaxie des maladies infectieuses et contagieuses).

11° Médecine mentale.

12° Génie civil (mines et métallurgie; agriculture et génie rural; machines; routes, chemins de fer, navigation; constructions publiques et particulières; physique et chimie industrielles; industries diverses).

13° Homéopathie.

14° Médecine légale.

15° Service médical des armées en campagne.

16° Questions relatives à l'alcoolisme.

17° Sciences anthropologiques (anthropologie anatomique et biologique; ethnologie et anthropologie linguistique; préhistorique; démographie anthropologique et géographie médicale).

18° Botanique et horticulture.

19° Commerce et industrie (régime économique du commerce et de l'industrie; éducation professionnelle; législation commerciale et industrielle comparée).

20° Météorologie.

21° Géologie.

22° Vérification des poids, mesures et monnaies.

23° Sériciculture.

24° Propriété industrielle (brevets d'invention; dessins et modèles de fabrique; marques de commerce ou de fabrique; nom commercial; médailles et récompenses industrielles).

25° Club Alpin français.

26° Patronage des prisonniers libérés.

27° Propriété artistique.

28° Géographie commerciale (explorations et voies commerciales; produits naturels et manufacturés; émigration et colonisation; enseignement; etc.);

29° Amélioration du sort des aveugles et des sourds-muets.

30° Société des Amis de la paix.

31° Brasserie.

32° Industrie laitière.

Quant aux conférences, elles ont atteint le nombre de 57 et ont porté sur des sujets très divers se rattachant à l'industrie, aux travaux publics, à l'agriculture, aux arts, aux sciences, à l'enseignement, à l'économie sociale et à l'hygiène.

IMPRIMERIE NATIONALE.

CHAPITRE VII.

EXPOSITIONS DE 1879 À SYDNEY, DE 1880 À MELBOURNE, DE 1883 À AMSTERDAM, DE 1885 À ANVERS, DE 1888 À BARCELONE ET À BRUXELLES.

1. Expositions de 1879 à Sydney et de 1880 à Melbourne. — Pendant la période de 1879 à 1889, plusieurs pays ont organisé des expositions universelles internationales, au sujet desquelles je ne puis me dispenser de fournir quelques indications, bien qu'elles n'aient pas eu l'importance de celles de Londres, Paris, Vienne et Philadelphie.

Les deux premières ont eu lieu en Australie : l'une à Sydney (17 septembre 1879–20 avril 1880) et l'autre à Melbourne (1er octobre 1880–30 avril 1881).

Je ne m'arrêterai pas à l'Exposition de Sydney, qui resta sensiblement au-dessous de celle de Melbourne, surtout au point de vue de la participation étrangère. Il suffira de rappeler les chiffres suivants :

Surface couverte par les constructions..........	60,000 m. carr.
Nombre des exposants..........................	9,345
Nombre total des visiteurs......................	1,117,500 [1]

L'Exposition de Melbourne fut plus considérable : les voies lui avaient été ouvertes par celle de Sydney; deux années s'étaient d'ailleurs écoulées depuis les grandes assises de 1878, et les exposants étrangers avaient eu ainsi le temps de reprendre haleine et de se préparer à un nouveau concours international. A ces deux causes de

[1] Dont 850,000 visiteurs payants.

succès on doit encore ajouter l'attrait de la belle et industrieuse capitale de Victoria, dont la fondation remontait à peine à un demi-siècle et qui s'était développée avec une prodigieuse rapidité.

Ce fut le Gouvernement de la colonie qui assuma toute la charge de l'entreprise.

Les objets et produits étaient répartis en 82 classes formant 10 groupes : 1° œuvres d'art; 2° éducation et enseignement; appareils et procédés des arts libéraux; 3° mobilier et accessoires; 4° tissus, vêtements et accessoires; 5° produits bruts et travaillés; 6° machines; appareils et procédés de l'industrie mécanique; 7° produits alimentaires; 8° agriculture; 9° horticulture; 10° mines et métallurgie.

L'espace total occupé par l'Exposition mesurait 84,000 mètres carrés environ.

Les principales constructions étaient un Palais définitif de 150 mètres de longueur sur 49 mètres de largeur, deux annexes également permanentes de près de 6,000 mètres carrés de superficie, et un hall provisoire de 250 mètres sur 150 mètres.

La France participa officiellement à l'Exposition de Melbourne. Elle fut représentée par deux commissaires généraux : M. G. Berger, à Paris, et M. Belcour, consul à Melbourne.

D'après les documents publiés par les commissaires de Victoria, le nombre des exposants s'éleva à 12,792, dont 2,130 pour cette colonie, 1,379 pour le Royaume-Uni, 1,172 pour les Indes anglaises, 1,146 pour la France, 963 pour l'Allemagne, 888 pour l'Italie, 818 pour Ceylan, 629 pour la Nouvelle-Zélande, 587 pour Queensland, 419 pour la Nouvelle-Galles du Sud, etc.

Le jury international répartit en six catégories les exposants les plus méritants, savoir : 1er ordre de mérite, 3,270 exposants; 2e ordre de mérite, 2,486; 3e ordre de mérite, 1,877; 4e ordre de mérite, 1,036; 5e ordre de mérite, 733; mentions honorables, 269. Ainsi le nombre total des distinctions atteignit 9,671; nos nationaux en obtinrent 1,076, dont 406 correspondant au 1er ordre de mérite, 242 au 2e ordre de mérite, 204 au 3e ordre de mérite, etc.

Parmi les exposants les plus remarqués, 3,008 obtinrent des médailles (494 médailles d'or, 1,501 médailles d'argent, 1,013 médailles de bronze). La France en reçut 389 (95 médailles d'or, 161 médailles d'argent, 133 médailles de bronze).

Le nombre des entrées fut de 1,330,000, dont 340,000 environ à titre gratuit.

Les dépenses atteignirent 8,250,000 francs, et les recettes 1,300,000 francs; la différence fut couverte par le Trésor.

2. Exposition de 1883 à Amsterdam. — L'Exposition internationale ouverte en 1883 à Amsterdam, sur l'initiative d'un Français, M. Agostini, devait tout d'abord être une exposition exclusivement coloniale. Plus tard, elle eut un cadre plus vaste et devint une exposition «coloniale et d'exportation générale» : cette extension du programme primitif lui permit de comprendre presque toutes les branches de l'activité humaine.

Malgré son caractère privé, l'œuvre fut placée sous le patronage officiel du Gouvernement néerlandais, qui lui accorda un subside de 150,000 florins et qui intervint dans la constitution et les travaux du jury.

La superficie occupée par les édifices et les jardins était d'environ 25 hectares.

Le Palais principal affectait, dans son ensemble, la forme d'un rectangle de 300 mètres de longueur sur une largeur moyenne de 135 mètres. Il comportait une grande nef centrale de 20 mètres d'ouverture, sur laquelle se greffaient des galeries perpendiculaires. La surface de ce palais et de ses annexes s'élevait à 85,000 mètres carrés, chiffre auquel il y avait lieu d'ajouter 8,000 mètres carrés pour les chalets, pavillons, kiosques et autres constructions, édifiés soit par les administrations publiques, soit par les particuliers.

La France participa officiellement à l'Exposition d'Amsterdam; les Chambres votèrent à cet effet un crédit de 530,000 francs, auquel il y a lieu d'ajouter 215,000 francs pour la ville de Paris, l'Algérie et la Tunisie.

D'après un tableau inséré au rapport de M. Delahaye, délégué ouvrier, le catalogue officiel comprenait 6,574 exposants, non compris diverses expositions collectives. La France était au premier rang, avec 1,587 exposants pour la métropole et 225 pour l'Algérie. Abstraction faite des colonies autres que l'Algérie, elle obtint 1,428 récompenses, dont 177 diplômes d'honneur, 380 médailles d'or, 363 médailles d'argent, 304 médailles de bronze et 204 mentions honorables. Ce fut donc pour elle un réel succès.

A la suite de l'Exposition d'Amsterdam, M. le comte de Sainte-Foix, consul général de France et commissaire général de la République, a rédigé un rapport plein de faits et d'utiles observations, non seulement sur la section française, mais aussi sur celles des autres pays participants (Pays-Bas, Belgique, Perse, Suède et Norvège, Suisse, Luxembourg, Turquie, Égypte, Grèce, Transvaal, Brésil, Chine, Italie, Angleterre, Russie, Espagne, Autriche-Hongrie, Japon, États-Unis, Allemagne). Il y a annexé une étude sur le commerce, la situation économique et l'avenir de nos colonies. De son côté, M. Aubert, chancelier du consulat général et commissaire adjoint, a fait une étude analogue sur les colonies néerlandaises des Indes orientales.

Des délégations ouvrières se sont rendues à Amsterdam : les subsides mis à leur disposition comprenaient un crédit de 50,000 francs, ouvert pour cet objet au Ministre du commerce. MM. Chalain et Gruhier, désignés par l'Union des chambres syndicales ouvrières de France, ont dressé un rapport général très intéressant, auquel sont joints de nombreux rapports particuliers et qui a été publié en 1885.

Je signalerai encore un rapport de M. Victor Delahaye, ouvrier mécanicien. L'auteur avait reçu de sa corporation le mandat de procéder à une enquête industrielle, politique et économique. Pour remplir la mission qui lui avait été ainsi confiée, il a étudié avec beaucoup de soin la situation comparative de l'industrie en France, en Hollande et aux États-Unis; la condition des ouvriers hollandais, français, américains et anglais; la législation du travail dans les Îles Britanniques et aux États-Unis depuis la fin du XVIIIe siècle. Il en a déduit des conclusions et des vœux sur la réglementation légale de la journée de travail, sur la liberté d'association et de coalition en matière économique, sur la personnalité civile à attribuer aux syndicats professionnels, sur l'abolition de l'article 416 du Code pénal, sur la création de bureaux de statistique comparée du travail dans les différents centres industriels et notamment dans le département de la Seine. On sait que M. Delahaye a été récemment choisi par le Gouvernement français pour représenter notre pays à la Conférence de Berlin, avec MM. Jules Simon, Tolain, Burdeau et Linder.

3. Exposition de 1885 à Anvers. — L'Exposition universelle d'Anvers a coïncidé avec l'achèvement des merveilleuses installations du port. Elle avait pour principal objet de développer les relations commerciales de la ville et de montrer au monde entier ses superbes établissements maritimes.

Organisée par une société particulière, l'entreprise n'en fut pas moins patronnée officiellement par l'État, qui prit une part très active à sa préparation et à son fonctionnement.

Les terrains affectés à l'Exposition étaient situés près de l'Escaut, sur l'emplacement de l'ancienne citadelle; leur superficie atteignait 220,000 mètres carrés. Une partie du bassin de batelage était spécialement affectée à la section maritime. Il n'y avait pas de palais proprement dit, mais un assemblage de galeries et de pavillons couvrant une surface de 91,000 mètres carrés.

En même temps que l'exposition industrielle et agricole, était ouverte une exposition de peinture, de sculpture, d'architecture et de gravure, à laquelle la Société royale d'encouragement des beaux-arts avait convié les artistes de tous les pays.

La classification était, dans presque toutes ses parties, copiée sur celle de 1878. Cependant la navigation, la pêche, le commerce d'importation et d'exportation et l'électricité y occupaient une place beaucoup plus large et ne comprenaient pas moins de 32 classes.

La France fut dignement représentée à l'Exposition d'Anvers.

Sur 14,472 exposants (non compris les beaux-arts), la section française en comptait 4,381, dont 1,893 pour la métropole et 2,488 pour les colonies.

Sur 8,661 récompenses d'exposants, nos nationaux en obtinrent 2,561, dont 247 diplômes d'honneur, 576 médailles d'or, 749 médailles d'argent, 579 médailles de bronze et 410 mentions honorables; leurs collaborateurs ou coopérateurs reçurent en outre 572 diplômes ou médailles.

Les résultats de l'Exposition des beaux-arts nous furent aussi favorables : nos artistes eurent 49 récompenses sur 141.

D'après le rapport officiel sur l'administration et la situation des affaires de la ville d'Anvers pendant l'exercice 1885, le nombre des entrées avec ticket s'est élevé à 1,537,000, du 3 mai (lendemain de l'ouverture) jusqu'au 2 novembre (date de la clôture); la recette correspondante a été de 1,500,000 francs. Il a été en outre délivré plus de 15,000 cartes d'abonnement à 20 et 10 francs, et 8,850 cartes gratuites. Au jour de plus grande affluence, on a compté 70,000 visiteurs.

Le bilan au 31 décembre 1885 se chiffrait par 4 millions de francs environ, en recettes comme en dépenses.

Le Commissariat général du Gouvernement belge a publié les rapports du jury international des récompenses. Ces rapports, rédigés avec beaucoup de soin, forment 5 volumes.

Une loi du 7 août 1885 avait ouvert au Ministre du commerce un crédit de 60,000 francs pour couvrir les frais de voyage et de séjour d'un certain nombre d'ouvriers français à l'Exposition internationale d'Anvers. En exécution de cette loi, l'administration supérieure a choisi 156 délégués appartenant aux principales industries. Ces délégués ont rempli à leur honneur la mission dont ils étaient investis; ils ont rédigé des rapports que le Département du commerce a fait imprimer et dont quelques-uns témoignent non seulement d'un grand sens pratique, mais aussi d'une compétence professionnelle et de connaissances très étendues. Sur l'intelligente initiative de M. Nicolas, conseiller d'État, directeur du commerce intérieur, des médailles ont été accordées aux auteurs des meilleurs mémoires. Les titulaires des deux médailles d'or (l'une du module de 41 millimètres, l'autre du module de 36 millimètres) méritent d'être cités : ce sont MM. Grubier, pelletier-fourreur à Paris, et Briard, typographe à Charleville.

4. Exposition de 1888 à Barcelone. — L'Exposition internationale de Barcelone, en 1888, a été l'une des plus importantes auxquelles la France ait pris part officiellement de 1878 à 1889.

Nulle ville ne pouvait d'ailleurs être mieux choisie comme siège de la première Exposition universelle à laquelle l'Espagne conviât les nations étrangères. Parmi les provinces espagnoles, la Catalogne est de beaucoup la première au point de vue du mouvement commercial et industriel, et Barcelone, sa capitale, s'est merveilleusement développée pendant ces dernières années : c'est aujourd'hui une cité vivante et superbe, dotée d'un port magnifique et comptant près de 450,000 habitants.

Le grand concours international organisé à Barcelone devait avoir pour conséquence non seulement de montrer les produits des industries nouvellement créées en Espagne et d'en permettre la comparaison avec ceux des autres pays, mais encore de hâter l'achèvement des travaux d'agrandissement et d'embellissement entrepris par une municipalité pleine d'initiative et de hardiesse.

Aussi les promoteurs du projet ne tardèrent-ils pas à en céder la direction à l'autorité municipale, agissant sous les auspices du Gouvernement et des députations provinciales, et assistée d'un conseil de 470 membres.

L'Exposition comprenait les diverses branches de l'agriculture, de l'industrie et des beaux-arts. Elle était installée sur les terrains de l'ancienne citadelle, où se trouve actuellement le parc de la ville, et occupait une superficie totale de 450,000 mètres carrés.

Les principaux édifices étaient le Palais de l'industrie, le Palais des beaux-arts, la galerie des machines, le Palais des sciences, le pavillon de l'agriculture, le pavillon maritime, celui des colonies et celui des transports. Au lieu d'être construits à titre provisoire, ces édifices avaient en général une affectation définitive. C'est ainsi que le Palais des beaux-arts était destiné à un musée de peinture et de sculpture; le Palais des sciences, pourvu de grands amphithéâtres pour les congrès et conférences, à une faculté ou à diverses sociétés savantes; le pavillon de l'agriculture, à un marché public. Les cafés, restaurants et autres établissements analogues avaient eux-mêmes été distribués dans les jardins, de manière à pouvoir y être maintenus après la clôture de l'Exposition.

Pour le Palais des sections industrielles, dont la partie centrale devait seule être conservée, le plan affectait la forme d'un éventail : c'était, en quelque sorte, la moitié du Palais du Champ de Mars de 1867, avec les dispositions si heureuses, qui, classant les nations par secteurs, permettaient de visiter tout un pays en allant du centre à la circonférence et de comparer les produits similaires de tous les pays en suivant une même galerie semi-circulaire. La construction présentait : douze nefs rectangulaires de 100 mètres de longueur et 21 mètres de largeur, placées normalement à une demi-circonférence de 168 mètres de diamètre et alternant avec dix nefs triangulaires isocèles de 24 mètres de base; un grand salon central à étage de 120 mètres de longueur et 34 mètres de largeur; deux galeries circulaires de pourtour. Sa superficie était de 50,000 mètres carrés.

Le Palais des beaux-arts (vaste rectangle de 100 mètres sur 50), avec sa belle salle des fêtes, la galerie des machines (150 mètres sur 60), avec ses trois nefs et ses annexes, le Palais des sciences (3,200 mètres carrés), avec ses salles de conférences, le pavillon de l'agriculture (5,800 mètres carrés), avec ses formes générales rappelant les exploitations agricoles, les autres pavillons et les jardins complétaient un ensemble véritablement grandiose.

Vingt-cinq nations avaient répondu à l'appel de l'Espagne. Le nombre total des exposants était de 12,900 environ, savoir : Espagne, 8,600 exposants; autres pays, 4,300. Ils occupaient une superficie de 88,400 mètres carrés, dont 51,000 dans les principaux palais.

La part considérable que prirent les étrangers, et en particulier les Français, à l'Exposition de Barcelone en assura le succès. Nous n'avions pas moins de 1,890 exposants. Ce fut notre participation qui entraîna les industriels espagnols, d'abord hésitants devant un projet dont ils redoutaient les effets pour la protection de leurs industries. Plus confiants en eux-mêmes, ces industriels firent pour la plupart des installations fort importantes, témoignant d'efforts considérables, et surent mettre en lumière les rapides progrès réalisés en Catalogne. Madrid oublia ses rivalités pour s'associer au triomphe de Barcelone.

L'Exposition devint l'occasion de grandes fêtes offertes à la Reine-Régente; toutes les puissances réunirent leurs escadres dans la rade.

Des diverses sections étrangères, la plus brillante fut sans contredit la section française, qui avait à sa tête un habile commissaire général, M. Prévet. Détail digne de remarque, le budget de cette section put être équilibré sans aucun subside de l'État, au moyen des seules cotisations fournies par les exposants, bien que les emplacements dussent être payés jusqu'à 50 francs le mètre carré. Le Département des beaux-arts n'eut même pas à sa charge l'installation des œuvres de nos peintres et de nos sculpteurs; il ne dut pourvoir qu'à l'ameublement du salon d'honneur, où furent reçus la Reine-Régente et les officiers de notre escadre.

Le nombre total des récompenses s'éleva à 9,291 (120 diplômes d'honneur, 2,344 médailles de 1re classe, 2,741 médailles de 2e classe, 2,514 médailles de 3e classe et 1,572 mentions honorables); sur 2,967 récompenses accordées aux étrangers, nos nationaux en obtinrent plus de 1,100.

D'abord peu considérable, le mouvement des visiteurs s'était peu à peu développé. Du 8 mai, jour de l'ouverture, au 8 décembre, jour de la clôture, il y eut 1,227,000 entrées payantes, non compris celles qui correspondaient aux abonnements. Un grand nombre de cartes d'entrée gratuites furent en outre distribuées; à certains jours de fête, il s'est trouvé jusqu'à 100,000 personnes dans l'enceinte de l'Exposition.

Au point de vue financier, l'opération a entraîné une dépense de 11,100,000 francs et n'a donné qu'une recette de 2,337,000 francs, laissant ainsi un déficit de près de 8,800,000 francs, couvert par une subvention de l'État de 1,850,000 francs et par deux emprunts municipaux. Néanmoins la ville de Barcelone n'a pas eu à regretter les sacrifices qu'elle s'était imposés : elle est sortie de l'Exposition plus grande, plus belle et plus industrieuse, et des avantages indirects de toute sorte sont venus récompenser son initiative.

5. Exposition de 1888 à Bruxelles. — L'Exposition ouverte à Bruxelles en 1888 n'avait pas d'attache gouvernementale ; la France n'y a point participé officiellement ; ni les rapports des jurys, ni le compte rendu administratif et financier n'ont été publiés.

Malgré mes démarches, je n'ai pu avoir de renseignements précis. Cependant M. de Bruyn, Ministre de l'agriculture, de l'industrie et des travaux publics de Belgique, a eu l'obligeance de me communiquer quelques documents dont j'extrais les indications suivantes :

Le titre de l'Exposition était : *Grand concours international des sciences et de l'industrie.* C'est qu'en effet, à côté de l'Exposition proprement dite, il y avait un concours ouvert sur des questions déterminées.

Ces questions se rattachaient, comme les produits exposés, à 54 concours répartis en 19 groupes : 1° enseignement; 2° arts libéraux; 3° arts industriels; 4° vêtements et accessoires; 5° exploitation des mines; 6° métallurgie; 7° agriculture et sylviculture; 8° horticulture; 9° industries agricoles; produits alimentaires; 10° produits divers; procédés; 11° industries mécaniques; travail en chambre; 12° matériel de chemins de fer et de traction mécanique; 13° génie civil; architecture; 14° art militaire; 15° navigation et pêche; 16° matériel de sauvetage et d'incendie; 17° électricité; 18° commerce; 19° œuvres diverses (prévoyance, secours mutuels, économie populaire, etc.).

Le nombre des exposants fut de 7,248, dont 4,063 pour la Belgique, 1,188 pour la France, 807 pour l'Allemagne, 509 pour l'Autriche-Hongrie, 195 pour l'Italie, 157 pour l'Angleterre; les autres pays avaient moins de 100 exposants.

Deux catégories de récompenses avaient été instituées, les unes pour les participants au concours (prix de progrès, prix d'honneur, prix d'excellence, premiers prix, deuxièmes prix, troisièmes prix et diplômes d'encouragement), les autres pour les exposants (diplômes d'honneur, de médaille d'or, de médaille d'argent, de médaille de bronze, d'encouragement).

Sur 885 récompenses de concurrents, la France en eut 62; sur 4,916 récompenses d'exposants, elle en obtint 602.

TROISIÈME PARTIE

PRÉLIMINAIRES DE L'EXPOSITION UNIVERSELLE INTERNATIONALE DE 1889

TROISIÈME PARTIE.

PRÉLIMINAIRES DE L'EXPOSITION UNIVERSELLE INTERNATIONALE DE 1889.

CHAPITRE PREMIER.

PRÉLIMINAIRES. LOIS RELATIVES À L'INSTITUTION DE L'EXPOSITION ET AUX VOIES ET MOYENS D'EXÉCUTION.

---

1. Décrets du 8 novembre 1884 ordonnant l'ouverture à Paris, en 1889, d'une Exposition universelle internationale des produits industriels, et créant une Commission d'études. — Dès 1878, la date de 1889 était apparue au sentiment national comme l'échéance d'une nouvelle Exposition universelle.

Cette date semblait indiquée par la périodicité de onze à douze ans qui s'était établie entre les dernières expositions, et surtout par sa coïncidence avec le centenaire d'une année mémorable, non seulement dans l'histoire de la France, mais aussi dans l'histoire de l'humanité.

L'émancipation du travail étant l'une des meilleures conquêtes de la Révolution, on ne pouvait célébrer dignement l'anniversaire de 1789 sans organiser une fête solennelle du commerce et de l'industrie.

L'expérience ayant prouvé qu'il fallait un délai de quatre ans pour préparer avec ordre et méthode une entreprise si considérable, le Gouvernement dut s'en préoccuper en 1884.

Deux décrets furent rendus le 8 novembre 1884, sur la proposition de M. Rouvier, Ministre du commerce, le premier pour ordonner l'ouverture de l'Exposition du 5 mai au 31 octobre 1889, le second pour créer une Commission d'études. Cette Commission avait pour président M. Antonin Proust, député, ancien Ministre des arts, et pour vice-présidents, MM. Teisserenc de Bort, sénateur, ancien Ministre du commerce, et E. Spuller, ancien sous-secrétaire d'État et depuis Ministre des affaires étrangères; elle se composait de 33 membres et comprenait des représentants des grandes administrations, le gouverneur de la Banque de France, le gouverneur du Crédit foncier, le président du Conseil général de la Seine, le président du Conseil municipal de Paris, le président de la Chambre de commerce de Paris et trois représentants des chambres syndicales.

Les mesures prises par le Gouvernement répondaient au vœu de l'opinion publique et furent accueillies avec faveur.

2. Rapport présenté le 10 mars 1885 par le président de la Commission d'études. — Les questions principales soumises à la Commission d'études étaient celles de l'emplacement à assigner à l'Exposition de 1889, des dispositions d'ensemble à adopter pour les constructions et des voies et moyens propres à la réalisation du capital.

Elles firent l'objet d'un rapport adressé le 10 mars 1885 au Ministre du commerce, par le président de la Commission, M. Antonin Proust.

1. *Emplacement.* — Les emplacements les plus divers avaient été proposés. Nous en donnons ci-après la nomenclature sommaire :

a. Emplacements dans Paris :

Tuileries. Palais de l'Industrie. Berges de la Seine entre les ponts de Solférino et des Invalides.

Tuileries. Place de la Concorde. Champs-Élysées. Esplanade des Invalides.

Tuileries. Champs-Élysées. Ancien palais du Conseil d'État, etc.

Tuileries. Palais de l'Industrie. Palais du Conseil d'État. Esplanade des Invalides.

Tuileries. Palais de l'Industrie. Esplanade des Invalides. Champ de Mars.

Carrousel. Tuileries. Concorde. Champs-Élysées.

Champ de Mars. Esplanade des Invalides. Quai d'Orsay. Trocadéro. Palais de l'Industrie. Jardin des Tuileries.

Champ de Mars. Trocadéro. Esplanade des Invalides. Palais de l'Industrie. La Seine, couverte du Champ de Mars au pont de la Concorde.

Champ de Mars. Trocadéro. Esplanade des Invalides. Quai d'Orsay. Palais de l'Industrie. Avenue de La Motte-Picquet.

Champ de Mars. Trocadéro. Esplanade des Invalides. Palais de l'Industrie. Quai d'Orsay. Une partie des fortifications.

Champ de Mars. Trocadéro. La Seine, couverte sur toute la largeur du Champ de Mars.

Champ de Mars. Trocadéro. Esplanade et hôtel des Invalides. Palais de l'Industrie. Partie des Champs-Élysées.

Champ de Mars. Grenelle (jusqu'au boulevard de Grenelle).

Champ de Mars (y compris les casernes de l'École militaire). Trocadéro.

Trocadéro. Partie du Champ de Mars. La Seine, couverte entre la passerelle de Grenelle et le pont de la Concorde.

Artère à ouvrir vers le boulevard Poissonnière pour la construction du métropolitain.

b. Emplacements hors Paris :

Plateau de Courbevoie. Nanterre.

Fortifications, de la grande porte du bois de Boulogne à la porte de Passy. Bois de Boulogne jusques et y compris le lac inférieur.

Emplacements divers dans le bois de Boulogne.

Champ d'entraînement de Bagatelle et île de Puteaux.

Courcelles. Levallois-Perret.

Plateau situé entre Saint-Cloud et Suresnes.

Plateau situé entre Suresnes et Rueil.

Issy (rive gauche) et partie de l'île de Billancourt.

Issy (les deux rives du fleuve).

Billancourt (rive droite du fleuve et île).

Parc Daumesnil et terrains avoisinants.

Polygone de Vincennes.

Champ de manœuvres de l'infanterie à Vincennes.

Saint-Ouen. Gennevilliers. Partie de l'île de Saint-Denis.

Aubervilliers.

IMPRIMERIE NATIONALE.

Après en avoir délibéré, le Conseil municipal de Paris s'était très catégoriquement prononcé pour le Champ de Mars, en exprimant le vœu que des concours et une partie au moins des fêtes du Centenaire eussent lieu à Vincennes et à l'est de la capitale.

La Commission d'études instituée par le décret du 10 novembre 1884 élimina d'abord les emplacements hors de Paris, malgré les avantages qu'ils pouvaient offrir au point de vue des espaces disponibles. Tous ces emplacements étaient, en effet, trop éloignés du centre de la Ville et trop difficilement accessibles. Du reste, plusieurs d'entre eux eussent dû être écartés en tout état de cause, soit parce qu'ils entraînaient la mutilation des bois de Boulogne ou de Vincennes, soit parce qu'ils comportaient le payement d'indemnités de terrains coûteuses et aléatoires, soit parce qu'ils exigeaient le déplacement des fortifications, soit parce qu'ils ne remplissaient pas les conditions voulues pour l'aménagement du sol, les travaux de fondation ou la bonne distribution des bâtiments, soit enfin parce qu'ils étaient éloignés de la Seine dont on ne pouvait s'écarter sans inconvénients pour certaines expositions et pour l'alimentation en eau.

Parmi les emplacements proposés dans Paris, il y en avait d'absolument fantaisistes. Beaucoup présentaient des défauts qui devaient les faire rejeter et dont une simple énumération suffira à faire comprendre toute la gravité : insuffisance de surface; dissémination des espaces et difficulté de réunir les diverses parties de l'Exposition; atteinte portée aux promenades et aux plus belles parties de la capitale, précisément à l'époque où les étrangers allaient y affluer; trouble profond jeté dans la circulation publique; difficulté d'approche des matériaux de construction et des objets exposés; dépenses excessives d'expropriation.

Seuls, les projets ayant pour pivot l'utilisation du Champ de Mars parurent susceptibles d'être pris en considération.

La Commission d'études conclut donc au choix du Champ de Mars et du Trocadéro, avec adjonction : 1° du quai d'Orsay, entre l'avenue deLa Bourdonnais et la rue de Constantine; 2° de l'esplanade des Invalides; 3° du Palais de l'Industrie et de ses abords. Un pont doublant celui des Invalides devait relier l'Esplanade et le Palais de l'Industrie.

2. *Programme général des constructions.* — Voici quelles étaient les vues de la Commission sur le programme général susceptible de servir de point de départ aux études définitives.

Une large place devait être avant tout ménagée aux manifestations de la pensée. Il importait de mettre en lumière les conquêtes de l'esprit humain pendant le dernier siècle, de préparer à cet égard les éléments d'une sorte d'encyclopédie, d'ouvrir un vaste champ à la discussion des grands problèmes scientifiques, techniques ou économiques, d'étudier spécialement les questions se rattachant à l'avenir du travail.

La Commission proposait en conséquence : 1° d'aménager le Palais de l'Industrie en vue d'une série complète de congrès et conférences, et d'y installer un cercle international, des bibliothèques et des laboratoires, tout en le conservant pour les fêtes, les grandes réceptions et la solennité de la distribution des récompenses; 2° de disposer autour de ce palais, entre l'avenue parallèle à la place de la Concorde et l'avenue d'Antin, l'exposition centennale de l'enseignement public et de l'éducation.

L'esplanade des Invalides devait recevoir l'exposition des colonies et celle des animaux vivants.

Le quai d'Orsay était affecté à l'agriculture; la Commission conseillait d'ailleurs de renoncer aux classements antérieurement adoptés, d'éviter l'éparpillement des produits, des procédés et de l'outillage, de prendre les mesures nécessaires pour que chaque pays et chaque région pussent donner une idée nette, précise et complète de leur culture.

Quant au Champ de Mars, il était réservé aux arts, aux sciences et à l'industrie. Les édifices prévus par la Commission comprenaient :

1° Deux palais définitifs, l'un pour les arts, l'autre pour les sciences, élevés perpendiculairement à la Seine, séparés par une esplanade de 168 à 194 mètres de largeur, couvrant chacun une superficie de

26,000 ou de 34,000 mètres carrés, selon qu'ils seraient à étage ou seulement à rez-de-chaussée, et pouvant être mis en communication par une galerie souterraine où se placeraient une partie de l'outillage et des produits des industries extractives;

2° Au delà de ces palais, vers l'École militaire, des constructions provisoires couvrant une surface de 220,000 mètres carrés, dont 106,000 mètres pour le hall des machines et les galeries du travail et 114,000 mètres pour les industries diverses.

Les palais des arts et des sciences devaient être conservés après 1889 pour les expositions partielles et périodiques, notamment pour celles qui nécessitaient en abondance le gaz, l'eau, la vapeur ou l'électricité.

Incidemment, la Commission signalait l'opportunité de saisir le Parlement d'un projet de loi portant désaffectation définitive du Champ de Mars, sauf à donner à l'autorité militaire un autre terrain de manœuvres suffisamment rapproché de ses établissements.

Le rapport de M. Antonin Proust abordait aussi la question du groupement à adopter pour les produits industriels; mais il s'abstenait de la résoudre.

3. *Dépenses et recettes. Voies et moyens.* — La Commission évaluait ainsi qu'il suit les dépenses :

Aménagement du Palais de l'Industrie (compté seulement pour moitié de l'estimation, le surplus incombant au budget des bâtiments civils)	750,000 francs.
Travaux aux Champs-Élysées; construction d'un pont provisoire doublant le pont des Invalides.	600,000
Travaux de l'esplanade des Invalides	300,000
Dépenses pour les expositions d'animaux vivants.	500,000
Exposition de l'agriculture sur le quai d'Orsay	3,500,000
Palais des arts et des sciences	10,200,000
Constructions provisoires du Champ de Mars	20,900,000
Installations au-dessous du pont d'Iéna et dans le parc du Trocadéro; dépenses de jardinage	1,500,000
A reporter	38,250,000

Report	38,250,000 francs.
Service des machines, de l'alimentation en eau, de l'éclairage; entretien et remise en état des lieux	4,000,000
Administration, récompenses, subventions	7,000,000
Imprévu	750,000
TOTAL	50,000,000

Après avoir établi ce chiffre, le rapport de M. Proust recommandait l'étude comparative des trois systèmes suivants : 1° construction avec des matériaux acquis par l'État et pouvant être aliénés au profit du Trésor, à la fin de l'Exposition; 2° construction, au moins partielle, avec des matériaux pris en location; 3° adjudication à des entrepreneurs qui resteraient propriétaires des édifices, à charge de reprendre les matériaux et de remettre les lieux en leur ancien état.

Quant aux recettes, elles devaient se composer de la subvention de l'État, de la subvention de la Ville, du produit des entrées, du produit des concessions diverses et du produit de la revente des matériaux.

D'après la moyenne des participations aux précédentes expositions universelles, le concours de l'État et de la ville de Paris pouvait être estimé à 28 millions.

Les entrées avaient fourni près de 11 millions en 1867 et plus de 12 millions en 1878, malgré les abus commis dans la délivrance des billets de faveur. En restreignant le nombre des entrées gratuites, en organisant des réunions et des fêtes du soir, en ouvrant l'accès de l'Exposition par le Palais de l'Industrie, c'est-à-dire sur un point plus rapproché du centre de la capitale, on pouvait légitimement compter sur une plus-value de 5 millions par rapport à 1878. Néanmoins la Commission ne faisait état que de 14 millions.

La Commission était d'avis d'imposer aux exposants, comme à Vienne, Amsterdam et Anvers, une taxe réglée d'après la nature des objets exposés et la situation de l'emplacement, et de leur accorder en échange le droit de vente; elle comptait enrayer, par l'institution de cette taxe, le développement excessif de certaines installations peu intéressantes. La recette correspondante était portée pour 13 millions.

Les locations pour cafés, restaurants, concerts, etc., le produit de la concession du catalogue, celui des voies ferrées à établir pour la circulation dans les diverses parties de l'Exposition, étaient évalués seulement à 2 millions.

Enfin la Commission ne chiffrait la revente des matériaux qu'à la somme très modeste d'un million.

Dès lors, le budget des recettes se résumait ainsi :

Concours de l'État et de la ville de Paris.............	28 millions.
Produit des entrées..........................	14
Produit des concessions......................	15
Revente des matériaux........................	1
TOTAL.................	58

Le bilan se soldait par un excédent de recettes de 8 millions.

Dans ces conditions, y avait-il lieu d'organiser, comme en 1867, une association de garantie? Était-il de quelque utilité de recourir à une société dont l'intervention ne serait jamais effective, même dans les prévisions les plus pessimistes? Convenait-il d'enlever au Trésor la part de bénéfices que les garants exigeraient en échange de leur engagement?

Malgré les objections que pouvait soulever la création d'une société de garantie, la Commission insista pour que le précédent de 1867 fût suivi. A ses yeux, l'Association devait constituer non seulement un organe financier, mais encore et par-dessus tout un instrument de propagande, assurer la coopération active et vigilante du commerce et de l'industrie au succès de l'entreprise, défendre l'État contre les entraînements dans la voie des dépenses.

La Commission fixa à 10 millions le minimum et à 22 millions le maximum du capital de garantie. Elle proposa de diviser ce capital en parts de 1,000 francs, de demander pour chaque part un versement immédiat de 50 francs, et de décider que les bénéfices seraient répartis entre l'État, la Ville et l'Association, au prorata du montant de leurs subventions ou de leurs engagements.

Au rapport de M. Antonin Proust était annexé un projet de statuts de la Société de garantie.

3. Loi du 1er août 1885 ouvrant au Ministre du commerce un crédit de 100,000 francs pour les études préparatoires des projets. — Les conclusions formulées par M. Antonin Proust, au nom de la Commission qu'il avait présidée, ne pouvaient avoir d'autre caractère que celui d'un aperçu préliminaire.

Avant de soumettre au Parlement des propositions définitives, il fallait pousser plus avant les études préparatoires et se rendre un compte plus exact et plus détaillé des dépenses.

Le Ministre du commerce présenta à cet effet, le 4 juillet 1885, un projet de loi portant ouverture d'un crédit de 100,000 francs. Deux députés appartenant à l'opposition combattirent ce projet de loi, en se fondant sur les mécomptes financiers de 1878 et en reprochant aux expositions de ne point donner une image fidèle de la production courante, d'imposer à nos fabricants des sacrifices considérables et inutiles, de révéler à l'étranger leurs procédés de travail et de susciter ainsi une concurrence désastreuse pour l'industrie nationale. Votée néanmoins à une très forte majorité par la Chambre, la loi fut adoptée sans débats par le Sénat et promulguée le 1er août 1885.

Par suite de l'interruption des travaux de la Commission pendant la période électorale, le crédit mis à la disposition du Gouvernement ne put être dépensé.

4. Loi du 6 juillet 1886 autorisant définitivement l'Exposition et fixant les voies et moyens d'exécution. — Malgré le retard que les circonstances politiques avaient fait subir aux études, le Gouvernement put, à la date du 3 avril 1886, saisir la Chambre d'un projet de loi autorisant définitivement l'Exposition et fixant les voies et moyens d'exécution.

Voici quelle était l'économie de ce projet de loi.

Les dépenses étaient évaluées à 43 millions, savoir :

1° Construction des palais du Champ de Mars, aménagement des galeries, services de l'Exposition	36,185,000 francs.
2° Construction des bâtiments nécessaires à l'exposition des animaux vivants et à l'exposition d'agriculture; installation des concours agricoles.	2,600,000
3° Organisation des expositions de peinture et de sculpture; aménagement d'une grande nef provisoirement affectée à la distribution solennelle des récompenses	1,215,000
4° Dépenses imprévues	3,000,000
Total	43,000,000

En se reportant aux règlements définitifs des comptes des expositions antérieures, il était permis de considérer l'évaluation de 43 millions comme largement suffisante pour prévenir toute déception, surtout si l'on avait égard aux éléments d'économie et de contrôle que devait apporter l'Association de garantie. L'Exposition de 1867, avec un ensemble de surfaces couvertes de 163,000 mètres carrés, n'avait nécessité qu'une dépense de 23 millions. Quant à l'Exposition de 1878, exclusivement gérée par l'État, elle avait coûté 55,343,000 francs; mais, pour avoir un terme exact de comparaison, il fallait éliminer le Palais du Trocadéro, le jardin, les aquariums, les cascades et autres annexes, qui n'étaient plus à créer, et la dépense était ainsi ramenée à 41,700,000 francs, avec une surface couverte de 273,000 mètres carrés. Pour 1889, le programme du Gouvernement comportait une superficie couverte peu différente de celle de 1878; le prix des fers avait diminué dans une proportion considérable; le jardin public établi dans la partie antérieure du Champ de Mars, vers la Seine, paraissait susceptible d'être utilisé sans remaniements importants; enfin l'administration, disposant d'un délai plus long, devait pouvoir exécuter les travaux avec moins de précipitation et plus d'économie. Tout faisait donc présager que le chiffre de 43 millions ne laisserait place à aucun mécompte.

D'autre part, les recettes étaient estimées ainsi qu'il suit :

Le produit des entrées, qui ne s'était élevé qu'à 10,765,000 francs en 1867, avait atteint 12,428,000 francs en 1878, malgré la profusion avec laquelle avaient été délivrés les billets gratuits. Depuis 1878, le goût et la facilité des voyages s'étaient considérablement développés; les voies de transport avaient reçu une notable extension; l'administration entendait d'ailleurs limiter les entrées gratuites au personnel et aux exposants : il n'était donc pas excessif de compter sur une recette de 14,500,000 francs.

La revente des matériaux, qui n'avait donné qu'un million en 1867, par suite des formes attribuées au Palais principal, avait dépassé 3 millions en 1878 : aussi le Ministre admettait-il sans hésitation un produit minimum de 2,600,000 francs.

Les locations d'emplacements aux restaurateurs, les concessions de salons, boutiques, bureaux de change, vestiaires, et les redevances diverses devaient représenter une somme de 1,900,000 francs. Ce chiffre n'avait été atteint ni en 1867, ni en 1878; mais l'administration était décidée à étendre les concessions.

Sans s'interdire irrévocablement de faire payer des redevances par les exposants, comme l'avait proposé la Commission d'études, le Ministre semblait résolu à écarter cette innovation, qu'il jugeait périlleuse pour le succès de la future Exposition. Aussi ne portait-il de ce chef aucune recette dans ses prévisions de ressources.

L'imposition d'une taxe aux exposants eût en effet présenté les inconvénients les plus graves. Le droit de vente, corollaire presque forcé de la taxe, aurait rapidement dépouillé l'Exposition d'un bon nombre d'objets intéressants, surtout dans les sections étrangères où ces objets eussent été difficilement remplacés. A un autre point de vue, la mesure aurait écarté les petits producteurs, dont il importait cependant de mettre les œuvres en lumière : car l'État ne pouvait s'engager dans la voie des remises individuelles, sans subir des marchandages indignes du Gouvernement d'un grand pays et sans demander des confidences et des justifications souvent humiliantes. Ajoutons qu'en tout cas la taxation eût été inadmissible pour les sections purement historiques ou scientifiques, qui sont exclusives de toute idée de lucre de la part des exposants et qui constituent l'un des éléments les plus instructifs et les plus intéressants de nos grandes assises du travail.

En définitive, l'estimation des recettes était la suivante :

1° Produit des entrées	14,500,000 francs.
2° Produit de la revente des matériaux	2,600,000
3° Produit des concessions	1,900,000
TOTAL	19,000,000

Par surcroît de précautions, le Gouvernement réduisait ce chiffre à 18 millions.

Ainsi le bilan se soldait par une différence de 25 millions. Il y était pourvu au moyen : 1° d'une subvention de 8 millions, que le Conseil municipal de Paris avait votée à la date du 31 mars 1886; 2° d'une allocation de 17 millions sur les fonds du Trésor.

Le Gouvernement n'avait pas voulu laisser à l'initiative privée le soin d'organiser l'Exposition, qui aurait risqué de perdre le caractère d'une grande œuvre nationale. Il ne voulait pas davantage de l'organisation aux frais et risques exclusifs de l'État, comme en 1878 : l'expérience du passé prouvait surabondamment combien il était dangereux pour les finances publiques de ne point associer aux efforts de l'administration ceux du commerce et de l'industrie, de ne point créer un contrôle extérieur, intéressé à accroître les recettes et à restreindre les dépenses.

Par suite, le Ministre, adoptant l'avis de la Commission d'études, proposait de recourir à une combinaison mixte, sinon identique, du moins semblable à celle qui avait été si heureusement appliquée en 1867.

L'Association de garantie qu'il s'agissait de créer avait pour objet «de garantir, dans la limite d'une dépense totale de 43 millions de francs, et jusqu'à concurrence d'une somme qui ne pourrait jamais excéder 18 millions de francs, la portion des frais et dépenses de toute nature occasionnés par l'Exposition de 1889 et qui ne serait pas couverte : 1° par la subvention de l'État et de la ville de Paris; 2° par le produit des droits d'entrée et des recettes de toute nature de l'Exposition».

La somme à souscrire était illimitée, mais ne pouvait descendre au-dessous de 18 millions.

Les parts d'intérêt étaient de 1,000 francs chacune, et le versement immédiat de 50 francs. Toute négociation des parts demeurait prohibée.

La Société de garantie devait être administrée par une Commission placée sous la présidence du Ministre et composée de membres nommés par décret et représentant l'État, la ville de Paris et l'Association, dans la proportion de leurs contributions respectives aux dépenses de l'Exposition. Cette Commission devait être consultée par le Ministre du commerce et de l'industrie sur toutes les questions intéressant la gestion financière de l'entreprise; il ne pouvait être passé outre à son avis toutes les fois qu'il s'agissait de questions concernant les recettes.

Sous cette réserve, la direction et la surveillance de l'Exposition restaient entièrement réservées à l'État.

Il était expressément stipulé qu'aucun appel ne serait fait à l'Association de garantie avant épuisement des subventions de l'État et de la ville de Paris.

Dans le cas où les recettes ajoutées à ces subventions excéderaient le montant des dépenses, le bénéfice devait être attribué à l'État, à la ville de Paris et à l'Association de garantie, au prorata de leurs apports respectifs.

Dans le cas où, par suite de circonstances extraordinaires, les dépenses dépasseraient 43 millions, l'État devait seul pourvoir à la différence; mais il pouvait s'en rembourser, avant tout prélèvement au profit de la ville de Paris et de l'Association de garantie, sur la partie des recettes qui excéderait 18 millions.

Ainsi que je l'ai déjà indiqué, aucune entrée gratuite ne devait être délivrée en dehors des cartes personnelles distribuées aux exposants et aux fonctionnaires ou agents de l'administration, ou du moins les entrées gratuites accordées contrairement à cette règle devaient, au regard de l'Association de garantie, être considérées comme payantes.

Les prix d'entrée aux expositions de 1867 et 1878 ne pouvaient être dépassés en 1889.

Le Gouvernement se réservait expressément le droit de décider seul s'il serait réclamé ou non une redevance aux exposants, à raison des emplacements qui leur seraient concédés.

Les dispositions que je viens d'analyser brièvement prirent place : 1° dans une convention entre le Ministre du commerce et de l'industrie, agissant au nom de l'État, le préfet de la Seine agissant au nom de la ville de Paris, et M. Albert Christophle, gouverneur du Crédit foncier, agissant pour le compte de l'Association de garantie à instituer; 2° dans un projet de règlement de cette association. (Voir le volume des pièces annexes.)

Tout en laissant à l'État la haute main sur l'Exposition, elles faisaient à la Ville et aux garants une part légitime de surveillance et les intéressaient tout à la fois à l'augmentation des recettes et à l'économie dans les dépenses.

Le projet de loi déposé le 3 avril 1886 sur le bureau de la Chambre des députés portait : 1° approbation de la convention entre le Ministre, le préfet de la Seine et M. Christophle; 2° fixation du concours de l'État à 17 millions; 3° délégation au Gouvernement pour ouvrir, le cas échéant, des crédits supplémentaires par décret délibéré au Conseil des ministres; 4° institution du contrôle de la Cour des comptes sur toutes les opérations de recette et de dépense; 5° interdiction d'exécuter aucun projet sans approbation ministérielle; 6° autorisation pour le Ministre d'assurer par des marchés de gré à gré l'exécution des travaux qu'il jugerait ne pas devoir être soumis à l'adjudication, mais sous réserve de l'avis préalable d'une Commission de contrôle et de finances; 7° obligation pour le Ministre de présenter au Président de la République un compte détaillé des recettes et des dépenses, qui serait publié et distribué au Sénat et à la Chambre des députés; 8° fixation à 3 francs des droits afférents aux actes désignés dans l'article 1er, § 17, de la loi du 28 février 1872 et passés par le Ministre en exécution de la loi.

La Commission de la Chambre, à laquelle le projet de loi avait été renvoyé, émit, par l'organe de M. Jules Roche, un avis complètement favorable et se borna à apporter au texte quelques modifications, dont quatre additions et une suppression.

La première addition interdisait d'engager aucune dépense au delà du chiffre de 43 millions, à moins qu'il n'y eût été pourvu au préalable par une loi spéciale.

La seconde, visant le cas où une redevance serait réclamée aux exposants, stipulait que les produits de cette redevance n'entreraient dans le calcul des recettes, au point de vue du partage des bénéfices, que jusqu'à concurrence de la somme nécessaire pour parfaire une recette totale de 18 millions.

La troisième attribuait à l'État les économies réalisées sur l'estimation de 43 millions.

La quatrième imposait au Ministre l'obligation de présenter, outre le compte définitif des recettes et des dépenses, des rapports annuels faisant connaître l'état d'avancement des travaux, ainsi que les dépenses engagées et effectuées.

Quant à la suppression, elle portait sur l'article relatif aux marchés de gré à gré : cet article avait été jugé inutile.

De son côté, la Commission du budget conclut en faveur du projet de loi.

Lors de la discussion, plusieurs membres de la droite, notamment M. Roulleaux-Dugage, attaquèrent très vivement les propositions du Gouvernement et de la Commission. Leurs principales critiques étaient fondées sur les motifs suivants : inefficacité des expositions universelles internationales, aussi bien pour le développement du commerce extérieur que pour celui du commerce intérieur; charges excessives imposées aux contribuables de province, pour procurer à une partie du commerce parisien une prospérité factice et passagère; incertitude sur la participation des pays étrangers à l'Exposition de 1889; insuffisance des études faites et des justifications produites par le Gouvernement; exagération des dépenses et des sacrifices de l'État; caractère illusoire du concours demandé à l'Association de garantie; latitude trop grande laissée au Ministre du commerce. Deux amendements furent en outre présentés, l'un pour l'imposition obligatoire d'une redevance aux exposants, l'autre pour l'exclusion des ouvriers et des matériaux étrangers dans l'exécution des travaux. Mais, sur les observations de M. Jules Roche et de M. Lockroy, la Chambre ratifia, à une immense majorité, l'œuvre de sa Commission.

Au Sénat, la loi fut votée sans débats, conformément aux conclusions formulées par M. Teisserenc de Bort, au nom de la Commission spéciale, et par M. Millaud, au nom de la Commission des finances. (Voir aux documents annexes le texte de cette loi.)

Les dispositions adoptées par les pouvoirs publics ne pouvaient recevoir leur effet sans que le capital de l'Association de garantie fût souscrit jusqu'à concurrence de 18 millions au minimum.

Cette condition fut promptement remplie. Les listes de souscription publiées au *Journal officiel* accusaient, dès le 18 septembre 1886, un total de 18,373,000 francs, chiffre qui ne tardait pas à atteindre 23,124,000 francs. (Voir les numéros du *Journal officiel* en date des 9, 10, 11, 12, 13, 14, 15, 16, 17, 18 et 22 septembre 1886, 7 octobre 1886, 26 novembre 1886 et 1er mars 1888.[1])

Les grands établissements de crédit, les principales compagnies de transport, diverses sociétés industrielles ou commerciales, la

[1] D'après le rapport du Ministre du commerce au Président de la République sur l'état des travaux et le compte des dépenses au 31 décembre 1888, 23,142 parts réparties entre 1,749 souscripteurs avaient été souscrites à cette date; le versement statutaire était effectué pour 22,264 parts. Ce chiffre a été porté depuis à 22,276.

Chambre de commerce de Paris, la compagnie des agents de change, n'avaient pas hésité à s'engager pour des sommes variant entre 100,000 francs et 600,000 francs. A côté de ces grosses souscriptions, il en était un nombre considérable qui ne portaient que sur une part unique de 1,000 francs et auxquelles le Gouvernement attachait avec raison une extrême importance : car elles associaient étroitement la nation à la grande œuvre de 1889 et garantissaient le succès de l'Exposition.

5. Loi du 4 avril 1889 modifiant la combinaison financière et augmentant le maximum des dépenses. — La combinaison financière approuvée par la loi du 6 juillet 1886 était sage, prudente, éminemment favorable au succès de l'Exposition. Cependant elle présentait pour l'État quelques inconvénients.

Tout d'abord l'administration ne pouvait délivrer aucune entrée gratuite, en dehors des cartes exclusivement personnelles distribuées aux exposants et aux fonctionnaires ou agents de l'Exposition, ou du moins, si elle accordait des entrées gratuites, ces entrées devaient être, au regard de l'Association de garantie, considérées comme payantes et portées au compte des recettes. Cette interdiction était profondément regrettable, en ce qu'elle empêchait de donner aux instituteurs, aux délégations ouvrières, à diverses autres catégories de visiteurs intéressants et peu aisés, des facilités analogues à celles dont ils avaient joui aux expositions précédentes; les membres des comités d'installation et des jurys se voyaient eux-mêmes contraints de payer au guichet, tout en prodiguant leur temps et leur savoir pour le bien de l'Exposition.

D'un autre côté, les recettes de toute nature et notamment le produit de la revente des matériaux servant de gage à l'Association de garantie, le maintien éventuel des palais qui paraîtraient devoir être conservés à la fin de l'Exposition était subordonné à une opération de rachat ou d'indemnité.

Enfin, aux termes des statuts de l'Association, aucun appel ne pouvait être fait aux souscripteurs (sauf le versement initial et minime de

50 francs pour chaque part d'intérêt), avant l'épuisement des subventions de l'État et de la ville de Paris : or le dernier terme de la subvention municipale n'avait son échéance qu'en 1890. Cette situation était de nature à créer de sérieux embarras de trésorerie, pour l'acquittement des dépenses.

La Société de garantie ayant accompli l'œuvre principale en vue de laquelle elle avait été instituée, M. Albert Christophle, gouverneur du Crédit foncier, agissant pour le compte d'un groupe d'établissements de crédit et de maisons de banque, proposa une combinaison qui tendait à la faire disparaître et à lever tous les embarras de l'État, en même temps qu'elle apportait au Trésor de sérieux avantages.

Il offrait de verser dans les caisses publiques, à des échéances échelonnées du 1er mai au 31 août 1889, une somme totale de 21,500,000 francs, excédant de 3 millions et demi le chiffre pour lequel s'était engagée la Société de garantie. La différence devait constituer une ressource complémentaire pour le budget de l'Exposition et faire face à divers besoins imprévus.

En échange, le syndicat de banquiers demandait l'autorisation d'émettre, à ses risques et périls, 1,200,000 bons de 25 francs munis chacun de vingt-cinq tickets d'entrée, à détacher, soit par les souscripteurs, soit par les émetteurs qui en approvisionneraient les guichets ouverts au public. Ces bons devaient participer à 81 tirages à lots, répartis sur l'année 1889 et les 75 années suivantes; ceux qui resteraient dans la circulation en 1964 seraient intégralement remboursés au prix d'émission, c'est-à-dire à 25 francs. Ainsi les porteurs de bons recevaient 25 tickets, dont le prix de vente normal était de 1 franc; ils avaient en outre la chance de gagner un lot, d'une valeur variant entre 25 francs et 500,000 francs; en tout état de cause, le remboursement de leur capital était assuré pendant l'année 1964, au plus tard.

Sur les 30 millions provenant de l'émission, 21,500,000 francs étaient versés au Trésor, comme je l'ai dit précédemment. Le surplus, soit 8,500,000 francs, se divisait en deux parts : 5 millions et demi destinés au service des lots et au remboursement des bons; 3 millions consacrés aux frais d'émission.

Les émetteurs étaient tenus d'approvisionner la caisse centrale du Trésor public de tickets détachés des bons, qui seraient livrés aux intermédiaires au prix net de 99 centimes et dont le produit serait porté au crédit d'un compte courant spécial sans intérêts.

Au cas où cet approvisionnement serait insuffisant, la caisse centrale avait la faculté de délivrer aux intermédiaires des tickets fabriqués par l'État et dont le produit profiterait au budget de l'Exposition.

Le Crédit foncier n'était personnellement attributaire d'aucune part des 1,200,000 titres. Il se chargeait de l'émission comme mandataire du syndicat et moyennant une commission. Sa responsabilité n'était mise en jeu que pour la reconstitution du capital : il recevait les 5 millions et demi destinés à cette opération et devait assurer le payement des lots ainsi que le remboursement des titres non sortis aux tirages.

La combinaison nouvelle et fort ingénieuse, proposée par M. Christophle, était incontestablement avantageuse pour l'État. Elle lui assurait une recette supérieure aux prévisions sur lesquelles avait été basée la loi du 6 juillet 1886, le dotait de ressources immédiates, lui rendait son indépendance pour la délivrance de cartes ou de billets d'entrée gratuite ainsi que pour la conservation éventuelle d'une partie des palais, le mettait à l'abri de tout aléa. A la somme de 21,500,000 francs qui allait être versée au Trésor devaient s'ajouter par surcroît les produits des abonnements, des concessions et locations dans l'enceinte, de la revente des matériaux, de la vente des tickets fabriqués par l'État, pour suppléer à l'insuffisance de ceux du syndicat.

A la vérité, des calculs qu'il est inutile de développer ici accusaient une diminution du bénéfice de l'État, dans le cas où le nombre des tickets présentés au guichet dépasserait 25 millions.

IMPRIMERIE NATIONALE.

Mais c'était là une hypothèse trop aléatoire pour qu'il y eût lieu de s'y arrêter. Si en fait la consommation de tickets a excédé 28 millions, on est fondé à croire que, sans l'essor donné à la vente par l'émission des bons à lots, ce chiffre si élevé n'eût pas été atteint.

Adoptée par la Commission de contrôle et de finances, la proposition fit l'objet d'une convention entre le Ministre du commerce, de l'industrie et des colonies et M. Christophle. Cette convention fut soumise au Parlement, avec un projet de loi portant à 46 millions et demi le maximum des dépenses de l'Exposition.

Devant la Chambre comme devant le Sénat, il se produisit quelques objections fondées sur le caractère anormal d'une émission de valeurs à lots, intéressant plus ou moins directement les finances de l'État, sur le bénéfice prétendu excessif qui était laissé aux établissements émetteurs, sur l'intervention antistatuaire du Crédit foncier dans l'opération.

Néanmoins M. Tirard n'eut pas de peine à obtenir le vote de la loi.

La combinaison nouvelle fut d'ailleurs très bien accueillie du public; l'émission eut beaucoup de succès et les bons ne tardèrent pas à faire prime.

Mis en grand nombre dans la circulation, les tickets furent dépensés, sans compter, par les souscripteurs qui, du reste, attachaient plus d'importance que de raison à la valeur de la souche, c'est-à-dire au remboursement du capital en 75 ans et surtout aux chances de gain lors du tirage des lots.

D'autre part, les porteurs de bons qui ne consommaient pas eux-mêmes leurs tickets les vendirent à bas prix. On vit bientôt un abaissement notable des cours, qui ne se relevèrent un peu que vers les derniers jours, quand les tickets devinrent plus rares.

Ce double fait contribua puissamment à accroître le nombre des visiteurs et à augmenter le succès de l'Exposition.

CHAPITRE II.

ACTES DIVERS FIXANT LES ÉLÉMENTS CONSTITUTIFS DE L'EXPOSITION.

1. Décret du 10 juillet 1886 instituant la section des beaux-arts. — Le décret du 8 novembre 1884, rendu sur le rapport du Ministre du commerce, n'avait ordonné que l'ouverture d'une Exposition universelle internationale des produits industriels.

Toutes les études, tous les actes postérieurs, avaient supposé la participation des beaux-arts.

Mais il était indispensable que cette participation fût expressément consacrée par un décret rendu sur la proposition du Ministre des beaux-arts. Tel fut l'objet du décret du 10 juillet 1886.

Comme je l'indiquerai plus loin, l'exposition décennale des beaux-arts fut heureusement complétée par une exposition centennale (1789-1889) et par une exposition rétrospective de l'art français.

2. Arrêté du Ministre du commerce et de l'industrie, en date du 26 août 1886, portant règlement général de l'Exposition. — A la date du 26 août 1886, le Ministre du commerce et de l'industrie arrêtait les termes du règlement général de l'Exposition. (Voir le volume des pièces annexes.)

Je me réserve d'examiner plus tard les dispositions de ce règlement et d'entrer dans quelques détails au sujet de la classification qui y était jointe. Toutefois il me paraît impossible de ne pas citer ici les articles touchant à l'institution même et à la consistance de l'Exposition.

Voici le texte de ces articles :

Article premier. Aux termes des décrets rendus par le Président de la République française, sur la proposition du Ministre du commerce et de l'industrie et du Ministre de l'instruction publique, des beaux-arts et des cultes, une Exposition universelle internationale sera ouverte, à Paris, le 5 mai 1889, et sera close le 31 octobre suivant.

Art. 2. Cette exposition recevra les œuvres d'art et les produits de l'industrie et de l'agriculture de toutes les nations. Elle aura lieu principalement au Champ de Mars, dans l'espace libre compris entre l'avenue de La Motte-Picquet et le square situé près du quai. Elle pourra s'étendre : 1° rive gauche de la Seine, sur la chaussée et les berges du quai, dans les parties comprises entre le Champ de Mars et l'esplanade des Invalides, et sur l'esplanade des Invalides; 2° rive droite de la Seine, dans le parc du Trocadéro et les parties disponibles du Palais du Trocadéro, dans le Palais de l'Industrie et dans les terrains situés entre ce palais et la Seine.

Art. 14. Dans chaque section consacrée aux exposants d'une même nation, les objets exposés seront répartis entre les neuf groupes suivants : 1° œuvres d'art; 2° éducation, enseignement; matériel et procédés des arts libéraux; 3° mobilier et accessoires; 4° tissus, vêtements et accessoires; 5° industries extractives; produits bruts et ouvrés; 6° outillage et procédés des industries mécaniques; électricité; 7° produits alimentaires; 8° agriculture, viticulture et pisciculture; 9° horticulture.

Art. 22. Sont admissibles à l'Exposition les œuvres des artistes français et étrangers exécutées depuis le 1er mai 1878.

Art. 28. Sont admissibles à l'Exposition tous les produits de l'industrie et de l'agriculture, sauf les exceptions et réserves mentionnées à l'article suivant. (Les exceptions et réserves portaient sur les matières dangereuses ou susceptibles soit d'altérer les autres produits exposés, soit d'incommoder le public.)

3. Arrêté du Ministre du commerce et de l'industrie, en date du 9 juin 1887, instituant un groupe de l'économie sociale. — Arrêté complémentaire du 10 août 1888. — La préoccupation du sort du plus grand nombre est certainement un des traits qui caractérisent et qui honorent le XIXe siècle.

Cette préoccupation s'est reflétée dans toutes nos grandes expositions.

En 1855, la Commission impériale a organisé une galerie de l'économie domestique, destinée à recevoir les objets que leur prix peu élevé, leur utilité et leur bonne qualité rendaient particulièrement propres aux emplois les plus usuels.

La Commission de 1867, reprenant et élargissant l'idée de sa devancière, a créé un groupe des «objets spécialement exposés en vue d'améliorer la condition physique et morale de la population». Un nouvel ordre de récompenses a en outre été institué pour les établissements ou les localités qui, par des dispositions spéciales, auraient développé la bonne harmonie entre personnes coopérant aux mêmes travaux, et assuré aux ouvriers le bien-être matériel, moral et intellectuel.

En 1878, l'administration a renoncé à cet ordre particulier de récompenses. Elle n'a pas cru non plus devoir maintenir le groupe additionnel de 1867, qui lui paraissait faire double emploi avec les autres groupes et accuser une distinction regrettable entre les différentes classes de producteurs ou de consommateurs, entre les diverses catégories de citoyens; mais elle a eu soin d'en conserver les éléments essentiels, pour les transporter dans les sections où leur place était marquée.

Je ne reviens point, à cet égard, sur les indications que j'ai fournies dans l'historique des expositions antérieures.

L'Exposition de 1889 devait nécessairement continuer la tradition, et ceux qui l'ont organisée n'auraient qu'imparfaitement accompli leur tâche, s'ils s'étaient bornés à mettre sous les yeux du public les merveilles du travail, les découvertes de la science, les chefs-d'œuvre de l'art, les méthodes et le matériel de l'enseignement. Il importait de montrer la situation actuelle du producteur, les efforts faits et les résultats obtenus par le concours de toutes les initiatives pour améliorer cette situation, les lacunes qui restaient encore à combler.

D'ailleurs on allait célébrer l'anniversaire politique et social de 1789, glorifier l'affranchissement des travailleurs par la Révolution française, fêter l'émancipation du commerce et de l'industrie. Cette solennité eût été incomplète sans le tableau fidèle des admirables effets produits dans le monde entier par l'essor de l'indépendance individuelle librement combinée avec le principe d'association. Le Gouvernement aurait mal compris son rôle s'il n'avait mis en lumière les bienfaits de la liberté, les modifications profondes survenues dans la condition de l'ouvrier depuis l'abandon de la réglementation à outrance, les progrès réalisés sous le régime nouveau par le mouvement naturel des mœurs et par le triomphe pacifique des idées justes et libérales. Il devait, en particulier, signaler à l'attention publique les institutions créées par les patrons, par les ouvriers, par l'État, par les villes, ainsi que par les particuliers, dans un but de mutualité, d'épargne, d'amélioration physique et morale.

L'économie sociale avait tous les titres à une place d'honneur dans la grande manifestation de 1889.

Aussi un arrêté du Ministre du commerce et de l'industrie, en date du 9 juin 1887, lui attribua-t-il un groupe complet consacré aux objets suivants : rémunération du travail; participation aux bénéfices; associations coopératives de production; syndicats professionnels; apprentissage; sociétés de secours mutuels; caisses de retraite et rentes viagères; assurances contre les accidents et sur la vie; épargne; associations coopératives de consommation; associations coopératives de crédit; habitations ouvrières; cercles d'ouvriers; récréations et jeux; hygiène sociale; institutions diverses créées par les chefs d'exploitation en faveur de leur personnel; grande et petite industrie; grande et petite culture.

Par un arrêté ultérieur du 10 août 1888, le Ministre créa une section supplémentaire pour l'intervention économique des pouvoirs publics dans les services plus ou moins habituellement confiés à l'initiative privée des citoyens.

4. Arrêté du Ministre du commerce et de l'industrie, en date du 2 août 1887, instituant des congrès et conférences. — Dès avant 1878, les expositions universelles internationales avaient provoqué quelques conférences, quelques essais de congrès. Ces tentatives, extrêmement restreintes et peu ou point coordonnées, n'avaient porté que sur un petit nombre de questions. Elles n'en avaient pas moins produit des résultats utiles, comme l'attestaient les travaux de la Commission de 1867, dite *du mètre*, ainsi que les discussions du congrès des économistes de Vienne sur la législation des brevets d'invention.

Pour la première fois, en 1878, les manifestations de la pensée eurent un champ digne d'elles, à côté des splendeurs matérielles de l'Exposition. Sur l'initiative de M. Krantz, commissaire général, le Ministre institua une série de congrès et conférences, organisée dans des vues d'ensemble et s'étendant sinon à toutes les branches des connaissances humaines, du moins à des ordres d'idées très divers.

La faveur toujours croissante dont jouissaient les assises périodiques de la science, la place de plus en plus élevée qu'elles occupaient dans la vie intellectuelle des nations, enfin la coïncidence de l'Exposition de 1889 avec le centenaire de la Révolution française, appelaient des mesures analogues et plus larges encore, s'il était possible.

Ces mesures firent l'objet d'un arrêté du 2 août 1887, par lequel le Ministre du commerce et de l'industrie prescrivit l'ouverture de congrès et conférences relatifs aux belles-lettres, aux beaux-arts, à l'histoire et à l'archéologie, aux sciences mathématiques, aux sciences physiques et chimiques, aux sciences naturelles, aux sciences géographiques, à l'économie polique et à la législation, à l'hygiène, à l'assistance et à la répression, à l'économie sociale, à l'enseignement, au génie civil et aux travaux publics, à l'agriculture, à l'industrie et au commerce.

Les congrès devaient avoir un caractère international, non seulement par la participation des divers pays, mais aussi par la nature des questions qui y seraient traitées et par le but qu'on se proposerait d'y atteindre. Ce but pouvait être, soit d'établir une action commune entre les divers pays et de provoquer des mesures internationales, par exemple pour l'uniformisation des poids, mesures et monnaies, pour l'application de règles sanitaires, pour la préparation de statistiques comparables, pour l'exécution de grands travaux scientifiques, soit de recueillir des indications comparatives sur les questions pour lesquelles les différences de climat, de race et de tempérament ne permettaient pas d'adopter des solutions uniformes, soit enfin de fixer l'état relatif des sciences dans les différentes parties du monde.

Quant aux conférences, elles devaient avoir des sujets d'utilité générale, mettre en évidence les progrès accomplis depuis un siècle dans toutes les branches de l'activité humaine, servir à la diffusion des grandes idées scientifiques, artistiques ou littéraires.

5. Arrêté du Ministre du commerce et de l'industrie, en date du 12 octobre 1887, instituant une exposition rétrospective du travail et des sciences anthropologiques. — La Commission impériale de 1867 avait pensé qu'il importait à la pratique des arts et à l'étude de leur histoire de faciliter la comparaison des produits du travail de l'homme aux diverses époques et chez les différents peuples, d'ouvrir par ce rapprochement de nouvelles sources d'inspiration, enfin d'appeler l'attention sur les personnes qui recherchaient et conservaient les œuvres remarquables des temps passés. Elle avait, en conséquence, réservé une galerie à l'exposition des objets produits depuis les époques les plus reculées jusqu'à la fin du XVIIIe siècle : ces objets étaient classés méthodiquement par nationalités et par périodes caractéristiques, de manière à faire saisir, pour chaque pays et pour l'ensemble de l'humanité, la succession chronologique des transformations, des progrès ou des décadences.

En 1878, on s'était proposé non de reprendre l'histoire du travail, mais de mettre en relief, pour les temps passés, les résultats de l'application de l'art à la satisfaction des besoins, à l'ornement des personnes, à l'embellissement des demeures ou aux cérémonies du culte, non seulement en Europe, mais encore dans les pays étrangers à nos civilisations de l'Occident. On avait organisé dans ce but une exposition historique de l'art ancien et on y avait adjoint une exposition ethnographique, destinée à mettre sous les yeux du public un tableau de la marche de la civilisation à travers les âges et de ses développements successifs dans les différentes contrées du globe. Enfin la Société d'anthropologie avait fait une exposition des sciences anthropologiques. Malgré le regret très justifié qu'éprouvent les possesseurs d'objets rares à s'en séparer, même temporairement, malgré les risques de perte ou d'avarie qu'entraîne presque inévitablement le déplacement de ces objets, l'œuvre de 1878 eut un succès éclatant.

L'Exposition de 1889, plus que toute autre, devait servir de cadre à une revue du passé. Elle devait retracer à grands traits, par des documents et des monuments authentiques, les étapes du génie de l'homme; montrer la succession des moyens mis en œuvre pour la défense de la vie, la recherche du bien-être, le progrès intellectuel, moral, économique et social; apprendre aux visiteurs les origines du merveilleux outillage moderne. Elle devait surtout mettre en lumière la marche du XIXe siècle dans le domaine de la science appliquée et de l'industrie proprement dite. Cette étude du travail demandait, comme complément nécessaire, une étude anthropologique, faisant voir l'homme tel qu'il était sorti des mains de la nature dans ses formes physiques des différentes races.

Indépendamment de l'exposition rétrospective de l'art français, dont je parlerai plus loin, le Ministre du commerce et de l'industrie, adoptant les propositions qui lui étaient présentées par le Directeur général de l'exploitation, créa, par arrêté du 12 octobre 1887, une exposition rétrospective du travail et des sciences anthropologiques, divisée en cinq sections : 1° sciences anthropologiques et ethnographiques; 2° arts libéraux; 3° arts et métiers; 4° moyens de transport; 5° arts militaires.

Cette partie de l'Exposition de 1889 a été sans contredit l'une des plus intéressantes pour les érudits et pour les visiteurs désireux de s'instruire.

6. Arrêté du Ministre du commerce et de l'industrie, en date du 17 octobre 1887, organisant des auditions musicales. — Arrêtés complémentaires. — La tentative faite en 1867, pour donner place à la musique, n'avait abouti qu'à une représentation très incomplète de l'art musical. Une cantate couronnée, pour laquelle le prix, au point de vue musical, fut décerné à M. Camille Saint-Saëns, des festivals et des concours orphéoniques avaient formé tout le bilan de l'Exposition; la musique lyrique et la musique symphonique étaient restées hors du programme.

En 1878, l'art musical eut une place plus large. Aux festivals, aux concours de sociétés chorales, de musiques d'harmonie et de fanfares, vinrent s'ajouter notamment de grands concerts dirigés par M. Colonne, des concerts de musique de chambre et des auditions d'orgue.

Conformément aux précédents, le Ministre du commerce et de l'industrie décida, par arrêté du 17 octobre 1887, que des auditions musicales seraient organisées pendant la durée de l'Exposition de 1889, et que l'art y serait représenté au double point de vue de la composition et de l'exécution.

Au point de vue de la composition, le Ministre instituait trois concours, avec prix : l'un pour les paroles d'une cantate avec chœur, soli et orchestre; le second, pour la musique de la cantate dont les paroles auraient obtenu le premier prix; le troisième, pour la musique d'une marche militaire. Seuls, les auteurs et compositeurs français étaient admis à ces concours.

Au point de vue de l'exécution, l'arrêté créait des auditions d'orchestres de nationalités différentes, un concours national d'orphéons et de sociétés chorales, un concours national de fanfares et de musiques d'harmonie, un concours international de musiques militaires.

Divers arrêtés ultérieurs complétèrent le programme primitif et y ajoutèrent notamment des concours et auditions de musiques pittoresques des provinces de la France et de l'étranger.

7. Arrêtés divers du Ministre de l'instruction publique et des beaux-arts, pour l'organisation de différentes expositions se rattachant aux beaux-arts. — La Commission d'études, instituée en 1884 pour élaborer le programme général de l'Exposition universelle de 1889, avait été séduite par la pensée de donner à l'ensemble de cette exposition un caractère centennal et de montrer ainsi les progrès accomplis dans toutes les branches de l'activité humaine au cours du dernier siècle.

Cette belle pensée devait nécessairement se heurter contre des obstacles matériels presque insurmontables. A supposer même qu'il fût possible de représenter les transformations de l'outillage et de la production depuis 1789, la réalisation d'un tel projet eût nécessité des espaces supérieurs à ceux dont on pouvait disposer et des dépenses excédant les limites dans lesquelles on devait s'enfermer.

Le Commissariat général dut, en conséquence, se borner pour la partie industrielle à une exposition restreinte du travail à travers les âges.

Mais, pour les beaux-arts, l'idée, après avoir été temporairement abandonnée en 1886, fut reprise en 1887 et définitivement consacrée dans le rapport à l'appui du décret du 10 juillet 1888, portant nomination de M. Antonin Proust aux fonctions de commissaire spécial des expositions des beaux-arts. Malgré les objections de ceux qui redoutaient soit de voir dépouiller nos musées à l'époque où les étrangers afflueraient pour les visiter, soit de voir sacrifier les vivants aux morts par le contact entre les œuvres récentes et les chefs-d'œuvre des temps passés, le Gouvernement avait tenu bon, et on ne peut que l'en féliciter : car il poursuivait un but essentiellement élevé d'enseignement historique et d'éducation artistique.

Peu de temps après sa nomination, le 1er septembre 1888, M. Proust présenta au Ministre de l'instruction publique et des beaux-arts un rapport fort intéressant dans lequel il formulait ses vues sur les diverses expositions déjà décidées ou susceptibles de l'être, pour donner un tableau aussi complet que possible des beaux-arts : 1° exposition décennale et internationale; 2° exposition centennale française des beaux-arts (1789 à 1878); 3° exposition du service des monuments historiques, secondé par le service des édifices diocésains, avec séries rétrospectives de l'art de l'orfèvrerie, de l'émaillerie et de la sculpture sur bois (objets mobiliers); 4° exposition de l'enseignement du dessin, c'est-à-dire des modèles et des méthodes émanant de l'État ou de l'initiative privée, avec concours nationaux et internationaux; 5° exposition des produits des manufactures nationales (Sèvres, les

Gobelins, Beauvais, manufacture de mosaïque), avec exposition rétrospective depuis un siècle (France et étranger); 6° exposition théâtrale, embrassant l'histoire du théâtre depuis cent ans (restitution d'édifices; salles et décors; améliorations introduites dans la construction des théâtres).

L'exposition centennale devait mettre en relief, par des exemples peu nombreux, mais soigneusement choisis, l'éclat et la puissance de l'école française depuis 1789.

M. Proust comptait faire cette démonstration sans emprunter aux musées nationaux plus de soixante toiles, statues, bas-reliefs, médailles, pastels, gouaches, aquarelles ou dessins, le surplus étant fourni par les musées des départements et les collections particulières.

L'exposition des monuments historiques, avec collaboration des édifices diocésains, avait déjà été prévue dans son cadre ordinaire, c'est-à-dire dans les salles du musée du Trocadéro. Par une heureuse conception, le commissaire spécial proposait de la compléter en y joignant les chefs-d'œuvre de l'émaillerie, de l'orfèvrerie et de la sculpture sur bois, et en plaçant autant que possible ces objets à proximité des monuments de la même époque. Nous verrons plus loin comment cette conception s'élargit et donna naissance à une magnifique exposition rétrospective de l'art français.

Pour l'enseignement du dessin, le rapport conseillait d'éviter la profusion et la monotonie des travaux d'élèves.

Sans donner aux propositions de M. Antonin Proust la sanction d'un acte approbatif spécial, le Ministre de l'instruction publique et des beaux-arts les consacra en instituant des commissions chargées de pourvoir à la réalisation du programme, notamment pour l'exposition centennale, l'exposition rétrospective de l'art français, l'exposition rétrospective de l'art céramique et l'exposition théâtrale. Il serait sans intérêt de rappeler ici les dates des très nombreux arrêtés ministériels intervenus pour créer ces commissions et en nommer les membres.

Bien qu'il n'ait pu être scrupuleusement observé dans tous ses détails, le plan si savamment élaboré par M. Proust n'en fut pas moins suivi dans ses grandes lignes.

8. Arrêtés divers du Ministre de l'agriculture instituant des concours d'animaux reproducteurs. — Divers arrêtés du Ministre de l'agriculture, complétés par des règlements établis de concert entre le Département de l'agriculture et le Département du commerce et de l'industrie, ont institué deux concours internationaux d'animaux reproducteurs : l'un pour les espèces bovine, ovine et porcine, et pour les animaux de basse-cour (11-22 juillet 1889); l'autre pour les espèces chevaline et asine (1er-10 septembre 1889).

Ces concours ont donné des résultats remarquables et accru, pour un certain public, l'attrait de l'Exposition.

9. Loi du 23 juin 1888 portant ouverture de crédits extraordinaires en vue de la participation des divers départements ministériels à l'Exposition. — Je dois mentionner ici cette loi, bien qu'elle n'ait pas, à proprement dire, modifié la consistance générale de l'Exposition : elle a permis en effet aux départements ministériels d'élever des constructions spéciales, de créer par suite des disponibilités d'emplacements dans les palais, de représenter largement les œuvres accomplies par les administrations publiques, et d'apporter de puissants éléments d'éclat et de grandeur aux assises pacifiques de 1889.

Le Ministère de l'instruction publique avait à retracer les progrès considérables réalisés depuis dix ans par la France. Les méthodes en usage dans les établissements consacrés aux hautes études s'étaient profondément modifiées et élargies; des facultés avaient été créées de toutes pièces; des laboratoires et des observatoires s'étaient élevés sur différents points du territoire; le personnel enseignant avait reçu de notables augmentations; les pouvoirs publics avaient résolu des questions matérielles d'une extrême importance, telles que la reconstruction de la Sorbonne, l'érection d'un nouveau Muséum d'histoire naturelle et celle d'une nouvelle École de médecine. Dans l'enseignement secondaire, on pouvait citer la création d'un grand nombre de lycées et de collèges, l'inauguration de types nouveaux comme ceux des lycées Janson-de-Sailly et Lakanal, la part faite aux jeunes filles par l'institution de lycées ou de collèges spéciaux. Les transformations opérées dans l'enseignement primaire avaient été plus générales et plus complètes encore : de tous côtés des écoles s'étaient fondées, et ni l'État, ni les communes, n'avaient reculé devant aucun sacrifice pour loger dignement les maîtres et recevoir les élèves dans des conditions satisfaisantes d'hygiène. Des entreprises particulières se rapportant aux sciences et aux lettres se poursuivaient avec ardeur; les sociétés savantes déployaient un zèle admirable. Les missions scientifiques, les fouilles archéologiques, amenaient de précieuses découvertes et soulevaient chaque jour davantage les voiles du passé. On réunissait les matériaux d'un musée rétrospectif de la science et d'une histoire de l'Université. Il était impossible de ne pas offrir aux visiteurs le spectacle de ces travaux, qui honoraient au plus haut degré la France et la République.

L'Administration des beaux-arts devait procéder à l'aménagement et à la décoration des locaux affectés à l'exposition décennale et organiser l'exposition centennale, l'exposition rétrospective de l'art français, la section de l'enseignement du dessin, l'exposition des manufactures nationales, celle des théâtres. Elle eût été inexcusable, si elle n'avait pas offert aux pays étrangers une hospitalité digne de leurs maîtres, si elle n'avait pas fait les plus grands efforts pour mettre en lumière le génie artistique de la France et sa puissance initiatrice.

Le Ministère des travaux publics était, comme aux précédentes expositions, appelé à installer des galeries de modèles ou de dessins, représentant les travaux les plus importants exécutés par ses ingénieurs, et l'impulsion donnée depuis 1878 aux grands travaux publics donnait une importance toute particulière à sa participation.

Le Département de la guerre se proposait de montrer, à côté des produits envoyés par les industriels, les parties de son matériel qu'il n'avait pas intérêt à tenir cachées au point de vue de la défense du pays. Il voulait, en outre, organiser, avec le concours des collectionneurs, une exposition rétrospective et artistique retraçant l'histoire militaire.

On n'aurait pas compris l'abstention du Département de la marine : ce département devait exposer des modèles de navires récents, satisfaire ainsi la légitime curiosité du public, l'attacher davantage aux choses de la mer, et récompenser en même temps les labeurs de ses officiers et de ses ingénieurs.

L'Administration des colonies avait pris les mesures nécessaires pour que nos établissements coloniaux fussent largement et brillamment représentés. Elle avait fait une active propagande, provoqué la formation de comités, demandé et obtenu le concours des autorités locales. Son intention était de reconstituer fidèlement la physionomie de nos principales possessions, d'élever un grand palais central, d'y joindre des pavillons spéciaux (palais annamite, pagode du Cambodge, pagode du Tonkin), d'y annexer des types de villages indigènes, de donner la vie et le mouvement à cet ensemble par la présence d'indigènes militaires ou civils, de montrer la situation de nos services publics, de présenter des cartes et des documents statistiques dressés avec le plus grand soin, de publier des notices éclairant les personnes qui seraient disposées soit à entamer des relations commerciales avec les colonies, soit même à s'y rendre pour en étudier les ressources.

L'exposition du Ministère de l'intérieur devait comprendre notamment le service vicinal, la carte de France, l'assistance publique, les établissements pénitentiaires.

Ce Ministère avait de plus à venir en aide au Gouvernement général de l'Algérie, qui prévoyait sur son budget une dépense de 300,000 francs.

L'exposition des produits de Madagascar incombait au Département des affaires étrangères.

Le Département de l'agriculture comptait présenter le résumé des faits agricoles accomplis depuis 1789 jusqu'à nos jours, mettre les visiteurs à même d'apprécier le grand développement de l'enseignement spécial, organiser une exposition forestière qui présentât un caractère à la fois scientifique et industriel, montrer l'immense variété de nos bois, indiquer les procédés de culture forestière, faire juger le progrès du reboisement des montagnes. Un pavillon spécial et approprié devait être établi pour les forêts. C'était aussi le Ministère de l'agriculture qui devait installer les concours d'animaux reproducteurs et supporter la lourde dépense des prix, médailles et objets d'art. Notons encore l'intéressant service de l'hydraulique agricole.

Le programme du Ministère du commerce embrassait l'enseignement professionnel, les eaux minérales, la statistique générale de la France, les services sanitaires.

Les services du Ministère de la justice qui devaient participer à l'Exposition étaient les suivants : service central, Grande Chancellerie de la Légion d'honneur (maisons d'éducation, etc.) et l'Imprimerie nationale.

Enfin le Ministère des finances voulait exposer : 1° l'outillage si perfectionné des manufactures de l'État; 2° les appareils et procédés de fabrication du timbre; 3° des documents de statistique financière; 4° les machines et méthodes employées pour la production et le contrôle des monnaies et médailles; 5° l'outillage des postes et télégraphes; 6° les instruments et documents relatifs au cadastre.

Le projet de loi déposé le 20 mars 1888 sur le bureau de la Chambre des députés tendait à l'ouverture, sur l'exercice 1888, de crédits montant ensemble à 6,817,000 francs.

A l'appui de sa proposition, le Gouvernement faisait valoir que l'État était tenu de supporter, comme tous les autres exposants, les frais d'installation et de décoration; que, dans les expositions antérieures, les ministères avaient toujours disposé de crédits spéciaux, en dehors des ressources générales votées pour ces expositions; que, lors du vote de la loi du 6 juillet 1886, la Commission de la Chambre avait admis le principe d'une dotation analogue pour 1889; qu'eu égard à cet accord et au nombre considérable des exposants, le Commissariat général avait dû disposer de tous les emplacements disponibles dans les palais et que, dès lors, l'établissement de pavillons indépendants s'imposait aux départements ministériels. Le Gouvernement invoquait d'ailleurs l'exemple de la ville de Paris, qui avait voté 700,000 francs pour les préparatifs de son exposition.

Tout en exprimant le regret que les dépenses ne pussent être prélevées sur le crédit général de 43 millions, M. Félix Faure, rapporteur, émit un avis favorable. Mais il demanda que les expositions spéciales des ministères ne fussent pas multipliées au détriment des classes, qui pourraient y perdre une partie de leur éclat. Tant pour ce motif que par raison d'économie, il conclut à n'allouer que 5,960,612 fr. 50, dont 1,992,300 francs sur l'exercice 1888 et le surplus sur l'exercice 1889.

Devant la Chambre (séance du 17 mai), les conclusions formulées par la Commission furent très vivement attaquées par M. Fernand Faure et M. le comte de Lanjuinais; mais la Chambre les adopta à une forte majorité.

Au Sénat, la loi fut votée sans débats, sur le rapport de M. Tolain.

Les crédits ainsi attribués aux départements ministériels étaient les suivants :

Ministère de l'instruction publique et des beaux-arts.	Instruction publique.	400,000f 00c
	Beaux-arts.	1,159,000 00
Ministère des travaux publics.		185,000 00
Ministère de la guerre.		800,000 00
Ministère de la marine et des colonies.	Service de la marine.	344,612 50
	Service colonial.	585,000 00
Ministère de l'intérieur. . . .	Intérieur.	160,000 00
	Gouvernement de l'Algérie.	300,000 00
Ministère des affaires étrangères.		50,000 00
Ministère de l'agriculture[1].		1,685,000 00
Ministère du commerce et de l'industrie.		45,000 00
Ministère de la justice.		47,000 00
Ministère des finances.		200,000 00
	Total.	5,960,612 50

[1] Une économie de 710,000 francs était réalisée, d'autre part, grâce à la suppression des concours régionaux, ce qui ramenait en réalité la dépense à 975,000 francs.

IMPRIMERIE NATIONALE.

Les départements ministériels qui recevaient la dotation nécessaire à l'établissement de pavillons spéciaux étaient ceux des travaux publics, de la guerre, de la marine et des colonies (pour les colonies seulement), de l'agriculture (pour les forêts), des finances (pour l'Administration des tabacs et pour celle des postes et télégraphes).

Au contraire, les Chambres avaient repoussé les demandes de crédit destinées à des constructions indépendantes pour l'exposition centennale des beaux-arts, pour les services de l'intérieur, pour ceux du commerce et de l'industrie, et pour ceux de la marine : ces derniers services devaient prendre place dans les classes, pour ce qui touchait à l'art naval, et être joints à ceux de la guerre, pour ce qui concernait l'art militaire.

Depuis, le crédit affecté à l'exposition coloniale a été porté à 865,000 francs et celui de l'intérieur à 173,456 fr. 50; des virements ont, en outre, été opérés entre divers ministères, par suite du transfert de certains services publics d'un département à un autre.

10. Concours financier des colonies et des pays de protectorat. — J'ai dit précédemment tout l'intérêt que les pouvoirs publics attachaient avec raison à ce que les colonies et les pays de protectorat fussent largement représentés à l'Exposition universelle de 1889.

Tel était également le vœu des autorités locales, des colons et des indigènes eux-mêmes.

Les colonies n'hésitèrent pas à s'imposer de lourds sacrifices, ainsi qu'on le verra ci-après :

Algérie	350,000 francs.
Cochinchine[1]	"
Gabon	5,000
Guadeloupe	40,000
Guyane	20,000
Inde française	10,000
Martinique	12,500
Mayotte et Comores	3,000

[1] Construction du pavillon spécial.

Nossi-Bé	4,000 francs.
Nouvelle-Calédonie	12,000
Réunion	10,000
Saint-Pierre et Miquelon	7,000
Sénégal	25,000
Tahiti	20,000

Le concours des pays de protectorat ne fut pas moins efficace : l'Annam-Tonkin et le Cambodge firent construire à leurs frais les pavillons qui contenaient leurs produits; le Gouvernement tunisien mit à la disposition du Comité d'organisation une somme de 850,000 piastres (510,000 francs).

CHAPITRE III.

ORGANISATION DU PERSONNEL DE L'EXPOSITION. COMMISSIONS ADMINISTRATIVES.

§ 1er. Personnel des services de l'Exposition.

1. Organisation générale des services. — Le 28 juillet 1886, c'est-à-dire peu de jours après la promulgation de la loi organique, le Président de la République signait, sur la proposition de M. Lockroy, un décret réglant l'organisation des services de l'Exposition.

Aux termes de ce décret, le Ministre du commerce et de l'industrie était commissaire général et avait sous ses ordres trois directeurs généraux, le premier pour les travaux, le second pour l'exploitation, le troisième pour les finances.

Les attributions du Commissariat général comprenaient les affaires d'ordre général; le personnel; les rapports avec les Chambres, les ministres, les autorités administratives, les ambassadeurs et les ministres étrangers, etc.

Le directeur général des travaux était chargé des constructions, des plantations, de la voirie et du service médical.

Le directeur général de l'exploitation réunissait entre ses mains les services d'admission et d'installation, l'établissement et la distribution de la force motrice, les travaux du jury des récompenses, la police intérieure.

La comptabilité, le service de la caisse, le contentieux, le service du matériel et des entrées, étaient confiés au directeur général des finances.

Telles étaient les dispositions d'ensemble de l'organisation administrative; on en trouvera les détails aux annexes.

Pour la première fois, le Commissariat général était réservé au Ministre du commerce et de l'industrie.

Cette innovation avait des avantages et des inconvénients.

Son principal mérite était de donner au Ministre responsable devant le Parlement une action plus directe et plus immédiate sur une œuvre d'importance exceptionnelle, au point de vue économique, financier et politique.

En revanche, on pouvait craindre qu'elle ne compromît dans une certaine mesure la stabilité et l'esprit de suite indispensables dans la haute direction des services de l'Exposition : car, nulle part, les cabinets ne sont éternels, et la France n'a jamais donné l'exemple d'une fidélité inébranlable à ses ministres. On pouvait redouter aussi que le commissaire général, ayant d'autres devoirs et d'autres préoccupations, ne fût dans l'impossibilité matérielle de se consacrer assez complètement à l'Exposition et d'établir l'harmonie nécessaire entre les trois directions générales.

L'expérience n'a pas confirmé ces craintes.

Grâce à la sagesse et à la haute valeur des ministres qui se sont succédé au pouvoir, grâce aussi à l'habileté consommée et au patriotisme des directeurs généraux, le succès a dépassé toutes les espérances.

Cependant, quelque heureuse qu'ait été l'épreuve, je pencherais plutôt vers la spécialisation du Commissariat général.

2. Nomination des directeurs généraux. — Un décret du 28 juillet 1886 nomma M. Alphand directeur général des travaux, M. Georges Berger directeur général de l'exploitation et M. Grison directeur général des finances.

On sait les qualités éminentes dont ces hauts fonctionnaires ont donné des preuves incessantes, l'incomparable talent avec lequel ils se sont acquittés de leur tâche.

Je ne saurais mieux leur rendre hommage qu'en reproduisant ici un extrait du discours prononcé par M. Tirard, Président du Conseil, lors de l'ouverture solennelle de l'Exposition.

« Tout s'est exécuté avec un ordre, une rapidité et une régularité qui étonneraient, si l'on ne connaissait l'homme qui a dirigé tout cet ensemble de travaux. C'est l'ingénieur habile qui, depuis quarante ans, travaille à l'embellissement et à l'assainissement de la ville de Paris, et qui en a fait, je n'ose pas dire la plus belle, mais certainement l'une des plus belles villes du monde.

« Oui, M. Alphand a couronné sa laborieuse et utile carrière en construisant le plus splendide cadre d'exposition qui ait jamais été fait, et il a ainsi conquis un titre de plus à la reconnaissance de ses concitoyens.

« Pour organiser et conduire à bonne fin une aussi vaste entreprise, il ne suffisait pas d'un grand constructeur, il fallait un administrateur habile et très expérimenté; c'est M. Berger, qui s'était déjà signalé dans maintes expositions en France et à l'étranger, qui a bien voulu se charger de la direction de l'exploitation. Je ne saurais assez louer le zèle et le dévouement qu'il a déployés dans ces ingrates et difficiles fonctions. C'est lui qui, par son ardente activité, ses nombreux voyages dans nos départements et à l'étranger, ses conférences et ses connaissances techniques, a donné l'impulsion première et vigoureusement contribué au grand succès que nous pouvons constater dès aujourd'hui. Que M. Berger reçoive donc le tribut d'éloges que méritent si bien les nouveaux services qu'il vient de rendre à l'industrie française.

« Enfin, par une heureuse disposition réglementaire due à l'initiative de l'un de mes prédécesseurs, l'honorable M. Lockroy, le contrôle financier des travaux et de toutes les dépenses a été assuré par la création d'une direction spéciale, à la tête de laquelle a été placé un comptable de premier ordre, dont la carrière administrative au Ministère du commerce se trouve ainsi brillamment complétée par un travail minutieux et compliqué qui assure la régularité de toutes les opérations, de tous les comptes, et qui fait le plus grand honneur à M. le directeur Grison. »

3. Organisation des services de la Direction générale des tra-

vaux. — Les services de la Direction générale des travaux étaient organisés ainsi qu'il suit :

1° *Secrétariat de la Direction générale.* — Secrétariat particulier du directeur général (ouverture des dépêches, audiences, affaires confidentielles et réservées); secrétariat du conseil des travaux; enregistrement des dépêches; répartition des affaires entre les divers services; personnel de la Direction; service central d'expédition; matériel et fournitures des bureaux; permissions et autorisations diverses, etc. Chef, M. de Mallevoue, secrétaire de la Direction générale.

2° *Service technique central.* — Examen des projets de travaux; service des adjudications et marchés; affaires contentieuses; affaires techniques ne relevant spécialement d'aucun service; rapports avec le cabinet du Ministre et la Commission de contrôle et de finances pour l'approbation des projets et des contrats; bureaux techniques de la comptabilité et de la revision; direction du service médical; concessions dans l'enceinte de l'Exposition; surveillance des constructions élevées dans les parcs et les jardins par les concessionnaires, les exposants et permissionnaires; surveillance des constructions élevées par les architectes de la Direction générale chargés de travaux spéciaux (hygiène, chambres de commerce, balnéothérapie, produits alimentaires, classe 65, économie sociale, etc.). Chef, M. Délions, ingénieur adjoint au directeur général des travaux.

3° *Contrôle des constructions métalliques.* — Contrôle des projets de constructions métalliques; étude des détails d'exécution, de concert avec les services d'architecture; préparation des cahiers des charges et marchés; surveillance de la fabrication et réception des pièces; surveillance des travaux sur le chantier; préparation des procès-verbaux de réception; étude et exécution des systèmes de voies ferrées et des transports dans l'Exposition. Chef, M. Contamin, ingénieur en chef du contrôle des constructions métalliques; ingénieur en chef adjoint, M. Charton; ingénieur, M. Pierron.

4° *Service d'architecture.* — Étude des projets et devis; préparation des adjudications et marchés, et exécution des travaux, sous réserve de l'intervention du service de contrôle des constructions métalliques;

règlement des comptes et propositions de payement. Chefs de service, M. Bouvard, architecte, pour les galeries des expositions diverses et l'installation des bureaux des trois directions; M. Dutert, pour le Palais des machines; M. Formigé, pour les palais des beaux-arts et des arts libéraux, les galeries Rapp et Desaix, et la décoration architecturale des parcs et jardins.

5° *Service des jardins.* — Établissement et entretien des parcs et jardins. Chef, M. Laforcade, jardinier en chef.

6° *Service des terrassements, des égouts, du gaz,* etc. — Terrassements de toute nature; construction des égouts; canalisation pour le gaz; passerelles; voies pavées et empierrées; trottoirs. Chef, M. Lion, ingénieur.

7° *Service des eaux.* — Alimentation en eau des différents services de l'Exposition. Chef, M. Bechmann, ingénieur en chef des ponts et chaussées.

8° *Histoire de l'habitation.* — Chef, M. Garnier, membre de l'Institut, architecte-conseil de l'Exposition.

9° *Service des galeries de l'agriculture, des bâtiments de la douane, de la police, de l'octroi, de la manutention, des postes de pompiers, des water-closet.* — Chef, M. Pierron, ingénieur.

L'architecte-conseil, l'ingénieur en chef des constructions métalliques, les trois architectes des palais, l'ingénieur en chef adjoint du contrôle des constructions métalliques, l'ingénieur adjoint au directeur général des travaux, l'ingénieur en chef des eaux, l'ingénieur des constructions métalliques et des galeries d'agriculture, le jardinier en chef, l'ingénieur des terrassements et égouts et le secrétaire de la Direction générale se réunissaient périodiquement en conseil sous la présidence de M. Alphand.

Le chef du bureau technique et le reviseur assistaient aux séances du conseil, dont le secrétariat était confié au secrétaire de la Direction générale.

4. Organisation des services de la Direction générale de l'exploi-

tation. — Voici quels étaient les services de la Direction générale de l'exploitation :

1° *Cabinet du directeur général.* — Ouverture de la correspondance; correspondance générale; service des fêtes; réceptions officielles; direction du gardiennage des classes; inspection des concessionnaires et des vendeuses de catalogues; police; pompiers; archives; service de la presse. Chef, M. Émile Thurneyssen, secrétaire de la Direction générale.

Les sous-divisions étaient : *a.* service central; *b.* inspection (MM. Dupuich et Ossude, inspecteurs principaux); *c.* police et pompiers (deux commissaires de police renouvelables tous les mois, trois officiers de paix, un capitaine de pompiers); *d.* archives et matériel.

2° *Section française.* — Correspondance avec les exposants, les comités départementaux, les comités d'admission et d'installation et le jury; réception des demandes d'admission; envoi de ces demandes à l'examen des comités; délivrance des certificats d'admission; confection du catalogue; organisation des auditions musicales, des congrès et conférences, de l'exposition d'économie sociale; fonctionnement du jury; organisation et installation des concours temporaires d'horticultuture et d'agriculture; tombola. Chef, M. Monthiers.

Ce service se subdivisait ainsi : *a.* service général; *b.* service des comités d'admission et d'installation et du jury (M. Giroud, chef adjoint); *c.* service du catalogue (M. Maindron, chef); *d.* service des auditions musicales; *e.* service des congrès et conférences (M. Gariel, chef); *f.* service de l'exposition d'économie sociale; *g.* service de la tombola.

3° *Sections étrangères.* — Correspondance avec les commissaires et les comités. Chef, M. de Lacretelle et M. Millas, chacun pour un groupe de pays.

4° *Service des installations.* — Répartition des espaces; réglementation et organisation des installations générales; installation du service d'incendie; exposition rétrospective du travail et des sciences anthropologiques (constructions et organisation); ethnographie. Chef, M. Sédille; inspecteur principal, M. Jacques Hermant.

5° *Service mécanique et électrique.* — Installation générale de la galerie des machines; éclairage électrique. Chef, M. Vigreux; ingénieurs, MM. Collignon et Bourdon.

6° *Service de la manutention.* — Correspondance avec les compagnies de chemins de fer et agences de transport; réception et distribution des lettres d'avis; distribution des wagons chargés; service des engins de levage; réexpédition des produits; délivrance des permis d'entrée et de sortie. Chef, M. Buffeteau.

5. Organisation des services de la Direction générale des finances. — La Direction générale des finances comprenait sept sections, savoir :

1° *Secrétariat.* — Correspondance générale; rapports; ordres de service; affaires diverses. Chef, M. Savoye, secrétaire de la Direction générale.

2° *Comptabilité et caisse.* — Décrets de fonds de concours; contrôle des recettes; établissement des titres de perception; contrôle des dépenses; états de traitements du personnel; ordonnancement des dépenses; délivrance des mandats de payement; avances aux régies; payement des traitements; écritures centrales; situations; impressions. Chef, M. Chabbert, chef de la comptabilité, caissier central.

3° *Perception des recettes.* — Perception des redevances des concessionnaires de brasseries, restaurants et établissements divers; perception des redevances pour consommation d'eau et de gaz; perception des recettes des auditions musicales; perceptions diverses; vente de billets de la tombola. Chef, M. Le Balleur.

4° *Matériel.* — Achat et conservation du mobilier et du matériel; entretien des bureaux; fournitures de bureau; départ de la correspondance et des dépêches; contreseing; personnel des gens de service; payement des menues dépenses. Chef, M. Renard.

5° *Service des entrées.* — Réglementation du service des entrées; fabrication des tickets; établissement des listes d'admission des exposants; préparation et délivrance des cartes aux exposants, aux concessionnaires, à la presse, à l'administration, aux commissariats étrangers; délivrance des cartes et jetons de service de quinzaine; laissez-passer. Chef, M. Savoye.

6° *Contrôle des entrées.* — Personnel des contrôleurs, nominations, révocations, liquidation et payement des traitements et indemnités; réception et oblitération des tickets; surveillance des guichets et des portes de l'Exposition; contrôle des entrées gratuites; mesures d'ordre et de police; statistique journalière. Chef, M. Le Balleur.

7° *Contentieux.* — Examen des marchés et des traités divers; avis; consultations; mémoires; transactions; procédure et instances diverses; comité de conciliation; débets. Chef, M. Chastenet.

6. Nomination du commissaire spécial des expositions des beaux-arts. — L'Administration des beaux-arts avait à organiser, non seulement l'exposition décennale de peinture, de sculpture, d'architecture et de gravure, mais aussi l'exposition centennale des beaux-arts, l'exposition rétrospective de l'art français, les expositions des manufactures nationales, celle de l'enseignement des arts du dessin, l'exposition théâtrale, enfin l'exposition des archives de la Commission des monuments historiques. Un crédit spécial de 1,559,000 francs avait été mis à sa disposition par la loi du 23 juin 1888.

La tâche était lourde. Il fallait faire une œuvre digne tout à la fois de la France et du grand anniversaire de 1789, rechercher notamment avec le plus grand soin les chefs-d'œuvre et les objets caractéristiques destinés aux expositions rétrospectives, les grouper dans un classement méthodique et scientifique, procéder à d'importants travaux d'aménagement et de décoration.

Ces opérations délicates devaient être dirigées par un homme profondément versé dans les questions artistiques, ayant dans le monde des arts une grande situation et une autorité reconnue de tous, habitué aux expositions, qualifié pour engager des négociations avec les collectionneurs et obtenir d'eux l'abandon temporaire de tout ou partie de leurs collections.

Malgré toute sa compétence, le directeur des beaux-arts, absorbé par les devoirs multiples et divers de sa charge, eût succombé à la peine; il exprimait très instamment le désir de ne pas porter seul un tel fardeau.

M. Lockroy, alors Ministre de l'instruction publique et des beaux-arts, demanda et obtint le concours de M. Antonin Proust, député, ancien Ministre des arts, collaborateur assidu de l'Administration des beaux-arts dans les commissions les plus importantes et les plus laborieuses, préparé à cette mission tant par ses connaissances spéciales et sa situation personnelle que par son active participation aux études préliminaires de l'Exposition de 1889. Il était impossible de faire un choix plus heureux.

Un décret du 10 juillet 1888 nomma, en conséquence, M. Proust «commissaire spécial des expositions des beaux-arts à l'Exposition universelle de 1889».

Par arrêté ministériel de la même date, M. Hecq, chef du secrétariat du service des beaux-arts, des bâtiments civils et des palais nationaux, fut désigné pour remplir les fonctions de commissaire spécial adjoint.

7. Nomination de commissaires spéciaux pour les expositions des colonies et des pays de protectorat. — Pour les colonies et les pays de protectorat, l'importance du concours matériel et financier apporté par le Gouvernement de la métropole et par les pouvoirs locaux, les soins à donner à l'érection des pavillons spéciaux, l'éloignement des exposants, leur dispersion, l'impossibilité où ils se trouvaient de choisir des mandataires communs, la compétence et la méthode qu'exigeait le groupement des objets à exposer, la nécessité de fournir au public un tableau fidèle et complet de notre action coloniale, le haut intérêt de l'entreprise au point de vue de notre expansion commerciale et industrielle, aussi bien que de notre influence morale et politique, tout appelait la désignation de commissaires investis d'un mandat officiel et préposés aux opérations difficiles et complexes d'organisation et d'installation.

En dernier lieu, les commissaires spéciaux étaient :

Pour l'Algérie, M. Müller, conseiller de Gouvernement, nommé par le gouverneur général de l'Algérie;

Pour les colonies et les pays de protectorat, relevant du sous-secrétariat des colonies, M. Henrique, ancien délégué de Saint-Pierre et Miquelon au Conseil supérieur des colonies, nommé par le sous-secrétaire d'État;

Pour la Tunisie et Madagascar, M. le baron d'Estournelles, conseiller d'ambassade, nommé par le Ministre des affaires étrangères.

Le Gouvernement beylical avait, en outre, un délégué officiel, M. Sanson, qui portait également le titre de commissaire, mais qui était placé sous le contrôle et la direction de M. d'Estournelles.

§ 2. Commission de contrôle et de finances et conseils divers.

1. Commission de contrôle et de finances. — La convention conclue entre le Ministre du commerce et de l'industrie, le préfet de la Seine et la Société de garantie, et approuvée par la loi du 6 juillet 1886, portait en son article 7 les dispositions suivantes :

> Il sera institué auprès du Ministre du commerce et de l'industrie une Commission de contrôle et de finances composée de membres représentant l'État, la ville de Paris et l'Association de garantie, dans la proportion des contributions respectives des trois parties contractantes.
>
> Les membres de cette Commission seront nommés par décrets du Président de la République insérés au *Journal officiel*. Elle sera présidée par le Ministre.
>
> Cette Commission administrera et gérera l'Association de garantie. Elle sera consultée par le Ministre du commerce et de l'industrie sur toutes les questions intéressant la gestion financière de l'Exposition. Il ne pourra être passé outre à son avis toutes les fois qu'il s'agira de questions concernant les recettes de toute nature à percevoir à l'occasion de l'Exposition.

Ces dispositions étaient reproduites dans les statuts de la Société de garantie.

Lorsque, à la date du 26 août 1886, le Ministre du commerce et de l'industrie arrêta le règlement général de l'Exposition, la Commission de contrôle et de finances ne devait être, dans sa pensée, que l'une des subdivisions d'un Conseil de 300 membres, dit «grand Conseil de l'Exposition universelle de 1889», dont le règlement prévoyait l'institution et qui aurait compris, en outre, vingt et une autres subdivisions : contentieux; constructions; fêtes et cérémonies; transports; beaux-arts; agriculture; colonies et pays de protectorat; expositions militaires et maritimes; enseignement; arts libéraux; hygiène; 3e groupe (mobilier et accessoires); 4e groupe (tissus, vêtements et accessoires); 5e groupe (industries extractives, produits bruts et ouvrés); 6e groupe (outillage et procédés des industries mécaniques); 7e groupe (produits alimentaires); électricité; presse; auditions musicales et théâtrales; congrès et conférences; exposition rétrospective du travail.

Dans la pensée de M. Lockroy, ce grand Conseil devait jouer un rôle considérable pour le développement de la partie intellectuelle de l'Exposition, préparer notamment la discussion des grandes questions économiques et sociales, jeter les bases d'une véritable encyclopédie qui eût constaté l'état des connaissances humaines en 1889 et les progrès accomplis durant le siècle écoulé.

Le vaste programme conçu par M. Lockroy ne put être réalisé. Le Ministre renonça dès lors à la formation du Conseil des trois cents. En effet, dans l'ordre administratif, une assemblée si nombreuse aurait difficilement rendu de réels services; elle eût du reste fait, dans une certaine mesure, double emploi avec les comités d'admission et d'installation et avec les commissions d'organisation que les divers départements ministériels devaient créer en tout état de cause. Il parut préférable de se limiter au système de commissions spéciales et distinctes, nommées pour des objets particuliers et nettement définis.

Ainsi ramenée à l'état d'organe isolé et indépendant, la Commission consultative de contrôle et de finances fut définitivement organisée par décret du 14 octobre 1886 : à cette époque, les souscriptions de garantie avaient dépassé de beaucoup le minimum de 18 millions fixé par les statuts de l'Association.

Comme je l'ai précédemment indiqué, l'estimation totale des dépenses de l'Exposition s'élevait à 43 millions. La part contributive de l'État était évaluée à 17 millions; la ville de Paris fournissait un concours de 8 millions; l'Association de garantie s'engageait pour 18 millions. Afin d'observer la proportionnalité prescrite par la convention annexée à la loi du 6 juillet 1886, le décret du 14 octobre nomma 43 commissaires, dont 17 pour représenter l'État, 8 pour représenter la ville de Paris et 18 pour représenter la Société de garantie : chacun des commissaires représentait un million.

4 membres de la Commission étaient désignés comme vice-présidents et présidaient les séances à tour de rôle, en l'absence du Ministre.

Outre les 17 membres du Parlement appelés à représenter directement l'État, 17 fonctionnaires, recevant le titre de membres adjoints et n'ayant que voix consultative, devaient être ultérieurement désignés par arrêté du Ministre commissaire général, pour représenter devant la Commission leurs administrations respectives, lui fournir tous les éclaircissements nécessaires à l'exercice de son contrôle et prêter un concours actif à ses travaux. La répartition en était ainsi fixée : 4 pour le Ministère du commerce et de l'industrie, 3 pour le Ministère des finances, 2 pour le Ministère de l'instruction publique, des beaux-arts et des cultes, 2 pour le Ministère de l'agriculture, 1 pour chacun des ministères des affaires étrangères, de la guerre, de la marine, des postes et télégraphes et des travaux publics, ainsi que pour le département de la Seine.

Enfin le décret nommait 3 secrétaires.

Conformément à l'article 10 du règlement général de l'Exposition, les trois directeurs généraux avaient entrée aux séances avec voix consultative.

La Commission de contrôle et de finances se divisa en trois sous-commissions correspondant aux trois directions générales, savoir : sous-commission des travaux, sous-commission de l'exploitation, sous-commission des finances.

Elle fut en quelque sorte l'âme et le pivot de l'organisation de l'Exposition.

C'est en effet cette grande commission qui eut à examiner et à discuter les plans, à ratifier les marchés et les traités de concession, à ouvrir les crédits, à régler les conditions générales de l'exploitation, à se prononcer en un mot sur toutes les questions essentielles et importantes intéressant la gestion financière de l'entreprise. Elle sut résoudre ces questions, souvent complexes et délicates, avec un soin scrupuleux et attentif, une rare compétence et un dévouement à toute épreuve.

Aussi M. Tirard, Président du Conseil, crut-il devoir lui payer un juste tribut d'éloges dans le discours qu'il prononça lors de l'ouverture de l'Exposition.

2. Conseil des directeurs. — En conformité du décret du 28 juillet 1886 sur l'organisation générale des services de l'Exposition (art. 10), les trois directeurs généraux se réunissaient périodiquement au Ministère du commerce et de l'industrie, sous la présidence du Ministre ou du plus âgé d'entre eux, et formaient ainsi un Comité administratif ou Conseil des directeurs.

Ce Conseil entendait les rapports présentés sur la situation des services et étudiait les questions d'intérêt commun soumises à son examen par le Ministre.

Son intervention assurait l'unité de vues, la concordance et l'harmonie nécessaires au succès de l'entreprise.

Primitivement, le directeur du cabinet et du personnel au Ministère du commerce et de l'industrie faisait partie du Conseil. Mais, à la suite de changements dans l'organisation de l'administration centrale, le Comité fut réduit aux directeurs généraux de l'Exposition (décret du 11 juin 1887).

3. Comités techniques des machines et de l'électricité. — Des arrêtés du Ministre du commerce et de l'industrie, en date du 17 octobre 1886, ont institué auprès du directeur général de l'exploitation deux comités techniques dits, l'un *Comité des machines*, l'autre *Comité d'électricité*.

Le Comité technique des machines a élu comme président M. Phillipps, inspecteur général des mines, membre de l'Institut, et s'est divisé en trois sous-comités : 1° sous-comité des chaudières; 2° sous-comité des machines; 3° sous-comité des transports.

Quant au Comité d'électricité, il a élu président M. Mascart, membre de l'Institut, et s'est réparti en quatre sous-comités : 1° sous-comité de l'éclairage; 2° sous-comité des expériences; 3° sous-comité des générateurs et moteurs électriques; 4° sous-comité des applications diverses (télégraphie, téléphone, etc.).

4. Commissions techniques diverses. — Je ne mentionne ici que les comités techniques ou administratifs permanents, qui se rattachaient directement à l'organisation administrative de l'Exposition.

En conséquence, je laisse de côté certaines commissions temporaires, par exemple celle qui a été formée en vue du concours ouvert pour l'établissement du chemin de fer de service et dont il sera question dans la suite de ce rapport. Je me réserve également de parler plus tard des commissions appelées à organiser soit les expositions spéciales (beaux-arts, histoire du travail, etc.), soit les congrès et conférences.

IMPRIMERIE NATIONALE.

CHAPITRE IV.

APPEL AUX PAYS ÉTRANGERS. — RÉSULTATS DES OUVERTURES DU GOUVERNEMENT FRANÇAIS.

1. Mesures et études préalables. — Diverses mesures préalables furent prises, avant qu'un appel officiel fût adressé aux gouvernements étrangers.

L'arrêté ministériel du 26 août 1886, portant règlement général de l'Exposition, définit le rôle des commissions étrangères et de leurs délégués.

Aux termes de l'article 12 de cet arrêté, le Ministre s'interdisait de correspondre directement avec les exposants étrangers; les produits présentés par ces exposants ne devaient être admis que par l'entremise des commissaires de leur pays. Les délégués des commissions étrangères étaient chargés de traiter les questions intéressant leurs nationaux, notamment celles qui concernaient la répartition des espaces et les travaux d'installation.

Résolvant dans un sens libéral la difficulté qui avait été agitée devant la Chambre lors de la discussion de la loi du 6 juillet 1886, l'arrêté du 26 août exonéra les exposants étrangers comme les exposants français de toute redevance, à titre de loyer, et ne laissa à leur charge que les dépenses d'installation et de décoration dans les palais, les parcs et les jardins.

Un décret du 25 août 1886, auquel se référait le règlement, avait constitué en entrepôt réel des douanes les locaux affectés à l'Exposition. Les objets envoyés de l'étranger pouvaient être expédiés directement sous les conditions du transit international ou du transit ordinaire (au choix des intéressés), par tous les bureaux ouverts à ce transit et avec exemption du droit de statistique. L'expédition par transit international était faite sans visite. Les expéditions par transit ordinaire ne donnaient lieu qu'à une visite sommaire, et les plombs de douane étaient apposés gratuitement.

Les marchandises livrées à la consommation ne devaient être soumises, quelle qu'en fût l'origine, qu'aux droits frappant les produits similaires de la nation la plus favorisée.

Les enceintes de l'Exposition furent également constituées en entrepôt, au point de vue de l'octroi.

La loi du 23 mai 1868 donnait aux étrangers de même qu'aux Français toutes les garanties voulues pour la propriété des inventions et des dessins de fabrique. En vertu de cette loi, tout auteur, soit d'une découverte ou invention susceptible d'être brevetée conformément à la loi du 5 juillet 1844, soit d'un dessin de fabrique devant être déposé aux termes de la loi du 18 mars 1806, pouvait, s'il était admis à l'Exposition, se faire délivrer par le préfet de la Seine un certificat descriptif; il acquérait ainsi les droits que lui eût conférés un brevet d'invention ou un dépôt légal de dessin, à dater du jour de l'admission jusqu'à la fin du troisième mois après la clôture de l'Exposition, sans préjudice du brevet qu'il était autorisé à prendre ou du dépôt qu'il avait la faculté d'opérer après l'expiration de ce terme.

Une clause expresse du règlement général interdit d'ailleurs de dessiner, de copier ou de reproduire sous une forme quelconque, sans une autorisation de l'exposant visée par le directeur général de l'exploitation, les œuvres d'art et produits exposés dans les palais, les parcs ou les jardins.

L'administration était assurée d'une réduction de 50 p. 100 sur le prix normal des transports par rails français; la Compagnie générale transatlantique accordait la même bonification; enfin la Compagnie des messageries maritimes consentait une diminution de 30 p. 100 pour les envois provenant des ports étrangers.

Le Commissariat général se préparait à fournir aux délégués et même aux exposants individuels étrangers les renseignements dont ils pourraient avoir besoin.

La Direction générale de l'exploitation étudiait notamment, d'après les précédents de 1878 et en ayant égard aux nécessités du plan adopté pour 1889, la répartition des espaces couverts entre les différents pays. Elle recherchait, de concert avec la Direction générale des travaux, les emplacements susceptibles d'être mis à la disposition des pays qui voudraient élever des constructions spéciales.

2. Invitation officielle aux gouvernements étrangers. Résultats. — A la date du 17 mars 1887, le Ministre des affaires étrangères adressa aux représentants de la France une circulaire qui les chargeait de notifier l'ouverture de l'Exposition aux gouvernements étrangers et de demander leur coopération.

Dès le mois d'avril, des avis officieux faisaient prévoir que plusieurs des grandes puissances européennes déclineraient cette invitation.

La plupart des monarchies refusaient de tendre la main à la République française.

Leur peu de sympathie pour notre forme de gouvernement ne suffisait pas à expliquer les dispositions défavorables dont elles se montraient animées : car, pour l'Exposition de 1878, elles avaient réservé un meilleur accueil à nos avances.

Quelques-unes suivaient une ligne de conduite et obéissaient à des influences sur lesquelles je ne veux pas insister. Presque toutes étaient ou semblaient effrayées par la coïncidence de l'Exposition avec le centenaire de la Révolution, par la perspective des cérémonies que la France organiserait pour célébrer un anniversaire mémorable dans son histoire politique et sociale.

On se rappelle les sombres pronostics formulés à la tribune par le premier ministre d'une nation à laquelle nous avions cependant, en mainte occasion, prodigué les témoignages d'amitié. A en croire ces pronostics, Paris allait devenir une ville inhospitalière aux étrangers, qui ne pourraient s'y aventurer sans risque ni même sans danger.

Cette prophétie de malheur a eu le sort de beaucoup d'autres, elle ne s'est point réalisée.

La population parisienne s'est montrée digne de son passé, fidèle à ses vieilles traditions généreuses, admirable de sagesse et de calme, accueillante pour tous ceux qui venaient la visiter. Quinze cent mille étrangers, accourus des diverses parties du monde, ont pu séjourner plus ou moins longtemps dans la capitale, la parcourir en tous sens et à toute heure, voir ses promenades, ses monuments et ses musées, défiler et passer de longues heures dans les palais, les galeries et les parcs de l'Exposition, non seulement sans courir aucun péril, mais encore sans s'exposer à aucune manifestation blessante ou simplement désobligeante, quelles que fussent leur origine et leur nationalité. Ils ont trouvé partout et toujours l'ordre le plus parfait, n'ont rencontré sur leur chemin que complaisance, politesse et urbanité.

Sans doute, nous avons fêté l'anniversaire de 1789, et nous avons pu le faire avec une légitime fierté : car ce sera l'éternel honneur de la France d'avoir la première proclamé l'égalité des citoyens devant la loi, la liberté de l'homme, l'émancipation de la pensée et du travail, tous ces grands principes, en un mot, qui forment aujourd'hui la base même de l'état social dans la plupart des nations civilisées et que peu d'entre elles voudraient renier. Sans doute aussi, nous avons célébré la souveraineté du peuple : cette souveraineté ne le cède à celle d'aucun homme, si chargé de gloire soit-il par lui-même ou par ses ancêtres.

Mais toutes nos fêtes, toutes nos cérémonies, sont restées empreintes de la dignité et de la réserve qui leur convenaient. Celles qui avaient un caractère politique ont été soigneusement séparées de l'Exposition. Nous nous sommes gardés de tout prosélytisme extérieur; tout s'est passé en famille; rien n'a été fait, rien n'a été dit, qui pût froisser aucune susceptibilité; en toutes circonstances, nos hôtes ont recueilli les marques les plus éclatantes de notre respect absolu pour leur pays, leur constitution et leur souverain; à défaut des convenances, notre culte de la liberté nous eût imposé cette attitude.

C'était mal connaître la France que de la supposer capable d'agir autrement.

Peut-être certains gouvernements ont-ils regretté plus tard leur abstention, surtout après le succès sans précédent de l'Exposition.

Quoi qu'il en soit, au commencement du mois de mai, le Gouvernement britannique, répondant à une question qui lui était posée à la Chambre des communes, affirmait son intention de ne point participer à l'Exposition universelle de 1889.

Bientôt les cabinets de Vienne, de Rome et de Saint-Pétersbourg se prononcèrent dans le même sens. A peine est-il besoin de dire que celui de Berlin devait fatalement prendre la même détermination qu'en 1878.

Les autres gouvernements monarchiques suivirent en général cet exemple, soit qu'ils fussent guidés par des sentiments du même ordre, soit qu'ils se crussent empêchés par les liens d'une étroite solidarité constitutionnelle avec les souverains des grandes puissances européennes. Il est juste toutefois d'ajouter que plusieurs d'entre eux, tout en refusant leur coopération officielle, prêtèrent néanmoins à l'entreprise un concours matériel très efficace, comme je l'indiquerai plus loin.

Au contraire les gouvernements républicains, et notamment ceux de la Suisse et ceux de la plupart des États américains, s'empressaient d'annoncer leur participation.

Le tableau suivant donne la nomenclature des États qui ont accepté officiellement l'invitation de la France; il rappelle en même temps, pour chaque pays, le nom des principaux commissaires et, dans la mesure où j'ai pu obtenir ce renseignement, le chiffre des subsides accordés par les pouvoirs publics.

PAYS.	SUBSIDES ACCORDÉS par les pouvoirs publics.	PRINCIPAUX COMMISSAIRES.
	francs.	
République Argentine	3,200,000	Président de la Commission directrice à Buénos-Ayres : M. Antonio CAMBACÉRÈS, premier vice-président du Sénat, puis M. OLIVEIRA.
		Délégué du Gouvernement Argentin à Paris : M. Santiago ALCORTA, ancien ministre d'État.
Bolivie	210,000	Président d'honneur du Comité de Paris : S. E. don MORENO, ministre plénipotentiaire de Bolivie en France.
		Président effectif et commissaire général : le comte DE ARTOLA, consul général de Bolivie en France.
Chili	713,500	Président de la Commission chilienne à Paris : M. ANTUNEZ, ministre plénipotentiaire du Chili en France.
		Commissaire général : M. GUZMAN.
Costa-Rica	?	Commissaire général : M. PALACIOS.
République Dominicaine	"	Président de la Commission de la République Dominicaine à Paris : le baron DE ALMEDA, ministre plénipotentiaire en France.
		Vice-président : M. POSTEL, armateur, consul général honoraire au Havre.
République de l'Équateur	"	Commissaire général : M. BALLEN.
États-Unis d'Amérique	1,125,000	Commissaire général : le général FRANKLIN.
		Commissaire général adjoint : M. SOMERVILLE PINKNEY TUCK.
		Secrétaire général du Comité : M. BAILLY-BLANCHARD.
Colonies de la Grande-Bretagne. — Cap de Bonne-Espérance	?	Commissaire délégué : le vicomte DE MONTMORT.
Colonies de la Grande-Bretagne. — Nouvelle-Zélande	?	Agent général, commissaire exécutif : M. Francis DILLON BELL.
Colonies de la Grande-Bretagne. — Tasmanie	?	Agent général : M. BRADDON.
Colonies de la Grande-Bretagne. — Victoria	?	Président du Comité exécutif à Paris : M. WALKER.
		Agent général : M. GRAHAM BERRY.
Grèce	300,000 (?)	Président de la Commission centrale : M. PANDIA RHALLI.
		Commissaire général : M. VLASTO.
Guatémala	250,000	Commissaire général : M. CRISANTO MEDINA, ministre plénipotentiaire de la République de Guatémala en France.
Haïti	?	Président de la Commission à Paris : M. SIMMONDO [1].
Hawaï	?	Commissaire général : le colonel SPALDING.
		Commissaire spécial : M. HOULÉ.

[1] Par suite des événements politiques, le Gouvernement d'Haïti, qui avait d'abord fait construire un pavillon spécial sous la direction de M. Laforestrie, commissaire général, a dû céder ce pavillon et renoncer à sa participation officielle.

PAYS.	SUBSIDES ACCORDÉS par les pouvoirs publics.	PRINCIPAUX COMMISSAIRES.
	francs.	
Honduras	?	Commissaire général : M. GAUBERT, consul général à Paris.
Japon	?	Vice-président de la Commission impériale à Paris : le vicomte TANAKA, ministre plénipotentiaire du Japon en France. Commissaire général : M. YANAGIYA.
Maroc	100,000	Commissaires : MM. ABDEL KERIME BRICHA et EL ARBI ABAROUDI. Commissaires délégués : MM. DELIGNY et GABEAU.
Mexique	5,000,000	Président du Comité de Paris, commissaire général délégué : M. Manuel DIAZ MIMIAGA, sous-secrétaire d'État. Secrétaire général du Comité : M. BABLOT. Membre du Comité, ingénieur : M. ANZA.
Monaco	?	Commissaires : le marquis DE MAUSSABRÉ-BEUFVIER, ministre plénipotentiaire; MM. JANTY et DEPELLEY (1).
Nicaragua	60,000	Commissaire général : M. Francisco MEDINA, ministre plénipotentiaire en France.
Norvège	140,000	Commissaire général : M. BAETZMANN.
Paraguay	50,000 (?)	Commissaire général : M. WINSWEILER, consul général en France. Commissaire délégué : M. CADIOT, consul à Paris.
Perse	?	Président du Comité à Paris : S. E. le général NAZARE-AGA, ministre de Perse en France. Délégué de S. M. le Shah : le général LEMAIRE. Commissaire général : M. DOISY.
République de Saint-Marin	"	Commissaire général : le baron MORIN DE MALSABRIER, ministre de la République à Paris. Commissaire général adjoint : M. RÉAUX.
Salvador	100,000 (?)	Président de la Commission à Paris : M. QUIROZ, ministre plénipotentaire. Commissaire général : M. PECTOR, consul général en France.
Serbie	?	Commissaire délégué : M. GIBERT.
Siam	?	Commissaire général : M. GRÉHAN, Phra Siam Dhuranuraks, consul général à Paris.
République Sud-Africaine	75,000	Commissaire général du Gouvernement : M. DE VILLIERS. Délégué de la Commission de Prétoria : M. VAN DER BURG.

(1) S. A. le prince Albert de Monaco a organisé lui-même l'exposition des collections provenant de ses voyages scientifiques.

PAYS.	SUBSIDES ACCORDÉS par les pouvoirs publics.	PRINCIPAUX COMMISSAIRES.
	francs.	
Suisse	425,000	Commissaire général : le colonel VOEGELI-BODMER. Commissiaire général adjoint : M. DUPLAN.
Uruguay	250,000 (?)	Commissaire général : le colonel DIAZ, ministre plénipotentiaire en France.
Val d'Andorre	(?	Commissaire général : M. BONNOURE, délégué permanent du Gouvernement. Commissaire délégué : M. Franz SCHRADER.
Vénézuéla	250,000 (?)	Président de la Commission à Paris : d'abord le général GUZMAN BLANCO, ministre plénipotentiaire, puis M. HERNANDEZ. Commissaire délégué : M. PARRA BOLIVAR, consul général en France.

3. Participation privée de divers pays dont le Gouvernement avait décliné l'invitation officielle de la France. — J'ai déjà dit que les gouvernements monarchiques avaient en général refusé leur coopération officielle à l'Exposition internationale de 1889.

Quelque regrettable que fût cette résolution, elle n'était pas de nature à compromettre le sort de l'entreprise. Non seulement, en effet, les autres gouvernements avaient pris une attitude différente; mais dans les pays mêmes qui devaient s'abstenir officiellement, l'initiative privée était prête à se substituer à l'action gouvernementale : de nombreux industriels, répudiant les considérations politiques et obéissant avant tout à leurs intérêts, manifestaient l'intention d'exposer, soit individuellement, soit par collectivités.

Il fallait profiter de ces dispositions et les encourager. Tel fut le but de la seconde circulaire que le Ministre des affaires étrangères envoya, le 9 août 1887, à nos agents diplomatiques.

Le Ministre exprimait le désir que, dans chacun des pays dont le Gouvernement serait décidé à s'abstenir, un comité national fût formé par les sociétés d'encouragement aux arts, aux sciences, à l'industrie, à l'agriculture, par les chambres de commerce locales, par des comités recommandables et sérieux déjà existants, par de hautes personnalités dont le rang, l'influence, l'honorabilité et les sympathies françaises seraient des garanties de succès. A cet élément national pouvaient s'adjoindre les éléments français fournis par nos chambres de commerce à l'étranger ou ceux de nos compatriotes qui auraient acquis une notoriété dans le monde des affaires. Les comités ainsi constitués auraient à provoquer les demandes d'admission, à les centraliser, à statuer sur leur valeur et à faire toutes démarches en vue de développer et de faciliter la représentation à Paris des industries de leur pays. Ils feraient choix d'un délégué qui serait accrédité auprès du Ministre du commerce et de l'industrie, commissaire général, et qui, de même que le président du Comité, correspondrait directement avec l'administration de l'Exposition. Dans tous les cas, les comités nationaux auraient à s'assurer, par eux-mêmes, les ressources nécessaires à leur fonctionnement.

Nos représentants à l'étranger étaient invités à user de leur influence personnelle et à utiliser le concours des agents consulaires sous leur direction, pour favoriser la création et le fonctionnement des comités nationaux, et pour procurer aux exposants toutes les facilités possibles, en matière de transports ou de formalités douanières.

Ils recevaient les documents nécessaires, notamment une note du Commissariat général sur le classement et le groupement des produits, sur les transports par nos administrations de chemins de fer et par nos grandes compagnies de navigation, sur les opérations de manutention, sur les frais laissés à la charge des exposants, sur les mesures de faveur édictées au point de vue de la douane et de l'octroi de Paris, sur les garanties protectrices données à la propriété industrielle, sur l'établissement du catalogue.

La Direction générale de l'exploitation s'empressa de fournir à nos consuls toutes les informations complémentaires qui pouvaient leur être utiles. De plus, elle entra en relations officieuses avec un grand nombre de personnages influents, d'industriels et de commerçants à l'étranger, et recueillit par elle-même des demandes d'admission, mais en se réservant de transmettre ces demandes aux comités nationaux après leur constitution.

M. Berger se multiplia et mit en œuvre toutes les ressources de sa merveilleuse activité.

Tant d'efforts ne pouvaient rester infructueux.

Des comités ne tardèrent pas à se former dans presque tous les pays. Les demandes affluèrent, et leur excès fut bientôt le seul embarras de l'administration.

Il ne sera pas sans intérêt d'entrer à cet égard dans quelques détails; je le ferai pour les différentes nations, en les suivant par ordre alphabétique.

En *Autriche-Hongrie*, l'abstention du Gouvernement, connue dès le mois de mai 1887, et les conseils retentissants du Cabinet de Pesth étaient bien de nature à décourager les initiatives individuelles. Les efforts tentés à Vienne en vue de former un comité national ne purent aboutir. Mais un groupe de négociants et d'artistes résidant en France se constitua en «Comité général», sous le patronage de la Chambre de commerce austro-hongroise de Paris. Ce comité choisit M. Louis Burger comme président; M. Léon Orosdi et M. Léopold Wedeles furent l'un président adjoint et l'autre premier vice-président, commissaire délégué.

La participation *belge* s'organisait avec moins de difficultés. Elle rencontrait dans tout le pays la plus grande faveur. En octobre 1887, M. le comte d'Oultremont, qui avait rempli les fonctions de commissaire général à l'Exposition de 1878, réunissait les principaux industriels, agriculteurs et artistes de la Belgique; de cette réunion sortait une Commission d'études qui se mettait promptement à l'œuvre et dont les conclusions favorables furent ratifiées par les intéressés. Un Comité exécutif fut constitué sous la présidence de M. Victor Lynen, ancien président du Comité de l'Exposition d'Anvers. M. Carlier, membre de la Chambre des représentants, accepta la situation de commissaire général. Le ministre de Belgique à Paris notifia à notre Ministre des affaires étrangères la constitution de ce Comité; le Parlement belge vota un crédit extraordinaire de 600,000 francs, destiné à diminuer les charges des exposants; l'État, ne pouvant exposer par lui-même dans la classe des chemins de fer, se prépara à y occuper néanmoins une place importante par l'intermédiaire de ses fournisseurs de matériel, auxquels il fit à cet effet des commandes considérables. Bientôt le nombre des adhésions dépassa toutes les espérances.

Des considérations budgétaires avaient déterminé le Gouvernement *brésilien* à s'abstenir. Mais, grâce aux démarches de M. Amédée Prince, un Comité se constitua sous la présidence de M. le vicomte de Cavalcanti, sénateur, conseiller d'État, ancien Ministre des travaux publics, qui devint commissaire général en même temps que président de la Commission brésilienne. Un subside de 300 contos de reis (environ 800,000 francs) fut accordé par le Gouvernement; les provinces de l'Empire y ajoutèrent d'importantes subventions. Le 11 décembre 1888, l'Empereur, qui n'avait cessé de prodiguer les encouragements, ouvrit personnellement l'Exposition préparatoire de Rio-de-Janeiro.

Un certain nombre de négociants *chinois*, principalement de Canton, demandèrent des emplacements par l'entremise du général Tcheng-ki-Tong, chargé d'affaires de Chine à Paris. M. Teng-Ting-Keng, secrétaire de légation à Madrid, accepta la mission de diriger l'installation, en qualité de commissaire général.

Le Gouvernement de la République de *Colombie* avait été l'un des premiers à accepter l'invitation de la France et les Chambres lui avaient déjà ouvert un crédit, lorsque des circonstances imprévues l'obligèrent à revenir sur sa détermination première. M. le docteur Triana, consul général à Paris, réussit à organiser, avec quelques-uns de ses compatriotes résidant en France, une intéressante exposition, pour laquelle il remplit les fonctions de commissaire général. M. le général Posada, ministre plénipotentiaire, et M. Antonio Roldan, agent fiscal de la Colombie, furent l'un président et l'autre vice-président du Comité.

Dans le *Danemark*, l'industrie, absorbée par l'exposition nationale de Copenhague en 1888, tarda à s'organiser. Cependant, au mois d'octobre 1888, un Comité local se créa sous la présidence de M. Carl Jacobsen, brasseur, et poussa ses travaux avec une extrême activité; il y eut également un Comité des beaux-arts, présidé par M. Otto Bache. Le Commissariat général fut confié à M. de Hedemann, gentilhomme de la Chambre de S. M. le Roi. Les Chambres danoises votèrent une subvention de 140,000 francs.

La participation de l'*Égypte*, un instant douteuse, fut aussi complète que possible, grâce à un Comité qui fonctionnait avec trois souscomités au Caire, à Alexandrie et à Port-Saïd, et dont le délégué à Paris était M. le baron Delort de Gléon, commissaire général. Un autre Comité, institué à Paris sous la présidence de M. Charles de Lesseps, apporta son concours pécuniaire et forma un capital de garantie. On sait toute l'attraction qu'a exercée la rue si pittoresque du Caire.

En *Espagne*, la Chambre de commerce de Madrid prenait, au mois de septembre 1888, l'initiative d'un appel à toutes les chambres de commerce du royaume. Un crédit de 500,000 francs était voté par le Parlement, pour venir en aide aux exposants de la métropole; une somme un peu moindre était mise à la disposition des chambres de commerce des colonies, pour faciliter l'exposition de leurs produits. Dès lors, M. Matiaz Lopez y Lopez, sénateur, président du Comité exécutif de Madrid, M. Navarro Reverter, député aux Cortès, délégué général à Paris, et M. Victor Gazel, délégué de Cuba, purent prendre les dispositions nécessaires.

L'abstention officielle du Gouvernement de la *Grande-Bretagne* ne devait pas influer profondément sur les dispositions des industriels anglais, qui étaient habitués à compter sur leur propre initiative. Au mois de février 1888, une Commission se constitua sous la présidence de Sir Polydore de Keyser, lord-maire de Londres, qui s'était préala blement assuré de l'assentiment du Foreign Office. Cette Commission, composée de plus de deux cents membres, pris parmi les hautes personnalités du Parlement, de l'industrie, des sciences et des arts, apportait avec elle le concours des principales sociétés et des grands industriels du pays. Elle nomma un Comité exécutif, présidé par

Sir de Keyser, avec M. Trueman Wood, comme commissaire délégué. Le succès était dès lors certain.

Parmi les participations privées, c'est l'*Italie* qui, la première, donna l'impulsion. Peu de temps après le refus définitif du Gouvernement italien, un Comité national, en grande partie composé de sénateurs et de députés, se forma à Rome, sous la présidence de M. le commandeur Villa, vice-président de la Chambre des députés et ancien ministre. A la suite de diverses péripéties, sur lesquelles je crois inutile de m'arrêter, le Comité national installa à Paris une Commission exécutive, qui eut pour président M. le comte de Camondo et pour secrétaire général M. Gentili di Giuseppe. A compter de ce jour, les opérations furent menées activement.

Le Gouvernement du grand-duché de *Luxembourg*, tout en renonçant à se faire représenter officiellement, donna le concours de ses administrations publiques et assuma les frais qui incomberaient à ses nationaux. L'influence du Comité d'organisation et l'expérience du commissaire général, M. Tony Dutreux, qui avait déjà rempli les mêmes fonctions en 1878, garantirent le succès de l'exposition luxembourgeoise.

Dans les *Pays-Bas*, les présidents et secrétaires des cinq principales sociétés d'encouragement à l'industrie se réunirent dès 1887 en Commission d'initiative et adressèrent un pressant appel à leurs concitoyens. Malgré le défaut de toute subvention, leurs efforts aboutirent. Un Comité définitif se constitua, sous la présidence de M. van der Vliet, commissaire général. Les soins de l'installation sur place furent remis entre les mains d'une délégation, dont faisaient partie les membres les plus influents de la colonie hollandaise à Paris. Je dirai plus loin tout l'attrait que présenta la section des Indes néerlandaises, avec ses habitations javanaises.

Quoique le Gouvernement du *Pérou* s'abstînt, M. Alejandro de Ydiaquez, consul général au Havre, put grouper et présenter les principaux produits de ce pays.

Le Cabinet *portugais* s'était montré prêt à seconder et à encourager officieusement l'initiative privée et avait exempté de tous droits d'importation les objets et produits qui, exposés à Paris, rentreraient en Portugal dans un délai de neuf mois. L'Association industrielle portugaise, présidée par M. le vicomte de Melicio, pair du royaume, se mit à la tête du mouvement. Peu de temps après, le Gouvernement alloua un subside de 500,000 francs. Les associations agricoles se décidèrent alors à se faire représenter, la Chambre de commerce de Porto exerça une action énergique, et la subvention fut portée à un million. Enfin une grande Commission, formée à Lisbonne sous la présidence de M. le vicomte de Melicio, envoya à Paris une délégation présidée par M. le conseiller Marianno de Carvalho, ancien Ministre des finances.

Grâce à la puissante intervention du prince Georges Bibesco, la *Roumanie* vit se créer à Bucharest une Commission d'organisation présidée par le général Floresco, président du Sénat. Le prince Bibesco fut lui-même placé à la tête du Comité exécutif de Paris, en qualité de commissaire général : parmi ses collaborateurs, je dois une mention spéciale à M. le lieutenant-colonel Dally, commissaire délégué. Un crédit de 200,000 francs fut voté par le Parlement; la Commission put en outre réunir 260,000 francs environ.

Dans les expositions universelles antérieures, la section *russe* avait toujours été organisée aux frais de la Couronne et par les soins de l'administration. Pour la première fois, le Gouvernement s'écartait de cette tradition et laissait l'industrie nationale abandonnée à ses propres forces : on comprend toutes les difficultés auxquelles cette détermination donna naissance. Cependant l'organisation de l'exposition russe fut autorisée et le Ministre des finances prit même des mesures pour que les objets exposés pussent faire retour en Russie sans acquitter de droits de douane. Un Comité central fut constitué à Saint-Pétersbourg par MM. d'Andreeff, Vargounine et Poznanski : ce Comité rencontra d'abord une certaine opposition à Moscou, où les producteurs voulaient conserver leur autonomie; mais il établit l'entente en admettant dans son sein des industriels moscovites. M. Schloss était désigné comme commissaire délégué, et deux sous-comités se constituaient, l'un à Moscou, l'autre à Varsovie; des comités spéciaux pour les beaux-arts étaient également institués à Saint-Pétersbourg et à Varsovie. L'organisation définitive à Paris comprit un Commissariat général, confié à MM. d'Andreeff, Vargounine et Poznanski, avec deux comités, le premier présidé par le général Popoff, le second (beaux-arts) ayant M. Rohmann pour commissaire délégué.

La formation d'un Comité dans le grand-duché de *Finlande* ne souleva point d'objections de la part du Gouvernement. D'autre part, la participation à l'Exposition était très populaire. Aussi le succès ne fut-il pas douteux. M. Hjalmar Londen fut délégué à Paris comme président et commissaire général, avec M. Paul Dreyfus, comme vice-président et commissaire adjoint.

En rapprochant la nomenclature précédente de celle des nations qui nous ont fait l'honneur de participer officiellement à l'Exposition, on constate que l'Allemagne, le Monténégro, la Suède et la Turquie ne figurent ni dans l'une ni dans l'autre.

Cependant l'Allemagne, à laquelle il faut malheureusement rattacher l'Alsace-Lorraine, a eu quelques exposants, mais sans commissariat ni comité. Il en a été de même de la Suède et de la Turquie.

Seul, le Monténégro a fait complètement défaut.

FIN DU TOME PREMIER.

TABLE DES MATIÈRES.

PREMIÈRE PARTIE.

HISTORIQUE SOMMAIRE DES EXPOSITIONS UNIVERSELLES FRANÇAISES DE 1798 À 1849.

IMPRIMERIE NATIONALE.

DEUXIÈME PARTIE.

HISTORIQUE SOMMAIRE DES EXPOSITIONS UNIVERSELLES INTERNATIONALES DE 1851 À 1888.

TROISIÈME PARTIE.

PRÉLIMINAIRES DE L'EXPOSITION UNIVERSELLE INTERNATIONALE DE 1889.

TABLE DES PLANCHES.

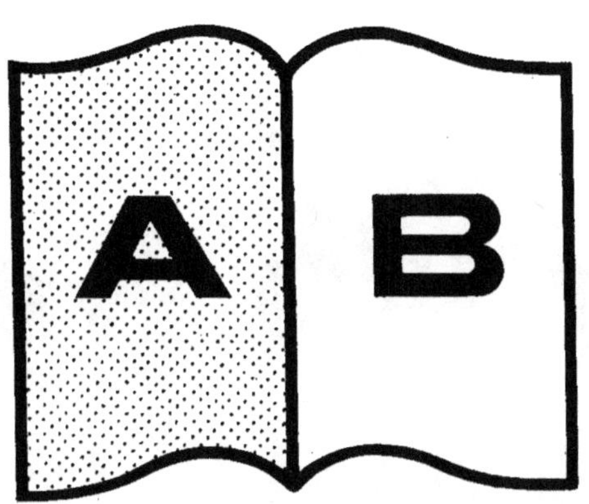
A
B

www.ingramcontent.com/pod-product-compliance
Lightning Source LLC
Chambersburg PA
CBHW071955270326
41928CB00009B/1447

9782016136997